马克思主义理论研究和建设工程重点教材

中国近代史

（第二版）下册

《中国近代史》编写组

高等教育出版社

人民出版社

二维码资源访问

使用微信扫描本书内的二维码,输入封底防伪二维码下的 20 位数字,进行微信绑定,即可免费访问相关资源。注意:微信绑定只可操作一次,为避免不必要的损失,请您刮开防伪码后立即进行绑定操作!

教学课件下载

本书有配套教学课件,供教师免费下载使用,请访问 xuanshu. hep. com. cn,经注册认证后,搜索书名进入具体图书页面,即可下载。

图书在版编目(CIP)数据

中国近代史. 下册/《中国近代史》编写组编. --
2 版. -- 北京:高等教育出版社,2020.1(2025.7 重印)
马克思主义理论研究和建设工程重点教材
ISBN 978-7-04-052655-4

Ⅰ.①中… Ⅱ.①中… Ⅲ.①中国历史-近代史-高等学校-教材 Ⅳ.①K25

中国版本图书馆 CIP 数据核字(2019)第 188442 号

责任编辑 张 林　　封面设计 王 洋　　版式设计 于 婕　　插图绘制 于 博
责任校对 张 薇　　责任印制 张益豪

出版发行	高等教育出版社	网　　址	http://www.hep.edu.cn
社　　址	北京市西城区德外大街 4 号		http://www.hep.com.cn
邮政编码	100120	网上订购	http://www.hepmall.com.cn
印　　刷	北京鑫海金澳胶印有限公司		http://www.hepmall.com
开　　本	787mm×1092mm　1/16		http://www.hepmall.cn
印　　张	18.75	版　　次	2012 年 11 月第 1 版
字　　数	310 千字		2020 年 1 月第 2 版
购书热线	010-58581118	印　　次	2025 年 7 月第 14 次印刷
咨询电话	400-810-0598	定　　价	36.70 元

本书如有缺页、倒页、脱页等质量问题,请到所购图书销售部门联系调换
版权所有　侵权必究
物 料 号　52655-00
审 图 号　GS(2019)2810 号

目 录

第八章 五四运动与中国共产党的成立

辛亥革命后，政局混乱，社会动荡，袁世凯及北洋派官僚的专制独裁本质日益暴露，民主共和名存实亡。面对黑暗的社会现实，一批先进的知识分子开始思考国家危亡的深层原因，发起新文化运动，掀起了一股思想解放的洪流。五四运动的爆发，促进了马克思列宁主义同中国工人运动的结合，揭开了中国新民主主义革命的序幕。在五四运动的影响下，在俄国十月革命的直接推动下，中国共产党诞生，中国革命的面貌从此焕然一新。

第一节 新文化运动的兴起

一、《新青年》杂志与"德""赛"二先生

辛亥革命失败后，先进的中国人认识到，仅仅靠移植西方政治制度难以挽救中国，要从根本上改造中国，还要有文化的觉醒和思想的启蒙。于是，一场新文化运动应运而生。

新文化运动兴起的标志是陈独秀创办《青年杂志》。陈独秀（1879—1942），字仲甫，安徽怀宁人。青年时代曾两度赴日本留学，从事反清革命活动，1912年任安徽都督府秘书长。"二次革命"失败后，逃亡日本，协助章士钊编撰《甲寅》杂志。1915年9月回到上海，创办《青年杂志》，从第二卷起改名为《新青年》，添加一个"新"字，不仅使其宣传新思想、新文化，启发新觉悟，造就新青年的主旨一目了然，而且也反映出"起点新、内容新、目标新、形式新"的全新面貌。1917年1月，陈独秀被蔡元培聘为北京大学文科学长，《新青年》编辑部随之从上海迁往北京。《新青年》前3卷为陈独秀主编，从第4卷开始由在北京大学任教的陈独秀、钱玄同、沈尹默、李大钊、刘复、胡适六人轮流编辑，后又有陶孟和、高一涵加入。北京大学因此成为新文化运动的中心。陈独秀因在这一运动发挥了重要作用，被后世誉为五四运动的总司令。

《青年杂志》发刊初始，明确定位在探讨青年修身治国之道，介绍世界形势和学术，激励青年志趣和精神。本着这一办刊宗旨，在《敬告青年》的创刊

词里，陈独秀提出中国青年应有"政治的觉悟"和"伦理的觉悟"。所谓"政治的觉悟"包括国民对自身正当政治权利的要求，以自由的、自治的国民政治代替官僚的专制的个人政治，多数国民对于政治"自觉其居于主人的地位为唯一根本之条件"。所谓"伦理的觉悟"，"以独立、平等、自由为原则，与纲常阶级制为绝对不可相容之物，与其一必废其一"。陈独秀以为"伦理的觉悟，为吾人最后觉悟之最后觉悟"①，从而将思想解放的锋芒直指伦理领域，发出新文化运动呼唤个性解放的先声。

新文化运动高举民主、科学的旗帜。陈独秀指出："近代欧洲之所以优越他族者，科学之兴，其功不在人权说下，若舟车之两轮"，"国人而欲脱蒙昧时代，羞为浅化之民也，则急起直追，当以科学与人权并重"，把科学与人权（即后来的"民主"）作为近世以来社会发展的两大要件。他认为："要拥护那德先生，便不得不反对孔教、礼法、贞节、旧伦理、旧政治；要拥护那赛先生，便不得不反对旧艺术、旧宗教。要拥护德先生又要拥护赛先生，便不得不反对国粹和旧文学。"明确表达了《新青年》学习"德先生""赛先生"的诉求，亦即对"民主"与"科学"的追求。他斩钉截铁地表示："我们现在认定只有这两位先生，可以救治中国政治上道德上学术上思想上一切的黑暗。"② 陈独秀的这一指向，代表了《新青年》同人的共同信条，实际上也是新文化运动前期的主流选择，即在中国实现资产阶级民主、自由，建设西洋式的新国家。

新文化运动的另一个倡导者是李大钊。李大钊（1889—1927），字守常，直隶乐亭人。曾留学日本，1916 年回国。他在日本期间撰写《青春》一文，发表在《新青年》，呼唤青年发挥青年之自觉，"冲决过去历史之网罗，破坏陈腐学说之囹圄"，"背黑暗而向光明，为世界进文明，为人类造幸福，以青春之我，创建青春之家庭，青春之国家，青春之民族，青春之人类"。③

1916 年年底，蔡元培出任北京大学校长后，以"兼容并包""思想自由"为办学原则，并聘请了陈独秀、胡适、李大钊、周作人等人来校任教，使北大成为新思想的生长地和外来思潮的主要输入者，在新文化运动中发挥了重要作用。

---

① 陈独秀：《吾人最后之觉悟》，《青年杂志》1 卷 6 号，1916 年 2 月 15 日，第 4 页。
② 陈独秀：《本志罪案之答辩书》，《新青年》6 卷 1 号，1919 年 1 月 15 日，第 10—11 页。
③ 李大钊：《青春》，《新青年》2 卷 1 号，1916 年 9 月 1 日，第 11—12 页。

五四时期的著名期刊《新青年》《每周评论》《湘江评论》

采自《五四运动在上海史料汇编》，上海人民出版社 1960 年版。

二、文学革命

新文化运动初起时局限在少数觉悟的知识分子圈，能发展到具有相当社会影响的文化运动，很大程度上得益于"文学革命"。狂飙突起的"文学革命"是新文化运动取得重大进展的突破口。

民国初年，在专制横行、政治乱象丛生的社会环境里，文坛也充满了形形色色的萎靡、庸俗败象。桐城派在文学界仍有相当大的势力，以艳情、武侠、宫闱为主要题材的鸳鸯蝴蝶派小说充斥着报章杂志，旧式戏剧占据舞台。同时，中国长期使用的文言文已经不能适应社会发展的需要。对此，富有进取心的新文化人开始探索改进中国文学的路径。1915 年 9 月，在美留学的胡适与梅光迪辩论时，曾赋诗自许："神州文学久枯馁，百年未有健者起。新潮之来不可止，文学革命其时矣！"第一次使用"文学革命"这一名词，在留美学生中引发了一场关于新文学的讨论。1916 年 2 月 3 日，胡适致信陈独秀，表示："今日欲为祖国造新文学，宜从输入欧西名著入手，使国中人士有所取法，有所观摩，然后乃有自己创造之新文学可言也。"① 陈独秀回信一方面表示赞同胡适的意见，一方面敦促胡适，"文学改革为吾国目前切要之事，此非戏言，更非空言"，盼他切实作一改良文学论文，寄登《新青年》。

1917 年 1 月，胡适在《新青年》2 卷 5 号上发表《文学改良刍议》一文，首先提出改良文学的"八事"：须言之有物，不摹仿古人，须讲求文法，不作无病之呻吟，务去滥调套语，不用典，不讲对仗，不避俗字俗语。主张"言文合一"，以白话为"文学的语言"，以白话文取代文言文。表示"以今世历史进化的眼光观之，则白话文学之为中国文学之正宗，又为将来文学必用之利器，可断言也"②。胡适所说的"八事"，显然是针对旧文学的形式主义和拟古主义的弊病而发。接着，陈独秀在《新青年》2 卷 6 号发表《文学革命论》一文，将胡适"文学改良"的主张提升到"文学革命"的层面，提出："推倒雕琢的阿谀的贵族文学，建设平易的抒情的国民文学"，"推倒陈腐的铺张的古典文学，建设新鲜的立诚的写实文学"，"推倒迂晦的艰涩的山林文学，建设明了的通俗的社会文学"，③ 将文坛颇具影响的"贵族文学""古典文学""山林文学"

---

① 胡适：《论译书寄陈独秀》（2 月 3 日），曹伯言整理：《胡适全集》（1915—1917）第 28 卷，安徽教育出版社 2003 年版，第 318 页。
② 胡适：《文学改良刍议》，《新青年》2 卷 5 号，1917 年 1 月 1 日。
③ 陈独秀：《文学革命论》，《新青年》2 卷 6 号，1917 年 2 月 1 日。

列为"文学革命"的对象。胡、陈二文标志着"文学革命"运动的正式发起。

"文学革命"初期的基本理论主张是"用白话文作文作诗"。这一主张"一面要推倒旧文学，一面要建立白话为一切文学的工具"，其目的是要建立一种"活的文学"。为此，胡适在《历史的文学观念论》《建设的文学革命论》等文中发表自己的见解，他指出，"今日之文学当以白话文学为正宗"，推倒以骈文古文律诗古诗是"正宗"的正统观念，重新建立中国文学史上的正统；将"文学革命"的目标归纳为"国语的文学，文学的国语"十个大字。胡适的主张如石击水，迅即产生强烈反响，钱玄同、刘半农、傅斯年等人先后著文，从不同角度阐发自己关于"文学革命"的主张。钱玄同致信《新青年》编者，引为同调，他激烈批评拟古的骈文和散文，从语言文字进化的角度进一步说明白话取代文言的历史必然性。刘半农发表了《我之文学改良观》等文，就改革韵文、散文，如何创造白话文学和使用标点符号提出建议。傅斯年发表《怎样做白话文》一文，提出白话文必须依据我们说的活语言，必须先讲究说话；白话文必不能避免"欧化"，只有欧化的白话方才能够应付新时代的新需要。

随着对文学语言认识的新突破，新文学创作也取得很大成就。新文学运动在创作上最先获得成功的是诗歌和小说。1917 年，《新青年》4 卷 1 号发表了胡适等人的第一批新诗；1920 年，胡适出版了第一本新诗集——《尝试集》。胡适早期的诗作经历了一个从文言文到半文半白再到白话文写作的过程，他尝试"以白话入诗"，用他自己的话说："很像一个缠过脚后来放大了的妇人回头看他一年一年的放脚鞋样，虽然一年放大一年，年年的鞋样上总还带着缠脚时代的血腥气。"真正以崭新的内容和形式开一代诗风的新诗作品是郭沫若 1921年 8 月出版的《女神》，作品以浓烈的浪漫主义，抒情、自由、奔放的创作个性和展翅高翔的艺术想象力，充分表现了"五四"狂飙突进的时代精神，堪称中国现代新诗的奠基之作。1918 年 5 月《新青年》4 卷 5 号发表鲁迅创作的小说《狂人日记》，这是第一篇用现代文体创作的白话短篇小说，它以内容和形式的完美结合，成为中国现代小说的伟大开端。从此鲁迅"一发即不可收"，在 1918—1922 年连续写作了 15 篇短篇小说，这些作品在 1923 年结集为《呐喊》出版。它们以独特的题材和叙事模式，新颖、别致的文学形式和对国民性的深刻解剖，成为中国现代文学中的经典作品。

"文学革命"的迅速开展，激起了具有保守倾向的学者文人的反对。近代翻译文学的先驱林纾早年在译介西方文学方面卓有成就，但他却抱持"桐城派"的旧文学观念不放，极力阻挠以白话文取代文言文，对新文学及其倡导者大肆攻击。同时，北京大学的旧派学生以刘师培、黄侃等人为后台，创办了《国故》月刊，以"昌明国粹"、维护文言文的正统地位相标榜，竭力排斥和反对新文学。1922年，梅光迪、吴宓等人在南京创刊《学衡》，批评当时新文化人的主张是"浅薄的""野蛮的实用主义"，主张以一种"与一切时代的精神相合"的"世界性""恒常性"观念来衡估文学的价值。文化保守主义者对新文学运动的攻击，表明他们对中国传统文化的依恋和维护。但同时也体现了他们对文学价值的不同理解，这对新文学运动中出现的激进偏向构成了一定的制衡。

1921年以后，新文学社团和刊物如雨后春笋般涌现，它们为新文学的发展和繁荣提供了新的生长园地。最早成立的新文学社团是文学研究会和创造社。1921年1月初在北京成立的文学研究会，由周作人、郑振铎、沈雁冰、郭绍虞、朱希祖、瞿世瑛、蒋百里、孙伏园、耿济之、王统照、叶绍钧、许地山12人发起，会员前后有170多人。其宗旨是"研究介绍世界文学，整理中国旧文学，创造新文学"①，具有写实主义的倾向。该会创办《小说月报》《文学旬报》。1921年6月由留学日本的郭沫若、成仿吾、郁达夫、张资平、田汉、郑伯奇等人在东京成立的创造社，主张自我表现和个性解放，强调文学应该忠实于自己"内心的要求"，表现出浪漫主义和唯美主义的倾向。他们主办《创造》季刊、《创造周报》、《创造日》（《中华新报》副刊）、《洪水》半月刊等刊。这两大社团是五四时期最活跃、也最具影响力的新文学社团。

新文学运动在短短的四五年间，就取得了辉煌的胜利。1918年，《新青年》率先垂范，开始全部用白话文发表文章。1919年、1920年两年间，全国大、中、小学生刊物有400多种，全是采用白话文发表。一些著名的老牌刊物，如《小说月报》《东方杂志》也改用白话文刊登作品。1920年，教育部正式颁令全国，从该年秋季始，所有国民小学一、二年级的教材，必须完全用白话文。这说明白话文作为通行的"国语"获得了官方的承认。

"文学革命"的实质，是用民主主义的新文学反对封建主义的旧文学。在文学形式上，它提倡白话文，反对文言文，追求创造"活的文学"，使文学形式发生了根本性的变革；在文学内容上，它主张个性解放，伸张"人的

---

① 《文学研究会简章》（1921年1月10日），贾植芳等编：《文学研究会资料（上）》，知识产权出版社2010年版，第5页。

文学"的观念,以平民劳动者、新型知识分子等人物形象代替旧文学中的主人公帝王将相、才子佳人,使文学负载了丰富多彩的社会生活内容。它大力发掘民族文化中的优秀养料,自觉地构建起中国文学与世界文学的密切关系,形成了面向世界而又不脱离本民族文化传统的开放性的现代文学新格局。"文学革命"在对待传统文化,处理与西方文学的关系方面,虽然还存在着一些偏颇,但它从总体上推动中国文学发生了深刻变革,进入一个新的历史时期。

三、对儒学的批判和儒学的衰落

新文化运动的另一个重要内容是反对孔教,批判儒家学说。

1912 年 10 月,康有为的弟子陈焕章出面在上海发起"孔教会"。1913 年 4 月,康有为发表《以孔教为国教配天地议》,称:"欲救人心,美风俗,惟有亟定国教而已;欲定国教,惟有尊孔而已。"[1] 8 月,陈焕章、严复、梁启超等上书参、众两院,提出《请定孔教为国教》请愿书,提议将孔教列为国教,写进民国宪法。康有为、陈焕章师徒二人的孔教主张,表明了他们试图强化儒学政治地位的企图。康、陈倡导的孔教运动与新文化阵营发生了冲突,这场冲突表面上看是一个文化上如何对待孔教的问题,实质上是如何建立民国的政治文化问题。

《新青年》就儒学问题展开讨论,最早发表文章的是易白沙,他在《孔子平议》一文中,从尊与被尊两个侧面研究了尊孔现象的发生史,认为"孔子以何因缘被彼野心家所利用",成为文化专制主义的工具,主要是因为孔子本身有"尊君权""讲学不许问难""少绝对之主张""但重作官,不重谋食"四大缺陷。[2] 易白沙直接批驳了康有为称孔学为国学,称孔子为素王等观点,批评康有为之倡孔教不合时宜。

在《新青年》中,攻击孔教最为激烈且最有影响者当推陈独秀。陈独秀发表的相关文章有《驳康有为致总统总理书》《宪法与孔教》《孔子之道与现代生活》《再论孔教问题》《旧思想与国体问题》《复辟与尊孔》等,这些文章多置于《新青年》刊首,可视为《新青年》的"社论",足见陈独秀当时对这一

---

① 康有为:《以孔教为国教配天议》(1913 年 4 月),汤志钧编:《康有为政论集》下册,中华书局 1981 年版,第 846 页。

② 易白沙:《孔子平议》,《新青年》1 卷 6 号,1916 年 2 月 15 日。

问题的重视。通览陈独秀诸文，他的基本观点主要是针对康有为"以孔子为大教，编入宪法"的主张而发，反映了陈独秀当时关注的主要是政治文化问题。第一，他将孔教与复辟帝制并联在一起，在政治上置孔教于反面地位。"孔教与帝制，有不可离散之因缘；若并此二者而主张之，无论为祸中国与否，其一贯之精神，固足自成一说。"[①] "盖主张尊孔，势必立君；主张立君，势必复辟，理之自然，无足怪者。"[②] 第二，反对在宪法中写入尊崇孔教的条款，认为这与民国崇尚思想自由的宪法精神不符。陈独秀认为："以何者为教育大本，万国宪法，无此武断专横之规定。而孔子之道适宜于民国教育精神与否，犹属第二问题。盖宪法者，全国人民权利之保证书也，决不可杂以优待一族、一教、一党、一派人之作用。"[③] 第三，从中国的国情看，中国历史上并无所谓国教之说。中国非宗教国，"孔教名词，起源于南北朝三教之争。其实道家之老子与儒家之孔子，均非教主。其立说之实质，绝无宗教家言也。夫孔教之名词既不能成立，强欲定孔教为国教者，讵非妄人？"[④] 第四，从孔子本身的思想看，它并不适宜现代生活。"孔子生长封建时代，所提倡之道德，封建时代之道德也；所垂示之礼教，即生活状态，封建时代之礼教，封建时代之生活状态也；所主张之政治，封建时代之政治也。封建时代之道德、礼教、生活、政治，所心营目注，其范围不越少数君主贵族之权利与名誉，于多数国民之幸福无与焉。"[⑤] 最后，从现实需要看，应以科学信仰为正轨。"人类将来真实之信解行证，必以科学为正轨，一切宗教，皆在废弃之列。""余辈对于科学之信仰，以为将来人类达于觉悟获享幸福必由之正轨，尤为吾国目前所急需，其应提倡尊重之也，当然在孔教、孔道及其他宗教哲学之上。"[⑥] 可以说，陈独秀从政治文化的角度对康有为的孔教观做了全面清算。

　　吴虞是新文化阵营中另一位攻击孔教的"健将"。他在《新青年》上发表《家族制度为专制主义之根据论》《儒家主张阶级制度之害》《吃人与礼教》等文，"他的非孔文章大体都注意那些根据孔道的种种礼教，法律制度，风俗。他先证明这些礼法制度都是根据于儒家的基本教条的，然后证明这种种礼法制

---

① 陈独秀：《驳康有为致总统总理书》，《新青年》2卷2号，1916年10月1日。
② 陈独秀：《复辟与尊孔》，《新青年》3卷6号，1917年8月1日。
③ 陈独秀：《宪法与孔教》，《新青年》2卷3号，1916年11月1日。
④ 陈独秀：《再论孔教问题》，《新青年》2卷5号，1917年1月1日。
⑤ 陈独秀：《孔子之道与现代生活》，《新青年》2卷4号，1916年12月1日。
⑥ 陈独秀：《再论孔教问题》，《新青年》2卷5号，1917年1月1日。

度都是一些吃人的礼教和一些坑陷人的法律制度"。其言词激烈，震动一时，胡适称赞他是"四川省只手打孔家店的老英雄"[①]。

李大钊也为陈独秀助阵，他撰写了《孔子与宪法》《自然的伦理观与孔子》两文，提出孔子与宪法的不同在于：第一，"孔子者，数千年前之残骸枯骨也。宪法者，现代国民之血气精神也。"第二，"孔子者，历代帝王专制之护符也。宪法者，现代国民自由之证券也。"第三，"孔子者，国民中一部分所谓孔子之徒者之圣人也。宪法者，中华民国国民全体无问其信仰之为佛为耶，无问其种族之为蒙为回，所资以生存乐利之信条也。"第四，"孔子之道者，含混无界之辞也。宪法者，一文一字均有极确之意义、极强之效力者也。"[②] 明确孔教与宪法的原则不相符合。他还阐明自己将孔子本人与被偶像化的孔子区别开来的态度："余之掊击孔子，非掊击孔子之本身，乃掊击孔子为历代君主所雕塑之偶像的权威也；非掊击孔子，乃掊击专制政治之灵魂也。"[③] 以此点明新文化运动批孔的本意是反对封建专制。

鲁迅也是从批判"礼教"入手，投身新文化运动的。他在《新青年》上发表《狂人日记》，以"狂人"之口，愤怒地抨击"吃人的礼教"。随后，他还发表了《我之节烈观》《我们现在怎样做父亲》等随笔，对儒家伦理"三纲"中的夫为妻纲、父为子纲给予了有力的批判。

新文化运动对孔教的批判和对传统儒学的冲击，彻底动摇了儒学本已十分脆弱的地位，"儒门淡薄，收拾不住"已成定势。早在1912年蔡元培担任教育总长时就采取举措，废除前清"尊孔"的教育宗旨，取消经科，实际上已破除儒学的正统地位。

新文化运动是一部分先进的知识分子在思想文化领域进行的挽救民族危亡的尝试，表明中国近代的救亡运动进入了一个新的阶段。他们试图传播西方思想，改造国民性，以达到改造社会的目的。尽管这一运动在思想方法上存在简单化的缺陷，对西洋文化缺乏科学的分析，对中国传统文化存在着虚无主义的倾向，但其斗争方向是正确的，态度是坚决的，使得中国的知识分子尤其是青

① 胡适：《〈吴虞文录〉序》，胡适著、朱正编选：《胡适文集》第1卷，花城出版社2013年版，第199—201页。

② 李大钊：《孔子与宪法》，朱文通等整理编辑：《李大钊全集》第2卷，河北教育出版社1999年版，第448—449页。

③ 李大钊：《自然的伦理观与孔子》，朱文通等整理编辑：《李大钊全集》第2卷，河北教育出版社1999年版，第454页。

年学生接受了一次西方民主和科学思想的洗礼，沉重地打击了封建主义，从而掀起了一股生气勃勃的思想解放潮流，为马克思主义在中国的传播开辟了道路，激励中国青年进一步探索救国救民的真理。

第二节　五 四 运 动

一、巴黎和会与中国外交的失败

新文化运动和十月革命的影响，以及工人阶级队伍的不断壮大，为五四运动的爆发准备了条件。巴黎和会中国外交的失败，是五四运动发生的直接导火线。

第一次世界大战结束后，1919 年 1 月 18 日，美国、英国、法国、意大利、日本、中国等 27 个国家在法国巴黎凡尔赛宫召开所谓"和平会议"，主要讨论对战败国德国的处理等问题，史称"巴黎和会"。和会最初成立了"十人会议"，由美国总统威尔逊、英国首相劳合·乔治、法国总理克里孟梭、意大利总理奥兰多和四国外交部长以及日本的两名特别代表组成。后来又成立了"四人会议"，由美、英、法、意四国政府首脑组成。意大利因对奥属的阜姆（今克罗地亚里耶卡）提出领土要求被拒绝，4 月宣告退出。这些组织充当和会的决策机构，实际上是由美、英、法、意、日协约国"五强"掌控。

中国在第一次世界大战期间曾对德宣战，故列为战胜国之一。出席巴黎和会的中国代表团由北京政府的外交总长陆徵祥、驻美公使顾维钧、驻英公使施肇基、驻比公使魏宸组和南方军政府的代表王正廷五人组成，以示南北统一。中国驻法国公使胡惟德虽非正式代表，但实际参与代表团事务。和会根据与会各国在战争中为协约国所作出的贡献分成三类，一类国家为英、美、法等，有五个代表席位，二类国家有三个代表席位，三类国家只有两个席位。与中国代表团最初的期望不同，和会只分配给中方两个席位。中国代表团与法、美、英等国协商，但对方表示中方只可在代表团成员中根据自己的需要每次调换两位代表出席会议，显示出会议组织对中国的歧视。会前中国代表草拟了一份供会议讨论的备忘录清单，内容包括七项：第一，"二十一条"和山东问题；第二，归还租借地；第三，取消在华领事裁判权；第四，归还在华各地租界；第五，撤退外国军队；第六，取消外国在华设立的邮电机构；第七，恢复中国关税自主。但真正进入会议议程的只有山东问题。

1月底，"十人会议"第一次开会，中国代表顾维钧、王正廷出席。中、日双方就山东问题阐述各自立场，日本代表牧野男爵第一天首先发言，声称尊重日中之间的"成约"，山东问题应在日、中两国之间，以双方所商定之条约、协议为基础来解决。第二天中国代表顾维钧据理力争，他从山东的历史、地理、文化诸方面说明："胶州租借地、胶州铁路及其他一切权利，应直接交还中国。青岛完全为中国领土，当不容有丝毫缺失。三千六百万之山东人民，有史以来，为中国民族，用中国语言，信奉中国宗教。"中日间的密约，中国系被迫签订，且为一种临时办法，应该由和会做最后之审查解决。[1] 顾维钧的发言赢得与会中外代表的热烈鼓掌，西方国家政要对顾维钧更是刮目相看。消息传至国内，朝野上下纷纷发贺电表示支持。

2月初，日本驻华公使小幡酉吉得到日本政府训令，对中国代表发表此等言论提出抗议。中国舆论闻此讯大哗。北京政府外交部随后发表声明："中日两国现正谋亲善之实现，更不应有何误解，盼望我两国代表在巴黎会议场中，勿再生何等之误会，庶合于相互对等主义维持之世界和平之旨。"[2] 同时外交部与在瑞士的陆徵祥保持联系，赋予陆在中国代表团内的总裁之权，以攘夺王、顾二人的提案权。

按照国际公法和惯例，中德之间的条约随着战争结束应该自然失效，德国在山东的一切权益应归还中国，中方秉承此原则继续活动。3月中旬，中国代表向和会提交了包括"二十一条"及解决山东问题的换文等各项相关文件。但日本以武装占领的既成事实和1918年9月段祺瑞政府"欣然同意"与日本订约（指山东问题换文）为借口，拒绝中国的要求，蛮横地坚持德国在山东的一切权益应无条件地转让给日本。英、法两国因与日本于1917年签有密约，故站在日本一边。美国提出德国在山东的各项权益由和会暂收，遭到日本的拒绝；美国又提出德国在山东的各项权益交由五国共管的建议，日本以其"在中国有特殊利益"为由再次拒绝。美国遂转向与日本妥协。4月下旬，美国总统威尔逊、英国首相劳合·乔治、法国总理克里孟梭接见了中国代表陆徵祥、顾维

---

[1] 王芸生编著：《六十年来中国与日本》第7卷，生活·读书·新知三联书店1981年版，第264—267页。

[2] 《中国大事记》，《东方杂志》第16卷第3号，1919年3月，第228—229页。

钧，向中国政府通报最高会议提出的解决山东问题的提案：日本将获得胶州湾租借地和中德条约所规定的全部权利，然后再由日本把租借地归还中国，但归还之后仍享有全部经济权利，包括胶济铁路在内。对此，中国代表指出，1915年中日签订的"民四条约"，是中国在日本提出最后通牒后被迫签订的，至于1918年9月的换文，只是该条约的继续。和平时期的条约，如系以战争威胁迫签，则可视为无效，这是公认的国际法准则。① 但是中方的辩论没有奏效。中国代表向和会再交提案，分送美、英、法三国，提出四项要求："一、胶州为交还中国起见，先交五国暂收；二、日本承认于对德和约签字日起一年以内实行上条之交还；三、中国重视日本因胶州军事所有费用等，愿以款项若干作为报酬，其数额由四国公决；四、胶州湾全部开作商埠，如有必需之处，亦可划一区域作为专区，任缔约国人民居住通商。"② 如此妥协的提案，也未被理睬。

4月底，英、美、法三国举行会议，在中国代表不在场的情况下，秘密议定了巴黎和会有关山东问题的条款，将德国在山东的一切权益让与日本。

巴黎和会是帝国主义列强的一次分赃会议，其目的是重新分配殖民地和划分势力范围。然而在会前和会议进行中，中国政府和各界人士对这次会议抱有不切实际的幻想。1918年11月，德国战败的消息传到北京，朝野各界人士欢呼雀跃，举行庆祝胜利大会，蔡元培、胡适等知名人士发表热情洋溢的演讲，陈独秀在《每周评论》的发刊词中撰文称赞美国总统威尔逊是"世界上第一个大好人"。"公理战胜强权"成为社会上一句流行的口头禅，成为人们对第一次世界大战结果的共识。最初中国各界对处理善后的巴黎和会以及美国总统威尔逊抱有极大的企盼，当外交失败的消息传至北京后，人们所抱的希望化成了泡影，因挫败所产生的不满情绪以及由此引发的爱国热情像火山一般迅速爆发出来。

二、五四运动的爆发及意义

5月1日，上海《大陆报》以北京通讯首先披露中国外交失败的消息："政府接巴黎中国代表来电，谓关于索还胶州租借之对日外交战争，业已失败。"5月2日，身为徐世昌总统顾问和总统府外交委员会委员兼事务长的林长

---

① 中国社会科学院近代史研究所译：《顾维钧回忆录》第 1 册，中华书局 1983 年版，第 197、199 页。

② 王芸生编著：《六十年来中国与日本》第 7 卷，生活·读书·新知三联书店 1981 年版，第 308 页。

民在《晨报》发表《外交警报敬告国民》一文，证实了这一噩耗。外交失败的消息见诸报端，像一把火点燃了蓄积在国人心中的怒火。

5月2日，蔡元培召集北大学生百余人开会，沉痛地报告了中国在巴黎和会上外交失败的消息，号召同学们奋起救国。随即国民社成员在北大西斋饭厅召开紧急会议，决定于5月3日（星期六）晚7时在北大三院法科礼堂举行全体学生临时大会，并邀请北京13个中等以上学校代表参加。

5月3日夜晚，北大一千多学生挤满了法科礼堂，北京高师、法政专门、高等工业等十几所学校也派代表参加。发言的学生代表情绪激昂，悲愤填膺。经大家集体商议，一致作出四项决定：（一）联合各界一致力争；（二）通电巴黎专使，坚持和约上不签字；（三）通电全国各省市于5月7日国耻纪念日举行群众游行示威运动；（四）定于5月4日（星期日）齐集天安门举行学界大示威。[①]

5月4日下午，北京十多所高校的3000余名学生，从四面八方赶到天安门集合，学生们手执各种旗帜、标语，上面书写"还我青岛""收回山东权利""拒绝和约签字""取消二十一条""抵制日货""宁为玉碎，不为瓦全""外争国权，内惩国贼""诛卖国贼曹汝霖、章宗祥、陆宗舆"等字样。集会上有人演说，有人呼喊口号，有人散发传单，要求惩办交通总长曹汝霖、币制局总裁陆宗舆、驻日公使章宗祥这三个亲日派官员。浩浩荡荡的学生队伍走出中华门，开始游行。队伍行至东交民巷的西口，被巡捕阻挡于铁栅栏之外。于是，愤怒的学生队伍转而涌到了赵家楼胡同前街的曹汝霖宅，一拥而入，北京高师学生出于一时激愤，放火烧了曹宅。躲在屋内的章宗祥见大火燃起，夺路而逃，被学生追上痛打了一顿，幸亏警察赶到才保住性命，这就是震惊中外的"火烧赵家楼"事件。随后，军警逮捕了在场学生32人。

5月5日，北京各大专学校实行总罢课，声援被捕的学生。北京中等以上学校成立学生联合会，各校代表一致议决：呈请各校长要求总统释放被捕的学生，联合上书大总统，要求惩办曹、章、陆三个卖国贼；致电巴黎专使，对于青岛问题，誓死力争，决不签字。与此同时，北京总商会为学生被捕事件召开紧急会议，决议以实力赞助学生，营救被捕的学生。北京女师发起北京各女校代表集会，商议救国办法，决定以通电、通告形式，呼吁全国女界同胞奋起救国。

---

① 许德珩：《五四运动六十周年》，中国社会科学院近代史研究所编：《五四运动回忆录》（续），中国社会科学出版社1979年版，第51页。

1919 年 5 月 4 日，北京数千名青年学生在天安门前集会，游行示威，抗议巴黎和会

采自《五四运动》画册，文物出版社 1959 年版。

　　面对一场正在兴起的爱国运动，北洋政府一方面迫于社会各界的压力，释放被捕学生；一方面对于学生的爱国行动和各界的声援继续采取高压政策，颁令严禁抗议公告，禁止学生集会、游行示威，逼走同情学生的北京大学校长蔡元培和教育总长傅增湘。

　　5 月 19 日，北京十几所专门以上学校实行总罢课，参加的学生有 2.5 万人。学生们发表罢课宣言，组织讲演团，开展抵制日货运动，发行爱国日刊，筹组"护鲁义勇队"。在北京学生的爱国行为影响和带动下，全国各地的学生迅速行动起来。山东各界在济南举行国耻纪念大会，要求力争青岛，惩办卖国贼，释放被捕学生。天津 15 所大中学校学生举行罢课，发布罢课宣言。上海全市 52 所中等以上学校的 2 万多名学生举行罢课宣誓大会，并游行示威。此外，南京、杭州、重庆、南昌、武汉、长沙、厦门、济南、开封、太原等城市的学生也纷纷起来响应，先后宣告罢课，支持北京学生反对北洋政府的斗争。

　　随着各地学生运动的影响不断扩大，北洋政府对学生的镇压措施也不断升级。6 月 3 日，北京数以千计的学生涌向街道，开展大规模的宣传活动，军警逮捕 170 多人。学校附近布满了大批军警，戒备森严。次日，又逮捕学生 700

余人，从而引发了新一轮更大规模的全国性的抗议活动。

从5月4日到6月3日，运动主要以北京为中心，各大、中学校的学生是运动的主力。此阶段的斗争沉重地打击了帝国主义和北洋军阀的反动统治，唤起了其他阶层人民的爱国热情，充分显示了新知识分子的爱国先锋作用。6月3日，北洋政府逮捕大批北京学生，此举激起了全国各阶层民众的愤怒。工人阶级挺身而出，举行罢工；商人行动起来，举行罢市。从6月5日开始，五四运动发展到了一个新的阶段，斗争形势出现新的特点，参加运动的成员由先前以学生为主，转变为以工人阶级为主力，包括城市市民、工商业者在内的各个阶层，运动的中心也由北京转移到了上海。

上海是近代中国最大的工业城市。"五四"前后，生活在这座城市的工人阶级有50余万人，约占全市人口的一半。上海还是一个教育、文化发达的城市，这里汇聚着数量众多的学校、出版、报刊、新闻、娱乐等机构。全市拥有中等以上学校的学生两万多人，仅次于北京。6月5日，上海工人自发行动起来，开始大规模罢工，以实际行动支持北京的学生运动。各界举行联席会议，决定罢市，并成立上海各界联合会。"罢工、罢课、罢市"的三罢斗争格局形成。一个美国新闻记者说："在战争结束后来到上海的新时代中，苦力崛起而为这个新时代的最重要的特征。""上海的新兴的无产阶级转入行动，急进和爱国的学生找到了最有力的同盟者。"① 6月5—11日，上海参加罢工的工厂企业达50多家，参加罢工工人前后有六七万人。工人罢工的强大呼喊，震撼了上海这座长期被帝国主义控制的东方大都市。

面对强大的社会舆论压力，北洋政府决定罢免曹汝霖、陆宗舆、章宗祥，五四运动取得了阶段性的胜利。6月中旬以后，商人恢复开市，工人相继复工，学生停止罢课。

上海工人罢工很快波及全国各地，22个省150多个城市有不同程度的反应，罢课、罢工、罢市的斗争风起云涌。6月11日，陈独秀到北京前门外闹市区散发他参与撰写的《北京市民宣言》，宣言要求北京政府对日外交，"不抛弃山东省经济上之权利，并取消民国四年七年两次密约"；"免除徐树铮、曹汝霖、陆宗舆、章宗祥、段芝贵、王怀庆六人官职，并驱逐出京"。声明"倘政府不愿和平，不完全听从市民之希望，我等学生、商人、劳工等，惟有直

---

① ［美］霍塞著：《出卖上海滩》，赵明译，上海书店出版社1962年版，第102、104页。

接行动，以图根本之改造"①。这一宣言既为全国人民指明了新的斗争目标，又向北洋政府提出了严正警告。从此，拒签和约成为五四爱国运动继续推进的主要目标。各地人民以不同形式向在巴黎和会的中国代表表达拒签和约的呼声，在巴黎和会的中国代表收到来自各种团体和个人的拒签和约电报达七千多封。

国内强大的拒签和约呼声，对远在巴黎和会的中国代表形成巨大压力，居住在巴黎的中国各界人士也坚决要求拒签。整个5月至6月上旬，中国代表"都在全力以赴敦促修改方案"。但是与其他协约国的谈判没有取得成功，中方代表深感失望，表示不能保留山东问题就会拒绝签字。北洋政府的态度则十分暧昧，先前训令"签字"，后来电谕陆徵祥"自行决定"，最终在签字结束后才发出"拒签"的电报。旅居巴黎的中国各界人士包围中国代表团住所，不准中国代表前往签字。6月28日为巴黎和约签字之日，在国内舆论和旅居巴黎的中国各界人士合力促成下，中国代表最终拒绝签字。这是自鸦片战争以来中国外交代表第一次在涉及中国国家权益的国际交涉中，真正按照中国人民的意愿作出选择。

五四运动是中华民族走向伟大复兴的新的历史起点，具有重大的历史意义。

首先，五四运动是一次伟大的群众爱国运动。以工人、商人、学生和市民为代表的各个阶级、阶层实现了联合，群众的参与具有空前的广泛性。斗争的矛头直指帝国主义和北洋政府，表现出彻底的反帝反封建的爱国精神，为后来的革命运动奠定了重要的思想和社会基础。

其次，五四运动是一场深刻的思想解放运动。它使中国人民对帝国主义侵略的本质和军阀统治的黑暗有了进一步的认识，大大提高了中国人民反帝反封建的觉悟，促进了新思潮的历史性转向。

最后，五四运动揭开了中国新民主主义革命的序幕。在这场运动中，无产阶级登上政治舞台，人民力量得到广泛发动，马克思主义得以广泛传播，这为中国共产党的成立做了阶级、思想、干部上的准备。五四运动是近代中国革命的历史转折点，它宣告了中国资产阶级领导的旧民主主义革命阶段的结束，标志着无产阶级领导的新民主主义革命阶段的开端，成为世界无产阶级社会主义革命的一部分。

---

① 陈独秀：《北京市民之宣言》，《民国日报》1919年6月14日，第二张第六版。

三、各种新思潮的涌入

随着新文化运动的推进，各种外来新思潮纷纷涌入中国。"五四"以后，以传播、研究新思潮为旨趣的社团、刊物激增，据统计，"五四"以前的进步社团只有北京的国民社、新潮社、工学会、少年中国学会、北京大学平民教育讲演团，武汉的互助社，长沙的新民学会等，"五四"以后一年多时间发展到三四百个；鼓吹新思潮、新文化的刊物亦从此前的《新青年》《每周评论》《新潮》等屈指可数的几种猛增到四百余种。这一时期，西方学者杜威、罗素等应邀来华讲学，介绍了西方社会文化思潮的新变动。与以往主要依靠传教士传播和翻译介绍西方文化的途径相比，明显有了新的推进。从这个意义上说，五四时期是中西思想大交融的新阶段。在当时传播的各种新思潮中，实验主义、基尔特社会主义、无政府主义、易卜生主义、新村主义的影响较大。

实验主义是在美、英等国兴起的一股哲学思潮，它由皮尔士提出，经过詹姆斯、席勒、杜威的发展，逐渐成为一大哲学流派。胡适是实验主义在中国的代表。1919年4月他在负责编辑《新青年》6卷4号时，刊发了长文《实验主义》，系统介绍了这一派哲学的源流及其主要代表皮尔士、詹姆斯、杜威的哲学理论，特别是对杜威"经验就是生活"的根本观念，怀疑、假设、证明的思维术和"教育即是生活""教育即是继续不断的重新组织经验，要使经验的意义格外增加，要使个人主宰后来经验的能力格外增加"①的教育哲学做了详尽的阐释。同年5月，美国哥伦比亚大学教授杜威应邀来华讲学，他先后在上海、北京、天津、江苏、山西、湖南等地巡回讲演，大力介绍他的实验主义哲学思想和"平民教育"思想，他的学生胡适、蒋梦麟、陶行知、郭秉文等随侍左右，为其演讲造势。杜威演讲录被结集为《杜威五大演讲》出版，在五四时期的中国知识界产生了较大反响。胡适宣称，杜威是自中西文化接触以来，西方在中国最有影响力的思想家。由于哥伦比亚大学的中国留学生在当时教育界颇有势力，因此实验主义对"五四"以后中国教育界的影响亦较为深远。

著名哲学家罗素是五四时期另一位在中国颇具影响力的西方思想家。1920年9月，罗素来到中国，在中国各地巡回演讲，前后约10个月。其演讲译成中文后见诸当时各大报刊的有：《布尔什维克与世界政治》《教育之效用》《物的分析》《社会结构学》《社会主义》《中国人到自由之路》等。罗素鼓吹世界主

① 胡适：《杜威的教育哲学》，《新教育》1919年第1卷第3期。

义，对俄国十月革命后建立起来的无产阶级专政多有批评；反对阶级斗争，倡导和平进入社会主义；认为中国现阶段实业不发达，没有资本主义社会的阶级差别和阶级矛盾。罗素鼓励知识分子和青年学生参与社会实际改造运动，号召知识分子投身政治。罗素认为，中国尚缺乏资本主义的经济基础，主张中国当务之急是发展实业、兴办教育。经过在中国 10 个月的观察，他对中国的看法有了改变。1921 年 7 月，他以《中国到自由之路》为题发表临别演讲，明确而郑重地提出了自己对中国发展道路问题的建议。他说："怎样能够发展中国的实业，同时又能免除资本主义的流毒？这是一难题。"他表示，中国政治改革不能走西方的道路，"俄国政策适合中国"，"求国民的知识快点普及、发达，实业不染资本主义的色彩，俄国式的方法是唯一的道路了"。① 他给中国人的最终建议是：以俄为师。这在当时的中国思想界引起了震动。

无政府主义自 20 世纪初传入中国，到五四时期成为一股具有重要影响的外来思潮。无政府主义主张个人绝对自由，反对强权和国家，痛恨阶级压迫和资本主义制度，企图通过宣传教育和暗杀等手段建立一个没有国家机器、没有阶级压迫、没有家庭婚姻制度约束，社会平等、工作自由、互助互爱的新型社会。1917 年北京大学学生组织了无政府主义社团——实社，重要骨干有黄凌霜、区声白、李震瀛等；1918 年吴稚晖在上海创办《劳动》杂志，宣传无政府主义。1919 年无政府主义组织实社等四个小团体合并组建了进化社，创刊《进化》杂志。"五四"以后，无政府主义获得进一步发展，据不完全统计，此时宣传无政府主义的书刊达 70 余种，社团近 50 个，这些刊物和社团存留时间大多较短，昙花一现。有些刊物虽非无政府主义的专有阵地，但也刊载有关无政府主义的文章，如《新青年》6 卷 5 号就发表了《巴枯宁传略》和黄凌霜具有无政府主义倾向的《马克思学说的批评》。无政府主义对于那些对旧家庭、旧制度、旧文化充满绝望而又彷徨无助的青年来说具有很大吸引力，成为他们借以发泄个人愤激情绪的一种思想理论。

易卜生主义以挪威著名戏剧家易卜生的思想而得名。易卜生在处理个人与社会的关系时，以为社会往往用"专制"摧折个人的个性，压制个人自由独立精神。为发展人的个性，需要两个条件：一是"须使个人有自由意志"，二是

---

① ［英］罗素：《中国到自由之路》，袁刚等编：《中国到自由之路——罗素在华讲演集》，北京大学出版社 2004 年版，第 303 页。

"须使个人担干系，负责任"，这是一种健全的个人主义精神。1918 年《新青年》4 卷 6 号推出"易卜生号"，发表了胡适的论文《易卜生主义》、罗家伦和胡适合译的《娜拉》、陶孟和译的《国民公敌》、吴弱男译的《小爱友夫》和袁振英的《易卜生传》，首次向国人系统推介了易卜生这位欧洲现代戏剧之父。其中胡适的《易卜生主义》一文对易卜生思想和戏剧的介绍尤具感染力，在当时产生了强烈反响。1919 年，《新潮》又刊出了潘家询译的《群鬼》，易卜生的戏剧作品《娜拉》等也被搬上了舞台，易卜生的作品及其思想随之流行一时，成为五四时期青年追求个性解放的重要思想动力。

新村主义是一种空想社会主义学说，它一方面提倡"协力的共同生活"，一方面又赞美个性，试图通过和平的、示范型的"共产村"实验，建立一个理想的社会——"新村"。19 世纪法国、美国的农村出现过"新村"，1910 年，日本武者小路实笃在《白桦》杂志上开始宣传"新村主义"。周作人是新村主义的极力鼓吹者，他早在日本留学时就曾接触到武者小路实笃的思想学说，并于 1919 年亲赴日本九州考察日向的新村。他在《新青年》等刊物上发表了《日本的新村》《新村的精神》等一系列宣传新村主义的文章，成为新村主义在中国的代言人。新村主义所畅想的那种既读书、又劳动，无剥削、无强权，充分伸展个性的田园诗般的生活，对五四时期的新青年具有强烈的吸引力。毛泽东、蔡和森、恽代英等曾躬行实践过这一主张，蔡元培、李大钊也撰文赞扬这一思想学说。

第三节　中国共产党成立

一、俄国十月革命的影响与马克思主义的传播

20 世纪初，中国社会阶级关系的变化和新的革命力量的成长，为人民革命的到来创造了客观的社会基础。特别是工人阶级队伍的壮大，为中国共产党的创建奠定了阶级基础。与此同时，第一次世界大战对西方资本主义制度的冲击，俄国十月革命的胜利和欧亚革命浪潮的高涨，则为人民革命的兴起提供了必要的时代条件和国际环境。在这种情况下，中国先进知识分子接受、传播马克思主义并建立中国共产党，就具备了现实的可能性，而将这种可能性转变为必然性，则是在五四运动的影响下实现的。

近代以来，中国先进分子一直把西方视为富强文明的化身，并历尽艰辛努

力学习西方，以救亡图存。但是，"先生老是欺负学生"，一些先进的中国人对西方文化开始产生怀疑和失望情绪。第一次世界大战的进行与巴黎和会的召开，暴露了资本主义制度的严重弊端和内在缺陷，中国知识阶层普遍对西方资本主义制度产生怀疑，开始转而向社会主义苏俄学习，开始研究、接受和宣传马克思主义。

早在俄国十月革命以前，中国就已有人开始译介马克思、恩格斯的著作。真正从信仰的角度传播马克思主义，则是在俄国十月革命以后。俄国十月革命的胜利，极大地鼓舞了中国人民和中国的先进分子，对中国革命产生了巨大影响。毛泽东说："十月革命一声炮响，给我们送来了马克思列宁主义。"[①]十月革命后，马克思主义主要是通过两条渠道传入中国：一条是日本。早在辛亥革命前后，许多在日本留学的革命志士在寻求救国救民的真理时，将目光投向了当时在日本颇有影响的西方社会主义思想，开始接触和思考社会主义理论，并与之产生思想共鸣。"五四"前后，在中国接受和传播马克思主义的李大钊、陈独秀、李达、董必武、李汉俊、陈望道、施存统、杨匏安等即是从日本留学归来的。他们通过阅读日本报刊和书籍，接触到马克思主义著作和十月革命的真实信息，从而开始转变自己的思想。另一条是法国。据粗略统计，1919年至1920年，赴法勤工俭学的中国学生达1600人左右。他们中间不少人通过接触马克思学说，接受了共产主义思想影响，这些人包括张申府、周恩来、蔡和森、蔡畅、向警予、徐特立、陈毅、邓小平等，他们通过各种途径努力把马克思主义介绍到国内。

李大钊是中国传播马克思主义的第一人。他早在1918年7月《言治》第3册发表的《法俄革命之比较观》一文就指出："俄罗斯之革命是二十世纪初期之革命，是立于社会主义上之革命，是社会的革命而并着世界的革命之彩色。"[②]法国大革命所代表的时代已经过去，法、英等国已无力再向上发展，只有俄国革命代表了整个世界的一种新的向上力量。同年11月15日在《新青年》5卷5号发表《庶民的胜利》《Bolshevism的胜利》两文，李大钊强调"1917年的俄国革命，是廿世纪中世界革命的先声"。他分析了第一次世界大战发生的"真因"，揭露了帝国主义的本质和必然灭亡的命运，指出欧战的胜利

---

① 毛泽东：《论人民民主专政——纪念中国共产党二十八周年》（1949年6月30日），《毛泽东选集》第4卷，人民出版社1991年版，第1471页。

② 李大钊：《法俄革命之比较观》，《言治》第3册，1918年7月。

"不是联合国的胜利；更不是我国徒事内争托名参战的军人，和那投机取巧卖乖弄俏的政客的胜利；是人道主义的胜利；是平和思想的胜利；是公理的胜利；是自由的胜利；是民主主义的胜利；是社会主义的胜利；是 Bolshevism 的胜利；是赤旗的胜利；是世界劳工阶级的胜利，是廿世纪新潮流的胜利。这件功业，与其说是威尔逊等的功业，毋宁说是列宁……的功业是马客士的功业"。"试看将来的环球，必是赤旗的世界。"① 这实际上指出中国革命的新方向必须走俄国革命的道路。

1919 年李大钊在负责编辑《新青年》6 卷 5 号时，专门开辟了"马克思研究专号"，发表长文《我的马克思主义观》，这是国内首篇较为系统地介绍马克思主义的重要文献。该文对唯物史观、政治经济学和科学社会主义做了全面的阐释，指出这三个组成部分"都有不可分割的关系，而阶级竞争恰如一条金线，把这三大原理从根本上联络起来"。此文的发表，标志着李大钊已经转变成为一个马克思主义者。同期发表的还有顾兆雄的《马克思学说》、刘秉麟的《马克思传略》等文。1920 年 10 月，李大钊在北京大学首度开设"唯物史观"课程。在李大钊的影响下，北大成立了"亢慕义斋"，后来又成立了马克思学说研究会。

"五四"以后，马克思主义传播日益扩大。1919 年 12 月，陈独秀重新主编《新青年》，从第 7 卷开始，该刊发展成为宣传社会主义的主要阵地，1920 年 5 月出刊"五一劳动节专号"。与此同时，北大师生创办的《每周评论》《国民》《新潮》，国民党系统的《民国日报》的《觉悟》副刊《建设》，研究系主办的《时事新报》副刊《学灯》、《晨报副刊》等也大力宣传社会主义新思潮。《国民》杂志登载了《共产党宣言》的节译和《马克思资本论自叙》《苏维埃俄国底经济组织》等文。《晨报副刊》开辟了"马克思研究"专栏，经常刊登马克思、列宁的著作以及介绍全世界劳工运动、第三国际的文章。1919 年 11 月、12 月间，杨匏安在《广东中华新报》"世界学说"专栏连载了长文《马克思主义》，对马克思学说产生的历史背景及其各个组成部分做了详尽介绍。1920 年 8 月，陈望道翻译的《共产党宣言》在上海出版，这是最早的中文全译本。虽然当时宣传、介绍马克思主义者的政治派别和思想动机并不一致，但反映了"五四"以后中国新思想界渴望了解马克思主义的共同愿望。

---

① 李大钊：《庶民的胜利》《Bolshevism 的胜利》，《新青年》5 卷 5 号，1918 年 10 月 15 日。

随着马克思主义在中国的迅速传播和俄国十月革命在中国的广泛影响，新文化运动的阵营逐渐分化，思想界出现了论战。首先是需要不需要马克思主义的论战，这就是所谓"问题与主义"论战。在新文化运动中发挥过重要作用的胡适，1919 年 7 月在《每周评论》发表《多研究些问题，少谈些"主义"！》一文，反对马克思主义的传播，宣传改良主义。1919 年 8 月，李大钊发表《再论问题与主义》一文做了批驳，阐明"问题与主义"是交相为用，并行不悖的，研究社会问题，必须有共同的主义作准则；阐明了中国的问题必须从根本上寻求解决的革命主张。

另一场是关于社会主义是否适合中国国情的论战。1920 年 11 月，研究系的主要成员张东荪发表了《由内地旅行而得之又一教训》《现在与将来》，梁启超与之唱和，发表《复张东荪书论社会主义运动》等文章，他们反对中国走俄国式的道路，反对阶级斗争，认为"中国的唯一病症就是贫困"，"救中国只有一条路，一言以蔽之，就是增加富力"。他们的主张遭到了陈独秀、李达、陈望道等马克思主义者的反击，《新青年》8 卷 4 号开辟"关于社会主义讨论"专栏，对张、梁的"基尔特社会主义"论调予以批驳。这一论争分清了马克思主义与非马克思主义在社会主义问题上的认识差异。

马克思主义与无政府主义的斗争是 1920 年新思想界另一场引人注目的斗争。无政府主义的主要代表黄凌霜发表《马克思学说的批评》《我们反对"布尔扎维克"》等文，系统批评马克思主义，反对无产阶级专政的国家理论，攻击布尔什维克为"独裁"，提倡克鲁泡特金的无政府共产主义。黄凌霜等人的言行不可避免地引发了一场与马克思主义者的冲突。对无政府主义的斗争主要是在《共产党》月刊第 1 期到第 5 期展开，陈独秀、李达、蔡和森等年轻的共产党理论家强调无产阶级政权和革命专政的必要性，对无政府主义笼统地否定国家、政治和强权的理论，以及所宣传的"绝对自由"做了反驳。这一论争对于消除无政府主义的消极影响，争取更多的青年信仰马克思主义有积极意义。

二、中国共产党早期组织的建立与第一次全国代表大会

五四运动后，随着马克思主义的传播和工人运动的迅速发展，中国早期的马克思主义者开始创建无产阶级政治组织。

陈独秀、李大钊等一批初步共产主义者，经常在工人中宣传马克思主义，

讲解革命道理，组织工人进行斗争。在此基础上，各地先后成立了一些中国共产党的早期组织。1920年4月，俄共（布）远东局海参崴分局派维经斯基等一行来华，了解中国情况，考察能否在上海建立共产国际东亚书记处。他们先在北京会见了李大钊，后由李大钊介绍到上海会见陈独秀。从5月开始，陈独秀邀约李汉俊、李达、俞秀松等人多次商谈建党问题。8月，陈独秀在上海成立了共产党组织，并担任书记。当时这一组织在全国范围内起到了建党的发起组和联络中心的作用。10月，北京共产党组织成立，李大钊为书记。11月在上海创刊的《共产党》月刊成为新成立的共产党组织的机关刊物。从1920年秋至1921年春，武汉、长沙、济南、广州等地先后建立起共产党组织。在欧洲和日本，中国留学生和侨民中的先进分子也建立了共产党组织。当时这些组织名称不一，有的叫共产党，有的称共产党小组或支部。各地共产党组织建立后，积极开展工作，推动了马克思列宁主义与中国工人运动的革命实践相结合，这样，正式成立中国共产党的组织条件逐渐成熟。

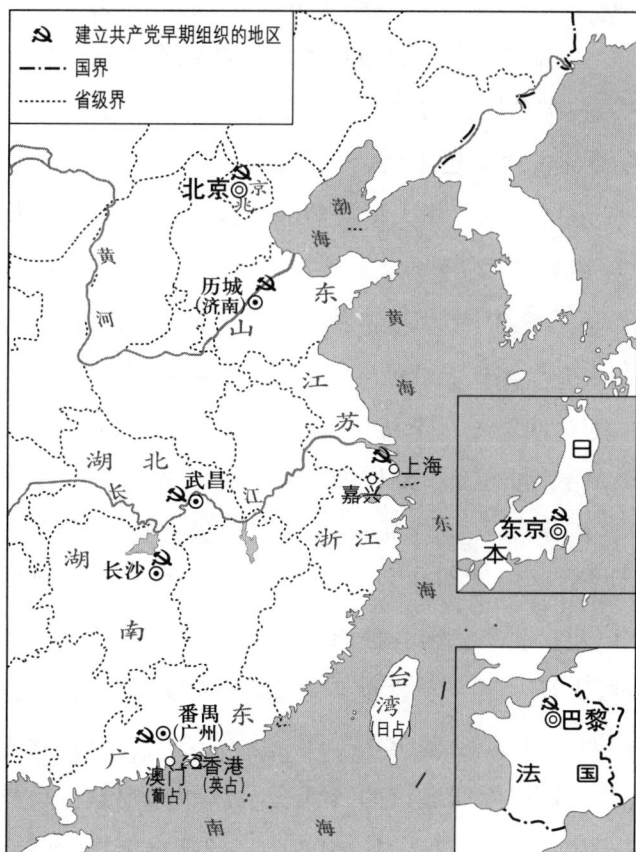

共产主义小组分布示意图

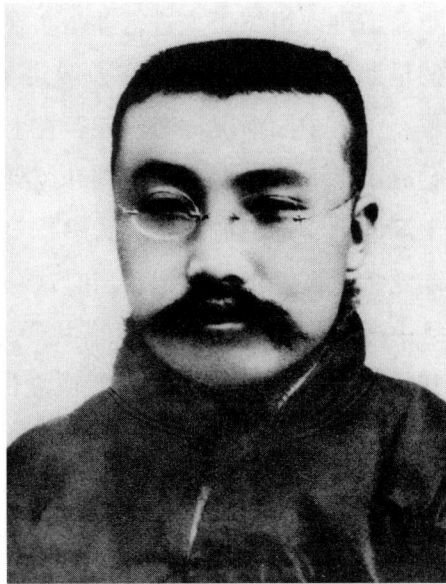

中共建党时期的领袖人物陈独秀、李大钊

采自《五四运动》画册，文物出版社 1959 年版。

　　1921 年 6 月，上海共产党组织通知各地共产党组织或小组，派代表到上海参加中国共产党第一次全国代表大会。7 月下旬，除旅法共产党组织未能派代表外，其他各地代表陆续抵达上海。由于当时革命活动尚处于秘密状态，所以，参加会议的外地代表以北京大学暑假旅行团的名义统一安排居住在临时租借的私立博文女校内。

　　1921 年 7 月 23 日，中国共产党第一次全国代表大会在上海法租界望志路 106、108 号李汉俊之兄李书城家里（现为兴业路 76 号）秘密举行。出席会议的各地代表为 13 人，他们是：李达、李汉俊、董必武、陈潭秋、毛泽东、何叔衡、王尽美、邓恩铭、张国焘、刘仁静、陈公博、周佛海，以及由陈独秀指定的代表包惠僧。他们代表了全国 50 多名党员。共产国际代表马林和共产国际远东局的尼克尔斯基出席了会议。对党的创立作出重要贡献的陈独秀、李大钊，当时分别在广州、北京，因各种原因未能出席大会。

　　会议分两阶段进行。第一阶段是 7 月 23—30 日在上海，召开了六次会议。共产国际代表马林和尼克尔斯基出席了第一天的会议，马林后来还出席了第六次会议。他们代表共产国际对会议的召开表示热烈的祝贺，马林介绍了共产国际的情况，接着拟订了会议日程。各地代表汇报各自工作，并交流了经验。大会休会期间，由党纲起草委员会起草党的纲领和今后工作计划。接下来，与会代表连续三天详细讨论了党的纲领和工作计划，取得了基本一致的意见。举行第六次会议时，突然有一陌生男子闯进了会场，自称走错了地方。其实此人是法租界巡捕房的一个暗探。他的行动引起了与会人员的警觉。会议立即中断，代表们迅速分头离开。十几分钟后，法国巡捕赶来，包围并搜查了会场，但一无所获。在李达夫人的提议下，代表们决定到她的家乡嘉兴南湖去开完最后一次会议。8月初，会议进入第二阶段，代表们在南湖一艘游船上举行了第七次会议。共产国际两位代表和陈公博未出席。会议通过了《中国共产党第一个纲领》《中国共产党第一个决议》，选举了党的领导机构。至此，党的第一次全国代表大会胜利闭幕。

《中国共产党第一个纲领》对党的名称、党的性质、党的政治主张、党的奋斗目标和组织原则做了明确规定，对党与其他政党的关系做了系统阐述。党的名称为中国共产党；党的奋斗目标是与无产阶级一起推翻资本家阶级的政权，必须支援工人阶级，消灭资本家私有制，承认无产阶级专政，直到阶级斗争结束，即直到消灭社会的阶级区分；党的组织分地方委员会和中央执行委员会两级，地方委员会接受中央执行委员会的监督。①

中共一大通过的《中国共产党的第一个决议关于当前实际工作的决议》②，确定党成立后的中心任务是组织工会和用共产主义精神教育工人，领导工人运动，对党领导工人运动的任务、方针、政策和方法都提出了规定和要求。

中共一大选举党的领导机构为中央局：陈独秀担任中央局书记，张国焘负责组织工作，李达负责宣传工作。之所以选举陈独秀为党的负责人，主要是因为他主编的《新青年》在社会上产生了很大影响，他在宣传社会主义以及在党的创建过程中作出了特殊贡献。

党的第一次全国代表大会正式宣告了中国共产党的诞生。从此，在中国出现了一个完全新式的，以马克思列宁主义为其行动指南的，以实现社会主义和共产主义为奋斗目标的全国性的无产阶级政党。这是中国历史上开天辟地的大事件。中国共产党的成立，适应了近代以来中国社会进步和革命发展的客观需

---

① 《中国共产党的第一个纲领》没有中文本，是根据中共驻共产国际档案俄文本译出的。见中央档案馆编《中共中央文件选集》第1册，中共中央党校出版社1989年版，第3—5页。在"必须支援工人阶级"下，编者注释指出："英文稿此句为'以无产阶级革命军队推翻资产阶级，由劳动阶级重建国家'。"

② 《中国共产党的第一个决议》，英文标题为《中国共产党关于（奋斗）目标的一个决议》，见中央档案馆编《中共中央文件选集》第1册，中共中央党校出版社1989年版，第6—8页。

要，是近代中国历史和中国人民选择的必然结果。自从有了中国共产党，灾难深重的中国人民就有了可以信赖的组织者和领导者，中国革命就有了坚强的领导力量，"从此，中国人民谋求民族独立、人民解放和国家富强、人民幸福的斗争就有了主心骨，中国人民就从精神上由被动转为主动"[①]。"自从有了中国共产党，中国革命的面目就焕然一新了。"[②]

三、中共二大的召开和民主革命纲领的提出

中国共产党成立后，加强了对工会、青年、妇女运动的领导，各省的地方组织发展很快，北京、广东、湖南、湖北、山东、江苏、安徽、四川等地陆续建立地方党组织。为更好地组织和团结全国各工人团体，推动工人运动的蓬勃发展，1922 年 5 月上旬，中共领导的中国劳动组合书记部在广州举行了第一次全国劳动大会，参加会议的代表 173 人，代表了 12 个城市 34 万有组织的工人。大会通过《八小时工作制》《罢工援助》和《全国总工会组织原则》等决议案，决定在全国总工会成立以前，中国劳动组合书记部为全国工人组织的总通讯机关。1922 年 5 月，中国社会主义青年团在广州召开了第一次全国代表大会，制定了团的纲领和章程，选举了由施存统任书记，蔡和森、张太雷、俞秀松、高尚德等人组成的中央委员会，并通过了加入"少共国际"的决议。团的组织成立后，成为党领导青年运动的得力助手。

1922 年 1 月 21 日至 2 月 2 日，共产国际在莫斯科召开远东各国共产党及民族革命团体第一次代表大会。大会根据列宁的民族和殖民地革命理论，指出远东各被压迫国家人民面临的首要任务是进行反对帝国主义、封建主义的民族民主革命。出席大会的中国代表团由 44 人组成，其中中共党员 14 人。随着革命形势的发展和党对中国国情与中国民主革命问题认识的深化，制定党的民主革命纲领既成为客观需要，又具备了主观条件。在这种情况下，中国共产党召开了第二次代表大会，完成了这一重要历史使命。

中国共产党第二次全国代表大会于 1922 年 7 月 16 日至 23 日在上海举行。第一次全体会议在上海英租界南成都路辅德里 625 号（今成都北路 7 弄 30 号）

---

① 习近平：《决胜全面建成小康社会 夺取新时代中国特色社会主义伟大胜利——在中国共产党第十九次全国代表大会上的报告》，《人民日报》2017 年 10 月 28 日第一版。

② 毛泽东：《全世界革命力量团结起来，反对帝国主义的侵略》（1948 年 11 月），《毛泽东选集》第 4 卷，人民出版社 1991 年版，第 1357 页。

李达的寓所开幕。出席大会的有中央局成员、党的地方组织的代表和参加远东各国共产党及民族革命团体第一次代表大会后回国的部分代表，共 12 人，他们中有：陈独秀、张国焘、李达、王尽美、蔡和森、施存统等。① 他们代表了全党 195 名党员。共产国际代表维经斯基也出席了会议。鉴于党的一大开会期间曾遭到法国巡捕破坏的教训，二大只召开了三次全体会议，第二、三次全体会议在英租界举行，其余时间则分组进行讨论。

陈独秀主持了这次大会，并代表中央局做了工作报告。张国焘报告了远东各国共产党及民族革命团体第一次代表大会和第一次全国劳动大会的情况，施存统报告了社会主义青年团第一次全国代表大会召开的情况。

大会听取和讨论了以上三人的报告和发言，通过了《世界大势与中国共产党》《民主的联合战线》《中国共产党加入第三国际》《议会行动》《工会运动与共产党》《国际帝国主义与中国和中国共产党》《少年运动问题》《妇女运动》和《共产党的组织章程》等九个决议案和《中国共产党章程》，发表了《中国共产党第二次全国代表大会宣言》。

大会选举了新的中央领导机构，陈独秀、邓中夏、张国焘、蔡和森、高君宇为中央执行委员会委员，李汉俊、李大钊、向警予为候补委员。陈独秀被中央执行委员会推选为委员长，张国焘、蔡和森分别负责组织、宣传工作。大会决定出版党中央机关刊物——《向导》周报，由蔡和森担任主编。

《中国共产党第二次全国代表大会宣言》分析了国际形势和中国社会半殖民地半封建的性质，阐明了中国革命的性质、动力和对象，明确规定中国共产党是中国无产阶级政党，指出：当前中国革命的性质是民主主义革命；革命的动力是工人阶级、农民和其他小资产阶级，民族资产阶级也是革命的力量之一；革命的策略是组成各阶级的联合战线；革命的对象是帝国主义和封建军阀；革命的前途是向社会主义革命转变。宣言还制定了中国共产党的最低纲领和最高纲领。最低纲领即中国现阶段的革命任务：“（一）消除内乱，打倒军阀，建设国内和平；（二）推翻国际帝国主义的压迫，达到中华民族完全独立；（三）统一中国本部（东三省在内）为真正民主共和国。”最高纲领为：“要组

---

① 中共二大出席代表人数有不同说法。《中国共产党历史》第一卷上册记载为陈独秀、张国焘、李达、杨明斋、罗章龙、王尽美、许白昊、蔡和森、谭平山、李振瀛、施存统等 12 人（尚有一人姓名不详），中共中央党史研究室编：《中国共产党历史》第一卷，中共党史出版社 2011 年版，第 79 页。

织无产阶级，用阶级斗争的手段，建立劳农专政的政治，铲除私有财产制度，渐次达到一个共产主义的社会。"①

中国共产党最低纲领和最高纲领的提出，表明中国共产党人这时已经初步认识到，只有打碎帝国主义的枷锁，才能取得民族的独立和解放；只有挣脱封建主义的桎梏，才能开拓社会发展的道路。当然，无产阶级的历史使命是消灭一切剥削制度，彻底解放全人类，这项伟大使命绝非民主革命所能包含，但在实现这项伟大使命的长期斗争中，反帝反封建的民主革命是一个必经阶段。这个纲领的制定，表达了中国共产党人的初心。

中共二大第一次将党在民主革命中要实现的目标同将来进行社会主义革命要实现的长远目标结合起来，不仅明确提出反对帝国主义、反对封建主义的民主革命任务，还明确指出要通过民主革命进一步创造条件，实现社会主义和共产主义。这是中国共产党人对中国国情和中国革命问题认识的一次深化，是党把马克思主义基本原理同中国革命实践相结合的一个重要探索。

四、中共领导的工农运动

在中国共产党的领导和推动下，工人运动逐渐在全国范围内发动、展开。

从 1922 年 1 月开始，到 1923 年 2 月，中国工人运动掀起了第一次高潮。13 个月内全国大小罢工达 100 多次，参加罢工人数有 30 多万。其中影响较大的是香港海员大罢工、安源路矿大罢工、开滦煤矿大罢工、京汉铁路工人大罢工等。

香港海员大罢工是第一次工人运动高潮的起点。1921 年 3 月，苏兆征、林伟民等在香港组建中华海员工会联合总会。1922 年 1 月，为了反抗英国资本家的压榨，要求改善工资待遇，香港的中国海员在中华海员工会联合总会的领导下，举行了大罢工，3 万多名海员和运输工人参加了罢工行动。短短一个星期内，罢工规模迅速扩大，海员纷纷从香港返回广州。1 月底，香港运输工人举行了同情罢工。罢工遭到港英当局的镇压，英方封闭海员工会，拒不答复工人的要求。从 2 月初起，罢工从要求增加工资的经济斗争，发展为反抗帝国主义压迫的政治斗争。3 月初，香港工人举行全市总同盟罢工，使香港成为"死

---

① 《中国共产党第二次全国大会宣言》，中央档案馆编：《中共中央文件选集》第 1 册，中共中央党校出版社 1989 年版，第 99—117 页。

港"。港英当局在沙田向大批手无寸铁、徒步回广州的工人开枪射击，制造了骇人听闻的"沙田惨案"。这一暴行激起了工人们的愤怒，他们通电全国求援，誓死抗争到底。港英当局和轮船资本家迫于形势，不得不答应海员工人的基本要求：分别增加工资 15%—30%；抚恤"沙田惨案"死者家属，赔偿伤者医药费；恢复被取缔的工会，释放被捕工人等。3 月上旬，在 10 万工人的欢呼之下，海员工会的牌子重新挂了起来，历时 56 天的香港海员大罢工至此胜利结束。这次罢工，是近代以来中国人民第一次依靠自己的力量同帝国主义展开针锋相对的斗争，有力地打击了英帝国主义者的气焰，拉开了中国第一次工人运动高潮的序幕。

在中共湘区委员会和毛泽东等人领导下，到 1922 年秋，湖南已经建立起 20 多个工会组织。1922 年 5 月 1 日成立安源路矿工人俱乐部，李立三任主任。9 月上旬，针对路矿当局长期拖欠工人工资和准备封闭工人俱乐部，在俱乐部全权代表刘少奇、大罢工总指挥李立三领导下，全路矿近 2 万名工人举行大罢工。路矿当局软硬兼施，采用各种伎俩，竭力破坏罢工，均未能得逞。经过五天激烈的斗争，路矿当局被迫与工人代表谈判，并签订 13 款条约，答应工人提出的承认工人俱乐部的合法权利、改善待遇和增加工资等要求。大罢工最终取得了胜利。安源路矿工人大罢工，为马克思主义与中国工人运动初期结合提供了光辉的范例，充分显示了中国工人阶级的伟大力量。

开滦煤矿由唐山、赵各庄、林西、马家沟、唐家庄五矿组成，有矿工 5 万人。1922 年 10 月中旬，开滦五矿俱乐部向矿局提出增加工资、改善待遇等六项要求，遭到矿局无理拒绝并扣压工人代表。10 月下旬，矿工在劳动组合书记部的领导下，举行五矿总同盟罢工，发表《罢工宣言》。罢工遭到军警开枪镇压，工人被打死 6 人，伤 57 人。邓培领导启新洋灰公司 8000 多名工人举行同情大罢工。随后，开滦五矿工人俱乐部被查封，工人们联名呼吁并组织人员进京请愿。罢工持续了 25 天，最后迫使开滦矿务局及直隶全省警务处不得不答应给工资百元以下的工人增薪百分之十，工人罢工期间发给七日工资。罢工运动的要求虽未完全满足，但沉重打击了英国资本家和开滦矿务局的嚣张气焰。

京汉铁路工人大罢工是中国共产党领导的第一次工人运动高潮的顶点。1923 年 2 月初，党领导下的京汉铁路总工会筹备会决定在郑州召开成立大会。参加大会的代表和各铁路工会代表、汉冶萍总工会代表、武汉 30 多个工会的代表，以及北京和武汉等地的学生代表近 300 人齐聚郑州。中共中央对这次大会非常重视，派出了张国焘、陈潭秋、罗章龙、包惠僧、林育南等人出席大会。直系军阀吴佩孚派出大批荷枪实弹的军警在郑州全城戒严，下令禁止召开京汉铁路总工会成立大会。参加会议的代表们不顾生死，冲破军警的重重包围，高呼"京汉铁路总工会万岁""劳动阶级胜利万岁"等口号，在郑州普乐园剧场举行大会，宣布京汉铁路总工会成立。当天，全副武装的军警团团包围了会场，强行解散会议，捣毁总工会和郑州分会会所，并驱赶代表。全路2万多工人举行大罢工，京汉铁路顿时陷于瘫痪。京汉铁路工人的大罢工引起了帝国主义和反动军阀的恐慌。2月7日，在帝国主义支持下，吴佩孚调动军警残酷镇压罢工工人，对罢工工人实行大屠杀，致使52名工人牺牲，300余人受伤，京汉铁路总工会江汉分会委员长林祥谦和武汉工团联合会法律顾问施洋壮烈牺牲。为保存工人实力，铁路总工会忍痛宣布复工。京汉铁路工人大罢工进一步显示了中国工人阶级的力量，扩大了中国共产党在全国的影响。罢工虽然失败了，但是工人用自己的生命唤醒了全国人民，使人们更加清楚地认识到帝国主义和封建军阀的狰狞面目。

中国共产党在领导工人运动的同时，也注重开展农民运动。1921年4月，《共产党》月刊发表了《告中国的农民》一文，这是中共关于农民运动最早的历史文献。它号召农民组织起来，依靠自己的力量，争取翻身解放。9月，共产党人沈玄庐在浙江省萧山县衙前村领导农民建立了农民协会，发表《衙前农民协会宣言》和章程，这是中共在农村最早创建的农民协会。两三个月内，农民协会发展到萧山、绍兴两县的80多个村庄。农协领导农民进行的抗税减租斗争，虽然因遭到士绅势力和反动军警的镇压而失败，但其作为共产党人领导的大规模农民运动的有益探索值得历史铭记。

由共产党员彭湃等人领导的广东海陆丰农民运动，在党领导的早期农民运动中规模最大、影响最深。1922年9月赤山约成立农会，1923年元旦海丰县成立总农会，随后周围的陆丰、惠阳、五华、紫金、惠来和普宁各县也陆续建立农会组织，反对封建地主阶级的农民运动迅速扩展，农会会员增到20多万人。农民运动有力地打击了当地的地主势力，为后来广东革命根据地的统一、发展和巩固创造了有利条件。

思考题：

1. 试述新文化运动的主要内容。

2. 中国知识分子为什么选择马克思主义？

3. 简述马克思主义在中国早期传播的过程。

4. 为什么说五四运动标志着新民主主义革命的开始？

5. 中国共产党成立后，中国革命出现了哪些新面貌？

► 拓展阅读

第九章　国共合作与国民革命

　　1924—1927 年的国民革命，是国共两党共同发起的反对封建军阀、反对帝国主义的革命运动。在苏联和共产国际积极帮助下建立起来的国共合作的统一战线，推动了全国工农运动的发展，沉重打击了北洋军阀的统治，迎来了国民革命的高潮。但由于国民党叛变革命，成为大地主大资产阶级的代表，也由于共产国际指导上的右倾错误和中共领导层所犯的右倾机会主义错误，同时由于以民族资产阶级和上层小资产阶级为主体的中间势力倒向国民党，国民革命最终失败。

第一节　第一次国共合作的酝酿

一、第一次国共合作前的国内外形势

　　第一次世界大战结束后，国际局势发生重大变化。在欧洲，芬兰、拉脱维亚、爱沙尼亚、立陶宛、波兰、捷克斯洛伐克、奥地利、匈牙利、南斯拉夫、罗马尼亚都获得独立。

　　受此鼓舞，世界范围内殖民地和半殖民地国家掀起了民族解放运动的高潮。在反对西方殖民主义的斗争中，在苏俄的帮助下，穆斯塔法·凯末尔发起国民革命，领导土耳其人民奋起反抗，迫使西方列强将"一战"后割占的部分领土归还，同时废除了一些不平等条约，成立了土耳其共和国。

　　土耳其的成功对于渴望民族独立的中国人民来说是一个极大的鼓舞，"土耳其便是我们的榜样"[1]。在当时的中国人看来，土耳其之所以能成功，第一是由于立足于被压迫民族的群众力量，第二是由于采取了与苏俄联合的政策，得到了苏俄的帮助，它昭示了被压迫民族实现民族解放的胜利之路，这就是被压迫民族与苏维埃俄罗斯联合。中国要想革命成功，也必须学习土耳其，"快快起来促起我们革命的政党，统率我们与苏维埃俄罗斯联合，以推翻国际帝国主义在中国的压迫呀"[2]！

---

[1]　樊仲云：《新土耳其》，《东方杂志》第 23 卷第 4 号，第 31 页。
[2]　和森：《祝土耳其国民党的胜利》，《向导周报》第 3 期，1922 年 9 月。

国际局势方面另一个突出的变化，是美国的迅速强大以及由此引起的西方列强之间的矛盾加剧。"一战"后，美国一跃成为世界强国，开始主导战后国际秩序重建。巴黎和会之后，美国又发起了华盛顿会议。为防止日本独霸中国，列强间通过所谓解决中国问题的"华盛顿方案"，其要点是：（1）尊重中国的主权、独立和领土完整；（2）给予中国最充分的不受阻碍的机会，以发展并维持一个有效力的和稳固的政府；（3）各国在华机会均等。

华盛顿会议未能就中国提出的撤退外国驻军、放弃势力范围、归还租界和租借地及实行关税自主等问题达成协议，相反使这些特权进一步合法化，使中国面临更为险恶的国际环境。因此，国民外交大会在华盛顿会议闭幕后发表通电，指出《九国公约》"在政治上认中国为各国共同保护之地，在经济上认中国为各国共同侵略之场"，是中国"最大之危险"[1]。"华盛顿会议给中国造成一种新局面，就是历来各帝国主义的互竞侵略，变为协同的侵略，这种协同的侵略，将要完全剥夺中国人民的经济独立，使四万万被压迫的中国人都变成新式主人国际托拉斯的奴隶。"[2] 对于这样的结果，中国人民极度失望，除了反抗之外，别无选择。列强想以此避免中国发生革命，相反却燃起了中国人民反帝的怒火。

在国内，帝国主义支持下的各派军阀不断混战，导致社会动荡，人民仍处于水深火热之中。

中国共产党成立后，大力宣传马克思主义和苏俄道路，积极开展工人运动，中国革命出现了新的气象。这一时期，始终坚持民主革命方向的孙中山正面临着艰难的选择。"二次革命"失败后，孙中山流亡海外，发起护国运动，备尝艰辛，部分革命党人感到困惑犹疑、悲观失望，"谈及将来事业，意见分歧，或缄口不谈革命，或期革命以十年，种种灰心，互相诟谇。二十年来之革命精神与革命团体，几于一蹶不振"[3]。袁世凯"洪宪帝制"失败之后，孙中山高举"护法"大旗，但"护法事业，蹉跎数载，未有成就"[4]，其政治纲领和建设计划也一一落空，局面极其困难。但孙中山仍然坚持革命，1919 年他将中华革命党改名为中

---

[1] 《外交会解释九国公约之危险》，《民国日报》1922 年 2 月 22 日。

[2] 《中国共产党第二次全国代表大会宣言》（1922 年 5 月），中央档案馆编：《中共中央文件选集》第 1 册，中共中央党校出版社 1989 年版，第 106 页。

[3] 孙中山：《中华革命党成立通告》（1914 年 9 月 1 日），中国社会科学院近代史研究所中华民国史研究室、中山大学历史系孙中山研究室、广东省社会科学院历史系研究室合编：《孙中山全集》第 3 卷，中华书局 1984 年版，第 112 页。

[4] 邹鲁著：《中国国民党史稿》（中），东方出版中心 2011 年版，第 1078 页。

国国民党，自任总理。1920 年 1 月底，在广州建立军政府。次年，国会非常会议在广州召开，孙中山被选举为大总统，史称"非常大总统"。孙中山为了"对抗军阀割据，不能不以南方为据点，与北方军阀实行合纵连横的策略"①。但是，这种利用军阀打军阀的策略无助于孙中山完成其建国大业，不仅使其政治声誉严重受损，而且使其生命也时时处在危险之中。1922 年 6 月，陈炯明部发动叛乱，炮轰总统府，孙中山逃至永丰舰上，经香港转赴上海。他后来感叹：革命"垂三十年"，虽历经失败，但"失败之惨酷，未有甚于此役者"②。

孙中山一向重视争取国际援助，对日本、美国、英国、法国等都抱有极大的希望，并做了大量工作，以争取这些国家的政府及民间团体的支持，但成效甚微。列强口头上对孙中山表示支持，但实际上，每到关键时刻，便转而支持保护其在华利益的各派军阀。即使如此，孙中山也没有放弃对列强的期望。第一次世界大战宣告结束之日，孙中山即着手用英文撰写《中国的国际开发》（*The International Development of China*，即后来译为中文的《实业计划》），1920 年首先在上海出版，1921 年又在美国纽约出版。孙中山希望列强"共同发展中国实业"。如果列强能够支持其计划，那么，"大而世界，小而中国，无不受其利益"③。但是，孙中山的计划并未得到列强的响应。

帝国主义国家不仅不支持孙中山共同开发中国实业的计划，反而利用控制"关余"等手段，从经济上扼杀孙中山。所谓"关余"是帝国主义，特别是英国把持的中国海关扣除对外赔款和债务后的结余款项，列强往往以此作为干预和操控中国内政的手段。民初以来，这笔款项一直是交付北洋政府，后由于孙中山的抗议和交涉，1919—1920 年，粤海关关余的十分之一左右支付给孙中山的护法政权。1923 年 9 月，孙中山再次要求收回"关余"。列强竟然警告孙中山不得过问海关事务，否则将采取"强制手段"，同时，英、美、法、日、萄等国军舰 20 余艘驶入珠江广州江面，扬言炮轰孙中山，气焰极其嚣张。

就在孙中山屡屡受挫、陷入绝望之时，十月革命的胜利和中国社会出现的新变化让他看到了希望。1918 年夏，孙中山致电列宁，祝贺十月革命胜利，表

---

① 吕芳上著：《革命之再起——中国国民党改组前对新思潮的回应（1914—1924）》，台北"中研院"近代史研究所 1989 年版，第 498 页。

② 孙中山：《就陈炯明叛变事件致海外同志书》（1922 年 9 月 18 日），《孙中山选集》上卷，人民出版社 1981 年版，第 518 页。

③ 孙中山：《建国方略之二实业计画》，黄彦编：《孙文选集》上册，广东人民出版社 2006 年版，第 109 页。

示："中国革命党对贵国革命党所进行的艰苦斗争，表示十分钦佩，并愿中俄两党团结共同斗争"①，"一个社会主义共和国在俄国存在八个月之久，这个事实给了东方人民以希望，一个类似的新的制度一定会在东方建立起来"②。对于陈独秀、李大钊、胡适等领导的五四新文化运动，孙中山也给以极大关注，认为自五四新文化运动以来，"社会遂蒙绝大之影响，虽以顽劣之伪政府，犹且不敢撄其锋。此种新文化运动，在我国今日，诚思想界空前之大变动。推其原始，不过由于出版界之一二觉悟者从事提倡，遂至舆论放大异彩，学潮弥漫全国，人皆激发天良，誓死为爱国之运动"，"吾党欲收革命之成功，必有赖于思想之变化，兵法'攻心'，语曰'革心'，皆此之故。故此种新文化运动，实为最有价值之事"。③ 他不仅自己开始集中精力进行思想理论研究，并且指导创办《建设》月刊、《星期评论》，进行理论宣传工作，国民党的机关报《民国日报》也开辟专栏，研究宣传社会主义。

对于过去数年间自己一直都在进行的联络军阀打军阀，从而导致革命一败再败的做法，孙中山进行了沉痛反思。他在一次演讲中指出，救国的方法只有一条，就是要"把那些腐败官僚、跋扈武人、作恶政客，完完全全扫干净它"，"从新创造一个国民所有的新国家"。④ 特别是 1922 年陈炯明叛变之后，孙中山越发感到主义之统一与人心之坚定的重要性，决定改造国民党。他对俄共的组织及军队建设十分向往，并认为这是俄国革命成功的根本原因。此后，他在演讲中常常对比中、俄革命成败之原因，并决心以俄为师。他对身边的人说："在这些日子里，我对中国革命的命运想了很多，我对从前所信仰的一切几乎都失望了，而现在我深信，中国革命的唯一实际的真诚的朋友是苏俄。"⑤

---

① 孙中山：《致列宁和苏维埃政府电》（1918 年夏），中国社科院近代史研究所中华民国史研究室、中山大学历史系孙中山研究室、广东省社科院历史研究室合编：《孙中山全集》第 4 卷，中华书局 2011 年版，第 500 页。

② 孙中山：《致列宁和苏维埃政府电》（1918 年夏），中国社科院近代史研究所中华民国史研究室、中山大学历史系孙中山研究室、广东省社科院历史研究室合编：《孙中山全集》第 4 卷，中华书局 2011 年版，第 500 页。

③ 孙中山：《致海外国民党同志函》（1920 年 1 月 29 日），中山大学历史系孙中山研究室、广东省社会科学院历史研究所、中国社会科学院近代史研究所中华民国史研究室合编：《孙中山全集》第 5 卷，中华书局 1985 年版，第 210 页。

④ 孙中山：《在上海寰球中国学生会的演说》，中山大学历史系孙中山研究室、广东省社科院历史研究所、中国社会科学院近代史研究所中华民国史研究室合编：《孙中山全集》第 5 卷，中华书局 1985 年版，第 148 页。

⑤ 陈锡祺编：《孙中山年谱长编》下册，中华书局 1991 年版，第 1472 页。

就在孙中山向苏俄靠近的同时，苏俄和共产国际领导人列宁等也在关注着殖民地半殖民地的民族解放运动，特别是关注着中国的革命。

1920年6月，列宁发表《民族和殖民地问题提纲初稿》，指出：世界无产阶级社会主义革命必须和殖民地半殖民地民族解放运动结成亲密的联盟，共产国际必须帮助殖民地和落后国家中未来的无产阶级先进分子组织起来，建立新型政党。在运动中，必须和农民建立巩固的联盟。无产阶级可以而且应当和资产阶级民主派建立联盟，但不能同他们"融合"，必须保持无产阶级的独立性。列宁的提纲和共产国际有关殖民地问题的政策，为中国共产党联合国民党建立统一战线起了指导作用。

二、孙中山联俄、联共、扶助农工思想的逐步形成

联俄、联共、扶助农工的新三民主义，是孙中山晚年实现革命转变的一个主要标志。"孙中山先生之所以伟大，不但因为他领导了伟大的辛亥革命（虽然是旧时期的民主革命），而且因为他能够'适乎世界之潮流，合乎人群之需要'，提出了联俄、联共、扶助农工三大革命政策。"[1]

陈炯明叛变以后，处境困难的孙中山感到有加快联俄步伐的必要。1922年9月30日，孙中山对香港《电信报》记者发表谈话，毫不讳言地表示赞成"中俄亲近"的外交政策，并理直气壮地阐述了自己要联俄的原因。他说：在"俄国取消在华一切特权之后"，这个国家"已成为站在'不侵略'地位的国家了"，"自苏维埃俄罗斯成立之后，过去对于中国政治独立和领土完全最大危险之一，业已消除。在劳农政府继续和忠于他'非帝国主义'政策的时候，俄罗斯并没有使'一个民主的中国'生畏惧的地方。"此外，孙中山还认为革命后的苏俄是反对帝国主义的重要力量。他说：苏俄的"新政策，不但没有侵略各国的野心，而且抑强扶弱，主持公道……不但是打破俄国的帝国主义，并且是打破世界的帝国主义；不但是打破世界的帝国主义，并且是打破世界的资本主义"[2]。既然苏俄是反帝的，作为受帝国主义侵略和压迫的中国就必须联俄反帝。正如孙中山在1923年9月16日致加拉罕的电报中所说的："我们两国的真

---

① 毛泽东：《新民主主义论》（1940年1月），《毛泽东选集》第2卷，人民出版社1991年版，第700页。
② 孙中山：《三民主义之民族主义》（1924年1月至8月），《孙中山选集》第2卷，人民出版社1981年版，第624页。

正利益要求制定一个共同的政策，这一政策可以使我们生活在和其他大国平等的条件下，并可以使我们摆脱凭借强力和以经济上的帝国主义方法而行动的国际体系所强加在我们身上的政治与经济的奴役。"①

苏俄政府副外交人民委员越飞1922年7月26日被任命为驻华全权代表，8月12日到达北京。越飞来华后，一方面与北京政府就缔结商约、俄国庚子赔款的使用以及外蒙古和中东铁路等重大问题进行谈判，另一方面同孙中山商谈双方的合作问题。越飞在中国期间，同北京政府的建交谈判进展迟缓，但与孙中山的秘密谈判却进展迅速。8月中旬，孙中山在上海会见了越飞派来的代表，就远东局势及解决方法等问题进行商谈。从1922年8月到12月，越飞与孙中山多次交换信件，商讨有关中俄两国的各种问题。② 8月22日，越飞致信孙中山说，他来中国的使命是建立中俄两国的友好关系。

1923年年初，中国南方的政局又发生了重大变化。

陈炯明叛变后，孙中山退居上海，但一直没有放弃重建广州根据地的努力。1923年1月，孙中山联合了各方力量，讨伐陈炯明。4日，孙中山发出讨伐陈炯明的通电。10日，由滇、桂、粤军组成的西路讨贼军进入广州，陈炯明率部逃往惠州。支持孙中山的军队驱逐了盘踞广州的陈炯明叛军，从而大大提高了孙中山的政治地位。随后，孙中山在广州设立中华民国军政府陆海军大元帅大本营，并就任陆海军大元帅。

与此同时，越飞与孙中山展开了会谈。当时，越飞向莫斯科报告说，在北京所有的谈判均不太顺利，与吴佩孚和张作霖之间的联系也不是一件最紧要的事情，现在只有孙中山和中国国民党对于中国革命具有无比的重要性。越飞这份报告目的在于说明苏联同孙中山合作的必要性，并希望苏联政府批准他离开北京前往上海，以便同孙中山会晤。

1923年1月26日，孙中山和越飞在多次会谈的基础上达成了协议，发表了《孙中山越飞联合宣言》（简称《孙越宣言》）。这个联合宣言共四条，第一条称，"孙逸仙博士以为共产组织，甚至苏维埃制度，事实均不能引用于中国。因中国并无使此项共产制度或苏维埃制度可以成功之情况也。此项见解，越飞君完全同感"。同时，宣言指出："中国最要最急之问题，乃在民国的统一

---

① 《与孙中山交换的外交信件》，《史学译丛》1958年第3期。
② 《历史问题》1963年第12期。

之成功，与完全国家的独立之获得。关于此项大事业，越飞君并确告孙博士，中国当得俄国国民最挚热之同情，且可以俄国援助为依赖也。"在宣言的第二条中，越飞应孙中山的要求重申，"俄国政府准备愿意根据俄国抛弃帝政时代中俄条约（连同中东铁路等合同在内）之基础，另行开始中俄交涉"。第三条声明，双方同意中东铁路维持现状，以后协商解决。在第四条中，越飞表示"俄国现政府决无亦从无意思与目的，在外蒙古实施帝国主义之政策，或使其与中国分立"。孙中山则表示"俄国军队不必立时由外蒙撤退"①。

《孙越宣言》的发表，不仅标志着苏联、共产国际在中国寻求合作者的努力取得了重要成果，而且也标志着孙中山联俄政策的确立。孙中山联俄政策的确立，促进了他联共政策的进一步发展。从此以后，孙中山不仅采取了联合苏联的新步骤，而且也加快了同中国共产党合作的步伐。

1923年年初，俄共（布）中央政治局决定援助孙中山，"全力支持国民党"②。1923年5月1日，苏联政府致电孙中山，内称"我们准备向您的组织提供达200万金卢布的款额作为筹备统一中国和争取民族独立的工作之用"，"我们还准备协助您利用中国北方的或中国西部的省份组建一个大的作战单位"。但是这一承诺苏联并未完全兑现。③

孙中山对苏方的表态极为高兴。1923年下半年，苏联及共产国际与孙中山的关系迈出了新的步伐。是年7月31日，俄共（布）中央政治局决定派鲍罗廷作为孙中山的政治顾问，并责成"鲍罗廷同志在与孙逸仙的工作中遵循中国民族解放运动的利益，决不要迷恋于在中国培植共产主义的目的"④。7月，孙

---

① 《孙文越飞联合宣言》（1923年1月26日），中山大学历史系孙中山研究室、广东省社会科学院历史研究所、中国社会科学院近代史研究所中华民国史研究室合编：《孙中山全集》第7卷，中华书局1985年版，第51—52页。

② 《俄共（布）中央政治局会议第42号记录》（1923年1月4日），中共中央党史研究室第一研究部译：《联共（布）、共产国际与中国国民革命运动（1920—1925）》，北京图书馆出版社1997年版，第187页。

③ 《苏联政府致孙中山电》（1923年5月1日），《共产国际、联共（布）与中国革命文献资料选辑（1917—1925）》，北京图书馆出版社1997年版，第414页。不过，苏方由于担心中国革命出现土耳其"凯末尔式"的结局，并未完全兑现援孙的承诺。加拉罕批评那些对孙中山持怀疑态度的人，"被土耳其的牛奶烫过以后，在中国见到凉水也要吹一吹"。见《加拉罕给契切林的信》（1924年2月9日），中共中央党史研究室第一研究部译：《联共（布）、共产国际与中国国民革命运动（1920—1925）》，北京图书馆出版社1997年版，第415页。

④ 《俄共（布）中央政治局会议第21号记录》（1923年8月2日），中共中央党史研究室第一研究部译：《联共（布）、共产国际与中国国民革命运动（1920—1925）》，北京图书馆出版社1997年版，第266页。

中山派蒋介石率团赴苏，讨论苏俄具体援助中国革命的问题。11 月 26 日，共产国际执委专门召开会议，讨论国民党问题，代表团参加了会议。蒋介石在会上表示，希望共产国际"派一些有影响的同志来中国"，"领导我们并就中国革命问题给我们提出建议"。而季诺维也夫也表示，"共产国际将尽可能按照这一建议去做，并向中国派一位负责的代表"①。这表明，苏联及共产国际与孙中山的合作关系建立起来了。

在联苏的同时，为了加强中国革命的领导力量，推动国民党的改组改造，孙中山决定联共。这是孙中山在经历长期思索后慎重作出的决定，其目的是救治"正在堕落中死亡"的国民党②，即通过吸纳共产党这些"新血液"达到改造国民党、完成其革命理想的目的。

陈炯明叛变后，中共负责人陈独秀很快就向国民党总部负责人张继表示："陈炯明现既已背叛革命，中共即与之断绝关系并一致声讨。"他还声明："中共将不因孙中山先生所受到的暂时挫折而改变其与孙合作的原有立场，中共将更积极地反对一切支持陈炯明的反动言论和行动，对于广东方面个别中共同志支持陈炯明那种错误态度，已在设法纠正。"③ 中共的积极态度，使国共合作的步伐进一步加快。

孙中山由粤抵沪后不久，陈独秀、李大钊先后前去探访，表示慰问和支持，并同他探讨今后革命的新道路。通过深入的接触和交谈，孙中山对李大钊等共产党人产生了深刻的印象，同他们建立了深厚的革命友谊。

在国共合作的酝酿过程中，国民党中一部分右派分子竭力反对共产党员和社会主义青年团员加入国民党，企图阻挠国共合作的建立。但是，孙中山的态度十分坚决，并对反对这一政策的国民党右派宣布，必要时可以开除他们党籍。在审查国民党临时中央执行委员会成员名单时，孙中山勾掉了反对联苏的孙科的名字。

这一切表明孙中山在新的革命道路上迈进了一大步，但他长期以来对帝国主义和国内军阀势力多少还抱有一定幻想，对人民群众的力量不够重视。孙中山曾

----

① 《有国民党代表团参加的共产国际执行委员会会议速记记录》（1923 年 11 月 26 日），中共中央党史研究室第一研究部译：《联共（布）、共产国际与中国国民革命运动（1920—1925）》，北京图书馆出版社 1997 年版，第 338 页。
② 宋庆龄：《儒教与现代中国》（1937 年 4 月），《宋庆龄选集》，中华书局 1966 年版，第 109 页。
③ 张国焘著：《我的回忆》（上），东方出版社 2004 年版，第 201 页。

经试图联合皖系军阀和奉系军阀，同他们结成反对直系军阀的"孙段张三角同盟"。当吴佩孚在直奉战争中取得胜利并打出"恢复法统"旗帜以后，孙中山又先后发表《工兵计划宣言》《和平统一宣言》《实行裁兵宣言》，幻想借帝国主义的帮助，筹划借款裁兵，以促与直系、奉系、皖系和西南护法诸省的"和平统一"。

针对孙中山这些不合时宜的主张，蔡和森等共产党人明确指出，中国人民的根本祸患就是帝国主义与封建旧势力，国民党既然是革命的政党，为使国民革命运动获得成功，就需要与民众结合并且与苏联进行联盟，大胆反对以上两种势力。张太雷着重批判了国民党忽视宣传群众、组织群众的错误，指出这将与群众越离越远，国民党将变成无国民的政党。李大钊也写文章批评国民党只知用军事行动支撑广东一隅，而不注意在全国发动民众运动。许多共产党人认为，当时的国民党组织涣散，目标模糊，很难担负起新的革命任务，必须进行认真的改造，使之成为一个有严密组织和明确纲领的真正革命政党。

扶助农工也是孙中山晚年的重要思想。中国人口中，农民人数最多，占总人口的80%以上；其次是工人，产业工人、手工业者以及农业工人达数千万之多。孙中山在长期革命中，曾经提出过"国民革命""平民革命"等口号，但是始终未能真正认清工农群众在民族民主革命中的重要地位和作用，在实践中也就很少注意去发动、组织群众，更谈不上依靠工农群众。五四运动中，工人阶级作为一支独立的力量，登上政治舞台，显示了强大的力量，工农运动的蓬勃发展，给孙中山留下深刻印象。在中国共产党人的帮助下，孙中山逐渐认识到，广大工农群众的英勇斗争，才是阻止帝国主义列强瓜分中国的主要力量，认识到"农民是我们中国人民之中的最大多数，如果农民不参加革命，就是我们革命没有基础"[1]。组织起来的工人，"便可以做全国人的指导，作国民的先锋，在最前的阵线上去奋斗"[2]。孙中山认识到"唤起民众"是革命成功的必要条件，开始在实践中积极支持工农运动。

联俄、联共、扶助农工的思想是一个有机的整体，与新三民主义互相配合，代表了孙中山晚年思想的精华。在共产国际和共产党的帮助下，孙中山下

---

[1]　孙中山：《在广州农民运动讲习所第一届毕业礼的演说》（1924年8月21日），广东省社会科学院历史研究所、中国社会科学院近代史研究所中华民国史研究室、中山大学历史系孙中山研究室合编：《孙中山全集》第10卷，中华书局1986年版，第555页。

[2]　孙中山：《在广州市工人代表会的演说》（1924年5月1日），广东省社会科学院历史研究所、中国社会科学院近代史研究所中华民国史研究室、中山大学历史系孙中山研究室合编：《孙中山全集》第10卷，中华书局1986年版，第149页。

决心改组国民党。

三、中国共产党国共合作方针的确立

中国共产党成立之后，主要精力用于发动和领导工农运动。对于国共合作，中共主要领导人一开始并不赞同，认为国民党派系林立，成分复杂，组织涣散，政治立场并不坚定，与共产党人的理想和主张差异较大。

1922 年 8 月，中共中央在杭州西湖召开会议，专门讨论与国民党合作的问题。会上共产国际代表马林根据共产国际的指示精神阐述了对于国共合作的意见。马林认为，为了建立革命联合战线，共产党必须与国民党开展合作。考虑到孙中山不同意党际合作，共产党员只能加入国民党，以促进国民党的革命化，并借此扩大共产党对工人群众的影响。会上就马林的意见展开了激烈的争论，最终达成一致意见，即"共产党员以个人身份参加国民党"，实现国共两党的"党内合作"。

从 1922 年年初香港海员罢工到 1923 年 2 月京汉铁路工人大罢工，在短短一年多的时间里，中国共产党先后组织和领导了百余次工人罢工斗争。但是，"二七"惨案发生后，中国共产党开始认识到，反革命的势力远大于无产阶级的力量，单凭无产阶级一个阶级的力量，无法取得革命胜利，必须采取措施，团结一切可以团结的阶层和力量，组织革命统一战线，战胜共同的敌人。这促使中共决定加快与国民党的合作。

1923 年 6 月，中国共产党在广州①召开第三次全国代表大会。大会的主要议题是讨论共产党员加入国民党的问题。大会根据中国处于半殖民地半封建社会的实际，提出应该以反帝反封建的国民革命来解放被压迫的民族，把国民革命作为党在当前阶段的中心工作；大会主张应该把一切力量汇合起来，实行国民革命。中国国民党是代表国民革命运动的党，应成为革命势力集中的大本营。实现国共合作，既有利于国民党的改造，使国民党获得新生，又有利于中国共产党走上更广阔的政治舞台，得到锻炼和发展，并广泛发动群众，发展革命力量，加速推进民主革命的进程。

但是，中共三大没有明确提出工人阶级争取民主革命的领导权问题、革命武装问题等，低估了无产阶级和中国共产党的力量，高估了资产阶级和中国国

---

① 1923 年 5 月中共中央机关由上海迁至广州，中共三大后又移回上海。

民党的作用。

中共三大闭幕后，中共的各级组织对党、团员进行思想教育，动员他们加入国民党。1923 年 8 月，中国社会主义青年团在南京召开第二次全国代表大会，决定青年团员和共产党员一道加入国民党。但在国民党内，社会主义青年团应保持独立、严密的组织，并同中国共产党的言论、行动保持一致。

1923 年 11 月 24 日至 25 日，中国共产党召开了第三届第一次中央执行委员会。会议提出，在国民党有组织的地方，如广东、上海、四川等地，中国共产党党员"一并加入"，在国民党无组织的地方，如北京、天津、南京等地，要"为之创设"。但无论哪种情况，中国共产党均应"努力站在国民党中心地位"。在中国共产党的积极推动下，国共合作的步伐大大加快。

四、中国国民党的改组

孙中山确定了联俄、联共、扶助农工的政策，中国共产党也确立了与国民党开展党内合作的方针后，国共合作开始具体实施。孙中山决定第一步是对国民党进行改组。此时的国民党，是一个组织比较松散的政治团体，难以适应革命形势发展的需要，无法有效团结各种革命力量，真正发挥领导作用。

1923 年 10 月，应孙中山的邀请，苏联政府代表鲍罗廷到达广州。鲍罗廷同中共商议帮助国民党改组的方法，决定力促孙中山召集改组会议。由于中共中央在三大结束后又移往上海，这项工作主要是在鲍罗廷和中共广东党组织的直接推动下进行的。

在共产国际和中国共产党的帮助下，孙中山排除重重障碍，积极推进国民党的改组工作。为了具体筹划改组工作，孙中山聘请鲍罗廷担任国民党组织教练员（后又聘为政治顾问）。他还任命廖仲恺、汪精卫和共产党员李大钊等五人为国民党改组委员。10 月 25 日，国民党改组特别会议在广州举行。28 日，国民党临时中央执行委员会正式成立，孙中山委任廖仲恺、胡汉民和共产党人谭平山等九人为国民党临时中央执行委员，李大钊等五人为候补执行委员。

此后，各地的共产党人，如北京的李大钊，直隶的韩麟符、于方舟，湖南的毛泽东、何叔衡，山东的王尽美等人，积极参加国民党改组工作。在欧洲，旅欧的共产党员和青年团员 80 多人于 1923 年 6 月全部以个人身份加入国民党。

同年 11 月，中国国民党旅欧支部在法国里昂举行成立大会，新选举的评议部有半数成员是中国共产党人。

1923 年 12 月 25 日，中共中央发出《中央通告第十三号》，要求全体共产党员积极参加国民党改组工作，要求各地党组织争取做到每省有一名共产党员当选为国民党代表，出席即将召开的中国国民党第一次全国代表大会。中共中央、中国社会主义青年团中央还召开联席会议，制定了党、团员在参加国民党一大时的统一行动方针。

国民党的改组面临的问题十分复杂，不仅涉及党的组织整顿、制订党的组织原则，也涉及确定党的奋斗目标、明确与中国共产党人合作的政治基础。直到 1923 年下半年，国民党还没有制订出一个明确的政治纲领。如果没有一个包括反帝反封建内容的民主革命纲领，国民党的改组就徒具形式，国共合作也就成了一句空话。因此，制订一个能为国共双方都接受的革命纲领，使国共两党在新战斗纲领的指引下共同奋斗，是孙中山在改组国民党过程中一项十分重要的任务。在这方面，共产国际给了孙中山帮助。

1923 年 11 月 28 日，共产国际执行委员会主席团通过了《关于中国民族解放运动和国民党问题的决议》。决议指出了国民党过去在进行反封建斗争中存在的问题，说明了在民族解放运动中依靠工人阶级和广大人民群众的必要性，号召中国民族解放运动同工农国家苏联建立统一战线，同朝鲜、日本的革命运动建立联系。同时，决议还就如何在中国革命的新形势下重新解释民族主义、民权主义、民生主义，详细阐述了共产国际的观点。这些观点在一定程度上成为孙中山在《中国国民党第一次全国代表大会宣言》中所阐述的新三民主义的基本原则。

第二节　国共合作的建立与国民革命的兴起

一、中国国民党一大的召开与国共合作的建立

经过长时间的准备，在中国共产党的积极支持和具体帮助下，国民党第一次全国代表大会于 1924 年 1 月 20—30 日在广州举行，参加大会的有 173 人。孙中山以国民党总理的身份担任大会主席，并主持了会议。

孙中山亲自提名李大钊为大会主席团成员。参加大会各项组织领导工作的

中共党员还有：毛泽东任章程审查委员会委员，谭平山任党务审查委员会委员，于树德任审查委员会委员。

大会审议并通过了《中国国民党第一次全国代表大会宣言》草案。草案实际上确立了联俄、联共、扶助农工的三大政策，并对三民主义做了新的解释，为三民主义赋予了新的社会政治内涵，指出民族主义具有阶级性，对不同的阶级具有不同的意义，除要求中国民族自求解放反对帝国主义侵略外，亦强调中国境内各民族一律平等，反对民族压迫；民权主义不是从人权和公民权的角度去分析，而是把它视为一个革命的原则，民权只赋予那些坚持革命政权观点的人，而且为一般平民所共有，非少数人所得而私；民生主义包括两个重要原则，即"平均地权"和"节制资本"。宣言草案还阐明农民工人是革命的基本力量，认为国民革命之运动，必恃全国农夫、工人之参加，然后可以决胜；国民党一方面当努力吸收工人农民参加国民党，另一方面当全力扶助工农运动，发展其经济组织，以增进国民革命的实力。

经过重新解释的三民主义被后人称为新三民主义，或者称为实行联俄、联共、扶助农工三大政策的三民主义。由于新三民主义的政纲同中国共产党的民主革命纲领基本原则一致，因而成为国共合作的共同纲领。

会议在讨论共产党员参加国民党的问题时，发生了激烈争论。国民党广州代表方瑞麟主张在《中国国民党章程》中增加"本党党员不得加入他党"的条款，以反对共产党员"跨党"。李大钊代表中国共产党声明：国民党既然允许共产党员参加，就不必猜疑防制。共产党员加入国民党，是想对国民革命和国民党有所贡献，是经过了孙中山允许的光明正大的行为；共产党员参加了国民党，即当执行国民党的政纲、章程和纪律，如有违反，理应受到惩罚。对于李大钊的声明，与会的绝大多数代表表示赞同。会议通过《中国国民党章程》，确认了共产党员以个人身份加入国民党的原则。

大会选举了国民党中央执行委员会。中共党员李大钊、谭平山、于树德、毛泽东、林祖涵（林伯渠）、瞿秋白、张国焘、于方舟、韩麟符、沈定一当选为中央执行委员或中央候补执行委员，约占委员总数的四分之一。会后设立的中央党部七个部中，中共党员占据了两个部长（组织部、农民部）和三个相当于副部长的秘书（组织部、工人部、农民部）职位。

国民党第一次全国代表大会的召开，是国民党完成改组和第一次国共合作正式形成的标志，是中国共产党实践民主革命纲领和民主联合战线政策的重大胜利，也是孙中山晚年推动中国革命的一大历史功绩。实行国共合作，是中国革命反对帝国主义和封建军阀的需要。这次会议的召开和第一次国共合作的建立，揭开了中国民主革命史的新篇章。从此，中国共产党人在国民革命中同国民党一道，为打倒帝国主义和封建军阀共同奋斗，掀起了轰轰烈烈的国民革命高潮。

中国共产党在各地的组织进一步帮助改组和建立国民党的地方组织，大力开展工农运动，开创了国民革命的新局面。国民党改组后，清洗了一部分反动分子，吸收了大批新党员，使国民党的成分发生了很大变化，工农群众和青年学生的比例大为增加。从此，在国共两党的共同努力下，大革命的浪潮迅猛兴起，中国出现了一个蓬勃发展的革命新局面。

第一次国共合作建立后，中共中央和各地党组织的负责人，以及广大党员、团员，绝大多数都加入了国民党，并在其中积极地从事国民革命工作，使国民党的组织和新三民主义的影响扩大到中国的中部和北部，扩大到广大的工人、农民、青年学生和中小商人之间，使国民党开始同人民群众发生联系，获得了新生。在中国共产党的帮助下，国民党的组织得到了很大发展，政治影响也迅速扩大。正如周恩来回忆这段历史时所说："当时，国民党不但思想上依靠我们"，"而且组织上也依靠我们，在各省普遍建立党部，发展组织。"①

改组后的国民党基本上成为工人、农民、城市小资产阶级和民族资产阶级的革命联盟，成为国共联合战线的组织形式。但是，仍有一些地主买办分子、官僚政客和南方军阀留在国民党内，并占有一定的地位。他们是国民党右派势力的主要代表。

国民党第一次全国代表大会闭幕后，国共民主联合战线继续发展，国民党各级机构日益健全，中国共产党人在国民党的各种机构中担任了许多重要职务，他们在轰轰烈烈的国民革命中发挥了很大作用。

二、黄埔军校与广州国民政府建立

黄埔军校是国民革命时期，孙中山在中国共产党和苏联的帮助下创办的培

---

① 周恩来：《关于一九二四至二六年党对国民党的关系》（1943 年春），《周恩来选集》上卷，人民出版社 1980 年版，第 112 页。

养革命军队干部的学校，是国共第一次合作的一项重要成果。黄埔军校的建立不是偶然的，它是孙中山吸取了过去的失败教训，为重整旗鼓、开创革命新局面而做出的一项英明决策。

辛亥革命后，以孙中山为首的资产阶级革命派高举反袁、护法旗帜，为维护共和制度、反对北洋军阀而继续奋斗，但不断受到挫折。这使孙中山认识到，革命要取得成功，不仅需要一个健全的革命政党，还有赖一支为革命政党所掌控的革命武力。有了革命军，革命便可成功；否则，中国革命还是要失败。基于这种认识，孙中山决心建立一支自己的革命军队，以挽救中国的危亡。

1924年，孙中山在着手改组国民党的同时，开始筹建军官学校。1月，孙中山委派蒋介石为军校筹备委员会委员长，军校校名为"中国国民党陆军军官学校"，校址定在广州珠江口的黄埔岛上，从此这所军校就以"黄埔军校"著称。[1]

1924年5月，黄埔军校开学。孙中山自任军校总理，委任蒋介石为校长，廖仲恺为党代表，先后聘请加伦等苏联军官为军事顾问。自1924年5月至1927年7月，黄埔军校共招收六期学员计2万多人。

按照一般的军事教育程序，初级军官教育需要三年左右的时间。黄埔军校为适应革命形势的急切需要，将学制大大缩短，学生入学后只受一个月的入伍教育（第四期开始改为半年）和六个月的正式教育。

黄埔军校的创立，亦是"以俄为师"的结果。黄埔军校不同于当时中国一般军校的最大特色，是仿照苏联军队建立政治工作制度。军校不仅养成职业军官，而且要培植"革命军事人才"。学生不仅要学习军事知识，而且要明了政治、经济和党纲、主义，"不仅知道枪是怎样放法，而且知道枪向什么人放"[2]。军校不仅设立政治部和党代表，而且规定所有学生均需加入国民党。黄埔学生军成立后，连及连以上设立各级党部。学员必须同时受军纪和国民党党纪的约束。

黄埔军校成立不久，即以军校师生为骨干，开始建立革命武装。孙中山将这支武装归于国民党的领导下，这在中国近代军队建设史上具有重要意

---

[1]　1926年1月12日，国民党中央军事委员会将军校改名为中央军事政治学校。

[2]　广东革命历史博物馆编：《黄埔军校史料（1924—1927）》，广东人民出版社1982年版，第86页。

义，破除了旧军队的许多弊端。但是，由于各种条件的限制和影响，孙中山的这些建军原则并未能贯彻始终，黄埔军校后来为蒋介石所利用，使这支原本是国民党的革命军队逐渐演化为蒋介石赖以建立其个人独裁统治的最重要依靠力量。

中国共产党十分重视黄埔军校的工作，从各地选派大批党、团员和革命青年到军校学习，为中共培养和锻炼了最早一批军事干部人才，周恩来、聂荣臻、恽代英、萧楚女、熊雄等共产党人也在军校担任政治军事教官和各级领导工作。

为了巩固广东革命根据地，以孙中山为首的广州革命政府致力于削平广州商团武装，并击溃陈炯明等军阀武力。1923 年以来，广州商团在帝国主义势力挑唆下，不断发动罢业罢市，购买军械，扩充实力，对广东革命政府构成了极大威胁。1924 年 8 月上旬，政府扣押了商团运载枪械的轮船。英国驻广州代理总领事支持广州商团，警告和威胁大元帅府。陈炯明也与商团联络，准备借机进攻广州。广东革命政府认识到与商团已势不两立，10 月，政府采用武力，迅速平定了商团叛乱。

平定商团叛乱后，广东革命政府又组织了两次东征，对盘踞在潮州、梅县一带的陈炯明部进行了讨伐。至 1925 年 11 月底，彻底打垮了陈炯明势力，解除了其对广州的威胁。1925 年年底，广州国民政府又组织南征，消灭了军阀邓本殷势力，广东革命根据地实现了统一。

平定商团叛乱，东征及南征成功，为统一广东革命根据地起到了重要作用。

1925 年 3 月 12 日，孙中山在北京病逝。6 月，国民党中央采纳鲍罗廷的建议，改组大元帅府，成立国民政府。7 月 1 日，国民政府在广州正式成立，同时公布《国民政府组织法》。国民政府实行委员制，以汪精卫、廖仲恺、胡汉民等 16 人为委员，汪精卫任主席。其后，又成立了军事委员会，宣布所辖各军一律统称国民革命军。

三、五卅运动与省港大罢工

1925 年爆发的五卅运动，是国共合作实现后中国共产党领导的中国工人阶级和广大人民群众举行的一次伟大的反帝爱国运动。

1925 年 5 月中旬，日资上海内外棉第 12 厂工人顾正红被日本职员枪杀，引发上海日商各纱厂中国工人罢工。中国共产党获悉后，及时予以声援和引导。中共中央认为，只有发起一个暴动，才能给凶横的帝国主义以沉重打击。上海工人和商人早已情绪激昂，于是中共决定发动学生到租界去游行演讲。

为了组织好这次反帝宣传活动，中国共产党以上海学生联合会的名义，设立了一个秘密指挥部，事先分派党、团员到各学校进行策动。5 月 30 日，上海各校学生 3000 多人前往公共租界散发传单和发表演说。租界工部局出动大批巡捕企图驱散学生。学生与巡捕发生冲突。巡捕拘捕学生后，当日下午，学生和市民近万人聚集到南京路老闸捕房前示威，要求释放被捕学生。武装巡捕对徒手的示威学生和市民开枪射击，打死十余人，打伤数十人，酿成震惊中外的五卅惨案。

惨案发生当晚，中共中央召开紧急会议，讨论和制订反帝斗争的策略。会议决定发动全上海工人罢工、商人罢市和学生罢课，将运动扩大为各阶级和各阶层的联合斗争，抗议帝国主义屠杀中国人民。为此，中共中央决定建立由瞿秋白、蔡和森、李立三、刘少奇等人组成的行动委员会来领导这次斗争。

在中共领导下，全上海学生、工人和商人同时以罢课、罢工和罢市的方式投身于反帝斗争，迅速形成一股巨大的反帝爱国洪流。6 月初，上海工商学联合会成立。它由全国学生联合会、上海学生联合会和上海各马路商界总联合会等三大团体各派六名代表组成。中共实际领导了工商学联合会，通过它来组织、引导五卅运动的发展。

运动进行至 7 月，反帝联合战线开始分化。上海民族资产阶级的立场逐渐后退，开始向帝国主义妥协。在反帝统一战线分化，工人孤军奋战的形势下，为了避免工人的牺牲，中共中央决定改变斗争策略，经谈判，在工人的利益一定程度上得到保障后，至 9 月底，上海罢工工人全部复工。

五卅运动期间，数十万工人持续罢工数月之久，这在中国历史上是前所未有的。罢工工人主要靠社会各界捐款维持生计。据统计，五卅运动期间，国内外各方为支援上海工人罢工而募集的捐款超过 300 万银元。

五卅运动从上海引发后，迅速席卷全国。各地各阶层民众纷纷举行声势浩大的反帝示威游行、集会通电、抵制外货和罢工、罢课、罢市等斗争。据估计，五卅运动期间，国内大约有 600 座城镇、1700 万人、近万个民众团体、海外近百个国家和地区的华侨参加了这场运动。各地为援助"五卅"而发生的罢工多达 135 次，罢工工人总计约 50 万。

中国共产党领导的五卅运动，冲破了长期笼罩全国的沉闷的政治空气，大大促进了群众的觉醒，显示了各革命阶级、各阶层民众联合斗争的巨大威力，给帝国主义和军阀势力以沉重打击。五卅运动的斗争实践证明，中国共产党关于建立反帝统一战线的策略，是团结一切爱国力量进行反帝斗争的有力武器。

在全国各地的声援运动中，以华南的省港大罢工最具声势。五卅惨案发生后，中共广东区委立即派邓中夏、苏兆征等赴香港发动和酝酿罢工以声援上海。6月中旬，香港工人举行大罢工。23日，广州工农商学兵各界和港、澳各团体十万余人举行反帝示威大游行。当游行队伍经过沙基时，遭到对岸英兵的排枪袭击，当场死亡52人，重伤170余人，造成震惊全国的沙基惨案。沙基惨案后，一场新的罢工风暴迅速席卷香港、广州。至7月初，20余万香港工人悉数投入罢工行列，并全部离开香港，香港一时成为"死港"。

7月9日，中华全国总工会召集各工会代表300余人，决定成立省港罢工委员会，由13名委员组成，共产党人苏兆征为委员长。

在罢工斗争中，省港罢工委员会以中共领导的工会为核心，联合香港、广州的其他工会，组成2000多人的纠察队，团结广东沿海广大农民群众，对香港实行封锁。同时，广州国民政府和广东的工商业者对罢工工人表示极大的同情，在物质上给予罢工工人许多帮助。

1926年10月上旬，中共鉴于国内外形势已发生重大变化，决定在维护罢工工人利益的前提下，主动结束罢工。10月上旬，省港罢工委员会发表宣言，宣布省港大罢工结束。

省港大罢工是反抗帝国主义屠杀中国人民的政治大罢工，坚持16个月之久，这在中国工人运动史上是空前的，也是世界历史上坚持时间最长的一次工人大罢工。省港大罢工在经济上、政治上给英帝国主义沉重打击；为统一广东革命根据地和维护社会秩序，为北伐战争的准备作出突出贡献。省港大罢工显示了中国工人阶级的伟大力量和奋斗精神，在中国革命史上写下了光辉一页。

第三节　北伐战争与国民革命的高涨

一、北洋军阀混战与北伐前的北京政局

1924年9—10月，由于直皖军阀之间长期积累的矛盾爆发，为争夺上海，

直系江苏军阀齐燮元与皖系浙江军阀卢永祥在中国东南地区进行了一场激战，时称"齐卢之战"，亦称"江浙战争"。江浙战端一开，与皖系有同盟关系的粤、奉两方趁机同时响应，讨伐直系。孙中山于9月初发表讨伐曹吴宣言。奉系张作霖亦于9月向直系宣战。第二次直奉战争正式打响。

第二次直奉战争中，双方各出动兵力十余万人，在北洋战史上规模空前。

就实力而言，直、奉两军难分高下，但当吴佩孚布置对奉军事时，反直派联冯倒吴的计划也在暗中加紧进行。段祺瑞、张作霖利用直系内部的冯、吴矛盾，拉拢和收买冯玉祥。

正当直奉激战难分胜负之际，冯玉祥于10月22日在北京发动政变，囚禁曹锟。奉军乘势大举进攻。吴佩孚腹背受敌，兵败如山倒。历时50余日的第二次直奉战争以直军溃败而告终。曹锟、吴佩孚所控制的直系中央政府亦随之倾倒。曹锟被软禁，吴佩孚则流落至豫南鸡公山暂避。

北京政变后，中央政府暂时落入冯玉祥的掌控之中。冯玉祥驱逐废帝溥仪出宫，并修正清室优待条例，规定"大清宣统帝从即日起永远废除皇帝尊号，与中华民国国民在法律上享有同等一切权利"；清室"即日移出宫禁"。

直系军队败退后，奉军大举入关。奉军与冯玉祥部在争夺地盘和收编吴佩孚的败兵等问题上互不相让。冯玉祥为了不使中央政权落入张作霖之手，同时也为了缓解政变之后来自国内外各方的压力，乃积极联络段祺瑞、孙中山等各派，请他们出面共同主持大局。

段祺瑞自1920年直皖战争失败后一直息影天津，早有东山再起之心。冯玉祥、张作霖争相"拥戴"他，他乃乘时而出。张作霖提出，在新政府产生之前，先成立临时执政政府，推段祺瑞为"临时执政"。11月下旬，段祺瑞宣布就任中华民国"临时执政"。

对自身缺乏军事实力的段祺瑞而言，置身冯玉祥、张作霖两大势力夹缝之间，表面上大权独揽，实际摆脱不了政治傀儡的尴尬地位。

北京政变后，冯玉祥将自己和胡景翼、孙岳的部队改名为国民军，自成一系。冯玉祥虽然一举成为具有全国性影响的人物，但根基亦未巩固，其实力自不能与东三省的奉系相比。奉系也不把冯玉祥的国民军放在眼里。冯自知不是张作霖的对手，只好以退为进。当段祺瑞入京就职之际，冯玉祥向段提出辞职，并且发表下野通电。1925年年初，段祺瑞任命冯玉祥为西北边防督办。从此世人渐称冯玉祥部为"西北军"。

国民军的地盘虽然扩大，无奈西北贫瘠，无法与占据东三省的奉系相抗衡。冯玉祥深知自己所处的战略弱势，于是考虑向与西北陆地相邻的苏联设法联络。

在苏联看来，代表英美在华利益的直系吴佩孚失败以后，以日本为靠山的奉系成为中国最具实力的军阀。与苏联交恶的日本和亲日反苏的张作霖势力的扩张，势必威胁到苏联在远东地区的利益与安全。因此，苏联想通过加强冯玉祥的国民军来抗衡和抑制奉系的扩张，筑起一道阻止日本势力扩张的堤防。

苏联的援助使国民军迅速发展壮大。国民军从北京政变时的 3 个军，4 万余人，发展到 1926 年 1 月最盛时的 5 个军，30 万人。其势力范围扩展到京、津、直、豫、热、绥、察、陕、甘、鲁等地区。

奉军入关后，取得了苏、皖及上海地盘，直接危及长江流域各省直系军阀的统治，首当其冲的是浙江军务督办孙传芳。孙传芳感到与奉军决战势所难免，与其被动受攻，不如先发制人。1925 年 10 月，孙传芳宣布就任五省联军总司令，下令分兵五路向奉军进攻。

奉系北起山海关，南至上海，纵跨大半个中国，战线绵延过长，兵力非常分散，加之担心国民军拦腰截击，造成首尾不能兼顾。在这种情况下，奉系只好采取退让的方针。由于奉军主动撤退，孙传芳军进展顺利。至 11 月上旬，徐州落入孙传芳之手。至此，孙传芳统率的五省联军在不到一个月的时间里，将奉系势力逐出苏、皖、沪。从此，苏、皖、赣、闽、浙五省全为孙传芳所控制。

奉系张作霖以国民军为头号对手，时刻提防着国民军。奉、浙战争时，张作霖之所以主动撤退，主要是担心国民军袭其后背，所以他宁可放弃苏、皖，而以大部精锐防备国民军。奉、浙战争结束后，奉系转而专一对付国民军。

奉军、国民军对峙，形势对国民军甚为不利。国民军的地盘与山西阎锡山相邻，在地缘上对阎锡山构成直接威胁。故阎欲图自保，开始与奉系联合。此时，吴佩孚召集旧部，对冯玉祥欲思报复。张作霖亦派人到汉口主动与吴佩孚取得联络。冯玉祥面临张作霖、阎锡山和吴佩孚联合进击的局面。

冯玉祥也积极联络奉系郭松龄部、李景林部，秘密约定反奉。1925 年 11 月下旬，奉系将领郭松龄通电要求张作霖下野。郭军起事后，奉军节节溃败，沈阳震动。奉系军阀的统治摇摇欲坠。但在日本军队的武力干涉和直接支持下，张作霖的部队很快扭转败势。12 月，郭松龄兵败被杀。

郭松龄失败后,国民军不得不面临奉、直、晋三系的夹击。冯玉祥权衡内外形势,于1926年1月初向段政府提出辞呈,宣布下野出洋游历。但冯玉祥下野后,直奉两方并没有中止对国民军的联合进攻。1926年1月,张作霖通电向关内出兵,吴佩孚发出讨冯通电。与此同时,晋系阎锡山亦伺机出击。于是国民军的地盘京畿和直、豫两省处于奉、直、晋三系的包围中。国民军只好撤离北京。3月中旬,国民军在大沽口炮击了日本军舰,引起英、美等八个帝国主义国家向中国政府联合抗议。3月18日,北京学生等群众团体召开反对"八国通牒"大会,游行队伍在北京临时执政府门前遭到枪杀,造成"三一八惨案"。4月,段祺瑞的临时执政府宣告倒台。

总体而言,在1924—1926年,北方军政格局频繁更迭,"你方唱罢我登台"。军阀之间合纵连横,争斗日烈,相互之间"分""合"变化极为迅速。昨日宣称势不两立之"敌",今日转为同舟共济之"友",反之亦然。临阵倒戈现象相当频繁,战争发生的频率日趋加快,北洋军阀的统治已呈现分崩离析的败象。同时,军阀混战和中央政权频繁更迭,对经济社会的稳定、广大民众的生命财产安全造成严重的危害。

二、北伐胜利进军

1926年春夏间,中国的政治军事形势发生了很大变化。

在华南,国民政府统一了广东、广西,拥有兵力13万余人。南方军政格局的变化,最初并没有引起北方军阀的重视。北洋军阀所重视的只是有形的战力,对于国民党的革新改组,认为不过是跟着苏联"赤化"而已。

在华中和华北,直系嫡派的吴佩孚,于1926年3月在郑州打败岳维峻的国民军第二军以后,据有河南、湖北两省及直隶的大部分地区,京汉线也是其势力范围,所辖军队号称20万。

在华北,奉系张作霖的势力扩展至北京、天津和山东的广大地区,兵力号称35万,并拥有一支全国最强的空军和一家全国最大的兵工厂,是北方军阀中实力最强者。

在东南,直系后起的孙传芳,控制闽、浙、苏、皖、赣五省地盘,兵力号称22万,实力仅次于张作霖。

此外,还存在一些地方军阀,如山西的阎锡山,云南的唐继尧,贵州的袁祖铭,四川的刘湘、杨森、邓锡侯、刘文辉,湖南的赵恒惕等。这些军阀一般据守一省，不轻易参与中原逐鹿，为确保自己的地位，往往采取见风使舵的政策，或揭举联省自治的旗帜以自守，或依附某一大军阀以自保。

消灭军阀统一全国，是孙中山未能完成的夙愿。1922 年 5 月和 1924 年 9 月，孙中山曾两次举兵北伐，因种种牵制皆半途而废。到了 1926 年年初，广东革命根据地得到巩固，两广归于统一，国民革命军的实力大增。在这种情况下，国民政府决定再次进行北伐。

1926 年 6 月初，国民政府任命蒋介石为国民革命军总司令。7 月上旬，举行总司令就职及北伐誓师典礼。

北伐以吴佩孚为第一打击目标，为在政略上分化孙传芳、张作霖与吴佩孚，决定先进攻吴佩孚，同时采取稳住孙传芳的策略，与孙谈判，避免两线作战。北伐之所以选择吴佩孚作为首要进攻对象，固然因吴佩孚的势力当时深入湖南，直接威胁到广州国民政府的安全，另一方面在于吴佩孚是直系的领军人物和北洋正统思想的代表。

1926 年 5 月，广州国民政府军事委员会决定出兵入湘，随后任命唐生智为国民革命军前敌总指挥、第八军军长等职。第四军独立团叶挺部担任北伐的先遣部队，奉命出兵援唐。北伐战争的序幕由此拉开。第四军独立团大部分军官是中共党员，团内建有中共组织，干部受中共广东区委调配。该团虽属第四军建制，实际上是中国共产党领导的武装力量。

6 月底，北伐军分左、中、右三路北上。7 月下旬，唐生智就任广州国民政府委任的湖南省政府主席，宣布废除赵恒惕主政时期之省宪法，解散省议会，直属广州国民政府领导。北伐军一路势如破竹，在短短四个月中，很快占领湖南、湖北。1926 年 10 月初，北伐军基本上消灭了吴佩孚的主力，吴佩孚败走河南，从此一蹶不振。

北伐军在两湖战场的胜利，使孙传芳感到巨大威胁，开始对北伐军采取敌视态度。1926 年 8 月，孙传芳中止谈判，派兵进犯北伐军，双方在江西、福建、浙江、江苏等战场激战，孙传芳军节节败退。1927 年 3 月中旬，程潜部围攻南京，迅速突破了孙传芳和直鲁联军的防线，于 3 月 24 日占领南京。至此，自九江以下的江南地区已完全为北伐军所占领，与据守江北的直鲁军、孙传芳军形成隔江对峙的局面。北伐取得了重大胜利。

北伐战争是一场规模空前的反帝反封建的革命战争。北伐军自广东出师以来，不到十个月就打垮了吴佩孚和孙传芳主力，革命势力很快发展到长江流

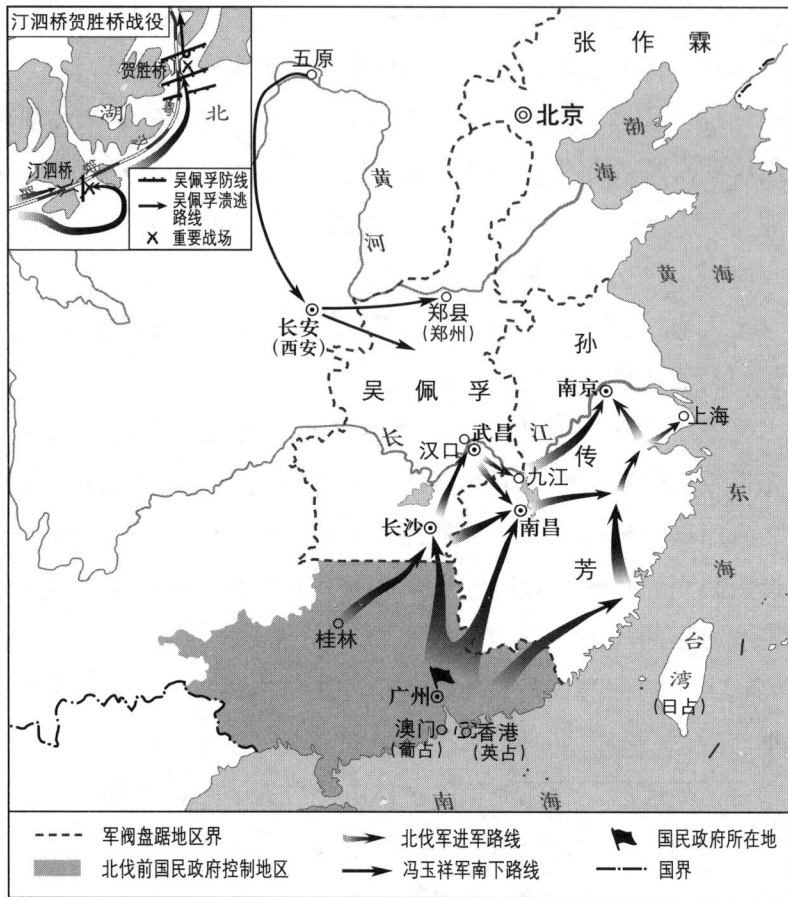

北伐战争形势示意图

域，给予统治中国十余年的北洋军阀致命打击，充分显示了国共合作的力量。北伐战争的胜利动摇了帝国主义和封建军阀在中国的反动统治，进一步推动了国民革命的深入开展。

三、工农运动的深入开展

1924 年改组后，国民党开始制定"扶助农工"的政策。国民党中央党部先后设立了农民部、工人部、青年部、妇女部和商人部，作为领导民众运动的机构，工运、农运计划及相关的政策法规也相继出台。

中国共产党历来重视群众运动。国共合作以后，中共将精力主要投向民众运动。工人运动的领导权基本掌握在共产党人手中。

北伐战争的迅猛推进，为沿途各省工人运动的发展，创造了机遇和有利条件。到 1926 年 12 月，全国工会会员由北伐前的一百万余人增加到近二百万人。

在湖南，唐生智在北伐初期倾向左派，对中共领导的工农运动，采取支持态度。湖南工人武装的普遍建立，工运与农运互相配合，互相支持，是湖南工运的一大特色。

国民政府北迁武汉后，武汉工人运动如火如荼，有"无工不组会，无会不罢工"之势。① 据不完全统计，从 1926 年 10 月到 1927 年 4 月，武汉地区工人罢工 300 多次，平均每天约 1.5 次。② 有 150 多个工会，数十万工人参加了罢工斗争。

上海工人为了配合北伐战争，在中共上海区委领导下先后发动了三次武装起义。其中，1926 年 10 月下旬与 1927 年 2 月下旬的两次武装起义都因准备不足而中途流产。鉴于前两次的失败，中共中央成立特别委员会，由陈独秀亲自领导和部署第三次武装起义，起义总指挥为周恩来。1927 年 3 月 20 日，北伐军逼近上海龙华。上海总工会决定于次日开始总罢工，按照预定计划，全市实现总罢工后，立即转入武装起义。3 月下旬，上海全市均为罢工工人所占领，推翻了奉鲁军阀在上海的统治。

随着北伐战争的推进，农民运动也迅速高涨。国民党中央不仅设有农民部，而且组织农民运动讲习所，培养农民运动指导人才，并就农民运动的组织体制、规章制度、实施计划等作出了一系列决议。中共党员很快将农民运动付诸行动。

农民运动的开展支援了北伐战争，北伐战争的胜利进军又为农民运动的大发展创造了极为有利的条件。北伐前的农民运动以广东为中心。随着北伐军胜利向前推进，中国南方的封建势力受到沉重的打击。1926 年 10 月，中国共产党在上海成立农民运动委员会，由毛泽东担任书记。农委随即制订《目前农运计划》，指导各地农民运动的开展。农民运动由广东发展到湖南、湖北、江西、河南、陕西、四川、广西、福建、安徽、江苏、浙江等省。从 1926 年下半年起，一个以湖南为中心的农民运动迅猛开展起来。

北伐军在湖南作战，得到了各地农民的有力支援。他们组织慰劳队、向导队、运输队、暗探队等，积极支援前线，有的直接参加战斗，帮助北伐军在醴陵、平江、岳州、临湘等战役中，都以极小的代价取得了很大的胜利。

---

① 《汉口工会运动之写真》，《大公报》（天津版）1926 年 12 月 1 日第二版。
② 王永玺主编：《中国工会史》，中共党史出版社 1992 年版，第 166—167 页。

随着北伐军的胜利进军，农民运动蓬勃开展。据 1927 年 6 月的调查，全国有五个省（粤、湘、鄂、赣、豫）成立了省级农民协会，全国农会会员总数约 940 万，分布在 17 个省区，其中湖南最多，有 451 万；湖北次之，为 250 万；广东、陕西并列第三，各 70 万；此外江西约 38 万，河南约 24 万，江苏亦有二三十万。

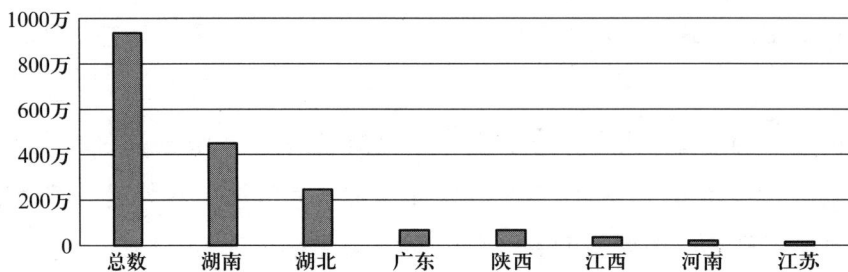

大革命时期全国农会会员数量

工农运动的开展，充分动员了广大民众投身国民革命，有力地打击了帝国主义和封建势力，在国民革命史上写下了可歌可泣的光辉篇章。广大农民群众在运动中提高了思想觉悟，经受了锻炼，成为日后土地革命中的主力军。

四、武汉国民政府的内外政策

北伐军攻占武汉后，1926 年 11 月下旬，国民党中央政治会议决定中央党部与国民政府北迁武汉。12 月，国民政府在武汉宣布成立"中国国民党中央执行委员暨国民政府委员临时联席会议"，暂时代行最高职权。1927 年 2 月下旬，武汉临时联席会议宣布结束。一般将 1926 年 12 月临时联席会议成立，到 1927 年 7 月 15 日汪精卫"分共"，统称为武汉国民政府时期。

武汉国民政府中，国民党左派占大多数。汪精卫主政期间，国共两党联席会议正式启动。4 月中旬，中共代表陈独秀、张国焘、瞿秋白，共产国际代表罗易、鲍罗廷与以汪精卫为首的国民党中央各部部长，首次举行了"国共两党联席谈话会"。武汉国民政府后期，两党联席会议召开频繁，会议商讨的内容十分广泛，包括外交、商务、交通、劳工等问题。

除两党联席会议外，中共党员还参加了武汉国民党中央、国民政府各部和各省政府的工作。谭平山当选为国民党中央常务委员会委员、中央政治委员会委员、国民政府委员和国民政府农政部部长，吴玉章当选为中央常务委员会委员、中央政治委员会委员和国民政府委员，林祖涵当选为中央政治委员会委员，苏兆征当选为国民政府劳工部部长。

这个时期列强的对华政策，随着中国南北局势的变化而调整。对于段祺瑞执政府垮台后频繁更替的北京内阁，列强一直未发正式承认照会，只作为"事实政权"与之交涉；对于南方国民政府，列强虽不承认，但也不拒绝与之建立实际交涉关系。

1926 年 12 月，英国率先发表对华政策声明，呼吁各国对强有力的国民运动予以同情和谅解，表示一俟中国人自行组成有权之政府时，即与之谈判修订条约及其他悬案，一俟中国自行制定并颁布新的国家税则时，即承认中国关税自主。英国抢先发表这样的声明，是由于看到国民革命发展的强劲势头，意在造成英国是列强对华"宽大"政策的带头人的形象。

武汉政府认为，英国的对华政策声明，是英帝国主义的恶毒阴谋，应向全国民众揭穿英国假仁慈的面目，加强对民众和军队的反英宣传，在避免武装冲突的前提下，加紧促进民众的对英斗争。正是在这一方针指导下，发生了收回汉口、九江英租界事件。

1927 年 1 月初，武汉各界民众连续欢庆北伐胜利和国民政府迁汉，举行大规模的集会游行。在汉口临近英租界的江汉关前，参加集会的中国民众与试图驱逐他们的英国水兵和巡捕发生冲突，数人被刺伤，其中两人重伤。事件发生后，武汉政府一面劝民众离开租界，并派大队军警维持秩序；一面由外交部向英租界当局严重交涉，要求英方撤退武装水兵，否则政府不负保障英人安全责任。中英双方达成协议，英方将水兵尽数撤退，中方负责维持租界地区秩序。武汉政府进而成立"英租界临时管理委员会"，接管租界内一切公安市政事宜。几乎同时，九江也发生了民众冲击英租界事件。武汉政府随后派人组成九江英租界临时管理委员会，予以接管。

事件发生后，为避免成为中国革命的主要目标，英国政府训令驻华官员尽量避免同南方革命军发生大的武装冲突，主动同武汉国民政府谈判放弃汉口、九江英租界事宜。

武汉国民政府的方针是，一面引导民众情绪，维护胜利成果，同时保持和发展必要的对外关系，特别是经济贸易关系。故武汉国民政府致电所辖各省，要求保护英人生命财产，暂停一切反英、反教运动。经过反复交涉和谈判，2月中旬，武汉国民政府与英方代表就收回汉口、九江英租界问题签订协定。3

月中旬，汉口、九江英租界的行政管理权正式收归武汉国民政府之手。这次外交的胜利，大大提升了武汉国民政府的声望。

第四节　国共合作的破裂与国民革命的失败

一、国共统一战线的分化与斗争

在国民革命进行中，统一战线内部存在着分化和斗争，分歧主要表现在赞成还是反对反帝反封建的政治主张与赞成还是反对孙中山的三大政策两个问题上。在国民党右派和共产党之间，还突出地存在着由谁掌握革命领导权的问题。随着国民革命的日益发展，围绕革命领导权和国民革命方向的斗争日益激化，革命阵营内部的分化与纷争日趋激烈。

中共党、团员加入国民党后，最先表示不满的是国民党内一些过去反对国共合作的人，他们感觉共产党人的加入削弱了他们的权力，感到被冷落。国民党一大闭幕后，孙中山任命中共党员谭平山为国民党中央组织部长，负责国民党的组织发展，又使他们感觉影响了自己的既得利益，也对此表示不满。

孙中山去世后，这些人形成国民党右派势力，对共产党和国民党左派的攻击进一步升级，不断制造事端，暗杀了左派领袖廖仲恺。邹鲁、谢持、林森等一批国民党右派，于 1925 年 11 月在北京西山召开会议，被称作"西山会议派"，接着在上海另立中央。"西山会议派"的基本主张，一是对"联共"政策不满，主张"分共"；二是对汪精卫主导的广州国民政府不满，宣布停止广州中央执行委员会的职权。

此后，国民党内部又分化出以蒋介石、戴季陶等人为代表的新右派，他们从根本上反对孙中山的三大政策，但由于羽翼未丰，表面上仍然维持联俄联共的政策，同时也着手一步步地限制共产党的发展。1926 年 3 月 20 日，蒋介石以"中山舰"出现"异动"迹象为由，宣布紧急戒严，软禁苏联顾问，并逮捕一批共产党员，制造了"中山舰事件"（亦称"三二〇"事件）。这意味着统一战线内部斗争的进一步升级。

对于蒋介石以武力破坏统一战线的举动，中共和国民党左派主张坚决反击，但共产国际强调维持国共合作的必要，认为国共关系破裂是"绝对不能允许的","必须实行让共产党留在国民党内的方针"①，主张妥协退让。

事件发生后，汪精卫一度准备反击，但因得不到苏联顾问的支持，负气出走海外。由于此前廖案发生后，胡汉民、许崇智被蒋介石逼走，蒋介石成为国民党内最有实力的人物。4月，蒋介石接替汪精卫担任军事委员会主席。

1926年5月中旬，蒋介石主持召开国民党二届二中全会。大会在蒋介石提案的基础上，通过了《整理党务决议案》。内容主要有：中共应将加入国民党的党员名册交由国民党中央执行委员会主席保存；加入国民党的中共党员在国民党高级党部任执行委员之人数，不得超过总数的1/3；中共党员不得充任国民党中央机关之部长；加入国民党的共产党员，非得有国民党最高级党部之许可，不得别有政治关系之组织及行动等。

《整理党务决议案》公布后，一些中共党员十分愤激，有的要求改变国共合作形式，有的要求退出国民党。由于鲍罗廷决定采取以妥协求团结的方针，谭平山、林伯渠、毛泽东三人分别辞去了国民党中央组织部部长、农民部部长和宣传部代理部长职务。

通过中山舰事件和整理党务案，国民党左派和中共力量受到了严重的削弱，而蒋介石当上了国民党中央组织部部长兼军人部部长，随后又当上了国民党中央常务委员会主席和国民革命军总司令。这样，蒋介石的权力迅速膨胀，逐渐控制了国民党、国民政府和国民革命军的大权，成为国民党新右派势力的总代表，国共合作面临的挑战日益严峻。

二、蒋介石发动"四一二"反革命政变

自中山舰事件之后，蒋介石的野心不断膨胀，国民党左派主张迎汪倒蒋。以何香凝等人为代表的国民党左派，积极进行迎汪回国工作。以唐生智为代表的北伐前线将领也想限制蒋介石的权力。

然而中共领导人遵照共产国际的指示，一味对蒋采取妥协退让方针。为使蒋介石在前线安心，中共领导人认为不能急于召回汪精卫，也不应挑头反对蒋介石，并向全党发出通告，解释蒋汪合作的必要性，并说明在现时情势下采取"迎汪倒蒋"的政策是很危险的。在迎汪复职的声浪中，中共中央的方针是：

---

① 《联共（布）中央政治局会议第22号（特字第16号）记录（摘录）》（1926年4月29日），中共中央党史研究室译：《联共（布）、共产国际与中国国民革命运动（1926—1927）》（上），北京图书馆出版社1998年版，第236页。

促成迎汪复职，但不倒蒋，口号是"蒋汪合作"。

迎汪复职方兴未艾，迁都之争又起波澜。1926年9月初，北伐军相继克复汉口、汉阳后，蒋介石认识到武汉因其地理位置之重要，有望继广州之后成为新的革命中心。但他担心这一中心即将沦入唐生智之手，于是多次申请国民政府和国民党中央迁往汉口。

11月上旬，北伐军攻克南昌。蒋介石将国民革命军总司令部移设南昌。蒋介石觉得武汉临时联席会议代行最高职权，有可能架空自己的权力，恐将来难以掌控。1927年1月初，乘张静江、谭延闿等中央执行委员路过南昌之机，蒋召集中央政治会议第六次临时会议，劝说与会者同意将中央党部及国民政府暂驻于他所直接掌控下的南昌。

蒋介石对武汉联席会议的抵制态度，使他和国民党左派的矛盾进一步激化，武汉与南昌之间的对峙升级，俨然形成两个中央。一方坚持以临时联席会议代行最高职权，一方坚持以中央政治会议行使最高权力，双方形成分庭抗礼之势。

1927年2月下旬，武汉方面宣布结束临时联席会议，中央党部与国民政府正式开始在武汉办公。南昌方面亦声明国民政府仍在南昌照常办公。

武汉方面发起了声势浩大的"提高党权运动"。蒋介石认为武汉一切都是鲍罗廷所操纵，于是以国民党中央政治会议的名义致电共产国际，请共产国际撤回鲍罗廷。然而，武汉方面，徐谦、顾孟余、邓演达、陈友仁等国民党左派，多数反对撤换鲍罗廷，并纷纷发表不信任和批判蒋介石的言论。

3月中旬，国民党二届三中全会召开。蒋介石原来的职位如中常会主席、中央组织部长、军人部长，均被撤销或被替代，只保留国民革命军总司令一职，而总司令的权限，复由全会通过的条例加以限制。全会大大削弱了蒋介石的权力。

4月1日，武汉政府下令废除国民革命军总司令一职，改为集团军，任命蒋介石为第一集团军总司令，冯玉祥为第二集团军总司令。这是试图削弱蒋介石军权的重大举措。

蒋介石的反共面目日渐暴露，中共中央对此虽有一定的警觉，但防备不足。在共产国际的影响下，陈独秀表现右倾。他说："'推翻蒋介石'是左倾口号，'拥护蒋介石独裁'则是右倾机会主义。"① 实际处于"既不能推翻，也不

---

① 《陈独秀关于中共中央七月扩大执委会情况的报告》，中央档案馆编：《中共中央文件选集》第2册，中共中央党校出版社1989年版，第169、176页。

能拥护"，"不联合不行，不反对也不行"的尴尬境地。4 月 5 日，陈独秀与汪精卫会谈后发表《汪精卫、陈独秀联合宣言》，称国民党"决无有驱逐友党，摧残工会之事"，要求国共两党同志"不听任何谣言"，"开诚合作，如兄弟般亲密"①。这个宣言表明，陈独秀还没认清蒋介石的反共本质。

然而，蒋介石加快了实行反革命政变的步伐。1927 年 4 月 12 日，蒋介石密令新成立的淞沪戒严司令部正副司令白崇禧、周凤岐，以制止械斗为名，利用青洪帮做前锋，在一天之内迅速将上海工人纠察队的武装收缴。部分纠察队员进行了英勇的抵抗，遭到失败。次日，上海 10 万人在闸北集会抗议并游行示威。游行群众遭到埋伏的军队用机关枪密集射击，当场死亡 100 多人。到 14 日，上海工人被杀者 300 多人，被捕者 500 多人，失踪者 5000 多人。蒋介石日记记道："上海工团枪械昨日已缴，颇有死伤，而浙江各处 CP（英文"共产党"一词的缩写——引者注）皆同时驱逐。"② 随后，蒋介石召开政治会议，决定在南京成立国民政府与中央党部，开始"清党"，大肆屠杀共产党员和革命群众。清党反共运动迅速在蒋介石势力所及的江、浙、皖、闽、粤、桂等省区铺开，数以万计的中共党、团员和革命青年被捕杀。这就是震惊中外的"四一二"反革命政变。

与此同时，奉系军阀也在北京迫害共产党人和国民党左派。4 月 28 日，中共主要创始人之一李大钊和其他一些革命者在北京被张作霖杀害。

三、武汉"分共"与国民革命夭折

4 月 18 日，南京国民政府宣告成立。宁汉对立由此形成。

较之于南京国民政府，武汉国民政府的统治区域不断缩小，也出现了财政危机。湖南由唐生智主宰，财政为其截留。江西入不敷出。武汉国民政府的财政便主要依靠湖北一省，由于军费开支巨大，财政拮据。6 月中旬，孙科悲观地说："如果不设法增加收入，革命是断断维持不下去！"③

这时，武汉地区及附近省的农民斗争仍然十分激烈，特别是湖南农民"耕地农有"的要求很强烈，不少地方成立区、乡土地委员会，用插标占田等方式

---

① 《国共两党领袖联合宣言》，《申报》1927 年 4 月 5 日第 13 版。
② 蒋介石日记，1927 年 4 月 13 日，藏美国胡佛研究所档案馆。
③ 《中国国民党中央执行委员会政治委员会第 29 次会议速记录》，中国第二历史档案馆编：《中国国民党第一、二次全国代表大会会议史料》（下），江苏古籍出版社 1986 年版，第 1250 页。

1927年"四一二"政变后，国民党军队收缴了上海工人纠察队的步枪

采自〔美〕刘香成、凯伦·史密斯编著《上海　1842—2010 一座伟大城市的肖像》，

金燕等译，世界图书出版公司北京公司 2010 年版，第 120 页。

直接动手分配土地。各地封建地主势力同蒋介石的反革命政变相呼应，与贪官污吏、土匪流氓、反动军官等结成反对革命的联合阵线，进行凶猛的反攻。他们摧毁农会，残害农民，制造反革命恐怖。在这种情况下，武汉革命阵营内部的矛盾趋于复杂化和尖锐化。

如何看待工农革命运动，特别是如火如荼的农民运动的问题，实际上是关系中国革命的性质、目的和革命动力的根本问题。然而，中共对当时严峻的形势没有作出及时有效的判断和应对，对这一问题也缺乏足够的认识。中共于1927 年 4 月 27 日至 5 月 9 日在武汉召开的第五次全国代表大会，虽然提出了争取无产阶级对革命的领导权、建立革命民主政权和实行土地革命等一些正确的原则，但对无产阶级如何争取革命领导权，如何领导农民实行土地革命，如何对待武汉国民政府和国民党，特别是如何建立党领导的革命武装等问题，没有提出有效的具体措施。

在对待工农运动问题上，武汉国民政府内部也出现严重分歧。尤其是一些国民军军官们，因出身多系地主，其家属难免受到农运冲击，指责农运"过火"的声浪逐渐高涨。而汪精卫集团日趋右倾，逐渐走上了限制、取缔民众运动的道路。汪精卫、孙科、顾孟余、谭延闿等人开始指责工农运动过火。4月下旬至5月中旬，国民党中央党部决议在湖南、湖北、江西等省组织特别委员会，同时陆续出台了一系列限制工农运动的条例和法令。

在这种局面下，受到蒋介石策动的武汉国民政府的反动军官，公开发动武装叛乱。驻宜昌的第十四独立师师长夏斗寅首先发难，声明联蒋反共，对当地农民群众进行屠杀，死难者数以百计。第三十三团团长许克祥在长沙发动"马日事变"（5月21日），捕杀共产党员和革命群众100多人。

宁汉分立后，唐生智成为武汉政权的第一号军事实权人物。唐生智对中共在湖南的活动一直表示支持和容忍，但在"马日事变"之后不久，态度为之一变，公开表示反共。因此，武汉国民政府实际已经难以坚持其原有主张。

宁汉对峙过程中，冯玉祥成为举足轻重的力量。1926年9月，冯玉祥就任国民军联军总司令后，得到苏联的军事援助，接纳中共党员在其军队中开展政治工作。宁汉分立后，冯玉祥仍与武汉方面相配合，合力攻下河南。6月，汪精卫等到郑州与冯玉祥会商，允诺将豫、陕、甘三省划作冯玉祥防地，想以此换取冯玉祥的支持。但是郑州会议一结束，冯玉祥赶赴徐州与蒋介石会商。蒋介石当场赠送冯玉祥现款50万元，并答应每月协济冯玉祥军饷250万元。徐州会议彻底改变了宁汉两方的均衡局面。冯玉祥倒向南京，对武汉国民政府几乎是致命的一击。6月6日，山西阎锡山也宣布拥护南京国民政府，就任国民革命军北方总司令。宁汉双方力量对比更加失衡。

面对中国革命日益危急的形势，共产国际发来五月紧急指示，要求中共开展土地革命，改造国民党组织，建立工农武装，指出了克服革命危机的关键所在，理论上是有积极意义的。五月紧急指示没有来得及贯彻，就被共产国际代表私下泄露给汪精卫，成为汪精卫"分共"的口实。

7月15日，汪精卫等控制的武汉国民党中央召开会议，决定"分共"。这样，宁汉对立转变为宁汉合流。从此，汪精卫集团对共产党人和革命群众进行公开镇压，大批共产党员和革命群众被捕杀，共产党被迫转入地下，第一次国共合作彻底破裂，国民革命宣告夭折。

国民革命是一场以国共合作为基础并由两党共同推动，以工农群众为主体，包括民族资产阶级和上层小资产阶级在内的人民革命运动。它以与辛亥革命完全不同的形式，在中国辽阔的大地上掀起了翻天覆地的狂飙，沉重打击了帝国主义在华势力，基本推翻了北洋军阀的反动统治，使民主革命思想在全国范围内得到空前的传播，产生了巨大的革命影响。不断高涨的工农运动，为后来中国共产党领导的土地革命战争奠定了群众基础。国民革命极大地提高了中国共产党的政治威望，壮大了共产党及其领导的革命力量。

但是，这场革命是在敌强我弱的情况下进行的。帝国主义、军阀和大地主大资产阶级的力量，远比新兴的革命力量强大得多。大地主大资产阶级始终仇视这场人民革命运动，一旦时机成熟就同帝国主义勾结起来，以血腥的手段镇压革命。在急风暴雨的革命运动中，民族资产阶级和上层小资产阶级的动摇性、软弱性充分显示出来，这些在运动前期曾经积极支持和参加人民革命的中间力量摇摆不定，并在革命的关键时刻倒向国民党，同共产党拉开距离，使力量对比发生了不利于人民革命运动的变化。

这时的中国共产党尚处在幼年时期，缺乏斗争经验，对中国革命的特点和规律都缺少足够的认识。特别是中共领导层犯了以陈独秀为代表的右倾机会主义错误，不懂得掌握革命领导权和武装的重要性，"自愿地放弃对于农民群众、城市小资产阶级和中等资产阶级的领导权，尤其是放弃对于武装力量的领导权"①，使党在国民革命的危急时刻完全处于被动地位，没有能够采取果断有力的措施，导致革命失败。

国民革命时期，共产国际对中国革命和中国共产党有过许多正确的指导，但也有不少脱离中国实际的错误指挥。共产国际所犯错误是国民革命失败的重要原因。

尽管国民革命的失败使中国共产党和中国革命事业遭受了惨重的损失，但中国革命前进的步伐并没有停止。中国人民在中国共产党的领导下，"揩干净身上的血迹，掩埋好同伴的尸首……又继续战斗了"②。

思考题：

1. 国民革命的目标和性质与辛亥革命有何不同？

---

① 毛泽东：《目前形势和我们的任务》（1947年12月25日），《毛泽东选集》第4卷，人民出版社1991年版，第1257—1258页。
② 毛泽东：《论联合政府》（1945年4月24日），《毛泽东选集》第3卷，人民出版社1991年版，第1036页。

2. 共产国际在国民革命过程中扮演了什么角色?

3. 第一次国共合作是如何建立和展开的?

4. 为什么国共合作会失败?

▶ 拓展阅读

第十章　国民党在全国统治的建立与土地革命战争

南京国民党政府建立后，对中国共产党和革命群众进行了残酷镇压，同时通过二次北伐，完成了形式上的全国统一，并在经济建设、废约外交等方面有所举措。蒋介石集团与国民党各派系、各地方军阀为争夺地盘和对中央的控制权展开大规模的混战。中国共产党确立了土地革命和武装斗争的方针，领导了一系列武装起义，创建工农武装，建立农村革命根据地，探索出一条农村包围城市、武装夺取政权的革命道路。在此期间，在白色恐怖中，共产党和进步知识分子坚持积极宣传马克思主义，开展左翼文化运动，诸多社会思潮与社会运动相继而起。

第一节　南京国民政府的建立及其内政外交

一、南京国民政府的建立

1927 年 4 月，蒋介石集团发动"四一二"反革命政变，实行"清共"，成立与武汉国民政府对峙的南京国民政府。嗣后由于东线北伐战事失利，在武汉政权和桂系的联合压力下，蒋介石被迫在 8 月宣布下野，东渡日本，暂避国内矛盾和压力。9 月，汪精卫也因"防共过迟"被迫下野，宁汉合流加速。15 日，宁、汉、沪（西山会议派）三方在南京召开联席会议，改组中央党部和国民政府。20 日，新国民政府委员在南京举行就职典礼，宁汉至此实现合流。同年 11 月蒋介石回国后，国民党内各派系再次进行权力重组。1928 年 1 月，蒋介石重任国民革命军总司令，回到权力中心。随后，国民革命军继续北伐。4 月，蒋介石、冯玉祥、阎锡山和李宗仁分别率领四个集团军向奉系军阀发起进攻。5 月 1 日，北伐军占领济南后，日本军队以保护日侨为借口悍然出兵，制造了举国震惊的"济南惨案"，中国军民死伤 4700 多人。蒋介石没有抵抗，绕道北上。随后，张作霖率奉系主力退往关外，北洋军阀统治结束。6 月，北伐军占领北京。南京国民政府发表《统一宣言》，宣告全国统一已告完成，"军事时期将告终结"，并确定国民政府的首都为南京，将北京改称北平。

国民革命失败后，国民党已经不再是工人、农民、城市小资产阶级和民族资产阶级的革命联盟，而成了一个由代表地主阶级、买办性的大资产阶级利益的反动集团所控制的政党。国民党政府的统治依然是地主阶级和买办大资产阶级的统治，同北洋军阀的统治没有本质的区别。

国民党所实行的是代表地主阶级和买办资产阶级利益的一党专政。国民党政府成立后，发出《对内施政方针通电》，宣布"训政开始"。1928 年 10 月，国民党中央通过《中国国民党训政纲领》，规定："（一）中华民国于训政时期间，由中国国民党全国代表大会代表国民大会，领导国民行使政权；（二）中国国民党全国代表大会闭会时，以政权托付中国国民党中央执行委员会执行之；（三）依照总理《建国大纲》所定选举、罢免、创制、复决四种政权，应训练国民逐渐推行，以立宪政之基础；（四）治权之行政、立法、司法、考试、监察五项，付托于国民政府总揽而实行之，以立宪政时期民选政府之基础；（五）指导监督国民政府重大国务之施行，由中国国民党中央执行委员会政治会议行之；（六）《中华民国国民政府组织法》之修正及解释，由中国国民党中央执行委员会政治会议决行之。"[1] 根据 10 月 8 日国民党中央议决的《中华民国国民政府组织法》，国民政府由行政院、立法院、司法院、考试院、监察院组成。国民党中央任命蒋介石为国民政府主席，谭延闿、胡汉民、王宠惠、戴季陶、蔡元培分任行政院、立法院、司法院、考试院、监察院院长。国民政府主席和五院均统一于国民党的党权之下。与广州、武汉时期以及南京国民党政府初期相比，在训政体制下，国民党一党专政的组织形态渐趋完备。

训政制度推行后，遭到了社会各界的强烈谴责和批判，国民党内的非主流派以及部分地方实力派也纷纷表示反对。1930 年，各反蒋派联合发起"扩大会议"，直指蒋介石借"党治"之名行独裁之实，要求根据孙中山有关主张，制定"训政时期"约法，确定政府与人民的关系、限制政府对人民权利的干涉。但这些主张反被蒋介石所利用。1930 年 9 月，以阎锡山、冯玉祥和汪精卫等人为代表的反蒋军事政治联盟溃败后，蒋介石企图趁机制定和实施《训政时期约法》，使训政体制不仅只是国民党的纲领，而且上升为国家意志。10 月，蒋介石发表通电，主张召集国民会议，"制定在宪法颁布以前训政时期适用之约法"[2]。但此举遭到原本支持他的胡汉民的强烈反对。胡汉民反对蒋介石借制定

---

① 李新总主编，韩信夫、姜克夫主编：《中华民国史大事记》第 5 卷（1928—1930），中华书局 2011 年版，第 3177 页。

② 《蒋提议召集四全代表大会》，《申报》1930 年 10 月 7 日第四版。

约法实行个人独裁，主张将孙中山的《三民主义》《五权宪法》《建国大纲》《建国方略》等遗教作为训政时期中华民国最高根本法，由国民党中央集体实行"党治"。这直接引发了蒋、胡之间的冲突。1931年2月，蒋介石将胡汉民软禁于南京汤山。此后，在蒋的主导下，国民党开始着手制定《约法》。5月，召开国民会议。最后通过《中华民国训政时期约法》，6月1日公布施行。

《约法》共8章89条，虽然在形式上规定了人民在法律上一律平等，具有选举、结社、言论等权利，但规定这些权利均可因法律而被"停止或限制"。规定"国民政府总揽中华民国之治权"，但"训政时期由中国国民党全国代表大会代表国民大会行使中央统治权。中国国民党全国代表大会闭会时，其职权由中国国民党中央执行委员会行使之"，此外还规定"本约法之解释权由中国国民党中央执行委员会行使之"。[①] 这样，国民党就通过制定和颁行带有根本大法属性的《约法》，使其一党独裁专制体制披上了"合法的外衣"，南京国民党政府成为法定的国家最高权力机构，而国民党则居于国家、政府和人民之上。

同时，为了巩固独裁统治，除政权、军队和警察之外，蒋介石还建立了庞大的全国性的特务系统。1928年设立的中央组织部调查科和军事委员会密查组，逐步发展成中统和军统两大特务系统，其主要任务就是反对共产党，破坏革命运动，镇压人民和消灭异己。他们任意逮捕、绑架、暗杀政治上的反对者，设置各种惨无人道的囚禁和行刑场所，特务横行令人发指。

为了控制人民，禁止革命活动，国民党还大力推行保甲制度，规定十户为甲，十甲为保，分设甲长、保长。保甲内各户要互相监视、互相告发，"共具联保联坐切结"，并从事"碉楼堡塞或其他工事之筹设"和交通干线之"保护"等，国民党政府的征税、摊派等许多任务也通过保甲来进行。自1934年11月起，保甲制度在全国普遍推行，大大加强了对广大人民的禁锢。

二、皇姑屯事件与东北易帜

随着1928年上半年北伐战事的发展，张作霖的奉系势力节节败退。日方趁机要求张作霖撤回东北，与关内的国民政府对峙，最终达到将"满蒙"从中国分裂出去的目的，但张作霖没有答应日方的全部要求。日方遂把"干掉张作

---

① 《中华民国训政时期约法》（1931年6月1日），中国第二历史档案馆编：《中华民国史档案资料汇编》第5辑第1编 政治（一），江苏古籍出版社1994年版，第269—275页。

霖"作为根本解决"满洲问题"的途径，企图造成东北局势的动荡，以便乘机扩大在东北的权益。时任关东军司令官村冈长太郎命令下属联络各方，寻找刺杀张作霖的方法。最后是由关东军高级参谋河本大作大佐直接策划了刺杀张作霖的阴谋。①

6月初，张作霖令所部退出北京。6月4日清晨，当张作霖的专列进抵沈阳近郊皇姑屯时，关东军引爆事先埋设的炸药，黑龙江督办吴俊升当场毙命，张作霖身受重伤，回到沈阳后很快不治身亡。这就是震惊中外的"皇姑屯事件"。

为了稳住局势，完成张作霖死后的权力交接，奉系遂密不发丧。两周后张作霖之子张学良自北京秘密赶回沈阳，就任奉天军务督办，奉天省长公署才正式公布张作霖死讯。7月初，张学良就任东三省保安总司令。东北政局趋于稳定。日本通过制造皇姑屯事件以造成东北乱局的阴谋未能得逞。

皇姑屯事件后，奉系与南京党政府的关系开始发生变化。张学良就任奉天军务督办当天，便发表《致奉省各县父老宣言》，提出停止一切军事行动，决不轻言战事；讲求外交亲睦，与友邦共存共荣等主张②，表明张学良已经考虑与南京国民政府息兵谋和，对日本则不得不虚与应付。此后，国民党遂决定"用政治手腕解决东（北）事"③。

6月下旬，南京方面开始与奉军高层就实现"罢兵"和"奉方加入国民政府"的条件初步交换了意见。张学良一度同意于7月中旬在热河和东三省先后发表易帜通电。但迫于日本的压力和阻挠，此事一再拖延。7月初，张学良向南京政府的代表表示：对三民主义不但无反对之意，且甘赞同，惟因对外则有某方窥伺，对内则新遭大故，变更太骤，虑生枝节。④ 7月下旬，张学良致电蒋介石说："弟现在实处两难，不易帜无以对我兄，无以对全国；易帜则祸乱

① ［日］河本大作：《我杀了张作霖》，中国社会科学院近代史研究所近代史资料编辑部编：《近代史资料》总47号，中国社会科学出版社1982年第1期，第118页。
② 李新总主编，韩信夫、姜克夫主编：《中华民国史大事记》第5卷（1928—1930），中华书局2011年版，第3088页。
③ 《阎锡山总司令自北平报告遵照中央策书用政治手腕解决东省事及与张作相通电情形呈蒋总司令电》（1928年7月1日），秦孝仪主编：《中华民国重要史料初编——抗日战争时期》续编（一），台北中国国民党党史委员会1981年版，第213页。
④ 《张学良表示决不妨碍统一通电》（1928年7月1日），《宋渊源自南京报告祁暄到奉与张学良晤谈易帜事呈蒋总司令电》（1928年7月2日），秦孝仪主编：《中华民国重要史料初编——抗日战争时期》续编（一），台北中国国民党党史委员会1981年版，第214—215页。

立生，无以对三省父老。数日前探知田中意旨，如我方不听劝告，即用武力。"[①] 南京国民党政府急于通过东北和国内其他地区的"易帜"，完成"统一"，取得国内合法性和国际社会的承认和支持，因此对张学良采取了积极争取的态度。

二次北伐的胜利和北洋政权的垮台促进了新疆易帜。1928 年 6 月 16 日，新疆督办杨增新发出易帜通电，宣布："新疆各界服从国民政府，奉行三民主义；并改组新疆省政府，一律悬挂青天白日旗，以后新疆一切善后事宜，均禀承国民政府办理，以归统一。"[②] 新疆归顺后，南京政府加紧催迫奉方兑现易帜承诺。但因南京政府未能完全满足奉方要求，奉系未能如约宣布易帜。对此，南京方面作出相应调整，如停止针对关外热河省的军事压力，与奉方共同解决关内直鲁残军等问题。10 月 10 日，南京政府宣告改组，张学良与蒋介石、胡汉民、阎锡山、冯玉祥、李宗仁等共 16 人同为国民政府委员，这一安排超出原先奉方的条件。嗣后，南京方面还同意将热河归入东北当局管辖。

东北易帜也是东三省人民和社会各界的普遍要求。在关内基本实现统一之后，东北民众日益强烈地表达出对实行"易帜"统一的意愿，纷纷以各种形式要求当局早日实现"易帜"。11 月上旬，吉林市、长春市的工商界发表通电，学生举行游行和发表宣言，要求立即实行南北统一，悬挂青天白日旗。哈尔滨还发生了 18 所学校的学生抗议日本在东北扩张铁路的示威，与警察发生严重冲突，多名学生死伤。此外，从北平到南京，都爆发了东北学生与民众代表的游行请愿，反对日本侵占东北路权，要求国民政府严令张学良即日实行易帜。这样，东北易帜的条件逐步成熟。民众的呼声，有力促进了东北易帜的进程。

12 月 29 日，张学良领衔通电全国，"即日起宣布遵守三民主义，服从国民政府，改易旗帜"[③]。国民政府代表以及欧美各国的领事参加了在奉天省政府礼堂举行的易帜典礼。12 月底，国民政府正式任命张学良为东北边防军司令长

---

① 《张学良自奉天诚恳陈述不能立时易帜之苦衷呈蒋总司令电》（1928 年 7 月 24 日），秦孝仪主编：《中华民国重要史料初编——抗日战争时期》续编（一），台北中国国民党党史委员会 1981 年版，第 219 页。

② 李新总主编，韩信夫、姜克夫主编：《中华民国史大事记》第 5 卷（1928—1930），中华书局 2011 年版，第 3086 页。

③ 《张学良等宣布东三省易帜上国民政府电》（1928 年 12 月 29 日），秦孝仪主编：《中华民国重要史料初编——抗日战争时期》续编（一），台北中国国民党党史委员会 1981 年版，第 233—234 页。

官，张作相、万福麟为副司令长官；根据东北地方事务仍由张学良主持的原则，按照东北方面提出的方案，由国民党政府任命东北各省行政官员。

东北易帜发生在南京国民党政府的统治基本稳定后不久，顺应了全国民众追求国家统一的迫切愿望，打击了日本军国主义企图将东北与中国"分离"的野心，使其独占东北的图谋受挫。至此，北洋军阀不再作为独立的政治力量存在，国民党在全国范围内实现了形式上的统一。

三、改组派的反蒋活动与国民党新军阀混战

南京国民党政府成立后，国民党内部仍然派系林立，各派从自身的利益出发，反对蒋介石集团独揽大权，开展了争权夺利的斗争。其中以改组派最为突出。1927 年国民党反共政变后，蒋介石集团与汪精卫集团的矛盾变得尤为尖锐。1928 年年底，汪派成员的骨干分子成立"中国国民党改组同志会"，被称为改组派，公开从事反蒋活动。改组派由汪精卫一派国民党中央委员为骨干，一度在上海、南京和北平以及 20 多个省建立分部，在国民党内有很大影响，会员曾达到一万余人。

1929 年 3 月，汪精卫发表《关于最近党务政治宣言》，攻击蒋介石集团"与北洋军阀时代无异"[1]。随后，汪派开展了一系列反蒋的政治和组织活动，并策动和参与了部分反蒋军事活动。在蒋介石授意下，国民党三大决定对汪精卫给予书面警告，并永远开除陈公博和甘乃光的党籍。12 月，国民党中常会决议永远开除汪精卫的党籍。汪精卫、陈公博等人的活动，目的是以汪代蒋，取代不了就求合流。1932 年 1 月，蒋汪合流后，改组派活动基本结束。改组派从开始筹备到最后没落，历时约两年半。

新疆和东北易帜后，中国实现了形式上的统一，但国民党政治军事集团之间却争权夺利，争斗不休，不断爆发战争。中国出现了新军阀混战的局面。

二次北伐战事结束后，蒋介石开始筹划军队的编遣。当时蒋介石任总司令的第一集团军主要驻扎于江苏、安徽、江西、浙江、福建等地；冯玉祥的第二集团军主要驻在山东、河南、陕西、甘肃、宁夏；阎锡山的第三集团军驻在河北、山西、察哈尔、绥远；李宗仁的第四集团军驻于广西、两湖及华北部分地

---

[1]　《汪精卫等关于最近党务政治宣言》，中国第二历史档案馆编：《中华民国史档案资料汇编》第 5 辑第 1 编 政治（二），江苏古籍出版社 1994 年版，第 647 页。

区。1929 年 1 月编遣会议召开，会议名义上是为了编遣军队以节省军事开支从事经济建设，但实际上蒋介石的目的是借此削弱异己的军事力量，扩张自身实力，因此会议非但没有解决各大军事集团之间的意见分歧，反而激化了各方面矛盾。

其后，蒋介石集团与桂系之间因争夺湖南矛盾激化，蒋桂战争爆发。1929 年 2 月，桂系夏威、叶琪所部分头进攻长沙，驱赶了接近南京政权的湖南省主席鲁涤平，桂系把持的武汉政治分会免去鲁涤平的职务，另委任何键为湖南省主席。3 月下旬，蒋介石调动三路大军发动讨桂战争。4 月初，被蒋介石策反的桂军第三路军代总司令李明瑞在湖北孝感宣布倒戈，使被夹击的桂军胡宗铎等各部向鄂西地区败逃，投降后被讨桂军改编。李宗仁、白崇禧的第四集团军主力遭到沉重打击，只得南撤广西。

桂系失败，蒋介石并没有就此罢手，立刻将矛头转向冯玉祥，双方关系日益紧张，蒋、冯冲突又起。1929 年 5 月中旬，冯玉祥在陕西华阴召开军事会议，声讨蒋介石的专制独裁、排挤西北军等罪状，决定武力反蒋，冯玉祥自任"护党救国军西北路军总司令"。蒋介石则多管齐下，除了集结中央军主力外，国民党中常会决议永远开除冯玉祥党籍，并采取利诱等手段瓦解冯军。在蒋介石的封官许愿和金钱收买下，冯部高级将领石友三、韩复榘等宣布拥蒋反冯，导致西北军内部瓦解。西北军将领刘镇华、杨虎城、马鸿逵等人也离冯附蒋。5 月下旬，阎锡山发表调停通电，要求冯把"所部军队均各交还中央，依照编遣会议办法实行改编"[①]。在内外压力之下，冯玉祥宣布退隐下野，蒋介石取得与冯较量第一回合的胜利。

1929 年下半年，各路实力派纷纷起兵反蒋。10 月，冯玉祥旧部、西北军宋哲元等数十名将领通电拥戴冯玉祥、阎锡山，再次武力反蒋，分三路向河南进发。蒋介石调动大军讨伐西北军，并亲赴河南前线督战。由于阎锡山背着冯玉祥与蒋勾结，陷于孤立的冯军无法抵挡蒋军的进攻，12 月初不得不退回潼关以西。在南方，张发奎为了避免被蒋介石消灭的命运，在汪精卫的居中牵线之下，与桂系联合反蒋。11 月，张、桂联军一度攻至广州附近。蒋介石派何应钦率中央军南下支持粤军，迫使张、桂军退回广西。桂系第二次反蒋失败。另

---

① 《阎锡山公布规劝冯玉祥忍耐五点以挽危局往来电》（1929 年 5 月 26 日），中国第二历史档案馆编：《中华民国史档案资料汇编》第 5 辑第 1 编 军事（二），江苏古籍出版社 1994 年版，第 7 页。

外，曾在蒋介石讨伐异己的战事中先后效过力的唐生智、石友三等人，也于当年12月武力反蒋，但都在蒋介石的分化瓦解和军事进攻下遭到失败。

1930年，一场更大规模的国民党内军事势力之间的大战，即阎锡山、冯玉祥、李宗仁联合反蒋的中原大战爆发。1930年年初，改组派、西山会议派、桂系、冯系及其他各种反蒋势力，都寄望与阎锡山联合反蒋以自保。2月底，阎锡山、冯玉祥及反蒋各派代表30余人在太原召开军事会议，决定晋、陕两军同时出发讨蒋。3月中旬，阎、冯、桂三派将领50多人通电全国，列举蒋介石六大罪状，宣布讨蒋。[①] 4月初，阎锡山宣布就任海陆空军总司令，冯玉祥、李宗仁分别就任副总司令。当时反蒋各派总兵力约为70万人，分为八个方面军，控制着河北、山西、察哈尔、绥远、宁夏、青海、陕西、甘肃、广西、皖北、豫东及平津两市。蒋介石方面则拥有江苏、浙江、江西、福建、湖南、广东及山东、河南、安徽一部分，总兵力多于反蒋派。国民政府随即下令褫夺阎锡山本兼各职，国民党中常会决议开除阎锡山党籍。5月初，蒋介石在南京举行讨逆誓师典礼，随后中原大战全面爆发。

中原大战是自国民党在南京确立中央政权之后规模最大、延续时间最长的混战。大战双方直接投入的总兵力140多万，前后历时7个多月，主要在津浦、陇海、平汉等铁路沿线激战，以河南为主战场，山东为辅战场，战火延及多省。双方进行激烈的拉锯战，互有胜负，伤亡超过24万人，给战地民众带来深重灾难。战争期间，反蒋各派还试图在政治领域昭示合法性。1930年8月上旬，反蒋各派的代表在北平宣告成立"中国国民党中央党部扩大会议"，通过党务宣言，决定起草约法，并在北平组织国民政府，筹备国民会议。9月，反蒋派的国民政府在北平宣告成立，阎锡山、汪精卫、冯玉祥、李宗仁、唐生智、谢持、张学良（未经本人同意）为国民政府委员，以阎为主席。但北平国民政府并未获得任何外国政府的正式承认。

中原大战爆发后，在东北坐拥重兵的张学良成为双方竭力争取的对象。9月中旬，在蒋介石的极力拉拢下，张学良发表和平通电，公开声明拥护南京国民政府。东北军开入关内，占领平津和华北地区。反蒋联盟在军事上腹背受敌，迅速溃败。11月初，阎锡山、冯玉祥联名通电下野，冯玉祥的西北军主力

---

① 李新总主编，韩信夫、姜克夫主编：《中华民国史大事记》第5卷（1928—1930），中华书局2011年版，第3554页。

悉数被蒋收编。

中原大战结束后，蒋介石以为，国内已经没有任何动摇他地位的反对力量，随即提出立刻召开国民会议，制定约法，以巩固其独裁统治，但这种做法引起了约法之争，蒋介石于 1931 年 2 月底扣押了持反对意见的胡汉民，进而导致两广实力派起来反蒋。1931 年 4 月底，国民党中央监察委员邓泽如、林森等，两广实力派陈济棠、李宗仁、白崇禧以及汪精卫派、西山会议派的头面人物等相继通电反蒋。5 月下旬，反蒋各派人士在广州举行了国民党中央执监委员非常会议，广州国民政府宣布成立，汪精卫等 17 人为国民政府委员。国民党内再次形成宁粤对峙的分裂局面。"九一八"事变爆发后，宁粤双方经过上海和平会议，达成在沪、宁、粤分别举行国民党四大和蒋介石下野的决议。12 月中旬，蒋介石宣布下野，国民政府进行改组，由林森任国民政府主席，孙科任行政院长。短短一个月后，由于粤方汪精卫一派再度联手蒋介石，孙科内阁垮台，汪精卫出任行政院长，蒋介石出任新成立的军事委员会委员长。国民党内各派系纷争告一段落，暂时形成各派联合统治的局面。

国民党新军阀之间爆发的中原大战等大规模混战，代替了北洋军阀统治时期的军阀割据和军阀混战，构成了当时中国政治生活的突出内容。新军阀的混战阻碍了中国经济社会的发展，给广大人民造成了严重的生命财产损失，造成了国力的进一步损耗和政局的动荡，给日本帝国主义发动侵华战争以可乘之机。

四、南京国民政府时期的经济

南京国民党政府建立初期，派系争夺，加之连年战事不断，军费开支激增，经济财政状况不断恶化。蒋介石在"四一二"反革命政变后，为寻求帝国主义列强支持，不得不承担北洋军阀政府以至清政府欠下的巨额外债，这导致南京政府陷入沉重的债务负担中。军费和偿还内外债一直占财政支出的 80% 左右。为此，国民党政府采取了扩大官僚资本、大举借债、增加税负等政策，以增加财税收入。

为增加财政收入，南京国民党政府开始推行"关税自主"，以增加关税收入。国民党政府还实行了裁撤厘金、改征统税，对工业品实行一物一税的原则，按照统一的规定一次征税后，将原有的中央二五税、出厂税及沿途之厘金、各省之特税等一概废除，简化了税制。但同时新的税种又不断增加，如

1928 年的烟草和面粉税，1931 年的棉纱、火柴和酒精税，1933 年的矿业税，还陆续开设了印花税、所得税等税种。

然而，税制的改革虽然使税收有所增长，但难以满足逐年增加的以军费为主的开支需求。国民党政府 1928 年岁出总额为 43400 万元，1936 年增加至 116700 万元。[①] 国民党政府于是又举借内外债来解决财政入不敷出。1927 年，南京国民党政府开始发行公债，以后连年军费开支膨胀，公债发行居高不下，自 1927 年至 1936 年发行公债总额达到了 232100 余万元，[②] 超出了北洋政府 15 年内发行公债 62000 余万元之数。这些内债大部分在全面抗战爆发前没有清偿，全面抗战爆发后又遭停付，直到抗战结束之后才陆续整理恢复还本付息，但严重的通货膨胀使得债权人蒙受了巨大的损失。国民党政府自 1927 年到 1937 年全面抗战爆发，举借各种外债达 70 余项，其总额折合为国币（法币）50936 余万元。[③] 其中数额较大的有 1933 年棉麦借款 5000 万美元，1936 年中德易货信用借款 1 亿马克等。[④] 举借外债，使西方列强加强了对中国财经领域的渗透和控制。

在金融领域，南京国民党政府建立起以中央银行为核心的国家金融体系。1928 年 11 月，中央银行正式成立，总行设于上海。该行享有发行钞票、代理国库、募集或管理国内外公债等多项特权，享有公款解拨存储汇兑的优先权，同时经营一般商业银行业务。在竭力扶植中央银行的同时，国民党政府又于 1928 年和 1935 年先后两次改组中国银行和交通银行，中国银行资本总额中官股比例由 20% 增加至 50%，交通银行的官股比例由 20% 增加至 60%，掌握绝对控股权和主要人事安排权。1935 年夏，国民党政府又将原豫、鄂、皖、赣四省农民银行改组为中国农民银行，置于蒋介石集团直接控制之下。此外，南京政府还直接掌控了中央信托局和邮政储金汇业局两个非银行金融机构。以"四行二局"为主体的金融体系成为国民党政府实行经济垄断的重要工具。国民党政府还建立了其他控制经济的机构，如掌控重要矿产勘探、冶炼和若干重工业的

---

① 陆仲渊、方庆秋主编：《民国社会经济史》，中国经济出版社 1991 年版，第 253 页。

② 杨荫溥著：《民国财政史》，中国财政经济出版社 1985 年版，第 60、64—65 页。

③ 刘克祥、吴太昌主编：《中国近代经济史 1927—1937》中册，人民出版社 2010 年版，第 1495—1501 页。

④ 《美麦及美棉麦借款》（1931—1933 年）、《中德易货信用借款》（1936 年 4 月 8 日），财政科学研究所、中国第二历史档案馆编：《民国外债档案史料》第 10 卷，中国档案出版社 1992 年版，第 111、301 页。

资源委员会，掌控主要农产品的农本局等。

1933 年 4 月，国民党政府进行货币改革，推行"废两改元"。随后，又于 1935 年 11 月起实施法币政策，规定由中央、中国、交通三家政府银行（后增加中国农民银行）发行的钞票定为法币，其他各银行所发钞票逐渐收回；废除银本位，所有银元应即缴存政府，照面额换领法币；为稳定国币对外汇价，中央、中国、交通三银行无限制购售外汇。[①]

这一时期，官僚资本控制的工矿业获得了一定发展。到全面抗战爆发前夕，建立起了中央机器厂、中央电工器材厂、中央无线电制造厂、中央炼铜厂，以及有色金属矿厂、煤矿、发电厂等，并开始筹建中央钢铁厂。据统计，工业生产的平均增长率，1927—1928 年为 7.3%，1928—1936 年为 8.3%；全国工业总产值由 1927 年的 67 亿余元增加到 1936 年的 122.74 亿余元，增幅为 83.2%。[②] 但同时，民族工业在经过短期发展后，受到官僚资本的压迫，很快开始萎缩。1928 年，全国新注册的工厂数是 250 家，资本额 11784 万元；1929 年为 180 家，资本额 6402 万元；1930 年为 119 家，资本额 4495 万元；1931 年为 117 家，资本额 2769 万元；1932 年为 87 家，资本额 1459 万元。[③] 五年内几乎呈直线下降趋势。

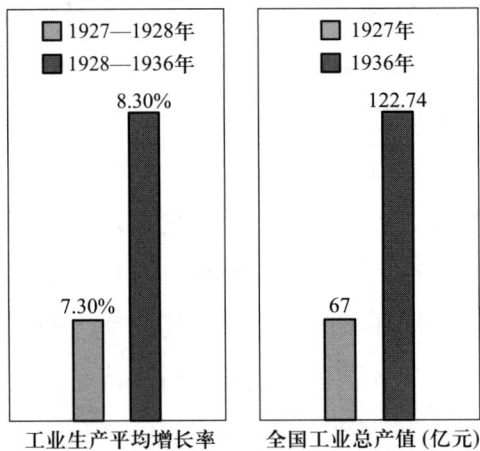

1927—1936 年南京国民政府时期的经济

---

① 中国人民银行总行参事室编：《中华民国货币史资料》第 2 辑，上海人民出版社 1991 年版，第 179 页。
② 陆仰渊、方庆秋主编：《民国社会经济史》，中国经济出版社 1991 年版，第 346—348 页。
③ 许涤新、吴承明主编：《中国资本主义发展史》第 3 卷，人民出版社 2003 年版，第 120 页。

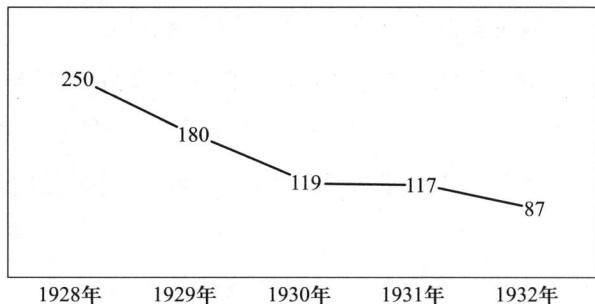

1928—1932 年全国新注册工厂数量

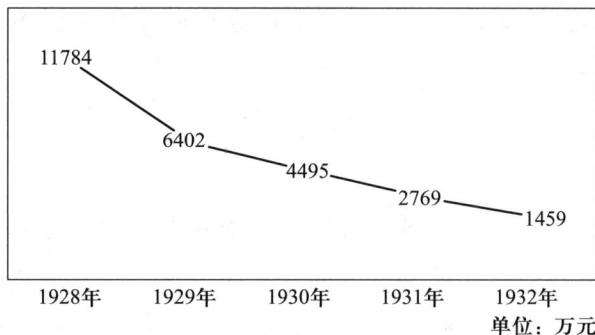

单位：万元

1928—1932 年全国新注册工厂资本额

在 20 世纪二三十年代，中国农村危机颇为严重，南京国民党政府虽然实行了一些促进农村经济的措施，然而在国民党统治下的广大农村地区，土地集中的趋势仍在继续，农村贫富分化进一步扩大。在农村，国民党政府依靠地主豪绅来实行统治，土地分配极不平均。经济学家陈翰笙 1930—1931 年在河北定县调查，"经过调查的 14617 农家之中，有 70% 的农家占有耕地不到全数的 30%，其余不到 3% 的农家，占有耕地几当全数 1/5"[1]。贫苦农民向地主缴纳的地租通常要占全年收成的一半，赋税繁重。四川地方军阀的预征田赋更是全国最重的：民国"二十一年二十四军已征至四十六、七年，二十八军至六十一年，二十九军至四十九年，但预征次无定限，时无定限，无钱即又预征一年，全年毫无预计"[2]。在连年内战中，无数难民挣扎在生死线上。对于农民遭受的如此沉重的封建剥削，国民党政府却视而不见，蒋介石否认中国存在土地问题，他说"今日中国之地，不患缺乏，也不患地主把持"，并无改变封建土地

---

[1]　陈瀚笙：《现代中国的土地问题》（1934 年），陈翰笙、薛暮桥、冯和法等编：《解放前的中国农村》第 2 辑，中国展望出版社 1987 年版，第 80 页。

[2]　章有义编：《中国近代农业史资料（1927—1937）》第 3 辑，科学出版社 2016 年版，第 40 页。

制度的意愿。这表明国民党政权代表了大地主阶级的利益。

南京国民党政府还通过大量举借内外债来筹建铁路。1928—1937 年，共修建铁路 3795 公里，使全国（东三省除外）铁路总里程达到 11700 余公里。[①] 交通建设在一定程度上有助于工矿业与农业的发展和军资物品的运输，但使全国的债务更加沉重。

国外资本在这一时期继续加强对中国经济的控制和渗透。1931 年，外国控制的生铁产量占全国产量的 97.2%。全部华商银行存款总额为 30 亿元，而美国花旗银行一家就高达 5 亿元。这种状况严重压制了民族资本主义的发展，暴露了国民党政权的买办性质。

五、废约外交

1927 年 4 月，南京国民党政府宣布不采用暴力手段废止不平等条约，宣称打倒帝国主义非排外主义等外交方针。[②] 此后，逐步与各国就废除旧约、改定新约进行了谈判交涉，主要涉及中国收回关税自主权、撤废领事裁判权、收回租界和租借地等权益。南京国民党政府进行废约外交的目的，主要是通过改定新约的方式，换取帝国主义列强的承认，以提升自己的国际地位，因而在交涉中具有很大的妥协性。

当时与中国有协定关税条约的有美、英、法、日、意等 12 个国家，其中有的已届期满，有的尚未到期。1928 年 7 月，中美达成《整理中美两国关税关系之条约》，宣布承认中国的关税自主权："历来中、美两国所订立有效之条约内所载关于在中国进出口货物之税率、存票、子口税并船钞等项之各条款，应即撤销作废，而应适用国家关税完全自主之原则"，但是又规定："惟缔约各国对于上述及有关系之事项，在彼此领土内享受之待遇，应与其他国享受之待遇毫无区别。"这就是说，只要其他国家没有承认中国关税自主，那么中国就不能在对美贸易中自主确定进出口税率。随后，中国与德国、英国等国签订了关税条约，内容与中美协定大体相同，与意大利、法国等国也签订了包括承认中国关税自主权的通商条约。中国与日本直到 1930 年 5 月才签署中日关税协定，但

---

① 陆仰渊、方庆秋主编：《民国社会经济史》，中国经济出版社 1991 年版，第 439—440 页。
② 《整理中美两国关税关系之条约及美国凯洛格国务卿声明》（1927 年 7 月 25 日），复旦大学历史系中国近代史教研组编：《中国近代对外关系史资料选辑 1840—1949》下卷第一分册，上海人民出版社 1977 年版，第 173—174 页。

对多种输华日本产品三年内维持现有税率。虽然美国等国与中国签订了关税协定，形式上承认了中国的关税自主，但实质上的"协定关税"依然存在，中国仍然没有实现完全的关税自主，中国海关行政管理权仍操纵在外国人手中，新税率的确定依然受到种种限制。

在撤废领事裁判权的谈判交涉中，南京政府遭遇到更大的困难。历史上相继在中国取得领事裁判权的国家有 19 个，经过 1919 年巴黎和会与 1924 年中国同苏联的协定，德、奥、俄三国的领事裁判权已经取消。1928 年，比利时、意大利、丹麦、葡萄牙、西班牙等国陆续放弃在华领事裁判权，但都有所保留，即须其他各国一律承认放弃时，才自行取消。1929 年 4 月，国民党政府正式照会英、美、法、荷、挪威、巴西等国驻华公使，希望谈判解决在华领事裁判权。对于条约已经满期的日本、墨西哥、瑞典、秘鲁四国，国民党政府希望在另订新约时明文取消。但各国直到 8 月才复照中方，其中只有墨西哥一国接受。美国辩称中国尚未有独立的法院制度，对于华洋诉讼案件不能予以充分公允之裁判；英国不但指称中国对于西方法理缺乏"明悉及赞许之态"，更蛮横地宣布"既欲维持通商口岸制度，则辄须存有一种治外法权制，乃为当然联带者也"①。由于英、美等国不愿放弃在华领事裁判权，相应的双边交涉迟迟没有结果，中国于 1929 年 12 月颁令决定单方面宣布废除各国在华领事裁判权。1931 年 5 月，中国正式宣告法权交涉停顿，公布《管辖在华外国人实施条例》12 条，明确规定"外国人应受中国各级司法法院之管辖"。但日本发动"九一八"事变后，国内外局势动荡，原定 1932 年 1 月 1 日施行的这一条例暂缓执行。这样，中国与各国之间持续近三年的关于撤废领事裁判权的交涉不了了之，外国在中国不平等的治外法权依然存在。

在收回租界和租借地方面，1929 年 8 月，中国与比利时签订收回天津比利时租界协定，但国民政府须偿付天津比租界工部局所负债务津平银九万多两。②在对英国的谈判过程中，涉及数处租界和租借地，谈判结果不尽相同。其中镇江英租界在 1927 年 4 月国民革命军占领镇江期间，实际上已经被中方收回，

① 《英、美、法、荷、挪（威）五国关于领事裁判权问题的复照》（1929 年 8 月 10 日）（一）《英国复照》、（二）《美国复照》，程道德等编：《中华民国外交史资料选编 1919—1931》，北京大学出版社 1985 年版，第 507—510 页。

② 《比利时交还天津比国租界协定》（1929 年 8 月 31 日），程道德等编：《中华民国外交史资料选编 1919—1931》，北京大学出版社 1985 年版，第 487—490 页。

1929 年 10 月中英双方签订协定，确定该年 11 月英国正式交还镇江租界。1930 年 4 月，中英签订关于交还威海卫专约及协定，英国虽同意交还，但提出英国海军可以使用刘公岛内若干房屋及设施，期限 10 年；英国舰船每年 4—10 月可在刘公岛驻锚。[①] 1930 年 9 月，中英签订了收回厦门英租界的协定。但是，在上海、天津、汉口、广州等重要城市的英租界和九龙租借地的收回问题上，英国政府完全拒绝谈判。法国虽然在华盛顿会议期间声明放弃广州湾租借地，却一直拒绝与国民政府谈判。至于旅大地区的日本租借地，日方在 1930 年便表示决不放弃，因此无法通过外交方式解决。

虽然南京国民党政府废约外交具有一定的积极作用，但由于其政权的性质，决定了其离不开帝国主义的支持，只能采取妥协退让的方针，不可能从根本上取消帝国主义在华特权，更不可能使中国成为完全独立自主的国家。

第二节   中国共产党领导的土地革命战争

一、发动武装起义和创建革命根据地

大革命失败后，白色恐怖笼罩全国，中国革命转入低潮。但是，中国共产党人并没有被国民党的血腥屠杀吓倒，而是领导人民进行了艰苦卓绝的斗争。

1927 年 7 月下旬，中共中央临时政治局常委会决定，以中共领导的革命武装在南昌举行暴动。27 日，周恩来由武汉秘密来到南昌，成立了由周恩来、李立三、彭湃、恽代英组成的前敌委员会，周恩来任书记，负责起义的筹划和领导工作。

当时，中共在南昌、九江一带掌握的武装力量有叶挺的第十一军第二十四师、贺龙的第二十军和朱德掌握的第三军军官教导团和南昌公安局的两个保安队等，总兵力两万余人。

8 月 1 日凌晨，起义爆发。经过 4 个多小时激战，起义军占领南昌城。随后，起义军按计划相继撤离南昌，向广东进发，准备在广东重建革命根据地。

---

① 《交收威海卫专约及协定》（1930 年 4 月 18 日），程道德等编：《中华民国外交史资料选编 1919—1931》，北京大学出版社 1985 年版，第 493—499 页。

起义军在南下途中遭到国民党军的围追堵截，10月初南进到潮汕地区后再遭围攻，部队损失严重。保存下来的部队，一部分转移到海陆丰地区，与当地起义的农民武装汇合，坚持斗争；另一部分在朱德、陈毅率领下，退出广东，经江西转入粤赣边界地区开展游击战争。

南昌起义打响了中国共产党武装反抗国民党反动派的第一枪，在全党和全国人民面前树立了一面革命武装斗争的旗帜，表明了中国共产党不畏强暴、坚持革命的坚强决心，标志着中国共产党独立地创建和领导人民军队、武装夺取政权的开始。

为了总结大革命失败的经验教训，确定新的路线和方针，1927年8月7日，在共产国际帮助下，中共中央在汉口秘密召开紧急会议，史称"八七会议"。会上，共产国际代表罗明纳兹作了关于党的过去错误及新的路线的报告和结论。瞿秋白代表中央常委作了工作方针的报告。会议着重批评了大革命后期以陈独秀为首的中央所犯右倾机会主义错误，确立了实行土地革命和武装起义的方针。毛泽东在发言中提出："以后要非常注意军事。须知政权是由枪杆子中取得的。"① 会议选出中共中央临时政治局，瞿秋白、苏兆征、向忠发、罗亦农、李维汉、彭湃、任弼时等为政治局委员。随后，瞿秋白主持召开临时中央政治局第一次会议，瞿秋白、李维汉、苏兆征当选为临时中央政治局常委。

八七会议在革命处于严重危机的关头，制定了继续进行革命的正确方针，为挽救中国共产党和中国革命起到了至关重要的作用，中国革命从此开始由大革命失败到土地革命战争兴起的历史性转变。但是，由于共产国际及其代表的"左"倾思想和党内的"左"倾情绪的影响，加之中共还处于幼年时期，面对国民党的大屠杀，激愤情绪容易转化成急躁冒进的冲动，这次会议在反对右倾错误时没有注意防止"左"的错误，从而为以后"左"倾错误的发展埋下了隐患。

八七会议后，各地武装起义相继展开。中共临时中央政治局积极指导全国各地恢复、稳定党的组织和发动武装起义。8月9日，中央决定派毛泽东为特派员，与彭公达一起到湖南领导秋收起义。毛泽东到湖南后，将参加起义的部队编为工农革命军第一军第一师，卢德铭任总指挥，下辖三个团，后又收编夏

---

① 毛泽东：《在中央紧急会议上的发言》（1927年8月7日），《毛泽东文集》第1卷，人民出版社1993年版，第47页。

斗寅残部组成第四团。计划分三路进攻平江、萍乡、醴陵、浏阳，然后会攻长沙。9月9日，湘赣边界的秋收起义爆发。起义军一度占领浏阳、醴陵等地，但因力量对比悬殊，起义遭到挫折。9月中旬，起义部队退到浏阳文家市，毛泽东主持召开前委会议，决定放弃攻打长沙，到统治力量薄弱的农村山区，寻找落脚点。月底，部队到达江西省永新县的三湾村，进行了著名的三湾改编。起义部队缩编为一个团，建立党的各级组织和党代表制度，党的支部建在连上，在连以上建立各级士兵委员会，实行民主制度，在政治上官兵平等。三湾改编从组织上确立了党对军队的领导，是把工农革命军建设成为无产阶级领导的新型人民军队的重要开端。

毛泽东在率领起义军撤退中，经过调查研究，选定位于湘赣边界的井冈山地区作为部队的立足点。10月初，工农革命军在江西宁冈县古城召开前委扩大会议，初步总结秋收起义的经验教训，研究建立根据地的问题。10月27日，工农革命军抵达井冈山茨坪，开始走上了一条在农村建立革命根据地，以保存和发展革命力量，最后以农村包围城市、武装夺取政权的正确道路。这条道路代表了1927年大革命失败后中国革命发展的正确方向。

12月11日，在张太雷、叶挺、恽代英等领导下，以国民革命军第四军教导团、警卫团为主力，加上广州工人赤卫队共5000余人，在广州发动起义。起义部队迅速占领广州绝大部分市区，并成立了以苏兆征为主席（因病未到职，由张太雷代理）的广州苏维埃政府。起义后，国民党军立即向广州发动攻击，起义军经过三天三夜激战，终因力量悬殊而失败，张太雷和许多起义者英勇牺牲。起义部队从广州撤出，一部分转进海陆丰，与东江一带的农民起义武装会合；另一部分退往广西，在左、右江一带领导农民开展游击战争；还有一部分撤至韶关，辗转到达湘南，与朱德、陈毅率领的南昌起义余部会合。广州起义是对国民党反动派叛变革命和实行屠杀政策的又一次反击，起义军表现出英勇顽强、不怕牺牲的精神。但实践再一次表明，在条件并不成熟的情况下，通过城市武装暴动来夺取革命胜利是不可能的。

同期，湖北、广东、江西以及陕西、河南、直隶等省的中共组织也发动了多次武装起义。这些武装起义最初的目标都是进攻城市，但大多遭到失败，幸存的武装力量退往农村，继续革命斗争。从当时的全局看，革命力量还很弱小，革命形势还处于低潮。但是革命的火种并没有熄灭，经过这些起义，越来越多的革命者开始认识到，到农村中去会有革命发展的广阔天地。起义中保存下来的革命武装，为后来建立和发展红军、创建农村革命根据地奠定了初步的基础。

　　毛泽东率领的秋收起义部队辗转到达湘赣边界的井冈山后，分兵发动群众，打土豪，分田地，恢复发展地方党组织，建立地方武装和各级政权。1927年11月，湘赣边界第一个红色政权——茶陵县工农民主政府成立。到1928年2月，宁冈、永新、茶陵、遂川都成立了中共的县委，以宁冈为中心的井冈山革命根据地初步建立。

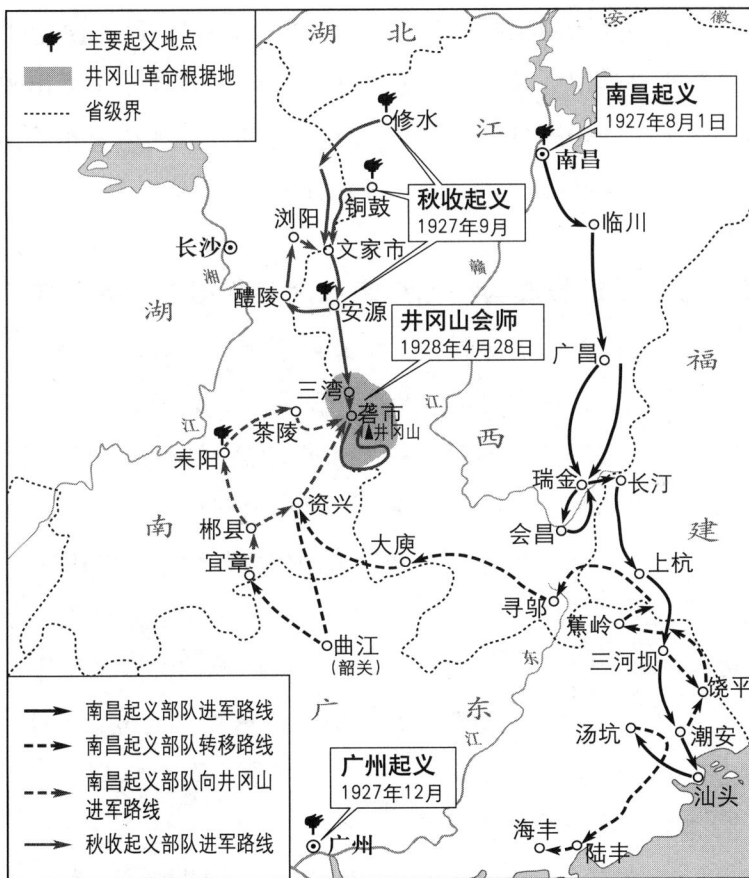

南昌起义、秋收起义和井冈山会师示意图

　　1928年4月，朱德、陈毅率南昌起义余部及湘南农民军转战到井冈山，在宁冈与毛泽东率领的部队会师，合编成中国工农革命军第四军，朱德任军长，毛泽东任党代表，王尔琢任参谋长，陈毅任教导大队队长。6月，根据中共中央指示，部队改称中国工农红军第四军。井冈山根据地扩大到宁冈、永新、莲花三个县全境，成立湘赣边界特委和边界工农民主政府。12月，彭德怀、滕代远率领平江起义后组成的红五军主力由湘鄂赣地区到达井冈山，进一步增强了井冈山地区工农武装的力量。由于南方各省国民党新军阀的统治处于暂时稳定时期，井冈山根据地的存在和发展，引起国民党政府的恐惧。1928年1—11月，湘赣两省国民党军对井冈山反复进行多次"进剿""会剿"。6月，国民党军集中10个团兵力对井冈山根据地进行第一次"会剿"。红军以灵活机动的游击战术取得龙源口大捷，打败了国民党军的"会剿"。8月，国民党军又集中18个团趁红军大部队离开时进攻井冈山，实行第二次"会剿"。红军以不足一营的部队凭险据守，取得黄洋界保卫战的胜利。12月，蒋介石集中8个旅25个团兵力，分五路对井冈山根据地展开第三次"会剿"。红军决定由彭德怀率领红五军和红四军一部留守井冈山，毛泽东、朱德率红四军主力出击赣南，插入敌后开展游击战争。1929年1月，红四军主力离开井冈山进军赣南，转战闽赣边，至1930年6月，创建了赣南闽西根据地。

二、革命根据地的发展与毛泽东工农武装割据思想的形成

赣南、闽西是国民党统治薄弱地区，又处于宁粤两大政治势力之间，对红军生存发展十分有利。红军主力转进赣南、闽西后，迅速站稳脚跟，根据地稳固发展，迅速壮大，获得共产国际和中共中央的高度重视。1930年10月，中共中央政治局在关于苏区工作计划中指出："我们现在确定湘鄂赣联接到赣西南为一大区域，要巩固和发展它成为苏区的中央根据地。"[1] 1931年3月，共产国际远东局报告中出现"朱［德］—毛［泽东］的中央（苏）区"[2] 这一概念，中央苏区的地位已经初步奠定。此后，根据地的发展和红军的壮大同时并进。1930年年初，红六军（后改为红三军）在赣西南建立。4月，闽西地方武装组成红十二军。6月，红四军、红三军、红十二军合编为红一军团，朱德任总指挥，毛泽东任政治委员。红五军、红八军、红十六军合编为红三军团，彭德怀任总指挥，滕代远任政治委员。8月，红一军团与红三军团组成红一方面军，毛泽东任前委书记兼政治委员，朱德任总司令，彭德怀任副总司令。

除中央苏区外，全国各地中共领导的其他起义部队也相继建立了革命根据

---

[1] 《中央政治局关于苏维埃区域目前工作计划》（1930年10月24日），中央档案馆编：《中共中央文件选集》第6册，中共中央党校出版社1989年版，第429页。

[2] 《共产国际执行委员会远东局给共产国际执行委员会的信》（1931年3月28日），中共中央党史研究室第一研究部译：《联共（布）、共产国际与中国苏维埃运动（1927—1931）》，中央文献出版社2002年版，第200页。

地，并不断发展。在湘鄂西，1930 年 7 月组成红二军团，贺龙任总指挥。在鄂豫皖，1931 年 11 月，鄂豫皖根据地的红军合编为红四方面军，徐向前任总指挥。到 1930 年上半年，全国红军已发展到 13 个军，近 10 万人，6 万多支枪，开辟了大小 15 块革命根据地，分布于江西、福建、湖南、湖北、安徽、河南、广东、广西、浙江、江苏、陕西等十多个省。革命的星星之火，已发展成燎原之势。

但由于共产国际"左"倾思想的影响及中共党内理论准备和经验不足，在武装革命发展的过程中，中共党内"左"的情绪迅速滋长。1927 年 11 月，瞿秋白在上海主持召开中共中央临时政治局扩大会议，接受了共产国际代表罗明纳兹"不断革命"的错误观点，通过《中国现状与共产党的任务决议案》，使"左"倾盲动错误在中共中央取得主导地位。这些错误主要是：在革命性质的判断上认为中国革命是民权主义到社会主义的无间断的革命，中国革命不能不超越资产阶级的民权主义的范围；对革命形势的判断上认为中国革命的形势是不断高涨的，由此得出在全国实行总暴动的策略；在组织上采取惩办主义政策等。据此，临时中央不适当地处分了包括周恩来、毛泽东等在内的一大批实际革命运动领导者。瞿秋白的"左"倾盲动错误给中共造成了重大损失，引起党内许多同志的批评和责难，也受到共产国际的批评。

1928 年 6—7 月，中国共产党在莫斯科召开第六次全国代表大会。大会通过了《政治决议案》和关于苏维埃政权组织、土地、农民、军事、民族问题等 15 个决议案。大会选出中央委员 23 人，候补中央委员 13 人，组成第六届中央委员会。大会闭幕后，在六届一中全会上选举新的中央政治局，苏兆征、向忠发、项英、周恩来、蔡和森为中央政治局常委，周恩来为中央政治局常委会秘书长，向忠发为中央政治局主席兼中央政治局常委会主席。

大会集中解决了当时困扰党的两大问题：即中国的社会性质和革命性质，指出中国仍是半殖民地半封建社会，现阶段中国革命的性质仍然是资产阶级民主革命，批评了混淆民主革命和社会主义革命界限的所谓"不断革命"论；明确了革命的中心任务是以工农民主专政实现反帝反封建两大目标，提出了中国民主革命的十大纲领。大会指出当前革命形势是处在两个高潮之间的低潮时期，党的总路线是争取群众，准备武装起义，而不是立即举行全国性的起义。大会进一步批判和清算了右倾机会主义错误，认为这种错误是造成大革命失败的主要原因，其要害是放弃革命领导权；批判了八七会议以来出现的"左"倾盲动错误，指出盲动主义和命令主义是当前使党脱离群众的最主要的危险倾向。

中共六大认真总结大革命失败的经验教训，对有关中国革命的一系列重要问题，作出了基本正确的回答，对统一全党思想，克服党内存在的浓厚的"左"倾情绪，摆脱被动局面，促进中国革命的发展，起了积极作用。但六大否认存在中间营垒，把民族资产阶级当作最危险的敌人，在实践中不可避免地会导致把应当争取和可能争取的广大中间阶级、阶层推到敌人一边，在政策上容易出现混淆革命性质的"左"倾错误。六大把党的工作重心仍然放在城市，没有把经济、政治发展不平衡问题同农民战争联系起来。对中国革命的长期性估计不足。

中共六大以后，国民党各派势力接连发生争权夺利的混战，这为革命的发展提供了有利条件。中共贯彻执行六大路线，中国革命出现复兴和发展的局面。在这种情况下，中共党内的"左"倾思想又开始抬头。1930年6月11日，李立三在上海主持召开中共中央政治局会议，通过《新的革命高潮与一省或几省的首先胜利》的决议，使"左"倾冒险主义错误再一次主导了中共领导层。决议否认敌强我弱的形势和革命发展的不平衡性，认为中国革命新高潮已逼近，全国已经具备总暴动的条件；否认中国革命的长期性及民主主义革命与社会主义革命的界限，认为一省数省首先胜利的开始，即是向社会主义革命转变的开始，因而规定了没收民族工商业，消灭富农等过"左"政策；坚持城市中心，指责农村包围城市是农民意识与保守观念，强令推行中心城市暴动和集中全国红军攻打大城市的计划，提出"进攻、进攻、勇敢地向中心城市进攻"，"打下长沙，夺取南昌，会师武汉，饮马长江"等冒险口号。在组织上，"左"倾中央将党、团、工会等机构合并，成立领导各级武装起义的"行动委员会"，并实行宗派主义和"一言堂"，打击持不同意见者。李立三的"左"倾冒险主义错误，使革命再次遭受严重损失。1930年9月，瞿秋白、周恩来根据共产国际指示召开六届三中全会，纠正了李立三的错误。

全党为挽救革命、寻找革命新道路，开始新的探索。在此过程中，以毛泽东为主要代表的一大批共产党人，经过创建、发展红军和井冈山革命根据地的实践，逐步找到了一条中国革命的正确道路。但是，城市中心论、革命高潮论在党内还很有市场，对以井冈山为代表的农村革命根据地还有种种疑虑。毛泽东等在创造性地解决了农村根据地建设的一系列实际问题的同时，撰写发表了一系列著作，从理论上阐明了武装斗争的极端重要性和农村应当成为党的工作中心的思想，提出了关于中国革命道路的正确理论。

在《中国红色政权为什么能够存在?》《井冈山的斗争》等著作中，毛泽东分析了当时中国社会的特点，从理论上系统阐述和论证了中国红色政权能够存在和发展的条件。这些条件是：第一，中国政治经济发展不平衡，自给自足的农业经济占优势，农村具有相对的独立性，可以不完全依赖城市而存在，这为红色政权的存在和发展提供了经济条件。而白色政权间长期的分裂和战争，又使革命力量可以利用它们之间的空隙长期存在和发展。第二，红色政权首先发生和能够存在的地方，如湖南、湖北、广东、江西等省，有着大革命播下的种子，为建立红色政权准备了良好的群众条件。第三，引起中国革命的基本矛盾日益尖锐，红色政权必然能长期存在和发展。第四，相当力量正式红军的存在，是红色政权存在和发展的必要条件。第五，共产党组织力量和正确的政策，是红色政权存在和发展的重要主观条件。

在这几篇著作中，毛泽东还把武装斗争、土地革命和根据地建设紧密结合起来，提出了工农武装割据的思想。武装斗争是中国革命的主要形式，没有革命的武装斗争，就不能有效地开展土地革命，也不能建立和发展革命根据地。土地革命是中国民主革命的基本内容，没有土地革命，就不能充分地发动农民，根据地也就不能巩固和发展。根据地是中国民主革命的阵地，不建设根据地，武装斗争就没有后方的依托而将陷于失败，土地革命的成果也无法保持。三者相辅相成，缺一不可。

1930年1月，毛泽东在党内通信中又进一步提出：根据地有计划地建设政权的，深入土地革命的，扩大人民武装的路线是正确的。政权发展是波浪式地向前扩大的，那种先争取群众然后再举行全国武装起义夺取政权的理论，不符合中国国情。只有红军、游击队和红色区域的建立和发展，才是促进全国革命高潮的最重要因素。

以上这些论述，实际上提出了把党的工作重心由城市转移到农村，在农村地区开展武装斗争，进行土地革命，建立和发展红色政权，待条件成熟时再争取全国政权的中国革命道路，为中国革命的进一步发展指明了正确方向。

三、中华苏维埃共和国临时政府的成立与苏区土地革命

在粉碎国民党几次军事"围剿"后，各革命根据地更加巩固并不断发展，特别是赣南、闽西根据地连成一片，发展成为全国最大的根据地——中央革命根据地。为巩固和发展革命胜利成果，加强对全国根据地的统一领导，1931年

11 月，在江西瑞金召开中华苏维埃第一次全国代表大会，各根据地以及红军和白区代表共 600 余人出席。

会议主要任务是成立中华苏维埃共和国临时中央政府。大会依据临时中央有关宪法大纲的原则意见，制定、通过《中华苏维埃共和国宪法大纲》，确定中华苏维埃共和国的政权性质是工农民主专政。规定："中国苏维埃政权所建设的是工人和农民的民主专政的国家。苏维埃全政权是属于工人、农民、红军兵士及一切劳苦民众的。""这个专政的目的，是在消灭一切封建残余，赶走帝国主义列强在华的势力，统一中国。"① 会议还通过临时中央提供大会讨论的《中华苏维埃共和国土地法》《中华苏维埃共和国劳动法》和《经济政策》等法规草案，以法律的形式把土地革命中实行的平均分配一切土地的政策固定下来。

大会选举毛泽东为中华苏维埃共和国中央执行委员会主席，项英、张国焘为中央执行委员会副主席。中央执行委员会下设人民委员会作为中央行政机关，设外交、军事、劳动、财政、土地、教育、内务、司法、工农检察人民委员部和国家政治保卫局等办事机构，决定中华苏维埃共和国临时中央政府设在江西瑞金。中华苏维埃共和国临时中央政府的成立，是中国共产党在政权建设上的一个创举和尝试。

在建立农村根据地的过程中，解决土地问题日益成为中国革命的重要任务。中共在农村根据地的土地政策，受共产国际和党内"左"倾思想的影响，出现过"左"的偏向，比如对富农实行过激的政策、实行土地国有等。这种偏向在实践中逐渐得到纠正。井冈山根据地经过打土豪、发动群众等准备，1928年 2 月开始分田。6 月龙源口大捷后，土地革命全面展开。12 月，《井冈山土地法》的制定，用法律形式否定地主土地所有制，这对推动土地改革和根据地建设具有重要意义。但法案规定没收一切土地而不是没收地主土地，没收土地归苏维埃政府所有而不是归农民所有，禁止买卖土地，没有充分满足农民的现实利益。

红四军主力进军赣南、闽西后，1929 年 4 月，制定和颁发《兴国土地法》，把没收一切土地改为没收一切公共土地及地主阶级土地。7 月，通过《土地问题决议案》规定：自耕农的田地不没收；田地以乡为单位，按原耕形式，抽多

---

① 《中华苏维埃共和国宪法大纲》（1931 年 11 月 7 日中华苏维埃第一次全国代表大会通过），《红旗周报》1931 年第 25 期，第 3 页。

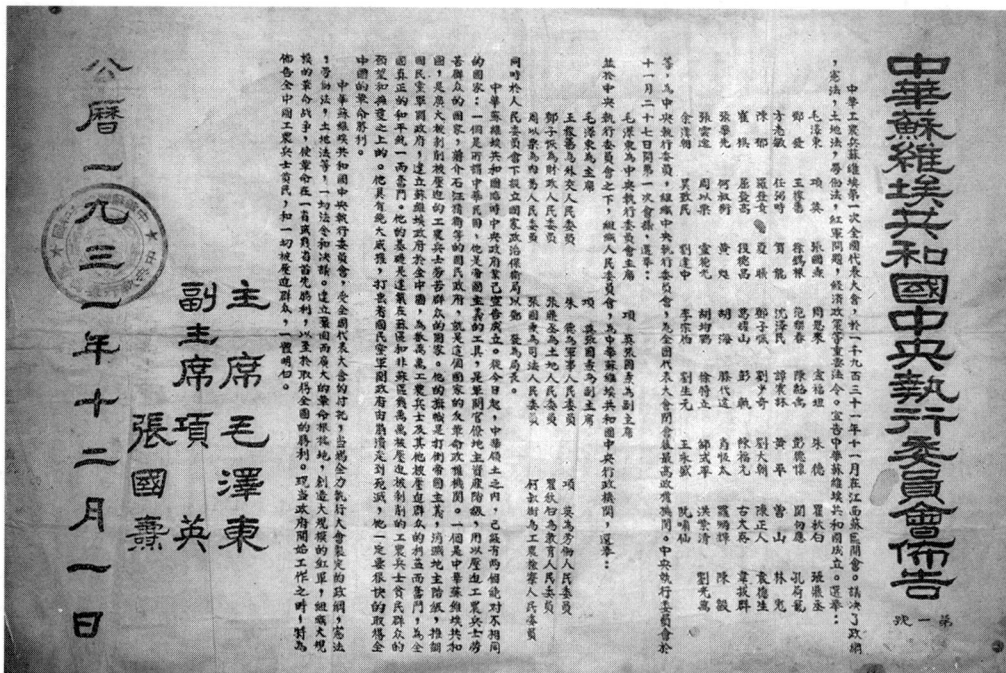

中华苏维埃共和国中央执行委员会布告

补少平均分配；对富农只没收多余的土地，不要过分打击；对大中小地主区别对待，给地主以生活出路。这些政策得到广大群众的积极拥护，闽西出现"分田分地真忙"的景象。

中共领导的土地革命的第一步，是和农民经济利益密切相关的减租、平谷（限制谷价）、废除债务、抗捐等，这些政策使大部分农民受益。只有满足农民经济利益、取得农民信任后，才能进一步将土地革命推向深入。

1930 年年初，红四军主力回师赣南吉安。2 月初，红四军前委批评了赣西南地区迟迟不分田的错误，提出一要分、二要快，决定按人口彻底平分土地。会后，赣西南的土地革命迅速开展，三十多个县的广大农民分得土地。6 月，在闽西长汀召开的红四军前委和闽西特委联席会议，重申了分配土地应以人口为标准；并针对富农把持肥田、以贫瘠土地让人的做法，在抽多补少的基础上增加了抽肥补瘦的原则。

值得注意的是，上述有关土地问题的会议和文件，大都规定了土地国有，造成地权极不固定，有些地方田地一分再分，农民无法安心耕种，影响了农业生产。针对这一问题，1931 年 2 月，毛泽东以军委总政治部主任名义写信给江西省苏维埃政府，要求各地各级工农民主政府发出布告，说明土地归农民私有，租借买卖自由，他人不得侵犯，这就从根本上解决了土地所有权问题。在土地革命过程中，中共不断总结经验，终于形成符合中国农村实际情况的土地革命方针和正确的土地分配方法，即依靠贫雇农，联合中农，限制富农，保护中小工商业者，消灭地主阶级，变封建半封建的土地所有制为农民土地所有制；以乡为单位，按人口平分土地，在原耕地基础上，实行抽多补少，抽肥补瘦。

在赣南、闽西苏区开展土地革命的同时，其他各苏区也都进行了土地革命，并制定出相似的政策。1927 年 11 月，方志敏等在赣东北领导弋阳、横峰起义，1928 年 12 月成立信江苏维埃政府。赣东北根据地规定土地分配办法：以村为单位，平均分配土地。凡是不反对苏维埃的人民均有权获得土地。这和赣南、闽西政策基本相同。鄂豫皖根据地 1928 年年底规定，只没收地主、反革命分子的土地和富农剩余土地，中农土地不动，避免了绝对平均主义，保护了中农利益，减少了社会波动。

土地革命的深入开展，极大地调动了农民发展生产、支援革命的积极性，使农村革命根据地的面貌发生了根本性的变化，使中国共产党赢得了广大农民的衷心拥护，为根据地的建设和革命的深入发展提供了坚实的基础。

四、"围剿"与反"围剿"

工农红军和革命根据地的日益发展扩大，引起国民党政府的恐慌。中原大战一结束，1930 年 12 月，蒋介石在南昌设"陆海空军总司令行营"，以江西省主席鲁涤平兼行营主任，出动十万大军采用"分进合击，长驱直入"的战术，对中央根据地发动第一次"围剿"。红一方面军约四万人，在毛泽东、朱德指挥下，采取积极防御、诱敌深入的作战方针，以少数兵力节节阻击，消耗、疲惫敌人，主力则隐蔽集结于宁都北部的黄陂、小布地区。12 月 30 日，当孤军深入的张辉瓒师主力由龙冈向五门岭进犯时，红军给予猛击，歼敌一万人，并活捉张辉瓒。谭道源师在由源头向东韶撤退途中，在东韶南方山中再遭红军追击，一个多旅被歼。第一次反"围剿"，红军毙伤俘国民党军达万余人。毛泽东后来总结："到了江西根据地第一次反'围剿'时，'诱敌深入'的方针提出来了，而且应用成功了。"[①]

① 毛泽东：《中国革命战争的战略问题》（1936 年 12 月），《毛泽东选集》第 1 卷，人民出版社 1991 年版，第 204 页。

1931 年 11 月 7 日，中共苏区中央局委员合影

左起：顾作霖、任弼时、朱德、邓发、项英、毛泽东、王稼祥

　　一个月后，蒋介石立即部署第二次"围剿"，派何应钦赴江西督剿，代行总司令职权。1931 年 2 月，何应钦重组总司令部南昌行营，集结兵力约 20 万人，确定以"厚集兵力，严密包围，及取缓进为要旨"的"围剿"方针。① 国民党军从江西吉安到福建建宁，构成一条数百里长的战线，分兵四路，大举进攻中央根据地。红军采取集中兵力，先打弱敌，在运动中各个消灭敌人的方针。4 月下旬，红军主动放弃宁都，西移至东固附近隐蔽集中。5 月中旬，王金钰指挥国民党军一部脱离富田巩固的阵地，向东固地区前进。该部第二十八师公秉藩部和第四十七师王金钰部遭红军的伏击、围攻，激战一昼夜，国民党军大败。接着红军连续作战，由西向东横扫，在富田到建宁的七百里战线上，五战皆胜，各个击破国民党军，共歼敌三万多人，缴枪两万余支。国民党的第二次"围剿"失败。

　　6 月，蒋介石亲自出任"围剿"军总司令，到南昌指挥第三次"围剿"。何应钦为前敌总指挥兼左翼集团军总司令，率七个师从南丰进攻，陈铭枢为右

---

① 国民党政府战史会编：《关于第二次赣南"围剿"经过史稿》，中国第二历史档案馆编：《中华民国史档案资料汇编》第 5 辑第 1 编 军事（三），江苏古籍出版社 1994 年版，第 62 页。

翼集团军总司令，率六个师从吉安进攻，采用"长驱直入""分路围剿"的战法，形成钳形攻势，企图先击破红军主力，然后再深入"清剿"苏区。苦战之后尚未获得休整补充的红军，采取"避敌主力，击其虚弱，乘退追击"的战术，以一部兵力迟滞国民党军进攻，主力从闽西地区出发，绕道千里，转到赣南兴国集中。8月初，红军通过国民党军空隙地带，向东突进到莲塘地区，歼上官云相第四十七师两个团，又乘胜追歼退却的郝梦龄第五十四师两个团。继而，红军兼程东进，一举突入黄陂，歼毛炳文部两个团。9月初，与南京国民政府对立的广东国民政府出兵湖南，武装反蒋。蒋介石不得不抽兵防堵陈济棠部。红军趁敌退却，于9月15日在方石岭战斗中，歼敌一个多师。这次反"围剿"前后持续三个月，红军共歼灭国民党军三万余人，彻底粉碎了国民党第三次"围剿"。

由于受红军反"围剿"胜利的影响和全国抗日反蒋浪潮的推动，1931年12月，国民党第二十六路军1.7万人在参谋长赵博生和第七十三旅旅长董振堂等率领下，在江西宁都起义，改编为中国工农红军第五军团。

反"围剿"的胜利，进一步推动了根据地的发展。赣南根据地已拥有18个县，闽西根据地已扩大到长汀、上杭、武平、永定等县。赣南、闽西连成一片，中央根据地空前壮大。

在中央红军连续粉碎国民党军三次"围剿"的同时，鄂豫皖、洪湖、湘鄂西、闽浙赣等地的红军也取得多次反"围剿"的胜利，从而巩固、扩大了根据地。

鄂豫皖根据地地处长江以北，平汉路东，总面积达4万余平方公里，人口350余万，拥有黄安、商城、英山、罗田、霍邱五座县城，跨越26个县的区域。主力红军4万余人，地方武装20余万人，规模仅次于中央根据地，直接威迫武汉。由湘鄂边和洪湖根据地改组的湘鄂西根据地地处湖南、湖北两省之交，东起洪湖，西抵沙市，北接京山，南邻洞庭湖的广大地区，建立了15个县苏维埃政府。全区主力红军达1.5万余人，地方武装也有较大发展。当时，全国苏维埃区域拥有16万平方公里的面积和1000多万人口，红军共发展到15万人左右。

1932年7月—1933年3月，蒋介石自任总司令，调集近百万大军，对革命根据地进行第四次"围剿"。整个战役分两个阶段：首先，集中主力24个师又5个旅，以"稳扎稳打，并进长追，逐步压缩"为战术，重点进攻鄂豫皖和湘鄂西根据地，以孤立中央根据地。

此时，王明的"左"倾路线在中共中央占据了领导地位。1931 年 1 月，中共召开六届四中全会。在共产国际代表米夫的支持下，王明实际取得了中共中央领导权，王明教条主义开始领导全党。王明教条主义的内容主要有：在统一战线问题上，将民族资产阶级视为最危险的势力，排斥中间势力；在革命道路问题上，坚持以城市为中心；在组织问题上，推行宗派主义和"残酷斗争，无情打击"的方针；在军事路线上，实行进攻中的冒险主义，防御中的保守主义，退却中的逃路主义。由于这一系列错误路线的影响，导致红军第四次反"围剿"的被动和第五次反"围剿"的失败。9 月，鄂豫皖和湘鄂西两区相继失陷。鄂豫皖的红四方面军主力经鄂西北、豫西南进入陕西汉中地区，再南越秦岭、大巴山，于 12 月进入川北地区，趁川军混战之机，占领了通江、南江、巴中等县，至 1933 年 2 月创建了川陕边根据地。

1933 年 1 月，在鄂豫皖和湘鄂西得手后，蒋介石调集重兵，分兵三路向江西中央苏区"进剿"。以驻赣部队大部编为中路军，陈诚为总指挥；闽北、闽西部队编为左路军，蔡廷锴任总指挥；赣南、粤北部队编为右路军，余汉谋任总指挥，各路以"分进合击"战术重点进攻中央苏区。此时毛泽东已离开红军领导岗位。由于"左"倾机会主义路线尚未完全主导中央红军的军事工作，红军还基本遵循毛泽东、朱德在历次反围剿中形成的战法，在朱德、周恩来指挥下，红军采取外线作战方针，趁国民党军部署尚未完成时，主动打到外线，打乱国民党军进攻中央苏区的部署。先后取得黄狮渡、黄陂、草台冈等战斗的胜利，使国民党军士气遭受沉重打击，第四次"围剿"不得不草草收场。红军取得了第四次反"围剿"的胜利。

五、第五次反"围剿"失败

红军第四次反"围剿"的胜利和根据地建设的开展，表明形势发生了更加有利于革命的变化。但由于王明"左"倾路线的进一步发展，红军在新的反"围剿"斗争中遭到空前严重的失败。

第四次"围剿"失败后，为发动第五次"围剿"，蒋介石做了多方面的准备，提出了所谓"三分军事，七分政治"的方针。在政治上，在根据地周围地区实行保甲制度和"连坐法"；在经济上，对根据地实行严密经济封锁；在军事上，采取"堡垒主义"的新战略，试图稳扎稳打，以严密的工事和碉堡步步推进。

1933 年 5 月，蒋介石在南昌主持召开"剿共"军事会议，部署对中央苏区的第五次"围剿"。9 月，国民党军乘红军分兵作战之机，向中央根据地北部战略要地黎川发动进攻，揭开了第五次"围剿"的战幕。此时，中共领导层王明"左"倾路线占了上风。临时中央的主要领导人博古和共产国际军事顾问李德废弃过去几次反"围剿"中行之有效的战略方针，实行军事冒险主义的方针，使反"围剿"斗争一开始就处于被动。从 9 月下旬到 11 月中旬，红军转战于敌占区和敌我交界处，虽取得一些小的胜利，但始终未能打破被动局面，红军受到不小的损失。

1934 年 2 月，蒋介石部署推进第五次"围剿"后期计划。南昌行营重新调整兵力部署，将入闽军队改编为东路军，委任蒋鼎文为东路军总司令，向中央苏区东面的建宁、泰宁、龙岩、连城等地推进，目标是夺取广昌及中央苏区中心地长汀和瑞金，协同已组成的北、西、南三路军，形成对中央苏区红军的四面合围之势。同时，北、南、西三路军都增强了兵力，重新开始对中央根据地的进攻。

1 月下旬至 3 月下旬，中央红军在黎川周围、建宁以北等地，根据李德提出的"短促突击"方针，实施了一些阵地反击战，均未能取得大的胜利。4 月上旬，国民党军北路军、东路军集中 11 个师，沿抚河两岸向广昌推进。红军与国民党军在广昌血战近月，广昌失守，红军向广昌以西以南转移。广昌保卫战虽给国民党军以重大杀伤，但红军也损失重大，共伤亡 5500 余人，占参战总兵力的五分之一。国民党军占领广昌后，集中七个师兵力，向建宁发动进攻，并占领该地。7 月上旬，国民党军分六路向中央苏区中心区进攻。李德、博古在不利形势下，实行"分兵六路""处处设防"的错误方针，各路红军在对方优势兵力进攻下，均不断失利，红军处境已非常危险。

在赣南核心地区岌岌可危时，湘赣地区红军在国民党军进攻下，处境也十分困难。1934 年 8 月，红军第六军团由任弼时、萧克、王震率领，从湘赣苏区突围西征。10 月，红六军团进入黔东根据地同贺龙领导的红三军会合。继而红三军恢复为红军第二军团，贺龙任军团长，任弼时任政治委员。

六、红军长征

第五次反"围剿"失败，1934 年 5 月，中共中央书记处在瑞金召开会议，提出在国民党军逼近中央苏区腹地、内线作战不利的情况下，将主力撤离中央苏区的构想，并电请共产国际指示。6月中旬，共产国际复电，基本同意中共进行战略转移的计划。随后，一系列关于战略转移的部署陆续展开。10月10日，中共中央、中革军委率领中央红军第一、三、五、八、九军团和教导师及中央军委机关、直属部队共8.6万多人，从江西瑞金、于都，福建长汀、宁化出发，实行战略转移，开始长征。留下红二十四师和十多个独立团1.6万余人和部分党政工作人员，由项英、陈毅领导，在中央根据地坚持斗争。

蒋介石在部署合围中央根据地时，已有防范中央红军西移的准备，在红军西移路线上设四道封锁线"追剿""堵截"突围红军。第一道封锁线设于江西信丰与安远之间，由粤军陈济棠部防守。中共中央为减轻红军突围西进的阻力，在准备长征时，即与陈接触，展开停火谈判，达成停战协议，红军顺利通过第一道封锁线，抵达湖南边境。此时，湘军何键部已在湘赣边构筑工事，布置第二道封锁线。11月上中旬红军又趁湘军布置未定，在汝城、仁化、乐昌及湖南境内良田到宜章间先后突破第二、三道封锁线。红军西进初期相当顺利。

11月中旬，蒋介石在湘江以东布置第四道封锁线，总兵力达30个师，30多万人。11月下旬，中央红军分四个纵队从兴安、全州之间强渡湘江，经过苦战，突破第四道封锁线。湘江战役是中央红军长征以来最壮烈的一战，粉碎了蒋介石围歼中央红军于湘江以东的企图，红军也为此付出了极为惨重的代价，由长征出发时的8.6万余人，锐减至3万余人。

12月中旬，红军占领湘西的通道县城。这时，桂军第七军、第十五军尾随红军而来，而蒋介石为阻止中央红军与红二、六军团会师，在湘西集结16个师十多万人的重兵，堵截红军的去路。中共中央在通道城召开紧急会议，毛泽东力主放弃与二、六军团会合的原定计划，改向国民党兵力薄弱的贵州前进。这一主张得到中央和红军大部分领导人的赞同，中央红军遂改变进军方向，转入贵州。12月18日，中央政治局在黎平举行会议，正式通过决议，放弃向湘西前进计划，改向黔北重镇遵义进军。

1935年1月中旬，中央政治局在遵义召开扩大会议。会议首先由博古作第五次反"围剿"的总结报告，他过分强调客观困难，不承认自己和李德在军事指挥上犯了严重错误。周恩来就军事问题作副报告，指出反"围剿"失败的原因主要是军事领导的战略战术错误，并主动承担责任，同时也批评了博古和李德。张闻天作了反对"左"倾军事错误的报告，比较系统地批评了博古和李德在军事指挥上的错误。毛泽东接着作了长篇发言，对两人在军事指挥上的错误进行了切中要害的批评，并阐述了中国革命的战略战术问题。王稼祥在发言中也支持毛泽东的意见。会议通过了张闻天根据与会多数人特别是毛泽东发言内容起草的《中共中央关于反对敌人五次"围剿"的总结决议》，充分肯定毛泽东等指挥红军多次取得反"围剿"胜利的战略战术的基本原则，清算第五次反"围剿"战斗中实行单纯防御，在战略转移中实行退却逃跑的错误，确定红军今后的行动方向是渡过长江，在成都的西南或西北地区建立根据地。会议决定增选毛泽东为中央政治局常委，取消在长征前成立的三人团，推选张闻天接替博古，在中共中央负总责。3月中旬，成立由毛泽东、周恩来、王稼祥组成的三人军事小组，负责指挥全军的军事行动。

遵义会议会址

采自国家文物局编《红军不怕远征难——长征文物图录》，中共中央党校出版社 2016 年版，第 51 页。

遵义会议在极端危机的历史关头，集中全力解决当时具有决定意义的军事和组织问题，结束了"左"倾教条主义错误在中央的统治，开始确立以毛泽东为主要代表的马克思主义正确路线在中共中央的领导地位，从而在极其危险的情况下挽救了党，挽救了红军，挽救了中国革命，成为中国共产党历史上一个生死攸关的转折点。

遵义会议后，中央红军缩编，轻装前进，四渡赤水，巧渡金沙江，摆脱数十万国民党军的追堵。稍加休整后，继续前进，穿过大凉山，飞夺泸定桥，翻越夹金山，1935 年 6 月，与红四方面军会师于四川懋功。中央红军恢复红一方面军番号，红一、三军团改为红一、三军。

两军会师后，中共中央根据全国形势和当时情况，提出继续北上创建川陕甘苏区的战略方针。红四方面军领导人张国焘则主张南下川康边。6 月下旬，中共中央政治局在懋功以北的两河口举行会议，否决了张国焘的南下主张，决定红一方面军和红四方面军共同北上。7 月，中共中央任命张国焘为红军总政委。8 月上旬，红军分成左、右两路继续北上。左路军由朱德、张国焘率领，从卓克基地区向阿坝地区前进；右路军由徐向前、陈昌浩率领，由红一方面军一、三军和四方面军的两个军组成，从毛儿盖出发，向班佑、巴西前进。毛泽东、周恩来和中共中央同右路军行动。红军通过松潘草地分别于 8 月下旬到达目的地。8 月底，右路军一部在包座全歼国民党军第四十九师约 5000 人，打开了通向甘南的门户。

在北进途中，张国焘仍坚持南下主张。他改变原定方案，擅率左路军南下川康，又令右路军中的四方面军部队南下。中共中央决定率领右路军中的第一、三两军先行北上。9 月中旬突破天险腊子口，占领哈达铺，胜利进入甘南。9 月 12 日，中央政治局在甘肃迭部县俄界（今高吉村）召开扩大会议，通过《中央关于张国焘同志的错误的决定》，指出：张国焘反对中央北上的战略方针，坚持向川康藏边境退却的方针是错误的；张国焘同中央的争论，其实质是由于对政治形势的分析与敌我力量估量上存在着原则的分歧。会议决定，将北上红军改称陕甘支队。随后，红军突破陕甘边界天险腊子口，翻越六盘山，于 10 月 19 日到达陕甘苏区的吴起镇，至此，中央红军主力行程二万五千里、纵横 11 个省的长征胜利结束，陕甘根据地成为中央红军主力长征的落脚点。

10 月 5 日，张国焘公然在四川另立党的"中央""中央政府""中央军委""团中央"，宣布"毛泽东、周恩来、博古、洛甫应撤销工作，开除中央委员及党籍，并下令通缉"。12 月 5 日，他狂妄地要求中共中央"不得再冒用党中央名义"，只能称北方局，中华苏维埃共和国中央政府、红一方面军也只能称陕甘政府和北路军。中共中央政治局于 1936 年 1 月 22 日作出《中央关于张国焘同志成立第二"中央"的决定》，责令张国焘立即取消他所成立的"中央""中央政府""中央军委"和"团中央"，停止一切反党活动。张国焘的分裂行动在红四方面军中也是不得人心的，广大干部、战士要求北上抗日与中央会合的愿望，以及对张国焘的分裂行为的不满情绪日益增长。随左路军行动的朱德、刘伯承等人与其进行了坚决的斗争。在这种情况下，张国焘于1936年6月6日宣布取消他另立的"中央"。

1935年11月，贺龙领导的红二军团和任弼时、王震领导的红六军团由湘鄂川黔根据地的湖南桑植开始长征。1936年7月，在四川甘孜与红四方面军会合，并按中央指令合编为红二方面军。在已到达陕北的中央坚持斗争下，在红二、四方面军指战员的争取下，特别是张国焘分裂主义错误路线的失败，使得张国焘不得不放弃南下主张，继续北上。10月，红军三大主力在甘肃会宁会师，至此红军长征结束。主力红军长征后，留在长江南北的一部分红军和游击队，在项英、陈毅的领导下，在南方八省展开了艰苦卓绝的三年游击战争。

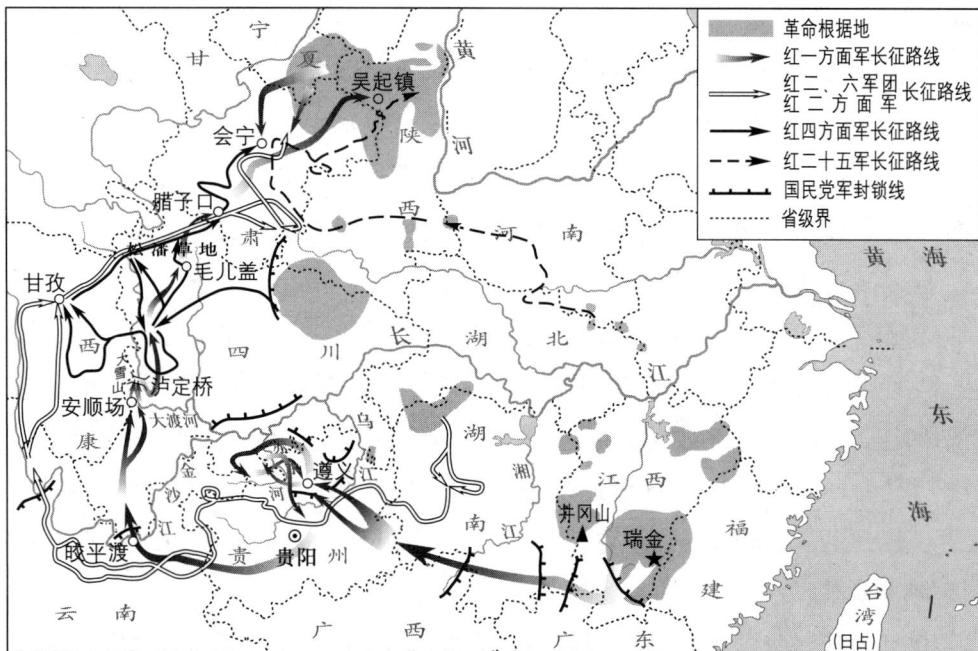

中国工农红军长征路线示意图

红军的长征，是中国革命转危为安的关键，是世界历史上前所未有的壮举，具有伟大的历史意义。"长征是宣言书，长征是宣传队，长征是播种机。"长征的胜利是中国革命转危为安的关键。它的胜利表明，中国共产党及其所领导的中国工农红军,具有战胜任何困难的无比顽强的生命力,是一支不可战胜的力量。在整整两年中,红军长征转战 14 个省,冲破了国民党的围追堵截,克服了重重艰难险阻,战胜党内分裂的危机,胜利完成了总行程达数万里的长征,保存和锻炼了革命骨干,沿途播下了革命的种子。从此,中国革命开始摆脱被动局面,不断走向新的胜利。

长征到陕北后的毛泽东、朱德、周恩来、博古(右起)

第三节　30 年代前后的社会、思想和文化

一、马克思主义的进一步传播与左翼文化运动的兴起

大革命失败后,蒋介石集团在全国推行一个政党、一个主义、一个领袖的专制统治,实行种种反革命的文化"围剿"。从 1929 年起,国民党当局相继颁布《宣传品审查条例》《出版法》等,还设立了图书审查委员会,对革命书籍刊物严加查禁,对具有进步倾向的作品加以扼杀,马克思主义被列为"禁学"。仅据湖南长沙 1931 年 9 月的统计,被查禁书刊就达 228 种,其中以"共党宣传刊

物""鼓吹阶级斗争"等理由查禁的有 140 多种。国民党当局还大肆迫害和屠杀进步人士和知识分子，大批有才华的青年作家和文艺界人士遭到秘密逮捕和暗杀，李求实、柔石、胡也频、殷夫等知名人士，就是在这一时期被杀害的。

在文化"白色恐怖"中，一大批中国共产党人和受中共影响的知识分子联合起来，冲破国民党反动统治的高压，在思想文化阵地上展开了英勇的战斗。马克思主义理论的研究和宣传不仅没有被扼杀，反而顽强地发展起来。左翼社科工作者翻译出版了大量马克思主义著作，据统计，1927 年 8 月至 1937 年 6 月间，翻译出版的马克思、恩格斯著作达 113 种之多。《资本论》第一卷、《反杜林论》《政治经济学批判》《唯物主义与经验批判主义》等著作的第一个中文全译本，都是在这一时期问世的。时人评论道："在这时，一个教员或一个学生，书架上如果没有马克思的书，总要被人瞧不起的。"[1] 马克思主义理论的广泛传播，在各阶层人民尤其是知识青年中产生了广泛而深远的影响，其中一些人走上了革命的道路。

1927 年年底，留学日本的朱镜我、冯乃超、彭康、李初梨等回国后，开始筹划进行马克思主义的社会科学理论宣传，先后创办了《文化批判》《思想》《流沙》等杂志，发表了朱镜我的《科学的社会观》、李一氓的《科学社会主义的哲学渊源》、李铁声的《社会革命底展开》等文章。这些文章坚持马克思主义的基本原理，联系中国当时的社会实际，从政治、经济、文化、哲学、历史学等方面，阐述世界和中国革命的理论与实际问题，受到青年的欢迎。

从 1928 年开始，随着马克思主义影响的加深，文艺界逐渐兴起革命文学运动。倡导者从马克思主义社会革命论的基本观点出发，阐明在中国开展革命文学运动的一些重大理论问题，宣传在中国开展无产阶级革命文学运动的必要性与可能性。他们强调：一切革命文学都以阶级为基础，并为一定的阶级服务，在现阶段，新兴的革命文学"应当而且必然地是无产阶级文学"[2]；革命的文学应当为无产阶级服务，是无产阶级宣传自己的思想武器。革命文学运动的兴起，推动了左翼文学界的大联合。

1929 年下半年，中共成立了中央文化工作委员会，由潘汉年负责，统一领导新兴的左翼文化运动。1930 年 3 月，中国左翼作家联盟（简称"左联"）

---

[1] 谭辅之：《最近的中国哲学界》，《文化建设》第 3 卷第 6 期，1937 年 3 月，第 83 页。
[2] 李初梨：《怎样地建设革命文学》，《文化批判》1928 年第 2 期，第 13 页。

在上海成立，鲁迅、茅盾、田汉等七人当选为常务委员。随后，中国社会科学家、戏剧家、美术家、教育家联盟（分别简称社联、剧联、美联、教联）以及电影、音乐小组等左翼文化团体也相继成立。10 月，各左翼文化团体又共同组成中国左翼文化界总同盟（简称"文总"）。这支左翼文化新军，在中共领导下，积极从事马克思主义宣传和革命文艺创作活动，推动了左翼文化运动的兴起。

社联成立后，通过了《中国社会科学家联盟纲领》，提出"联盟"的主要任务是：（一）以马克思主义的观点，分析中国及国际的政治经济，促进中国革命。（二）研究并介绍马克思主义的理论，使它普及于一般。（三）驳斥一切非马克思主义的思想——如民族改良主义，自由主义及假马克思主义的理论——如社会民主主义，托洛茨基主义及机会主义。（四）系统地领导中国的新兴社会科学运动的发展，扩大正确的马克思主义的宣传。（五）革命的马克思主义者，应该努力参加中国无产阶级解放运动的实际斗争。

"左联"的成立，标志着中国进步文艺界向马克思主义方向又迈出一大步，其理论和行动纲领都体现了鲜明的无产阶级立场和更贴近现实的作风，左翼文艺硕果累累。小说创作在这一时期成就突出。茅盾先后创作了《蚀》《虹》《春蚕》《林家铺子》等一大批作品，《子夜》是其最重要的代表作，也是中国现代文学史上的一座里程碑。它展示了当时中国社会巨变中各阶级的复杂冲突、纠葛，描画畸形时代的中国社会众生相。巴金的《家》是其"激流三部曲"的第一部，揭露了地主阶级的和传统礼教的没落虚伪，歌颂了新一代青年勇于向旧势力挑战的反抗精神，显示了旧社会必然崩溃的趋势。

杂文创作以鲁迅最为引人注目，鲁迅在这一时期完成了从进化论向历史唯物论的转变，逐渐成为革命文艺的旗手，其杂文集有《三闲集》《二心集》《准风月谈》《且介亭杂文》等。瞿秋白、唐弢、聂绀弩、巴人等人的杂文创作也达到较高的水准。夏衍的《包身工》是这一时期报告文学的佳作。话剧创作也获得迅速发展。夏衍的《上海屋檐下》以上海市民生活为背景，对当时社会的腐败、黑暗，做了深刻的揭露，是一部思想和艺术性均较丰满的成功之作。曹禺创作了《雷雨》《日出》两部名作。他当时虽不具备阶级革命的思想，但社会现实的黑暗，革命舆论的熏陶，使他怀抱着强烈的批评冲动，希望"能看到平地一声巨雷，把这群盘踞在地上的魑魅魍魉击个糜烂，那怕因而大陆便沉为海"[①]。

---

① 曹禺：《〈日出〉跋》，王兴平等编：《曹禺研究专集》上册，海峡文艺出版社 1985 年版，第 27 页。

总的来说，左翼文化运动对中国近代思想文化发展所作出的历史贡献，特别是在国统区人民中传播进步思想、促进抗日救亡运动所起的作用是不可磨灭的。左翼文化运动取得了辉煌成就，哲学、经济学、政治学、史学、社会学等学科出现了一批马克思主义的学术论著，成长起像郭沫若、李达、艾思奇、王亚南、郭大力等一批有影响的马克思主义理论工作者。

二、中国社会性质问题论战与现代化问题的讨论

20 世纪 30 年代前后，政治风云急剧变幻，思想界也迅速分化，围绕着对中国社会性质的认识，产生激烈争论和交锋。1930 年 4 月，由共产党人主持的《新思潮》杂志出版"中国经济研究专号"，发表潘东周的《中国经济的性质》、吴黎平的《中国土地问题》、王学文的《中国资本主义在中国经济中的地位及其发展前途》等文章，以马克思主义为指导，着重从帝国主义和中国经济的关系、中国经济的具体运行、民族资本在中国经济中的地位等方面，分析中国的社会经济状况，肯定中国是半殖民地半封建社会的论断。

《新思潮》"中国经济研究专号"刊出后，一些持不同观点的人，尤其是一些受托派思想影响的人马上撰文反驳，双方开始激烈辩难，争论主要围绕以下几个问题：

第一，关于帝国主义与中国社会经济发展的关系。持托派观点者认为，帝国主义侵入中国后，封建制度的经济基础已遭破坏，商品经济逐渐发展，整个中国社会已不可避免地向资本主义过程发展壮大。对此，马克思主义学者反驳说，帝国主义的侵入，固然造就了某些资本主义的关系，一定程度上刺激了资本主义经济的发展，但在国家主权无法保证的情况下，外国资本的侵入往往造成本国经济的畸形发展，民族资本主义在帝国主义和封建主义联合压迫之下，难以真正得到发展。

第二，关于资本主义的发展程度。持托派观点者夸大中国资本主义的发展水平，认为中国资本主义已取代封建经济占统治地位。马克思主义学者则结合事实，以翔实的统计数据证明中国民族资本主义虽有所发展，但在中国社会中仍处于十分弱小的地位，既无法与列强控制的经济相抗衡，也不可能取代封建经济。

第三，关于封建势力在中国社会经济中的地位。持托派观点者否认中国社会还存在相当浓重的封建势力。马克思主义学者对中国社会特别是农村社会性质进行了深入考察，指出在当时的中国农村，地主对农民的剥削仍通过租佃收

取实物地租的方式进行，和资本主义化的利用新式技术、雇佣工资劳动者的剥削形式迥然不同。商业资本虽然渗入农村，但不足以改变农村的封建生产关系，反而充当了封建生产关系的润滑剂。

中国社会性质的论争，是马克思主义在社会科学领域与各种反马克思主义、非马克思主义进行的一场较量。争论的结果是，马克思主义学者关于中国社会是半殖民地半封建社会的论断，获得了更广泛的认同，进而在理论上进一步明确了中国革命的方向和任务。

社会性质的讨论在史学领域也得到延伸。1930 年，郭沫若出版《中国古代社会研究》，运用马克思主义唯物史观，通过对中国古史资料的挖掘、鉴别、研究，以物质资料生产方式的发展变化说明中国古代的历史，首次将中国鸦片战争以前的历史分为原始社会、奴隶社会、封建社会，由此引发出一场社会史大讨论。讨论主要围绕下述三点展开：

第一，关于亚细亚生产方式问题。"亚细亚生产方式"由马克思首先提出，他说："大体说来，亚细亚的、古希腊罗马的、封建的和现代资产阶级的生产方式可以看做是经济的社会形态演进的几个时代。"[1] 但马克思本人对这一概念未做更多的阐发，后人在理解上出现了一些歧异。关于亚细亚生产方式，比较有代表性的观点是郭沫若所解释的古代原始共产社会。

第二，关于中国是否经过奴隶制阶段问题。李季、陶希圣等否认中国存在奴隶制阶段，马克思主义学者普遍肯定中国历史上存在过奴隶制阶段，经过讨论，提出夏代为"初期奴隶社会"，基本梳理出中国奴隶社会的发展脉络。

第三，关于秦汉以后的社会性质问题。对这一问题众说纷纭，有前资本主义社会、商业资本主义社会、专制资本主义社会、半封建社会等各种说法。郭沫若、吕振羽等均持封建社会说，认为周秦以来虽历经王朝变更，但中国社会封建制度的政治和经济组织一直延续，地主与农民间剥削与被剥削的关系没有改变。因此，中国社会至鸦片战争前，实际上长期停滞在封建社会形态中。

中国社会史大讨论是马克思主义引入中国社会史领域的一次全面的反映，通过讨论，马克思主义唯物史观、阶级分析方法逐渐为很多人所接受，中国社会经由原始社会、奴隶社会、封建社会的历史发展脉络，被初步勾勒出来。

---

[1]　［德］马克思：《〈政治经济学批判〉序言》（1859 年 6 月），《马克思恩格斯文集》第 2 卷，人民出版社 2009 年版，第 592 页。

"现代化"一词，在五四运动以后关于东西文化观的争论中，已偶尔出现。到 20 世纪 30 年代，"现代化"开始在中国报刊上经常使用。1933 年 7 月，《申报月刊》出版"中国现代化问题号"，拉开现代化讨论的序幕。讨论的重点是两个问题：

一是关于中国现代化的困难、障碍和先决条件。有学者从中国现代化所遭遇的困难，如人才稀少、资金匮乏、生产技术落后等，提出要大量培养和合理使用人才，开发国民资本和利用外资，用先进的生产技术装备国民经济各部门；有学者从中国现代化所面临的障碍，如外资经济的压迫、财政币制的缺点、苛捐杂税的繁重、军阀混战的频繁、不平等条约的束缚、政府对经济事业的漠视、家庭制度的不良等，提出要促进中国的现代化必须有健全的经济、清明的政治、安定的社会、适当的教育、良好的心理。有些学者指出，帝国主义的侵略和封建主义的压迫是造成近代中国落后的根本原因，要实现现代化必须首先完成反帝反封建的任务。

二是关于中国现代化是走资本主义道路还是走社会主义道路。讨论中主张走私人资本主义或受节制的资本主义道路者很少，大多数人主张走社会主义道路。持这种观点的学者认为，现在的世界是资本主义已经走向衰败，社会主义走向新生的时代，中国的现代化应该"以社会主义为基础，如果不采用社会主义的方式，是绝对没有希望的"[①]。这一思想趋向，与当时半殖民地半封建中国的现实和世界资本主义发展状况直接相关，是中国知识界为挽救民族危亡所作的理性抉择。

三、教育与科学研究

1928 年，第一次全国教育会议召开，确定三民主义教育方针，强调各级行政机关的设施、各种教育机关的设备、各种教学科目，都以实现三民主义为目的。1929 年 4 月，国民党政府通令公布教育宗旨及实施方针，要求在各级学校开展国民党党义教育。1931 年国民党中央执委会通过《三民主义教育实施原则》，教育被纳入国民党的意识形态框架中。国民党在教育中灌输维护其一党独裁统治的意识形态，对教育事业产生了严重的负面影响。

20 世纪 30 年代的全国学制基本沿用了 1922 年确立的"壬戌学制"，状况

---

① 戴霭庐：《关于中国现代化的几个问题》，《申报月刊》第 2 卷第 7 号，1933 年 7 月，第 40 页。

大致是：初等教育方面，1932 年公布《小学法》及《小学规程》，规定小学修业年限六年，推行义务教育。中等教育方面，1928 年颁布《中学暂行条例》，次年颁布《高级中学暂行课程标准》，取消文理分科。高等教育方面，1930 年公布《大学组织法》《大学规程》《专科学校组织法》，次年颁行《专科学校规程》，高等教育机构分大学、独立学院、专科学校三种，其中大学分文、理、法、教育、农、工、商、医八个学院。但这些规定，特别是小学义务教育都只停留在纸面上，根本没有付诸实施。

这一时期，相对发展较快的是初等教育。1929—1936 年 8 年间，全国在校小学生人数由 888 万人增至 1836 万人。[①] 但相比之下，高等和中等教育发展缓慢，1931—1936 年全国高校在校学生数仅有微量增长，1931 年入学人数占总人口的比例，大学还不足万分之一，在世界上处于十分落后的地位。[②]

在这一时期，还相继建立了中央研究院、北平研究院等一批研究机构。1927 年 7 月，设立大学院作为全国学术教育最高行政机构，中央研究院附属于大学院。1928 年 4 月，中央研究院被改为独立机构，蔡元培任院长。至全面抗战爆发前，该院先后成立社会科学、物理、化学、工程、地质、历史语言、天文、气象、心理、动植物等十个研究所。1929 年 9 月，北平研究院正式成立，院长李石曾，共设物理、化学、生物、动物、植物、地质、镭学、药物学和史学等九个研究所。除中央研究院、北平研究院外，当时水平较高、在全国较有影响的研究机构还有实业部地质调查所、中央工业试验所、中央农业实验所、中国西部科学院、北平静生生物调查所、黄海化学工业研究社、上海雷斯德医学研究院等。

总体而言，1927—1937 年，中国学术研究得到了一定的发展。国家和地方设立了一批政府研究机构，民间和高教研究机构也有所发展，研究经费有所增加。但由于基础过于薄弱，加之当时国内外社会环境复杂，国民党当局无心关注科学教育发展，科学研究的发展受到很大制约。尽管社会条件和物质条件不好，但由于科技工作者的辛勤努力，中国科学研究仍然取得了不少成绩。比如在古人类学和古生物学方面，1929 年裴文中在周口店发现北京猿人头骨和大量

---

① 教育部教育年鉴编纂委员会：《第二次中国教育年鉴》第 1 册，第 14 编，上海商务印书馆 1948 年版，第 59—63 页。

② 《我国大学生数与世界主要各国比较》，《江苏教育》第 4 卷第 1、2 期合刊，1935 年 2 月，第 33 页。

古生物化石，轰动世界；在地图编制方面，由丁文江、翁文灏、曾世英编撰了《中国新地图》《中国分省新图》；在天文学方面，1934 年在南京紫金山建立天文台，开始了中国人自己的天文观测工作；等等。

中国共产党在开展革命根据地政权建设和经济建设的同时，也在极为简陋的条件下，探索和进行了文化教育建设，取得了许多成绩。1932 年后，先后创办马克思共产主义学校、瑞金列宁师范学校、中央列宁师范学校、中央农业学校、高尔基戏剧学校等，培养各方面的干部和技术人才。为提高工农文化水平，苏维埃政府建立了夜校、半日学校、补习学校、识字班等。据统计，到1934 年 3 月，中央根据地有列宁小学 3199 所，学生约 10 万人；补习学校 4562个，学生 8.8 万人；识字组 2.3 万多个，参加者仅在江西就有约 12 万人。妇女在学员中占很大比例。

四、乡村建设运动

1927—1937 年，在半殖民地半封建的经济社会条件下，中国城市工商业虽然得到了一定发展，但由于农村封建土地所有制没有改变，农民依然受到地主的残酷剥削，国民党及割据的地方军阀对农村和农民横征暴敛，加上水旱灾害频发，因此中国广大农村地区经济发展停滞，城市与乡村、沿海与内地差距日益扩大，出现了"农村破产"的严重危机。

在这样的背景下，社会上出现了"救济乡村"、复兴农村经济的运动。参加这一运动的团体和机构有 600 多个，设立的试验区则有 1000 多处。这些参与者基于不同的教育背景，不尽相同的理念、目标，对中国积贫积弱的乡村社会进行了各种各样的改造活动，试图通过经济、社会、文化的渐进改良，探索农村乃至整个中国社会发展的出路。其中，影响较大的有以晏阳初为代表的"平民教育派"，以梁漱溟为代表的"乡村建设派"等。

20 世纪 20 年代成立的中华平民教育促进会，初期主要在城市开展平民识字运动，后逐渐把重点转向农村。1926 年 10 月，平教会在直隶定县开始建立平民教育实验区。晏阳初认为，中国一切社会问题在于人民没有文化知识，要对农民进行文艺、生计、卫生、公民四大教育，以医治中国农民愚、贫、弱、私四大病症。平教会在定县运用社会式、学校式、家庭式三种教育方式，谋求通过学校、社会、家庭相辅相成的教育，以不间断的教育"整个的改进国民生活"。1932 年，晏阳初提出县政改革方案，在定县设立河北省县政建设研究院。

1935年，晏阳初又到湖南衡山建立南方基地。抗战期间，晏阳初在四川巴县歇马场设立乡村建设育才院，继续推行其平民教育运动，但其发展势头已经明显减弱。

梁漱溟的乡村建设实践开始于20年代。梁漱溟认为，中国问题的根源是文化失调，必须从中国社会的基础——农村入手，开展乡村教育。乡村建设的意义：一是救济农村，由改良农业入手以求经济进步；二是从中国传统文化中创造出一种新文化。他先在乡村中组织乡农学校，进而把乡农学校作为推行乡村建设的组织形式。1928年，梁漱溟提出改造社会要从乡村着手的乡治主张。次年，他在河南辉县百泉村开办河南村治学院，自任教育长。1930年，他在山东邹平与梁仲华等创办山东乡村建设研究院，设立研究部和训练部，以培养乡村建设运动的干部。梁漱溟的乡村建设推行范围曾达到17个县，培养的学员累计达到3000人。这些人毕业后分赴实验区各地，对促进农村社会文化的发展和社会风气的转变发挥了一定作用。但由于梁氏忽视农村财产（特别是土地）分配不均的状况，没有考虑解决农村最突出的土地问题，而是从精神、道德入手，建立政权、学校和军事组织三结合的乡农学校系统，无法从根本上解决农村问题。同其愿望相比，乡农学校的成效非常有限，全民族抗战开始后，梁漱溟的乡建运动即无形消解。

除上述几个影响较大的社团活动外，当时在全国有一定影响的还有燕京大学与中华基督教协会在江西黎川创办的基督教（新）农村服务实验区，卢作孚在四川进行的乡村教育运动等。

乡村建设运动，虽然认识到中国农村存在的贫困落后问题，也曾就试图解决这些问题进行了一些探索和尝试。但从根本上说，这一运动仅仅提出一些改良主张，希望以教育为中心对农村进行改造，没有触及封建土地制度和政权性质等根本原因，不可能像中国共产党领导的土地革命运动那样，彻底解决土地所有制这个中国农村的根本问题，因此其对社会的改造终究是无济于事的，无法改变中国农村的整体面貌。就连梁漱溟也承认，乡村建设运动最终"高谈社会改造而依附政权""号称乡村运动而乡村不动"[①]。

五、中间政派与蒋介石集团的争斗

在训政名义下确立起来的国民党一党专政的政治体制，即便在国民党统治

[①] 梁漱溟著：《乡村建设理论》，上海人民出版社2006年版，第368页。

集团内部来说，也是少数人对政治权力的垄断。1929年4月起，自由派知识分子代表胡适、罗隆基等先后在《新月》发表《人权与约法》《论人权》等文，批评国民党的训政没有"保障人权"，提出要发动人权运动，争回人权，立即召开国民大会，制定宪法，让人民控制政府、管理政府，实现主权在民。集合在《新月》杂志周围的自由派知识分子群体一般被称为人权派或新月派。

人权派虽然对国民党的一党专制提出了一些批评，但是因为他们所具有的资产阶级妥协性和软弱性，本质上是寄希望于国民党政府的自我改良，反对真正的人民争取民主的斗争，更反对中共领导的土地革命战争，由于其代表人物的社会影响，客观上反而有利于蒋介石镇压革命运动。1930年11月，罗隆基一度被捕。1931年人权派就无形消散了。

这一时期，还有一些曾参加过大革命的上层小资产阶级、民族资产阶级分子，因不满意蒋介石集团的独裁统治及其内外政策，开展了反对蒋介石统治的斗争。由于这批人也不同意中国共产党的主张，特别是不同意土地革命政策，认为中共的主张不适合中国，所以提出要走国共以外的第三条道路。1927年11月初，邓演达、陈友仁等在莫斯科以"中国国民党临时行动委员会"名义发表《对中国及世界革命民众宣言》。1927年冬，谭平山、章伯钧、季方等在上海成立"中华革命党"，表示继续奉行孙中山的三民主义。该党与在海外的邓演达保持联系。邓演达回国后，于1930年8月召开十省区干部会议，将第三党正式定名为中国国民党临时行动委员会，通过《我们的政治主张》的决议。邓被选为中央干事会总干事，负责主编《革命行动》月刊。该党经过一番整顿后，一度发展很快，曾建立11个省、3个市的地方组织。

第三党在政治上要求进行"平民革命"，推翻南京政府的统治，建立"平民政权"的国家，进而"实现社会主义"；对外则要求废除一切不平等条约，同各弱小民族结成反帝国主义的联盟。在经济上要求"消除帝国主义者在华的经济统治势力，消灭封建的残余，在集中与干涉的两个原则下面建设国家资本主义"。同时要求改良工人的生活，确定八小时工作制和工人罢工的权利；"原则上主张土地国有，而用耕者有其田为过渡的办法。"[①] 邓演达参照苏联社会主义革命和建设的经验，以孙中山晚年的革命理论，即重新解释过的三民主义作

---

① 《中国国民党临时行动委员会政治主张》（1930年9月1日），曾宪林、万云主编：《邓演达历史资料》，华中理工大学出版社1988年版，第199—218页。

为自己政治思想的内核。他认为中国革命的前景是社会主义，但作为后发展国家，已经不可能与英、美、法等国资产阶级革命时期相比，中国可以借鉴他们的经验，避免私人资本主义的弊端。邓演达的活动对国民党特别是其军队具有一定的分化作用，威胁了蒋介石的独裁统治，被蒋视作眼中钉。1931年8月，邓被逮捕，始终不为蒋介石的劝说所动，11月29日被蒋下令秘密杀害于南京。邓演达被害，第三党组织上失去有力领导。此后第三党除一部分投靠蒋介石外，其他人在蒋介石高压政策下，只能在狭小范围内进行隐蔽活动。

第三党虽然充分认识到武装斗争的重要性，但认为领导"平民革命"的应是小资产阶级及其政党，把希望寄托在具有投机性质的"策反"上，反对在农村建立根据地；虽然主张"耕者有其田"，但不同意通过土地革命解决农民土地问题，因而存在致命的缺陷，最后也难以有所作为。1935年11月，第三党改称"中华民族解放行动委员会"，积极参加抗日民族统一战线和争取民主的斗争，并最终走上了与中国共产党合作的道路。

大致同时，"中国民权保障同盟"也在争取民主权利、保障人权方面作出巨大努力。1931年8月13日宋庆龄因母亲倪桂珍病逝而返回上海。在母亲的葬礼结束后，她立即投入营救邓演达、牛兰夫妇的斗争中去，但营救工作均告失败。1932年12月上中旬，她与蔡元培、杨杏佛等在上海发起组织中国民权保障同盟，宋庆龄被推举为同盟主席，蔡元培任副主席，杨杏佛为总干事。该同盟成立目的有三："为国内政治犯之释放与非法的拘禁、酷刑及杀戮之废除而奋斗"；"予国内政治犯与法律及其他之援助，并调查监狱状况，刊布关于国内压迫民权之事实"；"协助为结社集会自由、言论自由、出版自由诸民权努力之一切之奋斗"。① 宋庆龄和蔡元培在后来发表的讲话中强调，中国民权保障同盟不是政党，其成立目的仅仅是为了争取民主权利，保障人权。1933年1月17日和30日，民权保障同盟先后在上海和北平成立分会。

民权保障同盟成立伊始，便开展了一系列反对国民党独裁，保障人民民主权利的斗争，包括营救政治犯和反对国民党的非法拘禁和杀戮。1932年12月17日，宋庆龄、蔡元培等以民权保障同盟名义致电蒋介石等，要求释放被北平警探非法监禁的北京大学教授许德珩等，并派杨杏佛赴北平向北平军分会代理委员长张学良进行交涉，终使许德珩获得释放。1933年1月30日，民权保障

---

① 《宋庆龄等发起中国民权保障同盟》，《申报》1932年12月18日。

同盟北平分会要求查办擅杀镇江《江声报》经理兼主笔刘煜生的江苏省政府主席顾祝同。

　　民权保障同盟在营救中国共产党人士方面也是不遗余力。被关在北平"反省院"的中共地下党员、塔斯社和《世界日报》记者刘尊棋在宋庆龄和杨杏佛的救援下，于1933年2月被张学良释放。同年3月，民权保障同盟开展了对被国民党逮捕的罗登贤、廖承志、陈赓等共产党员的营救工作。在宋庆龄、杨杏佛等人的努力下，廖承志、陈赓获得释放，而罗登贤则被国民党当局杀害。在获悉左翼作家丁玲和潘梓年被国民党中统特务秘密逮捕后，蔡元培、杨杏佛等组织"丁、潘营救委员会"，并发动文艺界著名人士洪深、叶圣陶、郁达夫等38人联名致电国民政府行政院长汪精卫等，要求释放丁、潘二人。

　　由于民权保障同盟坚持不懈地反对国民党独裁统治，国民党当局不承认民权保障同盟为合法组织，要将之解散。1933年3月，因民权保障同盟内部在释放政治犯问题上发生分歧，北平分会主席胡适于3月18日被开除会籍，北平分会因而解体。6月18日，随着总干事杨杏佛在上海法租界被国民党特务暗杀，民权保障同盟实际上已经不复存在。

思考题：

1. 简述南京国民政府建立后国民党迅速腐化蜕变的原因。

2. 为什么说南京国民政府建立后国民党是一种弱势独裁？

3. 毛泽东开辟中国革命新道路的贡献有哪些？

4. 如何看待中央苏区的革命？

5. 为什么中共革命处于低潮时有左翼文化运动的兴起？

6. 为什么乡村建设运动会陷入"号称乡村运动而乡村不动"的窘境？

▶ 拓展阅读

第十一章 日本发动侵华战争与中国局部抗战

日本侵略中国图谋已久。明治维新后，日本走上军国主义道路，发动和参加了多次帝国主义侵华战争，残酷屠杀中国人民并从中国掠夺了大量财富和领土。贪婪的日本军国主义者并不以此为满足，妄图独占中国，把中国变为其完全的殖民地。1931年，日本发动"九一八"事变，从此中国开始了长达14年的反对日本侵略的战争。面对日本的野蛮侵略，国民党采取不抵抗政策和"攘外必先安内"的错误方针，引起全国人民的强烈不满；中国共产党的"八一宣言"提出建立民族统一战线的主张，得到社会各党派各阶层的广泛拥护。西安事变及其和平解决，为推动国共两党实现第二次合作、团结抗战起了重要作用。

第一节 "九一八"事变与中国局部抗战的开始

一、"九一八"事变与东北人民的抗日斗争

20世纪20年代初，日本试图冲破华盛顿体系的束缚，称霸东亚。1927年6月27日至7月7日，日本内阁首相田中义一在东京召开"东方会议"，会后发表的《对华政策纲要》宣称："万一动乱波及满蒙，治安紊乱，有侵害我在该地特殊地位、权益之虞时，不论其来自何方，均应加以防护，并须做好准备。"①这是日本帝国主义对外侵略扩张方针的集中体现。东方会议的目的，在于阻止中国可能出现的统一局面，利用南北政府的对峙状态，尽快把"满蒙"从中国分裂出去，进而实现其独占中国，称霸亚洲和世界的野心。

1929年10月，从美国开始的经济危机席卷整个资本主义世界。为了摆脱危机，日本加紧实施其既定的侵华政策。日本军方对中国东北地区针对性的军事调查也在秘密展开。1931年上半年，日本陆军省制订的《对满蒙方针和策略》和《解决满洲问题方案大纲》提出：欧美处于深刻的经济危机中，无力兼顾远东，中国内战正酣，难以统一对外，日本正好乘机出兵，占领"满蒙"。

---

① 《日本军国主义侵华资料长编》，四川人民出版社1987年版，第140页。

　　早在"九一八"事变发生之前，日本就不断地向中国东北地区移民，意在形成永久性占领，已沦为日本殖民地的朝鲜的一些农民也随之移居东北。1931年4月，过境的朝鲜农民在长春西北万宝山地区开渠引水，占用中国农民的田地，与当地农民发生冲突，此即"万宝山事件"。日本驻长春领事馆捏造朝鲜农民死伤累累、中国将驱逐所有朝鲜侨民的消息，导致朝鲜发生大规模的排华事件。仅7月份，旅朝华侨死亡142人，伤546人，失踪91人，财产损失416.3万日元。① 6月下旬，日军参谋本部上尉中村震太郎等在大兴安岭索伦山一带进行非法军事地理调查，被中国驻军查获并秘密处死，此即"中村事件"。日本军方认为这是对东北进行军事干涉的最好借口。8月中旬，日本驻沈阳总领事林久治郎向中国地方政府提出正式抗议。随后，日本掀起了一股排华浪潮，日本军方要求报复中国的言论甚嚣尘上。

　　当时，驻扎在东北的日本关东军总兵力只有2.7万人，52架飞机，中国东北军总兵力约19万人，262架飞机，但分驻在关内外各地，驻在沈阳北大营的第七旅不足万人。然而，蒋介石政府奉行"攘外必先安内"方针，实行"不抵抗"政策。9月初，张学良令辽宁省长臧式毅："务须万方容忍，不可与之反抗，至酿事端。"② 这些方针、政策和命令都对"九一八"事变和东北沦陷造成了恶劣的影响和后果。

　　经过一系列准备和策划，日本关东军于1931年9月18日发动了武装侵华的"九一八"事变。9月18日深夜，日本关东军按照预谋炸毁沈阳东北方南满铁路的柳条湖段，反诬中国军队"破坏"铁路、"袭击"日本守备队，当即炮轰东北军驻地北大营。张学良遵照蒋介石的命令精神，电示力避冲突。东北边防军参谋长荣臻据此命令驻防北大营的陆军独立第七旅王以哲部"不抵抗"③。虽然部分官兵被迫进行了自卫还击，但随后东北军撤出沈阳市区，沈阳沦陷。19日，日军占领长春，并分兵进攻营口、安东、凤城、本溪、海城、鞍山、辽阳、铁岭、开原、四平街、公主岭等城市。中国各地驻军由于不抵抗的命令，大多未做坚决抵抗，含愤撤退。两天内，日军占领满铁全线。不到一周，日军

---

① 上海商务印书馆编：《关于一九三一年七月朝鲜各地仇华暴动之说帖》，上海商务印书馆1932年版，第113页。

② 《张学良致臧式毅等电》（1931年9月6日），《民国档案》1998年第3期。

③ 《九一八事变的经过及其责任》，秦孝仪主编：《中华民国重要史料初编——对日抗战时期》续编（一），台北中国国民党党史委员会1981年版，第262页。

相继侵占辽宁、吉林两省 30 多个城市。

事变爆发后，国民政府外交部向日本提出三次抗议，并向国际联盟提出申诉。日本发表《关于满洲事变的第一次声明》，诬指中国首先向日军进攻，宣称日军大部已返回南满铁路附属地。9 月 30 日，国联理事会通过解决事变的决议九条：要求中日双方防止事态进一步扩大。日本代表虽然接受了决议案，但日本政府并没有约束军方在中国东北的军事行动，关东军继续炮轰通辽和锦州。10 月初，中国驻国联代表施肇基正式照会国联秘书长，要求立即召开理事会，采取措施恢复事变前状态，赔偿中国损失。10 月 24 日，国联理事会提出的决议案要求中日"不得诉于任何侵略政策或行动"，限日本在 11 月 16 日以前开始撤军，该提案在表决中获 13 票赞成，却因日本 1 票反对而未能生效。中国虽赢得了国际社会的广泛同情，却未得到有实际意义的支持。日本政府随即发表《关于满洲事变的第二次声明》，再次为其侵略行径辩护。

国联的退让软弱和国民党政府的不抵抗政策，使日本对中国的侵略计划步步得逞。11 月，日军继续北上黑龙江省，马占山率当地驻军顽强抵抗并多次击败日军，黑龙江省民众自发组织"援马抗日团"支援前线。不久，日军占领齐齐哈尔，马占山率部退往海伦。日军随即侵占黑龙江省大部。12 月下旬，日军主力两个师团、六个混成旅团兵分三路进犯锦州。国民政府电令张学良率东北军坚守锦州。张学良连日急电南京，请求增援，但国民政府各部门办事迟滞，粮饷、弹药未能及时接济。张学良下令将锦州附近部队撤退至关内。1932 年 1 月初，锦州失守。2 月初，哈尔滨陷落。至此，东北三省 128 万平方公里的国土（是日本本土的 3.5 倍）全部被日军侵占，3000 多万同胞沦入敌手。自"九一八"事变至 1932 年年底，中国军民死亡 2.3 万人。

"九一八"事变是日本有计划实施大陆政策的第一步。事变前，日本即有在东北建立所谓"独立国家"的计划；事变后，日本加紧实施该计划。在日本策动下，东北各地发生所谓"满洲独立"运动，旨在制造东北脱离中国的"民意"以惑视听。在吉林，建立以熙洽为首的伪吉林省长官公署；在辽宁，建立以袁金铠为委员长的伪辽宁省地方自治维持会；在哈尔滨，建立以张景惠为首的伪东省特别区治安维持会（张后出任伪黑龙江省省长）。

1931 年 11 月，日本关东军秘密将前清废帝溥仪从天津接到东北。1932 年2 月，关东军在沈阳召开"建国会议"，合并三省的伪政权，正式定名为"满洲国"。3 月 1 日，宣布伪满洲国成立；9 日，溥仪出任伪执政，张景惠任伪参议府议长，郑孝胥任伪国务总理。9 月 15 日，日本宣布承认伪满洲国，并安排大批人员在伪政权内任职。1934 年 3 月 1 日，按照日本要求，伪满洲国政体改行"君主立宪制"，溥仪坐上"皇帝"宝座。根据关东军与溥仪签订的《日满密约》，关东军代表日本政府，对伪满洲国拥有内部指导权，伪满洲国所有重大决策与人事任免，要得到关东军同意。显然，伪满洲国是关东军控制下的傀儡政权。

同时，日本在军事、经济、文化上采取了一系列殖民措施，巩固其在东北地区的统治。军事上，日军全力围剿抗日武装。据日方统计，被称为"匪贼"的抗日武装出现次数，1932 年为 3.9 万次，1936 年为 3.6 万次。1932 年，日军先后三次以万人以上规模对"东边道"（今通化、延边地区）实行大"讨伐"，1933 年"讨伐"规模更大，抗日武装伤亡严重。同时，为断绝民众对抗日武装的支持，关东军实行所谓"匪民分离工作"，即建立所谓"集团部落"，集家并村，将民众集体迁移到平原地区。1936 年，日伪建立起 4400 多个"集团部落"①。

经济上，1932 年 1 月，满铁在东北成立经济调查会，协助对伪满洲国的经济统治。3 月下旬，关东军专设特务部（1935 年 6 月改为日满经济共同委员会），作为伪满经济体制的最高决策机关。关东军一切意图都通过伪满洲国总务厅贯彻，总务厅最高会议是全部由日本人参加的次长会议（后增加三名中国人参加）。日本与伪满洲国签订了一系列经济合作协定，全面控制东北经济，掠夺资源。仅 1932 年，日本从东北运出物资 1.26 亿元，在东北倾销商品额 1.39 多亿元。同时，日本继续在东北地区以大连为中心大量走私贩卖毒品，牟取暴利。伪满洲国约有 100 万嗜鸦片者，年销售量 1000 吨以上②，带来的危害难以估计。

文化上，日本大肆推行奴化教育。要求学校必须讲授日语和日本文化，学校的教师受到严格审查，并在特务机关的监视下工作；严厉控制舆论，关内报刊不准运进东北，等等，企图以此泯灭东北广大民众的民族意识和反抗精神，维护其殖民统治。

"九一八"事变后，抗日救亡运动在全国兴起。从 1931 年 9 月 20 日至 1932 年 4 月 15 日，中国共产党先后发表《为日本帝国主义强暴占领东三省事

---

① 陈振江、江沛主编：《中国历史·晚清民国卷》，高等教育出版社 2001 年版，第 311 页。
② 李恩涵著：《战时日本贩毒与"三光作战"研究》，江苏人民出版社 1999 年版，第 25 页。

件宣言》《为日本帝国主义强占东三省第二次宣言》《中华苏维埃共和国临时中央政府宣布对日战争宣言》《为国民党反动政府出卖中华民族利益告全国民众书》等声明，揭露日本帝国主义侵略中国并称霸亚洲和世界的阴谋，号召全国人民与侵略者战斗到底，谴责国民党政府对内镇压人民、对日不抵抗政策，表明坚决捍卫国家和民族独立的严正立场。上海、天津、广州、北平等地工人纷纷举行反日大罢工和示威游行，组织抗日救国会，开展抗日募捐。冀东农民开展打游击等斗争。北平、南京、上海等地大中学生举行罢课、示威、街头宣传等活动。各地学生还到南京请愿，要求蒋介石出兵东北，收复失地。全国先后成立了"东北民众抗日救国会""北平工界抗日救国会"等团体，积极开展和声援抗日活动。宋庆龄、何香凝、冯玉祥等国民党内的抗战派以及民族资产阶级、海外华侨也加入抗日救亡的行列，要求国民党政府停止"剿共""一致对外"、共同抗日。但是，国民政府仍然不为所动，转而谋求外交调解，并下令停止在东北的一切军政活动。

"九一八"事变爆发后，东北人民没有停止过反抗日本的斗争。1932 年夏秋之交，东北义勇军发展到 30 余万人，其中黑龙江有马占山、苏炳文等，辽宁有唐聚五等，吉林有李杜等。1932 年秋，东北义勇军曾占领过不少城市，甚至两度攻入沈阳。但是，在日军优势兵力进攻下，1932 年年底至次年 1 月，分散各地的抗日力量先后被日军各个击破，损失严重。马占山、苏炳文、李杜等部被迫退入苏联境内，其他各部南下参加热河抗战，邓铁梅、苗可秀、王凤阁等部坚持在东北抗战。据不完全统计，东北义勇军在 1931 年、1932 年先后歼灭日伪军 1 万余人和 3 万余人。

中国共产党不仅积极参加和推动各地的抗日救亡运动，而且直接领导了东北人民的抗日武装斗争。中共中央以及东北党组织先后选派罗登贤、杨靖宇、赵尚志、周保中、赵一曼等到东北，加强中共满洲省委的领导力量。1932—1933 年，中共满洲省委同以原东北军为主体的抗日义勇军进行合作，并直接建立了磐石、汪清、饶河和珠河等反日游击力量。1934 年秋天后，这些游击队改编为东北人民革命军、东北抗日同盟军和东北人民反日联合军，1936 年 2 月始，统称为东北抗日联军。1935—1936 年，东北抗日联军在辽东地区与日军作战 376 次，在极其艰苦的环境中浴血奋战。至 1937 年 7 月，东北抗日联军发展到 10 个军，一个独立师，共约 3 万人。

"九一八"事变不仅是日本法西斯侵略中国的开始，而且是世界法西斯国家对外侵略战争的开端。日本作为第二次世界大战在亚洲的战争策源地开始形成。从此，中国人民反对日本帝国主义侵略的战争兴起，世界反法西斯战争也拉开了序幕。

二、"一·二八"事变与淞沪抗战

"九一八"事变后，日本先后策动天津、塘沽、青岛、厦门、福州等地的日侨挑衅滋事，企图以众多冲突事件转移国际舆论对日军侵占中国东北的注意力。

1931 年年底，日本关东军又阴谋在上海制造事端。1932 年 1 月 18 日，日本驻上海领事馆武官田中隆吉唆使妙法寺日本僧人天崎启升等 5 人，向三友实业社的中国工人进行挑衅，又指使流氓将两名日僧打伤，并诬称中国工人所为。随后，日方传言一日僧死亡。田中隆吉遂借机扩大事态，20 日，指使几十名日本浪人纵火焚烧三友实业社工厂，并打死中国军警一人，打伤军警两人。上海日侨 1000 余人以"日僧事件"为借口，召开大会并举行游行示威，沿途捣毁电车、公共汽车及中国商店。同时，日本驻沪总领事向上海市长吴铁城提出道歉、缉凶、赔偿、取缔抗日运动和解散抗日团体等五项要求。日军 30 余艘军舰、40 架飞机，几十辆装甲车和 6000 人的陆战队集结上海。1 月 28 日晚，吴铁城答应日本驻沪总领事的全部要求，但日军仍向上海北站、江湾、吴淞等地发起攻击，"一·二八"事变爆发。日军扬言"四个小时占领上海"，"三个月占领支那全土"。

上海是国民政府首都南京的门户，也是全国经济中心。"一·二八"事变发生，上海驻军第十九路军总指挥蒋光鼐、军长蔡廷锴等通电表示："惟知正当防卫，捍患守土，是其天职，尺地寸草，不能放弃。为救国保种而抵抗，虽牺牲至一人一弹，绝不退缩，以丧失中华民国军人之人格。"[1] 蒋、蔡通电赢得了各界热烈支持。与此同时，国民政府宣布迁至洛阳办公，将全国海岸沿线分为四个区，并调张治中率第五军前往上海。但又担心中日战事扩大至江浙，危及南京，并无实行抗战的决心。2 月，蒋介石提出："只要不丧国权，不失守土，日寇不提难以忍受之条件，则我方即可于英、美干涉之时，与之

---

[1] 《第十九路军为日军犯境通电》（1932 年 1 月 29 日），秦孝仪主编：《中华民国重要史料初编——对日抗战时期》续编（一），台北中国国民党党史委员会 1981 年版，第 424 页。

交涉。"①

日军投入第 9、11、14、8 四个主力师团及海军陆战队共 7.7 万余人，中方军队只有 4.21 万人。第十九路军和第五军顽强抵抗日军，在闸北、江湾等处与日军激战。中国军队死伤、失踪共 14801 人，日军死伤 3184 人②，日军三次换帅，战事仍无法突破。直至 3 月初，日军万余人乘中国军队兵力分散之机，在浏河偷袭登陆。第十九路军被迫退至苏州、昆山、嘉定等处的第二道防线。在整个"一·二八"战事期间，上海平民伤亡、失踪达 1.8 万人，财产损失超过15 亿元。③ 3 月中旬起，在国联及英美等国调解下，中日就停火协议展开谈判，并于 5 月初签署《中日上海停战及日方撤军协定》，规定：双方停止一切敌对行动，中国军队驻扎现在位置，日军撤退至事变前的公共租界暨虹口方面的越界筑路，设立共同委员会协助日军撤退及向中国警察的移交事宜。该协定是国民党政府对日妥协退让的产物，是对中国主权的严重损害，从此中国军队失去了在上海的驻兵权，为此后日本发动全面侵华战争提供了条件。11 月底，国民政府宣布自洛阳还都南京。

淞沪抗战中，处于劣势的中国军队，在全国民众的热情支持下顽强抵抗一个多月，虽蒙受惨重损失，但仍然重创日军，使侵华日军遭受了自"九一八"事变以来最为沉重的打击，极大振奋了全国民众的抗战士气。

三、热河沦陷与长城抗战

"九一八"事变后，日本鲸吞了东北三省，但这没有满足其扩张欲望，反而激起其更大的野心。日本关东军又把矛头指向华北地区。

事变发生前，日本关东军高级参谋石原莞尔就在《为解决满蒙问题的战争计划大纲》中建议，必要时可以进行关内战争，占领范围"依据情况区别决定，然首先可以预定为华中以北"④。1932 年 8 月，石原莞尔又提出："山西的煤，河北的铁，河南、山东以南的棉"应当为日本所用，强调日本不应满足于

---

① 秦孝仪总编纂：《总统蒋公大事长编初稿》第 2 卷，台北中正文教基金会 2005 年版，第 172 页。
② 《沪战中敌我双方军队伤亡统计》，章伯锋、庄建平主编：《抗日战争》第 1 卷，四川大学出版社 1997 年版，第 356—357 页。
③ 《中央统计处之损失统计》，章伯锋、庄建平主编：《抗日战争》第 1 卷，四川大学出版社 1997 年版，第 359 页。
④ ［日］角田顺编：《石原莞尔资料：国防论策篇》，东京原书房 1971 年版，第 71 页。

占领东北，还要实行"开发中国东部首先是实现开发华北的政策"。[①] 事变发生后，美英出于各自利益，对日本扩张采取了妥协与压制的矛盾态度。苏联只求自保，无意遏制日本南下。因此，日本关东军认为，可以"把圣战指向热河省"[②]，以此歼灭张学良率领的东北军，巩固对东北三省的占领，把长城沿线作为中国本部与伪满洲国的边界线，在长城以南地区设立非军事区。

1932 年上半年起，日本对驻守热河的东北军频频发动进攻，进行军事挑衅。8 月，国民政府决议撤销北平绥靖公署，改设军委会北平分会，蒋介石自兼委员长，另由张学良代理该职位，统一协调指挥分驻华北各省的各部军队。1933 年 1 月初，日军宪兵队及守备队在山海关制造手榴弹爆炸事件，反而诬称是中国守军所为，以此为借口发动进攻，中国守军进行顽强抵抗，经过激战，日军占领山海关。

2 月，日本向国民政府递交备忘录，要求中国军队退出热河省，遭到拒绝。日军遂以夺取热河首府承德为主要目标，兵分三路向朝阳、赤峰、凌源地区发起进攻。热河省主席汤玉麟临阵脱逃。3 月初，赤峰失守，日军进占承德。8 万余名东北军全线撤退，山海关以北义院口、界岭口、冷口、喜峰口、大安口、古北口一线长城全面告急。曾经声称至少可守三个月的热河，10 天即告失守。热河失守，蒋介石负有不可推卸的责任，当时蒋忙于"剿共"，集重兵于第四次"围剿"，而在热河问题上反应迟缓，未做充分准备。热河失守后，引发了全国对东北军和国民政府"不抵抗"政策的巨大批评浪潮。蒋介石被迫从"剿共"前线飞赴北平，张学良引咎辞职。随即，何应钦被任命为代理北平军分会委员长。

日军占领承德后，即分兵向长城各口进发。3 月初，长城抗战爆发。日军有两个师团、两个混成旅团共 8 万余人参战，中国守军有 13 个军共约 25 万人。第十七军徐庭瑶部、第二十九军宋哲元部、第三十二军商震部与东北军在喜峰口、古北口、冷口等地顽强抗敌。在喜峰口、罗文峪方面，宋哲元部与日军血战四天，顶住日军进攻，歼敌 700 余人，赢得喜峰口大捷。刘汝明部暂编第二师在罗文峪与敌血战，后因中方军队增援，日军被迫撤退。冷口、界岭口经反复争夺，中方终将日军击退。在古北口方面，中方四个师与日军第 8 师团连续激战，退入口内南天门阵地。日军于 13 日占领古北口。

① ［日］角田顺编：《石原莞尔资料：国防论策篇》，东京原书房 1971 年版，第 109 页。
② ［日］日本政府参谋本部：《满洲事变作战经过概要》第 2 卷，田琪之译，中华书局 1982 年版，第 69 页。

3月下旬，日军以主力部队向驻守冷口的商震部第三十二军发起攻击，同时在喜峰口、义院口等处展开进攻。4月中旬，商震部防线被突破，全军退至滦河左岸，长城防线随之告破。喜峰口、界岭口、南天门阵地的守军被迫后撤。日军跟踪追击，于17日占领滦东地区。5月上旬，日军越过长城，从东西两个方向向冀东地区大规模进攻，抚宁、卢龙、迁安相继失陷。5月中下旬，长城全线失守。中国军队撤至宁河、宝坻，日军推进至蓟运河一线，并进逼通县、顺义，对北平形成三面包围态势。

面对日军逼近，北平华北军事当局决定南迁保定。此时，日本抓住时机提出谈判。5月下旬，国民政府前外长、时任行政院北平政务整理委员会委员长黄郛与日方代表谈判。5月25日，北平军分会接受日方条件，决定停火。5月31日，北平军分会总参议熊斌与日本关东军副参谋长冈村宁次代表中日双方签订《塘沽协定》，规定中国军队撤退至延庆、昌平、顺义、通县、香河、宝坻、宁河、芦台一线以西、以南地区，尔后不得越过该线；将长城以南冀东22县定为非武装地带，中国不得驻军，华北地区门户就此大开。

长城抗战是"九一八"事变后中国军队在华北进行的第一次大规模抗击日本侵略的战役。由于国民党政府采取消极抵抗、妥协退让的政策，长城抗战最终失败。但中国军队表现出的高昂斗志与不屈精神，给骄横一时的日本侵略者以沉重打击，大大激发了中国人民的抗战决心。

四、察哈尔抗战与福建事变

在入侵热河的同时，日军对察哈尔省也步步进逼。日军夺占热河后，分兵西进，直取塞外重镇多伦。此时，冯玉祥在旧部宋哲元邀请下移居察哈尔省会张家口，积极组建武装抗日。冯玉祥多次写信给蒋介石，希望调拨军队北上并补充枪械以支援抗日，但蒋介石不予理睬。1933年5月，以冯玉祥为总司令、方振武为前敌总指挥的察哈尔民众抗日同盟军正式成立，计划分三步收复察东、热河和东三省。同盟军下辖方振武、吉鸿昌（后加入中国共产党）、佟麟阁、张砺生等部及蒙古军三个军，计八万余人。中共地下组织也积极配合和支持，同盟军迅速扩充至十万人。

6月下旬至7月初，同盟军发动察东战役，英勇作战，先后收复康保、宝昌、沽源和多伦等地，共歼灭日伪军1000余人，全国各界纷纷致电祝捷。但是，蒋介石以冯玉祥割据察哈尔，不听命于中央，同盟军影响国民党对日外交策略，有可能招致日军报复性进攻等为由，调动国民党军队入察，意欲进攻同盟军。7月底，蒋介石共调动16个师入察，兵力达15万余人，"围剿"同盟军。日伪军也同时出动两万余人进逼多伦、沽源等地。

在此种背景下，担心会使日军坐收渔人之利的冯玉祥，决定取消同盟军名义，离察出走。8月5日，冯玉祥通电宣布："完全收缩军事，政权归之政府，复土交诸国人。"① 原察哈尔省主席宋哲元通电复职。随后，同盟军内部发生严重分裂，大部被宋哲元收编，而方振武、吉鸿昌则继续高举同盟军大旗抗日。8月下旬，抗日同盟军撤出张家口、多伦等地东进。9月下旬进至昌平县。10月中旬，国民党军与方、吉展开谈判，达成保证方、吉两人安全自由，师以上干部既往不咎，旅以下干部遣散，军队由商震部收编的协议。至此，抗日同盟军消亡。随后，方振武被迫流亡香港，吉鸿昌被国民党政府逮捕，英勇就义。

察哈尔民众抗日同盟军的崛起，是冯玉祥等爱国官兵响应中国共产党团结抗日的一次有益尝试。这次尝试虽然失败，但有力打击了日寇的嚣张气焰，鼓舞了全国各界民众的抗日热情，推动了抗日运动的发展。

在日军步步紧逼、热河岌岌可危的局势下，1933年1月17日，中共正式发表宣言，首次提出中国工农红军愿在国民政府停止进攻苏区、保证民众民主权力、创立义勇军保卫中国等三个条件下，与任何部队订立作战协定，反对日本帝国主义侵略，表明中共在对待民族敌人问题上的基本主张，在社会各阶层特别是爱国官兵中产生了积极影响。

1932年5月上海停战协定达成后，曾在"一·二八"淞沪战役中奋勇抗击日军的第十九路军被蒋介石调往福建"围剿"红军。他们不满蒋介石的不抵抗政策，响应中共宣言，寻求与红军合作，反蒋抗日。1933年9月，第十九路军与闽赣边界中央苏区的红军联系，相约停战。10月26日，双方签订《反日反蒋的初步协定》，约定"双方立即停止军事行动，暂时划定军事疆界线"，以互相合作为原则，恢复双边贸易关系。福建方面则释放政治犯、支持境内反日活动，允许民众有言论结社、集会罢工等自由。② 11月20日，李济深、陈铭枢、

---

① 《冯玉祥通电被迫收缩军事》，陶英惠辑注：《蒋冯书简新编》，台北学生书局2010年版，第174页。

② 《中华苏维埃共和国临时中央政府及工农红军与福建政府及十九路军反日反蒋的初步协定》，中共中央党史资料征集委员会编：《第二次国共合作的形成》，中共党史资料出版社1989年版，第40—41页。

蒋光鼐、蔡廷锴等发动"福建政变",宣布成立"中华共和国人民革命政府",公开提出反蒋抗日口号,并宣布成立人民革命军第一方面军总司令部,蔡廷锴任司令。蒋介石决定全力镇压福建事变,自11月下旬起陆续组织15万军队进攻福建人民革命政府。不久,福州、厦门、泉州、漳州等城市次第被占,第十九路军多名将领相继叛变。1934年1月,存在仅53天的福建人民政府遂告失败。

福建事变,表明了国民党营垒的进一步分化,事变领导人敢于举起联共抗日反蒋的旗帜,冲击了蒋介石"攘外必先安内"的方针,对后来抗日民族统一战线的建立产生了积极影响。

五、国民党政府坚持"安内攘外"方针

"九一八"事变前后,国民党提出"攘外必先安内"政策,其基本内涵是:对内主要针对中国共产党,对外主要针对步步进逼的日本侵略,而且将"剿共"作为抗日的必要前提。

日本对东北的压迫日甚一日,万宝山事件和中村事件接连发生。在国内,国共内战愈趋激烈,中央苏区接连打破国民党军队的第一、二次"围剿"。1931年7月下旬,蒋介石在内外交困之下,公开发表《告全国同胞一致安内攘外电》,告诫国人:"惟攘外应先安内,去腐乃能防虫。……不先剿灭赤匪,恢复民族之元气,则不能御侮。不先削平叛逆,完成国家之统一,即不能攘外。"[1] 此处所谓"安内",主要是对中共而言,国民党内反蒋势力退居其次;"攘外"则针对日本在内的所有侵略势力,主要又针对日本。"安内"是核心所在,且主要诉诸武力;"攘外"则仅为未来目标,更多宣传的成分。

"九一八"事变爆发后,举国抗日气氛高涨,蒋介石仍对日采取不抵抗主义,将解决中日冲突的希望寄托于国联。这是他坚持"攘外必先安内"政策的必然产物。在蒋介石的反复灌输宣传下,"安内"的核心问题是"剿共"成为国民党内的广泛共识。张学良表示:"不安内,便不能攘外,要安内,必先剿灭赤匪,只有在扑灭赤匪以后,全国上下才能结成一致的对外战线,才能收复失地。"[2] 12月,国民党四届一中全会发表宣言,强调要消灭"赤匪",发展生

---

① 高素兰编注:《蒋中正总统档案:事略稿本》第11册,台北"国史馆"出版社2007年版,第433—434页。

② 张学良:《告将士书》,毕万闻主编:《张学良文集》第2册,新华出版社1992年版,第729页。

产，"而后可以息内患，充国力，专心一致，以御外寇也"①。

"一·二八"事变发生后，国民党政权的大本营上海、江浙地区受到严重威胁，蒋介石、汪精卫迫于严重局势，不得不表示对日本进行抵抗。但他们并无全力"攘外"的决心，奉行"一面抵抗，一面交涉"的方针，力图尽快同日本达成妥协。淞沪抗战甫一结束，上海停战谈判还在进行之际，国民党政府又开始全力经营"剿共"军事作为安内的首要任务。1932年3月中旬，蒋介石明确提出："倭寇深入，赤匪猖獗，吾人攘外，必须安内。"② 6月，蒋介石不顾舆论压力，主持召开赣、鄂、豫、皖、闽五省剿共会议，贯彻"攘外必先安内"，决定对红军发动第四次"围剿"，以消灭鄂、豫、皖三省边区的红军为第一目标。12月，在全国内政会议上，再次强调："攘外必须安内，是古来立国的一个信条，如果内部不能安定，不但不能抵抗外侮，而且是诱致外侮之源。"③

国民党军队以50万兵力对红军的第四次"围剿"终告失败。中央苏区扩大为地跨湘赣闽粤并与闽浙赣边区连成一片的红色割据地带，红军扩至10万之众。1933年4月上旬，蒋介石在南昌对国民党将领讲话时强调："抗日必先剿匪。征之历代兴亡，安内始能攘外，在匪未剿清之先，绝对不能言抗日，违者即予最严厉处罚。"④ "外寇不足虑，内匪实为心腹之患。"⑤ 实际上，就在蒋介石发动第四次"围剿"之际，日军进攻热河，3月初占领承德。全国各界纷纷抨击"安内攘外"政策，蒋介石被迫离开江西"剿共"前线北上保定，并调中央军3个师北上，以应付社会舆论和稳住局势。但他仍时刻未忘江西"匪患"。1933年10月更以百万之众、200架飞机再次进攻中央苏区。红军作战陷入被动。"安内"虽以"剿共"为中心，但也有驯服国民党内反对派的含意。由于有日本压迫的民族危机，蒋介石虽然继续竭力削弱地方权力，加强中央政

① 《第四届中央执行委员会第一次全体会议宣言》（1931年12月28日），荣孟源主编：《中国国民党历次代表大会及中央全会资料》下册，光明日报出版社1985年版，第117页。

② 《蒋委员长告剿匪政治宣传人员攘外必须安内条示》（1932年3月14日），秦孝仪主编：《中华民国重要史料初编——对日抗战时期》绪编（三），台北中国国民党党史委员会1981年版，第34页。

③ 吴相湘：《第二次中日战争史》上册，台北综合月刊社1973年版，第270页。

④ 《蒋勖各将领安内始能攘外》，《申报》1933年4月12日。

⑤ 《蒋委员长告各将领先清内匪再言抗日电》（1933年4月6日），秦孝仪主编：《中华民国重要史料初编——对日抗战时期》绪编（三），台北中国国民党党史委员会1981年版，第35页。

府的控制权，但总的看，对党内争端的态度明显和缓，使用武力较为慎重。

"安内"同时包含着充实国力、安定社会的内涵，这一点各政治力量均有共识。1932年12月，国民党四届三中全会通过《集中国力挽救危亡案》，提出："全国人力集中，各尽其才，俾得内部相安，共御外侮，及调节中央与地方之关系，消弭一切内战。"① 五全大会又明确提出"兴实学以奠国本""裕经济以厚民生"等10项要计②，在财政、金融、交通、精神文化教育等方面采取了一系列措施。但由于蒋介石将"剿共"作为第一要务，大量财力物力投诸"剿共"军事，建设经费十分窘迫，致使生产建设和国防准备均乏善可陈。

"攘外必先安内"政策的负面影响日益凸显，也遭到社会各界的尖锐批评。国民党地方将领蔡廷锴、阎锡山、宋哲元等分别致电国民党中央，要求参加抗日。宋庆龄则提出了大多数全国军队北上抗日、人民全体武装、恢复民权、停止进攻苏维埃区等要求。《南华评论》指出："舍外不攘，则内愈安而愈乱，而外祸便愈演愈烈。"③ 王造时发表《安内必先攘外》指出："'攘外必先安内'的政策，无论如何是走不通的；只有对日作战，实行抵抗，才能真正统一全国"，"只有决心抗日；只有积极抗日，才是唯一出路，才是唯一安内的办法，否则，外固没有'攘'，内更不能'安'。"④

第二节　华北事变与全国民众抗日救亡运动高涨

一、华北事变与中华民族危机的加深

华北地区是中国政治、经济、文化中心地区之一，当时包括山东、山西、河北、察哈尔、绥远五省和北平、天津两市，面积近90万平方公里，人口约8000万人。日本在武力侵占东北三省和热河后，又以武力威胁、政治谋略和经济掠夺相结合，通过逼签协定、扶植伪政权等手段，开始了名为"华北自治"，实为变华北为第二个伪满洲国的侵略活动，史称"华北事变"。

---

① 《集中国力挽救危亡案》(1932年12月20日)，荣孟源主编：《中国国民党历次代表大会及中央全会资料》下册，光明日报出版社1985年版，第180页。

② 《第五次全国代表大会宣言》(1935年11月23日)，荣孟源主编：《中国国民党历次代表大会及中央全会资料》下册，光明日报出版社1985年版，第292—302页。

③ 《汪精卫先生论抵抗》，《南华评论》第4卷第3期，1932年2月4日。

④ 王造时：《安内必先攘外》，《荒谬集》，自由言论社1935年版，第115—116、118页。

　　长城战事吃紧之时，蒋介石正督师"进剿"红军，不断与日本讨论停战事宜。根据 1933 年 5 月中日双方签订的《塘沽协定》，日军虽然暂时退出了长城一线，但协定事实上承认了日军对热河的强占，为日军重入长城各口埋下隐患。随后，日本进一步实施以武力为后盾，从政治、经济、外交等方面全面分离华北的政策。7 月，日本陆军省提出《对华政策大纲》，意在迫使国民党政府停止在华北地区的"排日"活动。11 月底，日本陆军省在内阁制定的《帝国外交政策》修正案中，更是露骨地提出"支持中国大陆上之分治运动，驱逐国民政府势力于华北之外"①。

　　1934 年 4 月，日本外务省情报部长天羽英二发表谈话（即"天羽声明"），反对中国"反日"外交政策，反对一切外国势力对中国的任何援助，公然置中国于日本的势力范围。同时，日本关东军特务机关长土肥原贤二向日本陆军参谋部提交"挽救华北的政策"机密文件，希望尽快建立一个新的华北政权。12 月，日本军政首脑确定对华北政策的基本要旨是：在华北"形成南京政权的政令不能达及的情形"②。显然，日本是要在华北地区造成一个独立于中国中央政府的所谓"自治"地带。

　　1935 年 1 月，日本关东军制造了"察东事件"。日军以二十九军宋哲元部袭击"伪满"丰宁县自卫团为名，悍然发动进攻，随后二十九军撤至长城以西。2 月初，中日达成"大滩口约"，议定日军返回原防地，二十九军亦不进入察东区域；二十九军收缴的热河民团枪支如数奉还。③

　　5 月底，日军中国驻屯军借口中国军队援助东北抗日义勇军进入滦东"非武装区"和天津两名亲日报社社长在天津日租界被青帮暗杀（即所谓"河北事件"），向何应钦等提出抗议和无理要求。6 月 9 日，日方又向何应钦提出一系列苛刻条件：河北省内一切党部完全取消，东北军第五十一军全部撤离河北，中央军必须离开河北省境，禁止全国排外排日行为。同时，关东军将兵力调至古北口、山海关一带集结，对南京国民政府施加压力。何应钦当即口头答应日方要求，但日方要求以书面形式答复，何拖至 7 月 6 日以个人名义复函日军中

---

①　张篷舟主编：《近五十年中国与日本》第 1 卷，四川人民出版社 1985 年版，第 224 页。

②　《有关对华政策的文件》（1934 年 12 月 7 日），〔日〕《现代史资料》第 8 卷，东京美玲书房 1964 年版，第 23 页。

③　《大滩口约》（1935 年 2 月 2 日），南开大学马列主义教研室、中共党史教研组编：《华北事变资料选编》，河南人民出版社 1983 年版，第 72 页。

国驻屯军司令官梅津美治郎，表示"所提各事项，均承诺之，并自主的期其遂行"，史称"何梅协定"。

河北事件纠缠之际，日本又在察哈尔挑起"张北事件"。6月5日，日本关东军特务机关四名军人潜入察哈尔境内偷绘地图，在张北县被中国驻军扣留，旋即释放。11日，日方提出抗议和无理要求。6月下旬，新任察省主席秦德纯与土肥原贤二签署"秦土协定"，规定二十九军撤离察北地区；解散排日机构；就张北事件道歉，处罚有关人员；禁止山东移民通过察省等事项。双方秘约：中国承认日伪在蒙古的活动，招聘日本军事及政治顾问，帮助日方设立各种军事设备，给日本人在该区旅行、调查的方便等。通过"秦土协定"，日军实际控制了察北地区。

这一系列丧权辱国的协定，严重损害了中国主权，助长了日本侵略气焰，造成了日本占据平津及河北省大部的既成事实，华北地区的中国主权及行政系统开始瓦解。

随后，日本军方又制造一系列暴力冲突事件，力图把华北的晋、鲁、冀、察、绥五省和平、津两市从国民政府辖属下分离出来。6月27日，在土肥原贤二的策动下，伪华北正义自治军总司令白坚武纠集流氓、地痞数百人在丰台组织暴乱，被第二十九军制服，是谓"丰台事件"。10月下旬，日本特务策动汉奸武宜亭等人聚集数以千计饥民暴动，占领香河县府并成立"县自治会"，是谓"香河事件"。11月初，日本特务在平津地区收买不明真相者，以国民政府实行币制改革、宣布白银国有法令是盘剥民众为由，进一步推动了所谓的"华北自治活动"。11月下旬，日本军方指使滦榆区行政督察教导员殷汝耕宣布，在通县宣布成立"冀东防共自治委员会"，控制冀东22个县。一个月后，殷汝耕又将其政权更名为"冀东防共自治政府"，并与伪满洲国进行"互访"，成为日本推行华北分离政策的马前卒。日本军方还意欲策反平津卫戍司令宋哲元，迫其同意"华北自治"，使华北五省在政治、外交、财政等方面脱离南京国民政府。日本势力侵入华北，极大触动了南京政权的根本利益，也削弱了英美在华北的利益。在英美支持下，国民政府态度逐渐强硬。11月下旬，蒋介石先后电告宋哲元及河北省主席商震："中央必当以实力为兄等后盾，决不令兄部独为其难"，"如平津自由行动降敌求全，则中央决无迁就依违之可能，当下最后之决心。"随后，国民政府颁令撤销北平军分会，任命宋哲元为冀察绥靖主任，何应钦为行政院驻北平办事长官。中日双方几经协商，日本暂停要求华北"高度自治"。12 月，国民政府宣布成立冀察政务委员会，以宋哲元为委员长。冀察政务委员会是日本侵略者和蒋介石集团妥协的产物，它虽然名义上隶属于国民党中央政府，但具有很大独立性。实际上，冀察两省已变相"自治"，华北主权陷入严重的危机。

1936 年 5 月，在日本侵略者的直接策动下，以德穆楚克栋鲁普为首的伪蒙古军政府在化德成立。这是继伪满洲国之后，日本在中国扶植起来的又一个地方傀儡政权，成为日本侵略内蒙古地区的工具。至此，整个华北地区陷入四分五裂的状态。

国民政府虽然还保有在华北地区的大部分主权，但丧失了诸多的管辖权。1936 年 1 月，日军参谋本部发表《华北自治运动的演变》，提出"使华北明朗化变成现实"。同时，日本政府出台的《处理华北纲要》提出"华北五省自治"。随后，日军加快发动全面侵华战争的步伐。

"九一八"事变后，法属印度支那殖民当局乘机于 1933 年 4 月上旬派军舰占领中国南沙群岛的九座小岛。[①] 中国政府屡次向法国政府提出抗议和交涉，强调南沙群岛"为华人居住和历代属我"的史实。为了宣示中国对南海诸岛的主权，国民政府内政部水陆地图审查委员会于 1935 年 4 月绘制了《中国南海各岛屿图》，首次确定中国南海最南的疆域线至北纬 4°附近的曾母滩，并第一次将南海诸岛明确地分成东沙、西沙、南沙（即今中沙）和团沙（即今南沙）四大群岛。

二、"一二·九"学生运动与全国抗日救亡运动的高涨

随着日本侵略者制造华北事变步伐的加快，华北面临被日本肢解的危险，中华民族危机进一步加深，从而激起了全国各界人民的强烈义愤。特别是危城之下的北平学生，痛感国民党政府对日妥协政策的误国。清华大学学生悲愤地呐喊："唇亡齿寒，亡国的惨痛，不久又要临头了"，发出"华北之大，已经安放不得一张平静的书桌了"的呼声。在中共地下党组织的领导下，平津学生自治会成立并积极开展抗日救亡宣传活动。

1935 年 12 月 9 日，北平学生举行声势浩大的抗日游行，喊出"反对华北自治""打倒日本帝国主义""停止内战，一致对外"等口号，遭到国民党军警镇压。北平学联宣布总罢课。12 月 16 日，北平学生和市民 3 万多人在天桥

---

① 徐公肃：《法国占领九小岛事件》，《外交评论》第 2 卷第 9 期，1933 年 9 月，第 13—14 页。

召开大会。会后，举行更大规模的示威游行，再遭大批军警冲击，300 余人受伤，30 余人被捕。迫于民众的压力，冀察政务委员会宣布延期成立。这就是"一二·九"运动。

"一二·九"运动得到全国人民的支持和响应。天津学生举行示威游行，并宣布实行罢课。上海学生及各界人士举行全市示威游行，要求释放被捕北平学生。南京、杭州、武汉、广州、开封、济南、太原等地学生也相继举行游行或罢课。12 月下旬，平津学生联合会成立，次年 1 月初，平津学联组织南下，沿津浦路和平汉路宣传抗日。2 月初，宣传团员建立了中华民族解放先锋队（简称"民先队"），并迅速发展到全国 30 余个城市，在城市、农村积极活动。

"一二·九"运动是具有深远历史意义的抗日救亡运动，标志着中国人民抗日救亡民主运动新高潮的到来。正如毛泽东指出："一二·九"运动是"动员全民族抗战的运动，它准备了抗战的思想，准备了抗战的人心，准备了抗战的干部"，"将成为中国历史上的一个非常重要的纪念"。[①]

1936 年 5 月底至 6 月初，在中国共产党人的积极参与下，宋庆龄、何香凝、马相伯、邹韬奋、胡愈之等知名人士，在上海发起成立了全国各界救国联合会。救国会在上海、南京、香港、西安以及两广等地组织了大规模的救亡运动，引起了全社会的强烈反响。毛泽东两次致函救国会领导人，充分肯定救国会提出的全国团结一致、抗日救国的主张，表示愿同救国会"在各方面作更广大的努力与更密切的合作"，同时以鲜明的态度再次阐述了中共的抗日民族统一战线政策。然而，11 月下旬，国民党政府竟以"危害民国"罪逮捕了救国会领袖沈钧儒、章乃器、邹韬奋、李公朴、沙千里、史良、王造时等七人，史称"七君子事件"。

中国左翼作家联盟和中国左翼文化界总同盟等中国共产党领导的左翼文化团体，积极为抗日救亡运动服务。左翼团体创办了《萌芽月刊》《北斗》《前哨》《文化月报》《文学》《生活周刊》（先后改为《新生》《大众生活》《永生》和《生活星期刊》）等刊物，其中《大众生活》每期销量达 15 万份以上；翻译了《资本论》第 1 卷、《反杜林论》《政治经济学批判》等一批马列著作；创作了如《义勇军》（阳翰笙著）、《生死场》（萧红著）、《八月的乡村》（萧军著）、《子夜》（茅盾著）等著名小说，其中田汉作词、聂耳谱曲的

---

① 毛泽东：《一二九运动的伟大意义》（1939 年 12 月 9 日），《毛泽东文集》第 2 卷，人民出版社 1993 年版，第 253 页。

《义勇军进行曲》以激昂的曲调和强烈的感染力，有力地激发了民众的抗日斗志。随着抗日救亡运动的发展，左翼文化运动的重心逐渐转移到如何建立文艺界抗日民族统一战线上。

第三节　全国团结抗日局面的初步形成

一、瓦窑堡会议与中共抗日民族统一战线政策的初步确立

随着中华民族危机的加深，中日民族矛盾逐渐上升为中国社会的主要矛盾，中国共产党面临着由国内土地革命战争向抗日民族解放战争转变的历史使命。在全国抗日救亡运动高涨之际，中国共产党及时提出了抗日民族统一战线的新政策。

1935 年 8 月 1 日，中华苏维埃共和国临时中央政府和中共中央发表《为抗日救国告全国同胞书》，呼吁全国各党派、各界同胞、各军队都应有"兄弟阋墙外御其侮"的真诚觉悟，捐弃前嫌，停止内战，集中一切国力，建立"全国统一的国防政府"，组织"全国统一的抗日联军"，为抗日救国的神圣事业而奋斗。中国共产党的抗日救国主张，表明了坚决反对日本侵略的鲜明立场，反映了当时大多数人的愿望和要求，有力地推动了全国抗日救亡运动的高涨。

1935 年 11 月中旬，中共驻共产国际代表团派张浩回国，向中共中央传达了共产国际关于建立广泛的反法西斯统一战线的指示精神。1935 年 12 月 17—25 日，中共中央在陕西安定县瓦窑堡召开政治局扩大会议（即瓦窑堡会议）。出席和列席会议的有毛泽东、张闻天、周恩来、博古、李维汉、王稼祥、刘少奇、邓发、凯丰、张浩、邓颖超、吴亮平、郭洪涛等。张闻天主持会议。会议讨论全国政治形势和党的策略路线、军事战略问题。

会议开始后，张闻天作关于政治形势和策略问题的报告，张浩作关于共产国际七大精神的传达报告。毛泽东在主题发言中分析各阶级对抗日的态度，明确提出民族资产阶级在亡国灭种的关头有参加抗日的可能，甚至连大资产阶级营垒也有分化的可能，关门主义是党内的主要危险，党的策略路线，是组织全中国全民族一切革命力量反对当前主要的敌人——日本帝国主义与卖国贼头子蒋介石。

会议通过的《中央关于目前政治形势与党的任务决议》指出，在日本即将全面侵略中国的形势下，社会各阶层甚至地富、小资产阶级等均有参加抗日救亡活

动的可能性，民族革命战线扩大了。因此，中共应努力争取一切力量参加到反日战线中去，甚至连统治阶级上层也有可能建立起统一战线。统一战线的最高组织形式是国防政府与抗日联军。决议要求，各级党组织要批评关门主义倾向，但在建立抗日民族统一战线的同时也要注意防止右倾错误，要把握革命的领导权。

12月27日，毛泽东根据会议精神，在党的活动分子会议上作《论反对日本帝国主义的策略》的报告。毛泽东对民族资产阶级的两面性和利用地主买办营垒内部矛盾的可能性问题，做了精辟的分析。他指出，民族资产阶级和地主买办阶级是有区别的。民族资产阶级的特点是动摇，他们一方面不喜欢帝国主义，一方面又害怕革命的彻底性。在中国面临变成殖民地的危险的时局下，其一部分（左翼）有参加斗争的可能，其另一部分则有由动摇而采取中立态度的可能。毛泽东指出，地主买办营垒内部也不是完全统一的，"我们要把敌人营垒中间的一切争斗、缺口、矛盾，统统收集起来，作为反对当前主要敌人之用"[1]。

瓦窑堡会议是一次极为重要的会议，是继遵义会议着重解决军事路线问题和组织路线问题之后开始努力解决政治路线问题，为完成由国内革命战争向抗日民族解放战争的转变，促进抗日民族统一战线的形成，迎接抗日新高潮的到来，做了政治上和理论上的准备。

瓦窑堡会议后，中共非常注重对国民党党政军上层人士展开工作，努力争取和动员他们共同抗日。1936年春，主持中共中央北方局工作的刘少奇，在传达瓦窑堡会议精神的同时，强调必须建立国统区的抗日民族统一战线。经过多方工作，中共与国民党代表曾养甫等进行了初步的谈判，努力争取国民党最高当局联合抗日。在华北，北方局对宋哲元展开统战工作，对推动第二十九军抗日发挥了重要作用。在山西，薄一波等中共人士积极开展对阎锡山的争取工作。通过接办、改组山西牺牲救国同盟会，进行合法、公开的统战工作，并与阎锡山达成了取消反共组织、取消对陕甘宁根据地封锁、组织民众抗日团体、发动民众抗日等共识。北方局还派张经武赴绥远省，支持和推动第三十五军傅作义部的抗日活动。此外，山东韩复榘、四川刘湘、广东陈济棠、广西李宗仁与白崇禧、云南龙云、东北军系的马占山以及原十九路军的陈铭枢、蔡廷锴、蒋光鼐等地方势力，也都与当地中共组织有过接触或联系，表示愿意与中共联合抗日。

---

[1]　毛泽东：《论反对日本帝国主义的策略》（1935年12月27日），《毛泽东选集》第1卷，人民出版社1991年版，第148页。

与此同时，中共对驻扎在西北地区的东北军和西北军积极开展统一战线工作，推动了东北军、西北军态度的转变。中共中央认为，进入陕西参与"剿共"的约17万人东北军，与原驻防于此的杨虎城西北军（第十七路军），均非国民党嫡系，与国民党中央军存在矛盾，对蒋介石中央军的压制极为不满，均有与红军维持和缓关系的意愿。

1936年1月，毛泽东等联名给东北军将领写信，建议东北军派代表与红军协商合作抗日。1936年春，中共派李克农赴洛川，多次与张学良及东北军第六十七军军长王以哲会谈，双方形成互不侵犯的口头协定。4月，周恩来在延安与张学良进行秘密会谈。张学良接受中共提出的停止内战、共同抗日的政治主张，提出争取蒋介石抗日的意见。双方还商定了互不侵犯、互派代表等事项。中共中央于6月专门成立了以周恩来为书记的东北军工作委员会。

对于杨虎城率领的第十七路军，中共同样进行了耐心的争取工作。杨部早在国民革命时期即与中共有过联系，中共党员南汉宸与杨虎城一直保持密切交往。1935年秋，杨虎城表示赞成中共联合抗日的主张。此后，北方局先后派出汪锋、张文彬、王世英、王炳南等多名党员与杨虎城会谈，双方达成互不侵犯、取消经济封锁、建立军事联络、联合抗日等多项合作事项，合作关系日益紧密。9月，双方达成调整第十七路军部署，在延安、甘泉设立第十七路军和中共的秘密联络站等协议。

至1936年9月，红军同东北军、第十七路军在"停止内战、一致抗日"的旗帜下形成"三位一体"的态势，三方实现了事实上的停战，这是中共抗日民族统一战线政策的重要胜利。

与此同时，中共还派人与掌管新疆的盛世才进行沟通，对驻扎在陕北的国民党军第八十四师师长高桂滋做工作，与甘肃省主席、东北军第五十一军军长于学忠进行立即停战、联合抗日的会谈。这些统战工作，对推动西北大联合格局的形成和国内政局的变化产生了极其重要的影响。

二、国民党对日政策的调整

面对日军侵略华北对国民党统治造成的严重威胁，全国抗日救亡运动日益高涨，再加上英美等国同日本矛盾扩大，国民党内部抗日声音增强，国民党政府对日态度日趋强硬。

1935年11月间，蒋介石取代因遇刺而离职就医的汪精卫出任行政院长，撤换一批亲日分子。同月，国民党在南京召开第五次全国代表大会。蒋介石声称："和平未到完全绝望时期，决不放弃和平，牺牲未到最后关头，亦决不轻言牺牲"，"否则即当听命党国下最后之决心。"大会宣言接受了这个方针，这是国民党对日政策发生变化的重要信号，表明其对日政策由软弱渐趋强硬。但大会仍强调，对红军实行坚决"清剿"。

同月，国民党政府在英美支持下进行币制改革，实施法币政策。这对日本吞并华北的图谋是一个沉重打击。1936 年 7 月，国民党五届二中全会再次确认"五全"大会的外交方针，大会宣言指出："对外则决不容忍任何侵害领土主权之事实，亦决不签订任何侵害领土主权之协定，遇有领土主权被侵害之事实发生，如用尽政治方法无效，危及国家民族之根本生存时，则必出以最后牺牲之决心，绝无丝毫犹豫之余地。"

为了遏制日本在华势力，从 1935 年年底开始，国民政府与苏联大使鲍格莫洛夫开展秘密接触，蒋介石提出与苏联签订秘密的军事协定，由苏联敦促中共服从国民政府的统一领导，以实现其"攘外必先安内"的既定方针。但苏联并未应允。

瓦窑堡会议后，中共积极引导由"一二·九"运动引发的全国抗日救亡热潮向纵深发展，同时与国民党就双方间的政治合作展开了初步接触。1936 年 1 月，毛泽东、王稼祥公开表达了中共与蒋介石、国民党合作抗日的态度。2 月底，国民党方面向中共提出政治解决国共关系的条件：若中共愿意向南京国民政府"输诚"，则可同意不进攻红军、一致抗日、释放政治犯、武装民众等要求。3 月 5 日，中共提出相应的五点条件作为双方谈判的基础，即停止一切内战，全国武装不分红白一致抗日；组织国防政府与抗日联军；容许全国主力红军迅速集中河北首先抵御日本迈进；释放政治犯，容许人民政治自由；内政与经济上实行初步与必要之改革。至此，国共双方开始了正式接触。

5 月初，中共中央发出"停战议和一致抗日"的通电，希望与一切军队实现停战抗日。这是中共首次放弃反蒋口号、公开提出建立抗日民族统一战线的建议。此后，中共表示愿意放弃苏维埃与红军的形式，愿意成立"国防政府"与"抗日联军"，在国民党政府领导下国共合作共同抗日，这使得双方的谈判条件开始接近。9 月 1 日，中共中央在党内指示中明确指出，面对国民党军大部有可能参与抗日的新形势，"我们的总方针，应是逼蒋抗日"，"在逼蒋抗日的方针下，并不放弃同各派反蒋军阀进行抗日的联合"。从反蒋抗日逐步转向逼蒋或联蒋抗日的政策调整及变化，得到了国内各政治势力的赞同，使建立抗日民族统一战线的斗争进入一个新阶段。

三、"两广事变"与绥远抗战

南京国民政府成立后，由于胡汉民、汪精卫、李宗仁等人的背后支持，以及两广地区偏于一隅，且有湖南、江西的中共苏区相隔，因此，两广虽接受南京国民政府的领导，但具有相对独立性，国民党中央对之鞭长莫及。

1934年后，随着福建事变的解决和对湘赣红军的"围剿"作战，国民党中央军相继进入湘、黔、滇、川等省，并形成对两广的压迫之势，两广与国民政府政治纷争激化。1936年6月，广东的陈济棠和广西的李宗仁、白崇禧等在广州召开会议，发表通电，并成立军事委员会和抗日救国军，宣布北上抗日，两广军队随即北上湖南，是谓"两广事变"。

事变发生后，国民政府迅速调集陈诚部两个师的中央军开抵衡阳，其他大批中央军则从武汉南下。两广军队北上受阻。6月下旬，蒋介石一方面发表声明，要以国家大局为重，希望以和平方式解决事变，但两广必须尊重国民党中央政策。另一方面却暗地里以官职钱财引诱拉拢两广军队。7月初，粤军第一军军长余汉谋，第二军军长张达、副军长李汉魂等相继离职或倒戈；两广空军司令黄光锐率飞行员40余人驾机投奔南京。陈济棠见大势已去，遂声明离粤赴港。7月底，李宗仁、白崇禧通电效忠国民党中央。但蒋介石执意将李、白两人调离广西，同时以中央军进逼广西。8月，蒋介石放弃武力解决的计划，改求和平解决。9月初，国民政府明令李宗仁为广西绥靖主任、白崇禧为军事委员会常务委员，广西党政当局维持现状，保留三个军，其余部队遣散。

与此同时，国民政府及一些地方军政首领表现出了对日的强硬态度与抗战决心，其中绥远抗战具有代表性。占领绥远地区是日本"满蒙"计划的重要步骤。1936年6月，日本关东军参谋长板垣征四郎访问绥远省并拜会省主席傅作义，希望能改善日中关系。傅作义并未表示出合作的意愿。8月，伪蒙军李守信部两万余人进攻绥东陶林地区，日军随即抵达张北，以侧面支援。面对日伪军的挑衅，傅作义决心奋起抵抗。已知无路退却的蒋介石，要求晋绥绥靖公署主任阎锡山主动"以优势兵力由平地泉附近向东取积极攻势"，迅速击溃伪军，以绝日伪军占领绥远的企图。

11月中旬，傅作义部第三十五军与日伪军5000余人在红格尔图发生激战，打退了日伪军的进攻。蒋介石指示，应"向百灵庙积极占领，对商都亦可相机进取"。日伪军暂停攻击，重新布置对绥北、绥东的军事行动。先发制人的傅作义部成功奇袭驻守百灵庙地区的日军，歼敌 1300 余人。12 月初，日伪军 4000 余人对百灵庙的反扑被击溃。傅部再收复日伪军根据地大庙。绥远抗战，三战三捷，是中国局部抗战时期取得胜利的战役。这一胜利使全国振奋，再次激发起抗日救亡运动的高潮。毛泽东对绥远抗战给予高度评价，称这一战役为"全国抗战之先声"，"四万万人闻之，神为之旺，气为之壮"。①

四、西安事变与国共第二次合作

1936 年 11 月绥远抗战以后，西北已处于抗日战争的前哨阵地，同时红军同东北军、西北军"三位一体"的统一战线稳步发展，西北由"剿共"的桥头堡变成抗日救亡运动的重要基地。

国民党的内外政策虽然出现了一些变化，但并没有完全放弃"攘外必先安内"的方针，仍准备组织对红军发动新的"会剿"。10 月 22 日，两广事变解决后，蒋介石马上飞抵西安，催促张学良、杨虎城出兵"剿共"。张学良称军无斗志，并力劝蒋介石停止内战，一致抗日。但蒋介石却无视民族危机，坚持反共立场，称"我们最近的敌人是共产党，为害也最急；日本离我们很远，为害尚缓"②。29 日，蒋介石从西安赴洛阳，部署"剿共"事宜。

12 月初，张学良即致电蒋介石，申诉报国杀敌的决心："如果不能动员整个东北军，至少要动员一部分，立即开往绥远，去支援那些正在实现自己神圣使命与日寇浴血奋战的志士们。"③ 蒋介石不为所动，却考虑由中央军接替东北军的"剿共"任务。不久，张学良又为"七君子事件"专程赴洛阳见蒋介石，请求蒋介石宽大释放，遭到拒绝。双方矛盾越来越大。

12 月 4 日，蒋介石由洛阳赴西安，中央军 30 个师随之进驻陇海线。蒋介石迫令张学良、杨虎城率部进攻红军，否则就将东北军调往福建，西北军调往安徽，改由中央军进驻陕甘"剿共"。张学良数次苦谏蒋介石改变政策，痛陈利害，均遭蒋训斥。

---

① 董其武著：《戎马春秋》，中国文史出版社 1986 年版，第 108 页。
② 《蒋介石在王曲军官训练团的训话（节录）》（1936 年 10 月 26 日），中国社会科学院现代史研究室编：《西安事变资料》第 1 辑，人民出版社 1980 年版，第 11 页。
③ 《张学良上蒋委员长请调东北军至绥远前线电》（1936 年 11 月 27 日），朱文原编：《西安事变史料》第 1 册，台北"国史馆"1993 年版，第 50 页。

12月9日，西安学生一万余人举行示威游行，要求停止内战，一致抗日，国民党特务开枪打伤学生。学生群情激愤，从西安步行至临潼向蒋介石请愿，蒋介石却主张镇压请愿学生。10日，蒋介石决定派蒋鼎文出任西北"剿匪"军前敌总司令，卫立煌为晋陕宁绥四省边区总指挥，"围剿"红军。面对蒋介石的强硬，在多次"苦谏"和"哭谏"无效后，张、杨遂决定进行"兵谏"。

12月12日晨，按照张学良、杨虎城事先商定的部署，东北军一部包围华清池，扣留了蒋介石；第十七路军同时控制西安城，将国民党军政要员陈调元、蒋作宾、邵力子、陈诚、朱绍良、蒋鼎文、卫立煌等17人扣押。当天，张、杨通电全国，说明事变真相，提出八项主张，即改组南京国民政府，容纳各党各派共同负责救国；停止一切内战；立即释放上海被捕之爱国领袖；释放全国一切政治犯；开放民众爱国运动；保障人民集会结社一切之政治自由；切实遵守总理遗嘱；立即召开救国会议。① 这就是震惊中外的西安事变。

《西北文化日报》关于西安事变的报道

---

① 《张学良杨虎城双十二通电》（1936年12月12日），朱文原编：《西安事变史料》第1册，台北"国史馆"1993年版，第58页。

西安事变消息传出后，国内外各主要政治力量迅速作出不同的反应。日本政府极端仇视西安事变，宣称张学良、杨虎城已经"赤化"，极力挑拨南京政府与西安方面的关系，企图挑动中国扩大内战，并伺机对中国采取新的侵略行动。英美出于自身利益，需要中国牵制日本，力求维持蒋介石的统治，以免南京政府被亲日派控制，支持事变的和平解决。苏联则表示，"从未与张学良保持任何直接或间接的联系"①，认为扣蒋行动"事实上促进国家之分裂，沦中国为外国侵略者之牺牲品"②，但也支持和平解决事变。

当晚，国民党中常会与中央政治会议举行联席会议，在何应钦等亲日派的主张下，决定剥夺张学良职务，交军事委员会严办，并任命何应钦为"讨逆军"总司令，电令陇海路沿线的中央军西进潼关，进行武力威吓，并拟派飞机轰炸西安。以宋子文、宋美龄为首的一派主张用和平的方式解决，同时积极组织营救行动。国民党地方实力派，少数表示完全支持张、杨，大多数担心会引发更大规模的内战，不支持张、杨，不过均主张和平解决西安事变。总体上，国内舆论多倾向于和平解决西安事变，认为一旦诉诸武力，中国可能陷于纷争四起、群雄割据的局面，给虎视眈眈的日本以可乘之机。

西安事变发生当夜，毛泽东、周恩来根据张学良、杨虎城来电分析，决定采取紧急步骤，给张、杨以全力支持。13 日，中共中央召开政治局常委扩大会，讨论如何处置西安事变问题。会议肯定西安事变对于抗日和"反卖国贼"具有积极意义，应该支持。会议提出"不采取与南京对立方针"，我们的方针是"以西北为抗日前线，影响全国，形成抗日战线的中心"③。

12 月 15 日，中共中央以 15 位红军将领名义发表《关于西安事变致国民党国民政府电》，表示支持张、杨提出的八项主张，反对亲日派借机"讨伐"张、杨，发动大规模内战，重申国共合作的主张。17 日，周恩来等作为中共代表乘机抵达西安，与张、杨等人紧急磋商，并表示为了民族利益，只要蒋介石改变内战政策，决心抗日，中共就愿与他合作。18 日，中共中央致电国民党，提出和平解决西安事变的五项条件：召开抗日救国代表大会；自陕甘撤退中央军，援助晋绥抗

---

① 《苏外交人民委员部给斯皮尔瓦涅克的电报》，中共中央党史研究室第一研究部译：《联共（布）、共产国际与中国苏维埃运动 1931—1937》第 17 卷，中共党史出版社 2020 年版，第 370 页。

② 《苏俄报批评张学良版变 谓系以抗日为烟幕》，《大公报》（天津版）1936 年 12 月 16 日第三版。

③ 中共中央党史研究室编：《中国共产党历史》第 1 卷上册，中共党史出版社 2011 年版，第 441 页。

日前线，承认红军和西安方面的抗日要求；停止内战一致抗日；开放人民抗日救国运动，释放一切政治犯；实现孙中山先生的三大政策；如实现以上要求，则蒋介石的人身安全与自由不成问题。19 日，中共中央召开政治局扩大会议，针对有可能发生内战与抗日两种前途的分析，确定了和平解决西安事变的方针。

南京方面在知悉张、杨与中共希望和平解决事变的态度后，12 月 22 日，派宋子文、宋美龄等作为谈判代表飞抵西安，并面见蒋介石。23 日，张、杨同宋氏兄妹进行谈判，周恩来作为中共全权代表参加。双方最终达成六项协议：改组南京政府，肃清亲日派，容纳抗日分子；释放一切政治犯，保障人民的自由权利；停止"剿共"政策，联合红军抗日；召开各方面参加的救国会议，决定抗日救亡方针；与同情中国抗日的国家建立合作关系；实行其他具体的救国办法。其后，周恩来会见蒋介石，阐述中共的政策和西安方面的意图，提出坚持内战只会自速其亡。蒋介石表示，停止"剿共"，联红抗日，统一中国，受他指挥；由宋子文、宋美龄、张学良全权代表他与周恩来解决一切；他回南京后，周恩来可直接去谈判。①

至此，历时 14 天的西安事变，由于中共中央的正确决策及各方的共同努力，终于获得和平解决。

12 月 25 日，张学良亲自陪同蒋介石乘机离开西安。抵达南京后，蒋介石立即扣留张学良，以"首谋伙党，对于上官为暴行胁迫"罪名，交由国民政府军事委员会高等军法会审判。军法会对张学良"减处有期徒刑十年，剥夺公权五年"，从此张学良开始了漫长的软禁生涯。随后，东北军被分调苏北、皖北、豫南等地，杨虎城部第十七路军被调往渭北。

扣押张学良的消息传出后，东北军群情激愤，对于将东北军撤出西安的决定极为不满，纷纷要求向南京宣战。1937 年 2 月初，东北军特务团团长孙铭九等 36 人率部发动兵变，枪杀第六十七军军长王以哲等人，意欲与中央军决战，内战危机重现。在周恩来、东北军主要将领努力下，孙铭九等放弃兵变，和平解决西安事变的成果得以保持。

2 月，国民党在南京召开五届三中全会。中共中央致电全会，提出五项要求：停止一切内战、释放一切政治犯、召集党各派各界各军的代表会议、完成对日作战准备、改善人民生活。同时作出四项保证：在全国范围内停止推翻国

---

① 《周恩来、博古致中央书记处电》，《文献与研究》1986 年第 6 期。

民政府之武装暴动方针；苏维埃政府改名为中华民国特区政府，红军改名为国民革命军，接受南京中央政府和军委会之指导；在特区政府区域内实行普选；停止没收地主土地之政策，执行抗日民族统一战线的共同纲领。① 国民党五届三中全会基本接受中共主张，承认停止内战的原则。至此，以国共合作为基础的抗日民族统一战线初步形成。

西安事变的和平解决，促进了国内和平的初步实现和抗日民族统一战线的初步形成，推动了国共两党的再度合作，为实行全民族抗战准备了必要条件，显示了中华民族的团结与觉醒，成为由国内战争走向全国抗日战争的转折点。

思考题：

1. 为什么说"九一八"事变是中国抗日战争的起点？如何理解局部抗战？
2. 如何理解抗战爆发前的国民政府对日政策？
3. 以"一二·九"运动为标志性事件的抗日救亡运动，对于推动国民党政权走向抗日有何作用？
4. 如何理解 20 世纪 30 年代中共提出的国共合作、共同抗日的主张？
5. 简述张学良、杨虎城发动西安事变的原因。

▶ 拓展阅读

① 《中国共产党中央致中国国民党三中全会电》，章伯锋、庄建平主编：《抗日战争》第 1 卷，四川大学出版社 1997 年版，第 926—927 页。

第十二章　全民族抗战的坚持与胜利

以 1937 年"七七"事变为标志，日本发动了全面侵华战争。在中国共产党倡导的抗日民族统一战线的旗帜下，国共实现了第二次合作，全国各族人民同日本侵略者进行了气壮山河的斗争。中国国民党和中国共产党领导的抗日军队，分别担负着正面战场和敌后战场的作战任务，形成了共同抗击日本侵略者的战略态势。经过艰苦卓绝的长期抗战，中国人民从战略防御到战略相持，进而发展到战略反攻，终于彻底打败了日本侵略者，取得了抗日战争的伟大胜利。

第一节　全民族抗战局面的形成

一、卢沟桥事变与全国抗战开始

西安事变后，国共两党开始商谈合作抗战。但国民党内部的顽固势力仍然敌视中国共产党，阻挠谈判，抗日民族统一战线尚未形成。同时，中国经济社会还十分落后，抗战准备还不够充分，在经济、政治、军事等方面占据优势的日本帝国主义乘势发动了全面侵华战争。

日本对华北的蚕食，使国民党的统治进一步受到威胁。1936 年 4 月，日本内阁决定增强华北驻军兵力。此后，两国军队在丰台多次发生冲突，最终，日方逼迫中国军队退出丰台。日军自进占丰台后，频繁在北平附近举行军事演习，华北局势已然风声鹤唳。

1937 年 7 月 7 日夜，日军一部在卢沟桥附近借"军事演习"之名，向中国驻军寻衅，并以一名士兵失踪为借口，要求进入宛平县城搜查。日方的无理要求遭到中方的拒绝。当交涉还在进行时，日军即向卢沟桥一带的中国驻军发动攻击，炮轰宛平县城。中国驻军第二十九军一部奋起抵抗。此即卢沟桥事变（又称"七七"事变），它标志着日本全面侵华战争的开始和全国性抗战的开始。

7 月 8 日，中国共产党向全国发出通电，指出只有实行全民族抗战，才是中国的出路，号召全国人民、军队和政府团结起来，筑成民族统一战线的坚固长城，抵抗日本的侵略。北平、天津、保定等地的人民群众和共产党领导的群众团体，纷纷起来支援第二十九军的抗战。

卢沟桥事变，日军对宛平城布置了战线，镜头中清晰可见宛平县城的望楼

采自日本《北支事变画报》第1辑，1937年。

7月17日，蒋介石在庐山发表谈话，提出解决事变的最低限度条件，表示了中国政府的抗战决心。但在日本政府所谓"不扩大方针"和"就地解决"的烟幕影响下，国民党政府仍希望能够把卢沟桥事变作为"局部事件"，通过外交途径求得和平解决。国民党政府外交部和驻日大使许世英同日本进行磋商，第二十九军军长、冀察政务委员会委员长宋哲元同华北日军进行谈判。

卢沟桥事变爆发后，日本政府决定扩大侵略战争，向华北增援兵力，发起对北平、天津的进攻作战。7月25日，日军挑起"廊坊事件"，中日双方在廊坊展开激烈战斗，26日晚，日本飞机猛烈轰炸，廊坊失守。随后，日军到达广安门，企图进入北平城，与中国守军发生战斗，是谓"广安门事件"。战斗发生后，日本中国驻屯军司令香月清司对宋哲元发出最后通牒，要求中国军队限期撤出北平城。未待中方答复，日军向通县发起总攻，宋哲元通令第二十九军各部奋勇抵抗，但不敌日军。7月28日，日军攻占南苑，第二十九军副军长佟麟阁、第一三二师师长赵登禹壮烈殉国。第二十九军因无法在北平立足，宋哲元只得于7月29日放弃北平，率部撤往保定。同时，中日双方军队还在天津及附近区域激烈交战。虽然中国守军曾主动出击，一度打乱日军部署，但在激战中伤亡惨重。30日，天津沦陷。

日军占领平津后，决定进一步扩大侵华战争。新组建的日本华北方面军兵分三路，沿平绥、津浦、平汉线推进，意欲完全占据华北，以武力迫使国民政府屈服。面对日军的进攻，中国军队在华北地区进行了顽强抵抗。

平绥铁路沿线，日军攻向察哈尔。8月11日，第5师团板垣征四郎部向南口攻击。汤恩伯所部于南口布防，凭借此处险要地势，与日军激战十余天，26日，南口失守。随后，日军先后攻陷华北重镇张家口、大同和归绥。

津浦铁路沿线，8月上旬，日军第10师团矾谷廉介部攻陷静海城、独流镇、青县等地后，与中国守军先后激战于姚官屯、桑园和德县等地，10月3日，德县失守。接着在不到两个月的时间内日军接连攻陷临邑、济阳，先后占领济南、泰安、曲阜、兖州和济宁，同时日本海军在胶州湾登陆，占领青岛。至1938年1月，山东已基本沦陷。

平汉铁路沿线，日军9月14日分三路向河北涿州、保定方向进犯，18日侵占涿州，24日侵占保定，10月10日攻占石家庄。随后，日军强渡漳河，平汉铁路河北段全部落入敌手。10月下旬，日军第109师团进逼山西，转攻娘子关，11月5日，日军攻陷豫北重镇安阳。

进入9月后，山西成为中日双方鏖战的主战场。13日，日军攻陷大同，兵分两路攻占应县、浑源等地，向灵丘、平型关方向进犯。第二战区司令长官阎锡山在平型关、雁门关一线组织防御，与日军第5师团主力进行决战。中国守军英勇顽强，使日军无法正面突破，但日军转攻茹越口得手，攻占繁峙，切断了平型关正面中国军队的退路，阎锡山被迫下令南撤。10月7日、11日，日军相继攻占崞县、原平后，在忻口一线遭到中国守军顽强抵抗，双方在南怀化、大白水等处激烈交战。忻口战役中，中国军队浴血奋战，多次重创日军，第九军军长郝梦龄、第五十四师师长刘家麒相继阵亡。日军虽不断增兵，但忻口战局仍持胶着状态。同时，中日双方在晋东正（定）太（原）铁路一线激战。10月中旬，日军第20师团分两路进犯娘子关，中国军队腹背受敌，被迫撤退，26日，娘子关失陷。随后，山西战局急转直下，中国军队全线撤退。11月8日，太原陷落，至此，华北战事暂告结束。

在这次会战中，中共领导的八路军第一一五师、第一二〇师、第一二九师在雁门关、阳明堡、七亘村和广阳等地与日军发生激战，有力配合了国民党军的作战，阻滞了日军的进攻。包括忻口正面防御战、娘子关争夺战和太原保卫战的太原会战，在一个多月的时间里，中国军队共毙伤日军两万余人，是全国性抗战初期华北战场战绩最显著的会战之一，也是抗战时期国共两党在战役上配合较好的一次会战。

二、八路军、新四军奔赴抗日前线与敌后抗日根据地的建立

为了早日实现国共两党合作抗日、推动全国抗战，1937年7月8日，毛泽

东、朱德等致电蒋介石，表示红军愿"为国效命，与敌周旋，以达保土卫国之目的"①。7月中旬，中共派周恩来、秦邦宪（博古）、林伯渠再上庐山，同国民党谈判发表国共合作宣言、红军改编、苏区改制等问题，并将《中共中央为公布国共合作宣言》送交蒋介石。宣言提出迅速发动全民族抗战、实行民权政治、改善人民生活等基本主张，希望国民党能予实行。同时，声明中国共产党愿为实现孙中山先生的三民主义而奋斗，停止推翻国民党政权和没收地主阶级土地的政策，取消苏维埃政府，取消红军名义及番号，改编为国民革命军。中共中央希望以宣言作为国共两党合作的政治基础。此时，日军已经进逼中国的政治、经济中心上海，蒋介石抗战的方针和政策才有了根本性的转变，最终下定决心接受中国共产党倡导的合作抗战的方针。9月22日，国民党终于通过中央通讯社发表了《中共中央为公布国共合作宣言》。次日，蒋介石发表了《对中国共产党宣言的谈话》，提出"此次中国共产党发表之宣言，即为民族意识胜过一切之例证"，事实上承认了中国共产党的合法地位。至此，以国共第二次合作为基础的抗日民族统一战线正式形成。

抗战时期延安大礼堂悬挂着国共两党旗帜，表示抗日民族统一战线已经形成
采自张友坤编《张学良世纪风采》，华文出版社2000年版，第112页。

为适应全国抗战爆发后急剧变化的形势，8月22—25日，中共中央在陕北洛川召开政治局扩大会议（即洛川会议），讨论制定动员全国军民开展民族解放战争、实行全面持久抗战的方针，进一步确定党在抗日战争时期的任务及各项政

① 《红军将领为日寇进攻华北致蒋委员长电》（1937年7月8日），中央档案馆编：《中国共产党抗日文件选编》，中国档案出版社1995年版，第166页。

策。毛泽东在会上作军事问题和国共两党关系问题的报告，强调根据中日战争中敌强我弱的形势和敌人用兵的战略方向，抗日战争是一场艰苦的持久战。会议通过《关于目前形势与党的任务的决定》《中国共产党抗日救国十大纲领》和毛泽东起草的宣传工作提纲《为动员一切力量争取抗战胜利而斗争》。会议决定红军在抗战中的基本任务是：创建抗日根据地，钳制和消灭敌人，配合友军作战，保存和扩大部队，争取民族革命战争的领导权。洛川会议是中共在全国抗战刚刚爆发的历史转折关头召开的会议，制定了全面抗战路线，阐明了中共在抗日战争时期的基本政治主张，指明了坚持长期抗战、争取最后胜利的具体道路。

国民党也在拟订抗战路线和战略方针。8 月 20 日，国民党政府以大本营训令颁发《战争指导方案》，正式确定以"持久战为基本主旨"，实行"持久消耗战略"①。但是国民党一直希望通过外交活动阻止日本侵略中国。直到 1938 年 3 月底至 4 月初，国民党召开临时全国代表大会，通过《抗战建国纲领》，对指导和推动全国抗战具有积极作用。此时国民党虽然具有了抗战的决心，但又害怕动员群众起来可能危及自身的统治，因而实行的是片面抗战的路线，即不敢放手发动和武装民众，将希望单纯寄托在政府和正规军的抵抗上；在战略战术上，没有采取积极防御的方针，而是进行单纯的阵地防御战。片面抗战路线导致了在正面战场作战的中国军队大面积败退，大片国土丧失。

1938 年 5 月，毛泽东发表《论持久战》，总结抗战十个月来的经验，系统地阐明了持久战的战略总方针。他指出，一方面，中日战争是半殖民地半封建的中国和帝国主义的日本之间进行的一个决死的战争，日本是强国，中国是弱国，强国与弱国的对比决定了抗日战争只能是持久战。另一方面，日本是小国，发动的是退步的、野蛮的侵略战争，在国际上失道寡助；而中国是大国，进行的是进步的、正义的反侵略战争，在国际上得道多助。这些特点决定了抗日战争的持久性以及最后胜利必然属于中国。他科学地预测了抗日战争的发展进程，即抗战将经过战略防御、战略相持、战略反攻三个阶段，并特别强调人民是战胜日本侵略的力量源泉。《论持久战》批驳了"亡国论""速胜论"等错误观点，阐述了抗日战争的性质、特点及其发展规律，是运用辩证唯物主义和历史唯物主义解决抗日战争问题的光辉著作，丰富和发展了马克思主义军事理论，对全国抗战的战略指导产生了积极的作用。

---

① 转引自《中国抗日战争史》编写组：《中国抗日战争史》，人民出版社 2011 年版，第 157 页。

毛泽东在延安窑洞内撰写《论持久战》

按照国共合作的相关协议，中国共产党领导的武装力量进行了改编。1937 年 8 月 22 日，国民政府军事委员会宣布红军主力部队改编为国民革命军第八路军（简称"八路军"，后按全国统一的战斗序列改称第十八集团军）。8 月 25 日，中共中央革命军事委员会发布改编命令，将红军第一、二、四方面军和陕北红军等部队改编为八路军，并任命朱德、彭德怀为八路军指挥部正、副总指挥，叶剑英为参谋长，任弼时为政治部主任。八路军下辖第一一五师、第一二〇师和第一二九师及直属队。林彪、聂荣臻分别担任第一一五师正、副师长，贺龙、萧克分别担任第一二〇师正、副师长，刘伯承、徐向前分别担任第一二九师正、副师长。

10 月中旬，国民政府军事委员会宣布南方湘、赣、闽、粤、浙、鄂、豫、皖 8 省 14 个地区的红军游击队改编为国民革命军陆军新编第四军（简称"新四军"），随后，任命叶挺、项英为正、副军长，张云逸为参谋长，袁国平为政治部主任。新四军建军之初下辖四个支队，陈毅、傅秋涛分任第一支队正、副司令员，张鼎丞、粟裕分任第二支队正、副司令员，张云逸、谭震林分别担任第三支队正、副司令员，高敬亭、戴季英分别担任第四支队正、副司令员。

八路军、新四军一经成立即开赴抗日前线。1937 年 8 月下旬至 9 月底，第一一五师、第一二〇师、八路军总部和第一二九师均整装完毕，挺进山西前线。一一五师主动出击，取得了平型关大捷。

9 月下旬，为配合友军作战，八路军一一五师在平型关东北长约 13 公里的公路旁进行一翼伏击。日军第 5 师团辎重部队和第 21 旅团一部由灵丘开往平型关，另一支日军汽车队由平型关开往灵丘，均进入一一五师伏击圈。经过激烈战斗，共歼灭日军 500 余人，击毁汽车、马车各约 70 辆，缴获大量军用物资。[①] 平型关大捷是抗战以来中国军队取得的首次大捷。在日军长驱直入、国民党军节节后退的形势下，平型关大捷打破了日军不可战胜的神话，极大地振奋了全国的民心和士气，提高了中共和八路军的威望。此后历次作战中，八路军多次与友军配合，灵活机动地予日军以沉重打击。

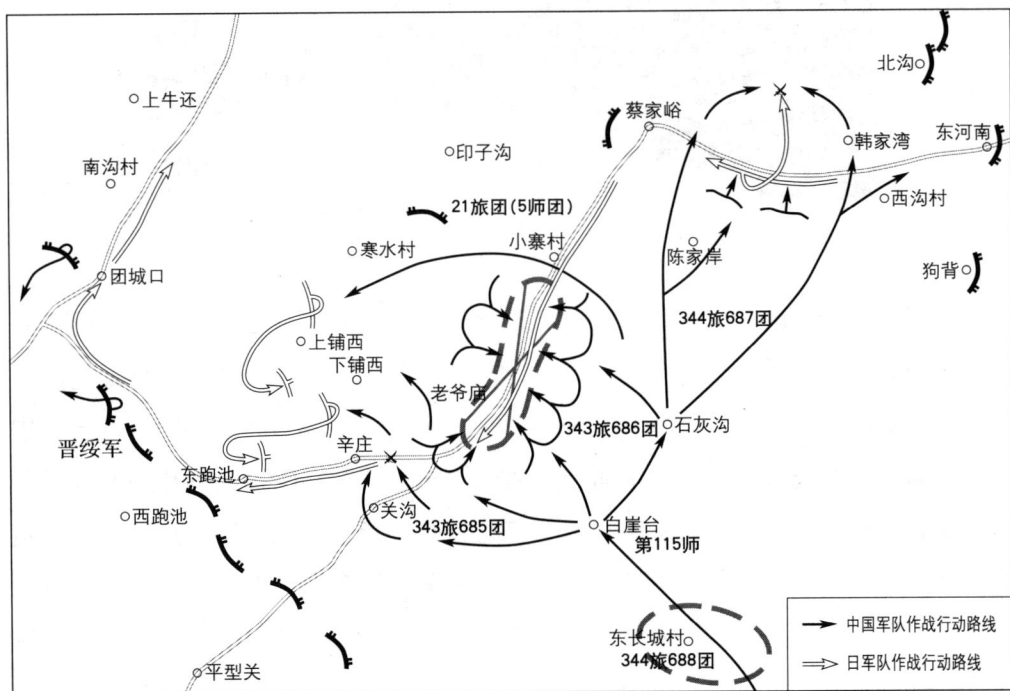

平型关战役示意图

新四军成立后，根据中共中央指示，命令各支队从 1938 年 2 月上旬开始，分别向皖南、皖中集中。4 月下旬，新四军将第一、二、三支队精干力量组成先遣支队，由粟裕率领向苏南挺进，主力部队随后跟进。6 月中旬，先遣支队在镇江以南 15 公里左右的韦岗设伏，取得在江南的首战胜利。此后，新四军在皖南、皖中和豫东等地积极开展敌后游击作战，有力地打击了日本侵略者。

为坚持在敌后长期的游击战争，八路军和新四军建立了多个抗日根据地。1937 年 10 月下旬，一一五师主力一部挺进五台山地区，和一二〇师一部一起创建了晋察冀根据地，这是八路军的第一个敌后抗日根据地。此后，八路军和

---

① 据杨奎松考证，这里的数字，根据是内部战报。一般写作歼敌 1000 余人，击毁汽车 100 余辆，是当时对外宣传的数字，有鼓动士气的作用。

各地党组织又陆续建立了晋绥、晋冀豫、晋西南、冀鲁豫、山东等多个抗日根据地。1938 年 5—10 月，新四军各支队先后创建了苏南、皖南、皖中和豫东等抗日根据地。中共创建的抗日根据地建立了抗日民主政权，积极组织和动员民众，为抗战提供了相对稳定的后方支持，有力地钳制着日军在正面战场的进攻，支援了友军作战，对坚持抗战起到了战略配合的关键作用。

抗日战争一开始，中国共产党就坚持全面抗战的路线，积极倡导、促成、维护抗日民族统一战线，最大限度地动员了全国军民共同抗战，凝聚全民族的力量，制定正确的战略策略，实施动员人民、依靠人民的路线政策，提出持久战的战略总方针和一整套人民战争的战略战术，开辟了广大的敌后战场，成为坚持抗战的中坚力量。全面抗战路线是抗日战争最终能够取得胜利的最为坚实的保障。

三、正面战场的防御作战

卢沟桥事变发生后，国民政府认识到全国抗战不可避免，即着手规划、建立非常时期的国防组织体系和领导机构。1937 年 8 月，国防最高会议成立，由蒋介石出任主席。同时，国民政府设立了统率全国抗战的大本营，由蒋介石以军事委员会委员长名义执行最高统帅职权。8 月中旬，大本营发布国军作战指导计划及作战序列，将全国划分为五个战区，制定了守势作战时期作战的指导原则，进行了初步的全国总动员。

卢沟桥事变后，日本在向华北调集重兵的同时，也积极准备出兵上海，把战争扩展到华中。对此，国民政府有所准备。8 月 9 日，日本驻上海海军陆战队中尉大山勇夫带兵驾驶汽车强行闯过虹桥机场警戒线，由于不服中方命令被当场击毙。此后，日方无理要求国民政府撤退驻上海的保安队、拆除防御工事，双方谈判陷入僵局。中日两国政府均命令各自军队增援上海。随即，京沪警备司令张治中奉令率所部第五军第八十七、八十八师向上海推进。8 月 13 日，第八十七、八十八师与驻虹口的日本海军陆战队在八字桥一带发生交火，淞沪会战爆发。

淞沪会战开始后，中国军队投入八十八、八十七、三十六师为攻击主力，意图歼灭驻沪日本海军陆战队。8 月下旬至 9 月中旬，战局呈僵持状态，中日双方持续增兵上海，互有攻守。10 月初，日军强渡蕴藻浜，攻陷大场，向苏州河推进，中国军队随之向苏州河南岸转移。11 月初，日军从杭州湾北岸的金山卫登陆，完成对中国军队战略包围，中国军队被迫撤出上海，11 月 12 日上海除租界外均被日军占领。淞沪会战历时 3 个月，中国军队投入总兵力 70 余万

1937 年上海难民经过外白渡桥涌向租界避难

采自［美］刘香成、凯伦·史密斯编著《上海 1842—2010 一座伟大城市的肖像》，金燕等译，世界图书出版公司北京公司 2010 年版，第 175 页。

人，日军投入兵力约 30 万人，战况空前激烈，中国军队以伤亡 25 万余人的巨大代价，毙伤日军 4 万余人。中国军人浴血奋战、誓死不屈，粉碎了日本侵略者"三个月亡华"的狂妄叫嚣，赢得了国际社会的同情与尊重。

淞沪会战

但中国军队在撤出淞沪战场时仓促无序，轻易放弃了战前构筑的国防工事，未能在上海至南京沿途组织有效防御。日军在占领上海后转入追击作战，准备进攻南京。在南京防御问题上，国民党政府内部曾有争论，后蒋介石决定"短期固守"南京，任命唐生智为南京卫戍司令长官，调集 13 个师及教导总队、江宁要塞、宪兵团等部约 15 万人防守南京。11 月下旬，国民政府发表迁都重庆的宣言。随后，国民政府主席林森率政府机关人员抵达重庆，另有一部分军政机关连同各国部分外交人员暂时迁至武汉。12 月初，日军逼近南京近郊，南京保卫战打响。12 月上旬，日军攻占句容、湖熟、淳化一线，南京外围阵地全线尽失。唐生智下令固守南京城垣、雨花台、紫金山、幕府山等阵地。中国军队顽强防守，但随着雨花台、中华门相继失守，唐生智根据蒋介石"如情势不能持久时，可相机撤退，以图整理，而期反攻"的电令，于 12 月 12 日下达撤退命令，但由于军令不畅、组织无序，南京守军一片混乱，城内大部分官兵未能及时突围。

12 月 13 日，日军全面攻破南京城，制造了震惊中外的南京大屠杀。日军从上海向南京进攻的沿途即开始大肆杀戮平民，攻陷南京后，针对平民和解除武装的军人，采取集体射杀、火焚、活埋等惨绝人寰的手段，进行了大规模、有组织、骇人听闻的集体屠杀，遇难中国军民人数达 30 万人以上。此外，日军还灭绝人性地肆意强奸、轮奸中国妇女，强迫妇女充当"慰安妇"，许多妇女被奸淫后又惨遭杀害。据战后远东国际军事法庭公布的极为保守的数字，仅在日军占领南京后的六个星期内，就发生了两万起左右的强奸、轮奸事件，连老妪、童幼都未能幸免。日军在南京大肆纵火、劫掠，三分之一的房屋被焚烧，几乎所有的商店被抢劫一空，六朝古都南京处处残垣断壁、满目疮痍。南京大屠杀是日军对中华民族犯下的不可饶恕的罪行，充分暴露了日本军国主义极其野蛮、残暴的反人类本质，在人类文明史上留下了极为可耻的记录。

南京沦陷后，日本对华战争的规模进一步扩大。1938 年 2 月中旬，日军为攻占徐州，突进台儿庄，台儿庄大战拉开帷幕。第五战区司令长官李宗仁指挥中国军队在台儿庄作战，命令台儿庄守军第二集团军总司令孙连仲部，第二十军团汤恩伯部在外围策应出击。日军先以濑谷旅团为进攻主力，后坂本旅团绕过临沂前来增援。从 3 月下旬至 4 月初，台儿庄守军与装备明显占优势的日军机械化部队反复搏杀，池峰城部将士与之展开肉搏巷战，战况异常惨烈，有效地阻挡了日军进攻。4 月上旬，中国军队发起全线反攻，击溃日军，台儿庄战役取得辉煌胜利。在台儿庄战役中，中国参战部队达 4.6 万人，伤亡 1.5 万人，歼灭日军 8000 人，打败了日军号称"无敌"的第 5、10 师团主力。台儿庄大捷是全国抗战初期正面战场中国军队取得的重大胜利，有力打击了日军的嚣张

南京城墙外壕沟岸边，被日军杀害的南京市民尸体

采自［日］伊藤兼男照片集，"侵华日军南京大屠杀遇难同胞纪念馆"藏。

气焰，极大鼓舞了全国人民抗战必胜的信心。毛泽东评价台儿庄战役时曾说："每个月打得一个较大的胜仗，如像平型关台儿庄一类的，就能大大地沮丧敌人的精神，振起我军的士气，号召世界的声援。"[1]

台儿庄战役后，侵华日军大本营陆军部发布了以华北方面军为主，华中派遣军配合，击破徐州附近中国军队的作战方案。中国方面，由于台儿庄大捷的鼓舞，决定乘势追歼日军，4月中旬调集60余万军队向徐州附近集结。经过一个月左右的作战，日军于5月中旬形成对中国军队的合围态势，蒋介石决定放弃徐州。日军未能达到在徐州地区围歼中国军队的作战目标，自己也承认"战果之微出乎意料"[2]。徐州会战结束后，日军着手攻占武汉。向西突入河南，连陷兰封、开封、中牟、太康等地。在河南战局持续恶化的形势下，6月蒋介石下令轰炸花园口黄河大堤，虽暂时遏止了日军的追击，并且阻滞了日军沿淮河西进和沿平汉铁路进攻武汉的计划，但给当地中国百姓造成了巨大的生命财产损失。

---

① 毛泽东：《论持久战》（1938年5月），《毛泽东选集》第2卷，人民出版社1991年版，第485页。

② 日本防卫厅战史室编：《日本军国主义侵华资料长编——〈大本营陆军部〉摘译》上册，四川人民出版社1987年版，第437页。

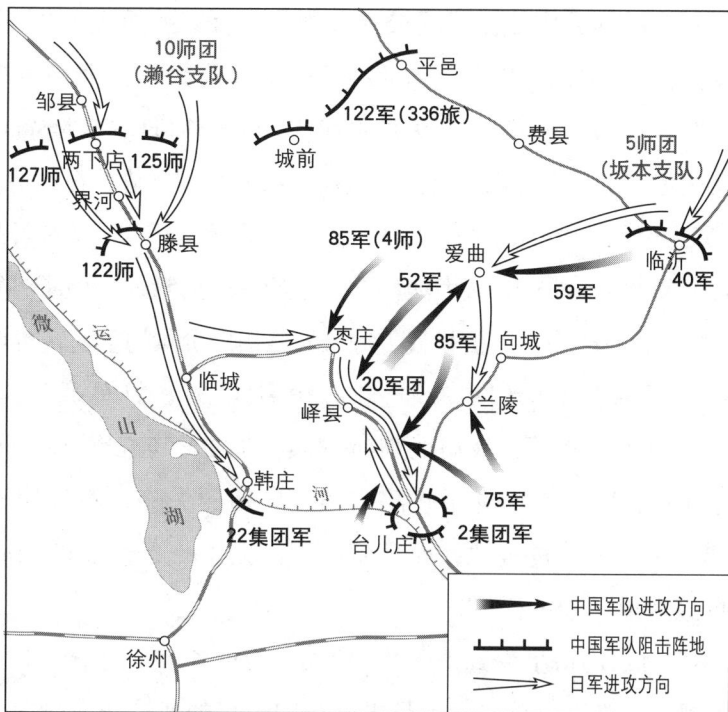

台儿庄战役示意图

台儿庄战役

1938年6月18日，日本大本营正式下达攻占汉口的命令，先后向武汉地区投入12个师团，共40万的兵力。国民政府在南京沦陷后提出了"保卫大武汉"的口号，集结120多个师的兵力，确立了"战于武汉之远方，守武汉而不战于武汉"的作战方略，在武汉外围抵抗和消耗日军。武汉会战随之开始。因黄河决口，日军主力溯长江西进。8月底，沿江西进的日军发起全面进攻，连陷马头镇、武穴、富池口，并于9月底攻占田家镇。另一路日军也在赣北展开攻势，第一兵团赣北守军各部进行英勇作战，战况极为激烈，在万家岭重创日军第 106 师团，取得"万家岭大捷"。同时，8 月下旬北线日军开始沿大别山北麓进攻，中国守军于富金山设防，经过激烈战斗于 9 月中旬失守，随后日军攻陷潢川，占领信阳，切断平汉铁路。日军南北两线基本形成对武汉的包围态势。在此情况下，蒋介石宣布弃守武汉。武汉会战历时 4 个半月，毙伤日军近 4 万人，是抗日战争战略防御阶段最大的一次战略性战役，大大消耗了日军的有生力量，打破了日军速战速决灭亡中国的战略妄想，成为中国抗日战争进入战略相持阶段的重要转折点。

在武汉会战期间，日军还向广州进攻。10 月 12 日，日军第 21 军所部开始在大亚湾登陆，由于蒋介石在战略上判断失误，加之广东守军兵力薄弱，抵抗不力，日军于 10 月 21 日轻而易举攻陷广州。广州的失陷，不仅使日军为随后的南进作战建立了一个前进基地，而且使中国失去了一条重要的国际物资输入线，给持久抗战造成了新的困难。

从 1937 年 7 月卢沟桥事变到 1938 年 10 月武汉、广州失守，是日本帝国主义向中国展开大规模战略进攻阶段，也是中国全国抗战的战略防御阶段。日本侵略者为实现其速战速决的企图，投入大量兵力，战火扩大到华北、华中、华南广大地区。中国共产党领导的抗日武装力量，积极配合国民党的正面战场，并在敌后开展游击战争，形成了敌后战场，在战略上对日军造成夹击态势。中国军民经过 15 个月的艰苦奋战，毙伤日军 40 余万人，粉碎了日军的战略进攻，打乱了日本迅速灭亡中国的战略计划。中国抗日战争从此进入漫长的战略相持阶段。

四、国民经济向战时经济转轨

全国抗战爆发后，国民政府为集中全国人力、物力、财力抗战，将工业大规模内迁，并初步确立了战时经济体制。

全国抗战前，中国工业虽基础薄弱，但也取得了一些成就。工业主要集中在以上海为中心的东南江海沿岸及铁路沿线。据 1937 年的统计，上海地区的工厂有 1235 家，占全国总数的 31%。[①] 卢沟桥事变后不久，战火很快燃烧到上海，上海工厂设备和人员的迁移工作成为重中之重。国民政府成立国家总动员设计委员会，决定由资源委员会召集实业部、交通部等六个单位统筹资源统制

---

① 齐植璐：《抗战时期工矿内迁与官僚资本的掠夺》，中国人民政治协商会议全国委员会文史资料研究委员会编：《工商经济史料丛刊》第 2 辑，文史出版社 1983 年版，第 63 页。

事宜，提出将东部工业西迁的设想。8月，上海各工厂组成"上海工厂联合迁移委员会"，淞沪会战打响后，上海工厂随即开始搬迁。至1938年2月，迁至武汉的上海民营工厂共计121家。除上海外，江浙、鲁豫、晋冀等地区的民营企业也纷纷内迁大后方。相较于民营企业，国民政府对于国营厂矿特别是军工企业的内迁更为重视，组织迁移的有金陵兵工厂、济南兵工厂、广东第一兵工厂、巩县兵工厂、中央修械厂、中央南京飞机制造厂等企业，以及中兴、淮南、萍乡等煤矿和扬子、大冶、汉阳等铁厂。内迁各企业最初大多以武汉为集结地，但由于战事不利，1938年3月，国民政府作出了第二次大迁徙的决定，向西南各省再度内迁。至1940年年底，工业内迁基本完成，内迁厂矿达448家，若加上自行内迁的企业，估计总数约600家。[1]

战时工业内迁是近代中国历史上的一次壮举，内迁各企业不仅以生产供应战时之需，有力地支持了抗战，更成为战时大后方经济发展的重要动力，且在一定程度上改变了整个中国西部地区的经济布局和经济面貌。

同时，国民政府着手建立战时经济体制。淞沪会战开始后，即要求中央、中国、交通、中国农民四大银行在上海建立四行联合办事处，以适应战时的需要。军事委员会内也增设了农产、工矿、贸易三个调整委员会，对全国经济按行业进行适应战时的调整。1938年3月底至4月初，国民党临时全国代表大会在武汉召开，制定了《抗战建国纲领》，规定战时经济以军事建设为中心、实施统制经济措施；通过《非常时期经济方案》，明确供给前方作战物资是当前生产事业的第一任务。6月，经济部据此对战时经济各项举措进行了规划。1939年1月，国民党五届五中全会规定抗战时期"实行统制经济"[2]。由此，国民经济基本实现了向战时经济的转轨，以统制经济为基础的战时经济体制基本确立。

第二节　抗日战争战略相持阶段的战局与政局

一、太平洋战争爆发与国际反法西斯统一战线的形成

20世纪30年代，德、日、意法西斯轴心初步形成，法西斯主义与世界人

---

[1]　参见王建朗、曾景忠著：《抗日战争（1937—1945）》，张海鹏主编：《中国近代通史》第9卷，江苏人民出版社2007年版，第143页。

[2]　《第五届中央执行委员会第五次全体会议宣言》（1939年1月29日），荣孟源主编：《中国国民党历次代表大会及中央全会资料》下册，光明日报出版社1985年版，第548页。

民之间的矛盾成为主要矛盾，世界大战的危险日益逼近。日本发动的全面侵华战争，成为第二次世界大战在亚洲的爆发点。1939 年 9 月，以德国入侵波兰为标志，第二次世界大战在欧洲展开。战争的阴影开始笼罩世界。

随着淞沪会战的爆发，日本扩大了在华中地区的侵略，直接威胁到英美在华利益。欧洲战争爆发前，在对待中日战争问题上英美表现出矛盾的态度。一方面，由于欧洲局势日益严峻，英美不愿在东亚得罪日本，因而时常妥协退让。1939 年 7 月 24 日，英日双方代表签订了《有田—克莱琪协定》，英国实质上默认了日本对中国的侵略。而美国在中国全面抗战的最初两年还继续向日本大量出口石油、钢铁、橡胶等重要战略物资。另一方面，日本在东亚肆意扩大侵略，不断挑战英美的底线。英美从自身的国家利益出发，认识到对日妥协并非长久之策，应对中国给予一定的援助，以牵制日本。1938 年 12 月，美国宣布向中国贷款 2500 万美元，由于这笔贷款是通过中方向美运售桐油偿还，又被称为“桐油贷款”，在一定程度上支持了中国抗战。

全面抗战爆发后，法国政府趁火打劫，于 1938 年 7 月初派兵占领南海中的中国领土西沙群岛。对于法属印度支那殖民政府派军占领西沙群岛的侵略行径，国民政府外交部当即指令驻法大使顾维钧向法国政府提出严重抗议，表示“该群岛主权向属中国，法政府对该群岛之主张，中国从未承认”。而法国外长则声称：“为防海盗侵犯渔民，越政府复派少数警察驻该岛，以维持治安，实非占领。”[1]

1940 年 6 月，德国侵占法国，英军败退本土，国际局势的变化使英国逐渐认识到与日本冲突在所难免，对华政策转趋积极。继 1939 年 3 月达成的第一次平准基金贷款 500 万英镑之后，1941 年 3 月，英国宣布向中国提供 500 万英镑的平准基金贷款，以稳定法币。欧战爆发后，美国逐渐走上援华制日的道路，特别是 1940 年 9 月，日本实施南进战略，进军印度支那，美日关系急转直下。美国从 1940 年 4 月至 1941 年 4 月，分四笔向中国提供共计 1.45 亿美元贷款。1941 年 3 月，《租借法案》在美国参议院获得通过，美国开始向中国提供军事器材。在美国政府的默许下，陈纳德领导的美国志愿航空队协助中国抗日。同时，美国不断扩大对日本的禁运范围，双方关于中国问题的谈判亦始终未能达成谅解。

全国抗战初期，苏联对华援助力度最大。20 世纪 30 年代，由于日本在远

---

① 《顾维钧致汉口外交部呈》（1937 年 7 月 6 日），台北“中研院”近代史研究所档案馆藏“外交部”档案“南沙群岛（中越部分）”（1956 年 6 月 9 日—1959 年 11 月 12 日），卷宗号：11-EPA-04141，第 200050—200051 页。

东不断扩张，苏日关系趋向紧张，苏联希望中国能够牵制日本，援华态度比较积极。1937 年 8 月 21 日，中苏两国签订《中苏互不侵犯协定》后，双方达成三次易货借款，总额达 2.5 亿美元，与此同时，苏联开始向中国提供大量军事援助，这批武器和军用物资在抗战中发挥了重要作用。苏联以志愿队的名义派出空军支援中国抗战，整个抗战期间，共派出 2000 余名航空志愿队员来华作战，有 200 余名官兵在中国牺牲，为抗战作出了巨大贡献。此外，苏联还向中国派出了大批军事顾问和技术专家，有力支援了中国的抗战。但随着欧洲战事发展，1941 年 4 月，为防范与德国开战后陷入两面作战的被动局面，苏联与日本签订《苏日中立协定》，声明：“苏联保证尊重满洲国的领土完整和不可侵犯，日本保证尊重蒙古人民共和国的领土完整和不可侵犯。”[1] 这个条约明显侵犯了中国的利益。同年 6 月苏德战争爆发，此后苏联对华援助逐渐减少。

中国全国抗战爆发后，德国政府以希特勒为首的一派倾向于与日本维持亲善；以外交部、经济部和军方为代表的势力则试图保持中立。在这样的情况下，全国抗战初期，德国军火仍在源源不断地运往中国，而德国驻华军事顾问团也在继续活动，并参与了对日作战计划的制订。日本多次对德国施压，德国为最大限度保护自身利益，力促中日两国实现停战，但由于日本提出极为苛刻的要求，遭蒋介石拒绝，于是中德关系也由此逆转。1938 年 4 月，德国政府开始禁止对华出售武器。7 月，德国撤出了在华军事顾问。欧洲战争爆发后，中德关系更加趋于冷淡。

1941 年，日本全面侵华战争由于中国军民的顽强抗击，战局相持日久，加之美国实施愈加严厉的禁运措施，日本战略资源面临枯竭，因此决定进一步推进向东南亚和太平洋区域扩张的南进战略，以攫取更多的战略资源。12 月 8 日（美国时间为 7 日），日本联合舰队对美国太平洋舰队驻地珍珠港进行偷袭，美国太平洋舰队遭到重创，太平洋战争爆发。在随后的五个月内，日军接连攻占中国香港、马来亚、新加坡和菲律宾，进攻东印度群岛，进而威胁澳大利亚。珍珠港事件当天，蒋介石即向英国、美国、苏联驻华大使递交成立军事同盟的书面建议。第二天，中共中央发表《为太平洋战争的宣言》和《关于开展太平洋反日民族统一战线及华侨工作的指示》，号召反法西斯国家团结一致建立统

---

[1] 《苏日中立条约》（1941 年 4 月 13 日），世界知识出版社编：《国际条约集（1934—1944）》，世界知识出版社 1961 年版，第 304 页。

一战线。12月9日，继美、英对日本宣战后，中国政府正式对日本、德国和意大利宣战，结束了中日两国"战而不宣"的状态。1941年12月下旬，中、美、英三国联合军事会议在重庆举行，会议初步达成了三国在军事上的合作协议。美国总统罗斯福和英国首相丘吉尔也在华盛顿举行会议，商讨反法西斯战略合作事宜，提议设立包括越南、泰国在内的中国战区。

1942年1月1日，由美国、英国、苏联、中国四国领衔，反法西斯26国在华盛顿签署《联合国家宣言》，规定凡签字国政府保证运用其军事与经济之全部资源，对抗法西斯同盟国及其附从国家，并在反法西斯斗争中相互援助，紧密合作，不与敌人缔结单独停战协定或和约。[①] 由此，国际反法西斯统一战线正式形成。

但是，国际反法西斯同盟内部并非亲密无间。在中国战区地位问题、援华物资数量问题和史迪威的使命与身份问题上，中美之间存在较大矛盾。美国基本秉持"先欧后亚"战略，中国战场未得到足够重视，中国代表被排斥于英美参谋联席会议和军火分配委员会之外。1942年1月，中国战区统帅部成立后，美国委派史迪威担任战区参谋长，蒋介石同史迪威之间在指挥权限、战略战术以及租借物资分配等方面矛盾不断，关系僵化。中英之间则在印度问题、缅甸战局等方面矛盾重重。印度国内民族解放运动在太平洋战争爆发后日趋高涨，为协调英印冲突，蒋介石于1942年2月访问印度，英国认为此举激化了英印矛盾，干涉了英国内政。而在中英缅甸联合作战问题上，英国不信任中国，在作战中的利己表现恶化了战局。苏联担心陷入两线作战，不愿在援华问题上激怒日本。尽管同盟国内部时有纷争，但太平洋战争的爆发还是极大地改变了中国的艰难处境。

二、战略相持阶段的正面战场

武汉、广州失陷以后，中国的抗日战争进入了相持阶段，中日双方的战略都发生了重大的变化。日本在武汉会战结束后，由于战线过长，其军力、财力逐渐出现困难。面对中国军民的坚决抵抗，特别是敌后根据地的出现，日本不得不将原定的速决战略改为持久战略。

日本调整后的持久战略，主要有两个方面的内容，一是将作战重点由国民党正面战场转向八路军、新四军的敌后战场，华北、华中敌后战场成为日军作战的

---

① 《联合国家宣言》（1942年1月1日），世界知识出版社编：《国际条约集（1934—1944）》，世界知识出版社1961年版，第342—344页。

重点；一是在对国民政府继续实施军事打击的同时实施政治诱降。1938 年 12 月 22 日，日本发表了第三次近卫声明，宣称："日满华三国应以建设东亚新秩序为共同目标而联合起来，共谋实现相互善邻友好、共同防共和经济合作。"①

国民党政府也在战略方针上有所更动，在重申坚持持久抗战的同时，其对内对外政策发生重大变化。1939 年 1 月，国民党五届五中全会决定成立"防共委员会"，确定了"溶共、防共、限共、反共"的方针。蒋介石还将抗战到底的含义解释为"恢复到卢沟桥事变以前的状态"。这标志着国民党由片面抗战逐步转变为消极抗战。

以太平洋战争的爆发为标志，至豫湘桂会战之前，国民党及其领导的军队为主力的正面战场大体可以划分为两个阶段。

1. 武汉、广州沦陷后至太平洋战争爆发前的正面战场

日军占领广州、武汉后，攻击力量逐渐减弱，自动停止了进一步的大规模战略进攻，抗日战争进入战略相持阶段。在此期间，正面战场的主要会战如下：

日军攻占海南岛和南海诸群岛。1939 年 2 月日军攻占海南岛，旋即派军占领被法国非法侵占的中国南海领土西沙和团沙群岛，并将岛上法国人及其雇佣人员全部驱离。同年 3 月 30 日，台湾总督小林跻造发布第 122 号告示，宣布将其所占领的团沙群岛改名为新南群岛，隶属于高雄州高雄市管辖。② 西沙和团沙群岛遂成为日军向东南亚侵犯的前进基地，日军在岛上修建了潜艇基地、飞机场、电台、气象台、灯塔、修理厂等军事设施。

南昌会战。武汉会战后，南昌遂成为日军一个新的进攻目标。日军第 11 军以第 101、106 两个师团担任正面主攻，第 6 师团在箬溪、武宁一带助攻。1939 年 3 月，日军发动攻击，仅用十余天攻占南昌。4 月中旬，军事委员会命令各战区发动春季攻势（即"四月攻势"），第三、九两战区奉命协同反攻南昌，第三战区第三十二集团军总司令上官云相部担任主攻，曾一度攻占南昌机场及车站。然而，部队伤亡严重，加之日军第 116 师团协同反攻，中国军队于 5 月上旬停止进攻，南昌会战未取得成效。

① 日本外务省编：《日本外交年表并主要文书（1840—1945）》（下），东京原书房 1965 年版，第 407 页。
② 《台湾总督小林跻造府令第三十一号》，台北"中研院"近代史研究所档案馆藏"外交部"档案，"南沙群岛（接收团沙群岛）"（1946 年 7 月—1947 年 4 月），11-EPA-04152，第 202893—202894 页。

随枣会战。武汉会战后，李宗仁第五战区扼守襄渝入川要道，掩护长江三峡，在1939年的春季攻势中对日军频频袭扰。日军第11军决定深入第五战区，打击中国军队主力，解除西北方面对武汉的威胁，于5月发动随（县）枣（阳）会战。在随后的三周内，日军调集第3、13、16三个师团，企图将第五战区主力一举围歼于随枣地区。日军曾一度突破汉水东岸阵地，攻至滚河一线，完成一翼包围，但其他两路日军在随县及其北侧地区遭遇有力抗击，其主力遭到沉重打击。5月中旬，日军全线收缩；中国军队尾随跟踪，下旬重新占领枣阳、随县。

第一、二次长沙会战。第一次长沙会战发生于1939年9月，日军为解除中国军队对武汉的威胁，企图向赣北、湘北进攻，歼灭第九战区主力。湘北是会战的主战场。9月下旬，日军强渡新墙河，第九战区代司令长官薛岳命部队依托阵地逐次抵抗，并坚壁清野、破坏交通，日军折损惨重，未达到占领长沙、聚歼中国军队的战略目标。第二次长沙会战发生于1941年9月，日军再次以四个多师团的兵力进攻长沙，第七十四军军长王耀武部激烈抵抗，损失惨重。9月底，日军一度突入长沙城，后由于中国军队援军抵达，日军被迫于10月初后撤，与中国军队重新对峙。

桂南会战。广州失陷后，广西遂成为中国与海外联系的重要通道，为切断这条交通线，1939年6月，日军决定进攻南宁。11月中旬，日军登陆钦州湾，以三路钳形攻势进军南宁，并强渡邕江，11月下旬攻占南宁。此后，日军继续北犯，于12月初占领通往武鸣的高峰隘，攻占通往宾阳的昆仑关。军长杜聿明率当时中国唯一的机械化部队第五军，以荣誉第一师郑洞国部、新编第二十二师邱清泉部反攻昆仑关，经惨烈苦战，付出1.4万余人伤亡的代价，于12月31日收复昆仑关，史称"昆仑关大捷"。1940年6月，日本调整西南作战方向，主力进占越南，开始从桂南撤军，中国军队转入反攻，10月底克复南宁，11月中旬日军全部撤出桂南。

1939年冬季攻势。1939年10月，在第一次长沙会战胜利的鼓舞下，国民政府军事委员会制订了《国军冬季攻势作战计划》，准备将80多个师投入反攻，规定第二、三、五、九战区为主攻方面，第一、四、八及鲁苏、冀察等战区担任助攻，攻势重心是晋南和华中。第五、九战区围攻日军第11军，日军损伤颇大。但日军于11月底破译中方密码，掌握了这一计划，做了充分准备，致使其余各战区未取得明显作战效果，未能扭转战局。

枣宜、豫南会战。1939年冬季攻势结束后，日军图谋报复作战，决定攻占枣阳、宜昌，进而威胁重庆。1940 年 5 月，日军第 11 军先后发动对枣阳、宜昌的攻势。日军攻占枣阳后，第三十三集团军总司令张自忠率一个师渡过襄河，深入日军后方，遭日军两路夹击，陷入重围，张自忠壮烈殉国。6 月中旬，日军攻占宜昌。此后，双方久战疲惫，重回对峙状态。枣宜会战结束后，日军深感周边中国军队对宜昌、信阳及平汉线的威胁，于 1941 年 1 月发动豫南会战，试图通过长途奔袭的方式围歼豫南附近中国军队主力。会战持续十余日，中国军队力避决战，日军接连扑空。

上高会战。豫南会战结束一个月后，日军意图扫荡赣北，攻略高安、上高，从而歼灭赣江、抚河流域间的中国军队。防守赣北的第九战区副司令长官兼第十九集团军总司令罗卓英部采取诱敌深入的战术，第七十四军军长王耀武部英勇抗击，重创敌军，挫败日军"扫荡"计划。

中条山会战。中条山位于晋南、豫北交界处，矗立在黄河北岸，瞰制河南正面和潼关要道，是黄泛区形成之后国民政府在中原唯一固守的区域，第一战区司令长官卫立煌部在此集结约 18 万军队。日军在中条山区域集结众多兵力，决意打击卫立煌部。1941 年 5 月，日军以钳形攻势与中央突破方式，由东、北、西三个方面发起了进攻。中国守军消极防御，损失惨重。5 月下旬会战结束，中国军队阵亡 4.2 万余人，被俘 3.5 万余人，成为抗日正面战场损失惨重、极为失败的一次战例。

2. 太平洋战争爆发后至豫湘桂会战前的正面战场

太平洋战争爆发后，中国战区在世界反法西斯战场的地位日趋重要。中国为策应盟军，争取共同胜利，在正面战场对日军的进攻进行抵抗，并派出远征军，支持盟军作战。

中国远征军第一次援缅作战。1941 年 12 月，日军开始向缅甸进攻，英军抵抗不力，开战仅仅两个月，防御即濒临崩溃。1942 年 2 月起，为承担国际义务，中国派出十万余人的远征军陆续开入缅甸。由于中、美、英三国配合不力，中国远征军虽经苦战而未能挽回缅甸防御战的颓势，以失利结束。中国远征军失利后，分别向云南和印度撤退。由于自然条件极端恶劣，撤退中饿死、病死在缅北丛林中的士兵达三万余人。中国远征军撤回滇西和到达印度的只有四万人左右。中国远征军入缅抗击日军，打击了日军进攻的气焰和势头，使得驻缅英军免除了危机，平安撤往印度，并为此后组织印度防务赢得宝贵时间，为国际反法西斯统一战线作出了重要贡献。

第三次长沙会战。1941 年 12 月，日军第 11 军发动第三次长沙会战。12 月下旬，日军第 6、40 师团相继突破中国守军阵地，渡过新墙河，攻至汨罗江南岸。日军第 11 军司令官阿南惟几命令攻占长沙，中国军队第九战区司令长官薛岳下令死守。双方攻防极为惨烈，几乎所有据点均几度易手。日军久攻不下，撤退途中遭中国军队不断截击，损失甚重。1942 年 1 月中旬，日军退回新墙河以北阵地，长沙会战结束。长沙会战在国际上引起反响，对于提高中国战场的地位和盟军士气起到了一定作用。

浙赣会战。由于浙江的机场群对美军空袭日本本土具有重要战略价值，日军决意发动浙赣会战，意图摧毁丽水、衢县、玉山等地的机场，并乘机扩大作战范围，歼灭第三战区中国军队，打通浙赣线。会战自 1942 年 5 月中旬始，至 8 月底止。日军从余杭至奉化一线向金华方向发起大规模攻势，占领义乌、东阳、武义、建德。中国守军在金华、兰溪激烈抵抗，最终放弃阵地。日军于 6 月占领衢州。此后，日军第 11、13 军沿浙赣线对进，并于 7 月初会师横峰，打通了浙赣线。在浙东南地区，日军攻占丽水、青田和温州，并破坏了那里的机场。日军达成目标后于 8 月中旬开始撤退，至 8 月底，除日军继续占据金华附近地区外，第三战区大致恢复战前态势。

鄂西会战。1943 年 4 月，日军第 11 军为打击中国第六战区主力，进一步控制长江上游交通，威胁四川，夺占洞庭湖产粮区，发动鄂西会战。四五月间，日军出动 6 个师团和 1 个混成旅团，约 10 万人，集结于宜昌、枝江、弥陀寺、藕池口、华容一带。第六战区在宜昌以西石碑至石首以南的南县，沿长江一线及其纵深部署了 4 个集团军共 14 个军，意图依托阵地逐次抗击，待日军进入石碑以南渔洋关一线将其围歼。5 月底，日军在占领南县、公安等地后进入中国军队预定的反击圈。在空军协助下，第六战区各部进行全面反击，日军全线动摇，开始后撤，中国军队转入追击，并于 6 月上、中旬收复部分失地。

常德会战。日军为策应太平洋战场和印、缅作战，以"覆灭第六战区根据地"为目的，发起常德会战。常德地处战略要冲，若能占领即可窥伺四川东部，威胁重庆。1943 年 11 月，日军发起全面进攻，从常德西北、西南两个方向进行合围，相继攻占石门、澧县、津市、慈利、桃源、陬市，完成对常德的包围。中国守军第七十四军副军长兼第五十七师师长余程万部浴血抵抗，战况惨烈。日军在攻城时使用毒气。至 12 月初，守军兵力几乎伤亡殆尽，日军攻占常德。除余程万率一部突出重围外，守城官兵大部壮烈牺牲。常德陷落后，第六战区外线部队继续反攻作战，12 月 9 日收复常德，并追击撤退日军，至 1944 年 1 月初，会战双方恢复战前态势。

三、敌后抗日根据地的巩固和扩大

抗日战争进入战略相持阶段后，日军由于战线过长，兵力匮乏，加之其占领区内的中国军民顽强反抗，为巩固其在占领区的殖民统治，日军逐步将主要兵力用于打击敌后战场的人民军队。1939年至1940年，华北地区的日军出动千人以上对敌后抗日根据地的大"扫荡"就有109次，使用的总兵力达50万人以上。中共领导的敌后战场也进入了日益残酷和激烈的战斗之中。根据形势的变化，中共确定了"巩固华北，发展华中和华南"的战略方针，广泛开展敌后游击战争。敌后抗日根据地不断得到巩固和扩大，逐步成为全国抗战的主战场。

1. 华北敌后抗日根据地的巩固和扩大

根据中共中央的战略方针，八路军三个师主力向冀、鲁、豫平原地区开进，协同先期到达的部队和地方党组织领导的抗日武装，共同执行开辟、巩固敌后抗日根据地的任务。1938年12月，八路军第一一五师主力在山东纵队的配合下挺进山东。1939年春，第一一五师经过樊坝、陆房战斗，将运西、泰西根据地连成一片，进一步控制了津浦路西、运河两侧、黄河以南的三角要地。同年8月，又取得梁山战斗的胜利，向鲁南地区挺进，山东抗日根据地的局面进一步打开。1938年年底，日军对冀中地区进行大规模"扫荡"，第一二〇师主力奉命挺进冀中，参加了当地军民反"扫荡"作战。至1939年8月，第一二〇师共作战116次，歼灭日伪军5900余人，部队也由6400余人扩至2.19万余人。8月上旬，日军将"扫荡"重点转向北岳山区，第一二九师即由冀中向晋察冀边区的北岳区转移。1939年1月，日军从平汉、津浦铁路沿线调集三万余兵力，对冀南根据地发起"扫荡"。同年3月，第一二九师取得香城固战斗的胜利，日军被迫于3月停止对冀南的"扫荡"。此外，八路军第四纵队深入冀东，并以此为基础成立冀热察挺进军，统一指挥部队开展平西、平北和冀东的抗日游击战，打开了冀热察地区的抗日斗争新局面。

八路军在华北各地抗日游击战的发展，严重威胁了日本对占领区的控制。1938年年底，日本陆军省确立"以恢复并确立占领区治安为第一要义"的作战方略。[①]

---

① 《陆军对华处理方针》（1938年12月6日），何理等选编：《百团大战史料》，人民出版社1984年版，第347—348页。

日本华北方面军据此制订"治安肃正"计划，确定从 1939 年 1 月至 1940 年 3 月分三期进行。日军将晋察冀边区之北岳区作为重点作战目标，于 1939 年夏秋两季连续发动"围攻""讨伐"作战，在遭受多次打击后又开展"冬季扫荡"。针对上述敌情，中共中央北方局和八路军总部发出"华北将转入严重的艰苦斗争环境，对此我们必须有所准备"的指示，积极为反"扫荡"作战进行准备。在黄土岭，晋察冀军区第一军分区司令员杨成武部利用有利地形，对突入该地的日军独立混成第 2 旅团进行伏击，取得了歼敌 900 余名、击毙旅团长阿部规秀中将的辉煌战果，有力打击了日军士气。此外，日军对晋冀豫边太行区、山东鲁中区的"扫荡"亦受到抗日根据地军民的反击。

鉴于 1939 年"治安肃正"未达目的，日本华北方面军制订了"1940 年度肃正建设基本方针"，确定"必须全面指向共军"①，重点对冀中和冀西北抗日根据地进攻。冀中军民粉碎日军"春季扫荡"之后，为保卫麦收，先后与敌作战 40 余次，歼敌 800 余人，攻袭日伪军据点 9 处。② 麦收过后，冀中军民又发起"青纱帐战役"，有力打击了"扫荡"之敌。晋西北根据地军民在夏季反"扫荡"中作战 250 次，歼灭日伪军 2500 余人，收复了兴县、临县、方山、保德等沦陷区。鲁中、鲁南根据地也打退了日伪军的多次进犯，山东根据地在日军的"治安肃正"中，不仅未被摧毁，反而在战斗中进一步扩充了力量。

为粉碎敌人的"扫荡"，打破"囚笼政策"，八路军和地方武装在反"扫荡"斗争中也作出相应对策，开展了以主力军、地方武装和民众相结合的方式进行"交通破击战"。从 1939 年 12 月至 1940 年 6 月，第一二九师统一指挥部队，在根据地人民的配合下，进行了长邯公路、平汉铁路、白晋公路、武沙公路四次大破击，沉重打击了日伪军的嚣张气焰。

全国抗战进入战略相持阶段后，中共领导下的华北抗日军民在反"扫荡"的同时，努力推进政权建设，晋察冀、晋冀豫、晋绥、山东和冀鲁豫等抗日根据地得到进一步扩展和巩固，不仅给日伪军以沉重打击，而且牵制了日军大量兵力，减轻了正面战场的压力。据日方记载，至 1940 年，日军有 9 个师团和

---

① 日本防卫厅战史室编纂：《华北治安战》上册，天津市政协编译组译，天津人民出版社 1982 年版，第 233 页。

② 军事科学院军事历史研究部编著：《中国人民解放军战史》第 2 卷，军事科学出版社 1987 年版，第 186—187 页。

12 个旅团被牵制华北，导致侵华日军陷入完全被动局面。

　　2. 百团大战

　　为打破日军"治安肃正"计划，粉碎日军以"囚笼政策"封锁、分割各抗日根据地的图谋，1940 年夏秋之际，八路军决定以晋察冀军区、第一二〇师、第一二九师主动出击，在华北广大地域之内，对日军占据的交通沿线和大小据点进行一次摧毁性的打击，以"创立显著的战绩，影响全国的抗战局势，兴奋抗战的军民，争取时局的好转"[①]。7 月，八路军总部下达《战役预备命令》，将战役目标定为破坏正太铁路若干要隘，消灭部分敌人，收复若干重要据点，乘胜扩大战果，要求总共不少于 22 个团的兵力直接参加正太线作战，其他各铁路线配合作战兵力由各部队自行决定，还规定战役由八路军总部直接指挥。作战开始，八路军参战兵力迅速增加至 105 个团，此外尚有许多地方游击队、民兵参战，故被称为"百团大战"。

　　百团大战共分为三个阶段。第一阶段从 8 月 20 日至 9 月 10 日，作战重点是破击正太铁路。晋察冀军区参战部队向平定至石家庄段进攻，攻克娘子关和井陉矿区。第一二九师参战部队和八路军总部炮兵团向平定至榆次段进攻。第一二〇师参战部队破袭同蒲路北段和汾离、太汾等公路，攻克阳方口、康家会等车站、据点。第一二九师对平汉、同蒲、平绥、津浦、北宁、德石、白晋等铁路和公路及日军据点进行了破袭。第二阶段从 9 月 22 日至 10 月上旬，作战中心任务为继续扩大第一阶段战果，重点为歼灭交通线两侧和深入根据地的日军据点。第一二九师进行了辽榆战役，晋察冀军区进行了涞灵战役，第一二〇师进行了同蒲路宁武南北段破击战役，冀中和冀南部队进行了任河战役、德石路战役和邯济路战役。第三阶段从 10 月上旬至 1941 年 1 月 24 日，针对日军先后对晋东南、晋察冀、太岳和晋西北等根据地进行报复性"扫荡"，展开反"扫荡"作战。日军在各根据地大肆烧杀抢掠，太岳和晋西北根据地受到了严重损失。八路军各部、根据地军民艰苦顽强的斗争和灵活多变的战术使日军遭到重创，百团大战胜利结束。

　　在前后三个半月的作战中，八路军各部与根据地军民与敌进行大小战斗 1842 次，毙伤日军 20645 人、伪军 5155 人；俘虏日军 281 人、伪军 18407

---

① 《朱德、彭德怀、左权关于破击正太路的预备命令致聂荣臻等电》（1940 年 7 月 22 日），《中国人民解放军历史资料丛书》编审委员会编：《八路军文献》，解放军出版社 1994 年版，第 531 页。

人；日军投诚 47 人。破坏了日军在华北的主要交通线，拔除了日军深入根据地的部分据点，并缴获大批武器、弹药和其他军用物资。① 百团大战是八路军在敌后战场发动的一次规模最大、持续时间最长的战略性进攻战役，牵制了侵华日军华北战场近半数的兵力和几乎全部伪军，打破了日军的"囚笼政策"，策应了正面战场的作战。这次战役有力粉碎了国民党顽固派对八路军"游而不击"的诬蔑，抑制了国民党对日妥协的倾向，提高了全国军民对抗战的信心和中国共产党的声望，确立了敌后战场在全国抗战大局中的战略地位。

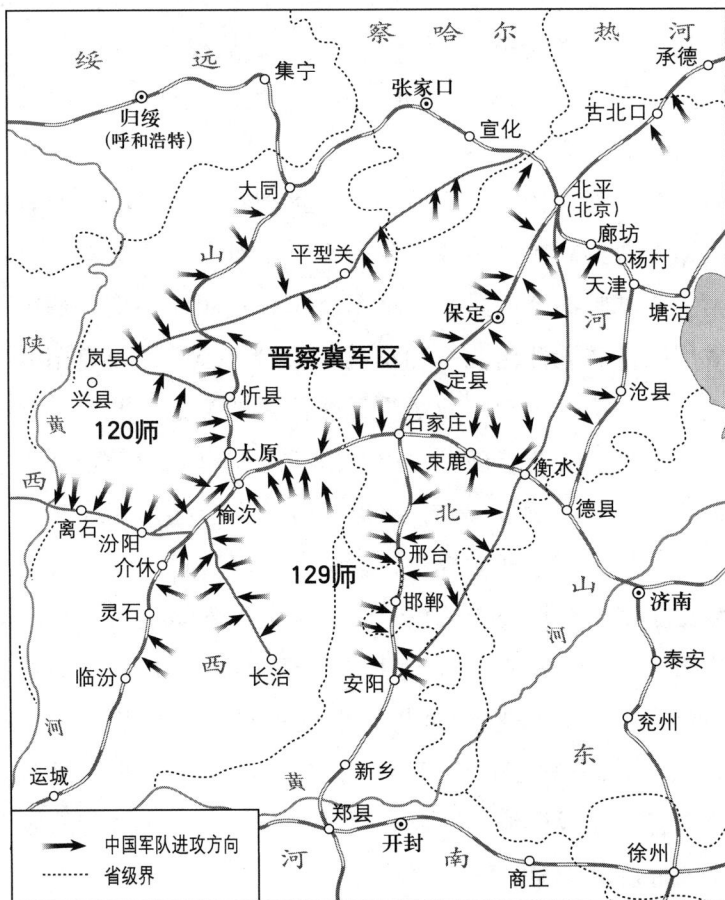

百团大战示意图

---

① 第 18 集团军总司令部野战政治部：《百团大战总结战绩——第十八集团军总司令部野战政治部公布》（1940 年 12 月 10 日），何理等选编：《百团大战史料》，人民出版社 1984 年版，第 244—245 页。

百团大战使日军大为震惊。1941年7月—1942年7月，日军对华北各根据地进行大规模"扫荡"。日军实行残酷的烧光、杀光、抢光的"三光政策"，对根据地军民进行惨无人道的报复，制造了"潘家峪惨案"等多起灭绝人性、骇人听闻的屠杀事件。1941年到1942年，尽管华北各根据地遭受了严重的灾荒，但八路军各部和根据地军民仍然积极、广泛地开展游击战，坚持反"扫荡"斗争，为抗战的胜利奠定了坚实的基础。

3. 华中敌后抗日根据地的发展

1938年11月，中共中央批准成立以刘少奇为书记的中共中央中原局，负责领导长江以北，陇海路以南，河南、湖北、安徽、江苏等地的抗日斗争，这对于华中敌后抗日游击战的发展起了重要作用。1939年2月，周恩来抵达新四军军部，指出新四军在敌后确定发展方向原则，与新四军领导人确立了"向北发展，向东作战，向南巩固"的战略方针。

1939年年初，新四军第一、二支队在苏南地区进行了官徒门、延陵镇、东湾、云台等一系列战斗，巩固了以茅山为中心的抗日根据地。同时，第一支队第六团向苏（州）（无）锡常（州）地区东进，与当地游击队合编，沿用当地"江南人民抗日义勇军"（简称"江抗"）番号。6月和7月，"江抗"相继取得了浒墅关战斗和奇袭虹桥机场战斗的胜利，对京沪线上的日伪军造成压力。11月，新四军第一、第二支队领导机关奉命合并，成立新四军江南指挥部，陈毅、粟裕分任正、副指挥，统一领导新四军江南部队。随后，新四军江南指挥部第四团团部及其第二营改称苏皖支队，会同挺进纵队一部组成新的"苏皖支队"，进入苏皖边的天长、六合、仪征等地区活动。

在皖南根据地，1939年，新四军先后在铜陵、繁昌、泾县与敌军作战100余次，其中尤以保卫繁昌的战斗最为激烈。1940年，日军加大对皖南地区的进犯，曾一度攻陷泾县县城，新四军与友军积极配合作战，在叶挺指挥下击退日军，收复县城，进一步巩固了皖南抗日根据地。

在皖东地区，新四军第四、第五支队不断发展壮大。1939年5月，新四军组建江北指挥部，由张云逸、徐海东分任正副指挥。经过两个多月的作战，第四、第五支队分别开辟了以定远藕塘和来安半塔为中心的两个根据地，活跃在津浦线两侧，给敌人的交通线构成严重威胁。12月，刘少奇率中共中央中原局机关抵达新四军江北指挥部，研究部署华中根据地发展问题。1940年，新四军皖东各部在津浦路两侧地区建立了各级抗日政权机构、群众团体和自卫武装。

第四、第五支队也由原来的 7000 多人发展至 1.5 万余人。

在豫皖苏边区，1938 年 9 月，彭雪枫率领游击支队从河南确山县向豫东敌后挺进。1939 年年初，继续东进皖北，并不断壮大。豫皖苏边区政治形势十分复杂，游击支队历经多次战斗，先后建立了萧县、亳县、永城、夏邑、杞县五个县政权，并积极发展抗日武装。1940 年 2 月，经中共中央批准，游击支队改称新四军第六支队，彭雪枫任司令员兼政治委员，下辖三个团，四个总队，1.78 万余人。

新四军还开辟了豫鄂边根据地。1939 年 1 月，刘少奇抵达河南确山县，决定派李先念率部向豫鄂边区敌后挺进。1940 年 1 月，鄂中、鄂东、豫南新四军整编后改称"新四军豫鄂挺进纵队"，李先念和朱理治分任司令员和政治委员。挺进纵队与敌作战数百次，豫鄂边区由此进一步巩固、扩大。

新四军、八路军还会师创建了苏北根据地。1940 年 5 月，为增强华中抗战力量，八路军第二纵队兼冀鲁豫军区第三三四旅和新编第二旅五个团共计 1.2 万余人分为两个梯队，6 月中下旬在纵队政治委员兼军区司令员黄克诚率领下于涡阳新兴集与新四军第六支队胜利会师。至年底，东进淮海地区的部队与当地党组织共同努力，建立了沭阳、泗阳、宿迁、淮阴、涟水、东海等八个县政权，初步开辟了淮海根据地。新四军江南指挥部于 1940 年 5 月调集主力渡江北上，执行开辟苏北根据地的任务。在八路军第五纵队和新四军另一部的战略配合下，在黄桥战役中取得胜利，打退了国民党军的进攻，开辟了泰兴、靖江、南通、如皋根据地。黄克诚部与新四军苏北指挥部部队会师于东台以北的白驹镇与刘庄间的狮子口。至此，苏北根据地的开辟任务胜利完成。苏北根据地的创建，对发展华中抗日根据地具有重要作用。

1941 年以来，日伪军不断对华中地区开展"清乡"和"扫荡"，一度给根据地带来严重的困难局面，新四军为此付出了巨大牺牲。然而，新四军和华中根据地军民经受住了严峻的考验，粉碎了日伪军消灭人民抗日武装、摧毁抗日根据地的图谋。

4. 其他抗日根据地的壮大

除华北、华中以外，中国共产党在其他多个地区积极开展敌后游击战争，创建和发展敌后抗日根据地。在华南，日军占领广州之后，中共在东江、珠江和琼崖地区创建了多支抗日游击武装。曾生、王作尧领导的敌后武装力量在东莞、宝安、惠阳地区坚持对敌斗争，1940 年改编为广东人民抗日游击队第三、第五大队，开辟了以大岭山、阳台山为中心的东江抗日根据地。1943 年 12 月，广东人民抗日游击队东江纵队正式成立，曾生、林平分任司令员和政治委员。此外，珠江三角洲地区的南海、番禺、顺德、中山等县的抗日武装也积极开展敌后斗争。1944 年 10 月，广东人民抗日游击队中区纵队成立。此后，该纵队主力改编为广东人民抗日游击队珠江纵队；中区纵队另一部挺进粤中，1945 年 1 月中旬扩大为广东人民抗日解放军。在琼崖地区，冯白驹领导的原红军游击队经过多次整编，扩展为琼崖广东民众抗日自卫团独立总队，开展游击战争。独立总队挺进五指山，创建美合根据地，1941 年到达万宁六连岭地区，开辟新的抗日根据地。1944 年秋，琼崖独立总队改编为广东省琼崖人民抗日游击队独立纵队，冯白驹任司令员兼政治委员，并于 1945 年 1 月建立了白沙县抗日民主政府。1 月中旬、2 月下旬和 6 月下旬，在雷州半岛、闽粤边界和潮汕地区，还先后成立了广东南路人民抗日解放军和两支韩江纵队。

在中国共产党领导下，东北抗日联军成为东北地区抗日游击战争的主体，在白山黑水间展开猛烈的抗日游击战争。在南满地区，东北抗日联军第一路军为钳制日本关东军进入东北，支援关内军民的抗战，抗联第四、第五、第七、第八、第十军活跃在松花江下游，积极发动对日军的进攻。在北满地区，抗联第三、第六、第九军及独立师（后改编为第十一军）积极开展抗日游击斗争。东北抗日联军的壮大和抗日游击战争的广泛开展，沉重打击了日本在东北的殖民统治。为了消灭抗联，日军不择手段，大量增兵，使东北抗日游击战争进入极端艰苦的阶段。尽管如此，东北抗联在广大人民群众的支援下长期坚持抗日游击战争，同日本侵略者进行了百折不挠的殊死斗争，不仅积极参加全国抗战，而且支援了苏联的反法西斯战争，直至抗日战争取得最后胜利。

中国共产党领导广大军民在敌后战场开展游击战争，沉重打击了日本侵略者。游击战在敌后的广泛开展和敌后抗日根据地的开辟，迫使敌人不得不把用于进攻的兵力抽调回来保守其占领区，从而对减轻正面战场压力起了关键性的作用。

在战略相持阶段，敌后游击战争成为主要的抗日作战方式。削弱敌人、壮大自己，逐步改变敌强我弱的态势、为实行战略反攻准备条件，这个任务主要是由各地人民抗日武装进行的游击战来完成的。到 1940 年年底，人民抗日武装部队发展到 50 万人，还建立了大量的地方武装和民兵；在华北、华中、华南创建了 16 块根据地（晋察冀、晋冀豫、晋绥、冀鲁豫、豫鄂边、山东、皖东北、皖东、皖南、皖中、苏南、苏中、苏北、豫皖苏、东江、琼崖），加上中共中央所在的陕甘宁边区，中共领导的抗日根据地拥有一亿人口。1944 年春季，敌后战场人民军队转入攻势作战。他们已经抗击着全部侵华日军的 64%。

在八年全国性抗战中，中国共产党领导的八路军、新四军和其他抗日武装对敌作战 12.5 万余次，消灭日、伪军 171.4 万余人，其中日军 52.7 万余人。他们为坚持抗战、夺取抗战的最后胜利作出了永远辉耀史册的贡献。

四、国民党反共与皖南事变

抗日战争爆发后，国民党虽然与中国共产党建立了统一战线，但并没有从根本上放弃其反共立场，而一直试图通过抗战消灭中共。由于中共坚持全面抗战的方针，动员全国民众，壮大人民力量，积极对日作战，在国际国内的影响力不断扩大，国民党由此认为这是对其统治地位的威胁，反共的急切性进一步增强。随着抗日战争进入战略相持阶段，日本开始加紧对国民党诱降，国民党内的当权派也有一些人希望通过对日妥协结束战争。当国民党面临的军事压力进一步减小时，其对外妥协、对内反共的面目逐渐暴露，发动了一次又一次的反共高潮。

1939 年 1 月国民党召开五届五中全会，虽然仍称要坚持抗战到底，但把对付中共作为主要议题。至 1939 年 12 月，部分地区接连出现国民党残杀、迫害中国共产党军民的事件，历经"陇东事件""平江惨案""确山惨案""博山惨案""河北事件"等一系列事件，国共冲突发展为军事摩擦。1939 年 12 月至1940 年春，国民党顽固派掀起第一次反共高潮。阎锡山发动"晋西十二月事变"，向中共领导的武装进攻，中共中央命令各部迎击抵抗。至 1940 年春，双方划定活动区域，军事冲突告一段落。在其他区域，国民党军也频频挑起事端。对于国民党军的进攻，中国共产党及其领导下的八路军、新四军和华南人民抗日游击队进行了坚决反击。

中共对于此时国民党态度的转变有着清醒的认识，认为虽然国民党存在着严重的对日妥协和反共倾向，但由于国际反法西斯斗争的大背景和中国抗日战场的形势，国民党不能也不敢放弃联共抗日的基本方针。要坚持和巩固抗日民族统一战线，就要反对蒋介石集团的对日妥协和反共倾向，维护团结抗战的局面。

1940 年 7 月，为进一步限制中共和中共领导下的武装力量的发展，国民党政府的军事委员会制定了《中央提示案》，决定将八路军和新四军共50万人缩编为10万人，全部调往华北指定区域内。10月19日，以国民党政府军事委员会正副参谋总长的名义，限令八路军、新四军在一个月内全部开赴黄河以北地区，并集重兵准备压迫中共的军队，掀起了第二次反共高潮。中共对此据理力争，双方同意位于长江以南的新四军于1940年12月底前开到长江以北地区，次年1月底前开到黄河以北地区作战。中共中央于12月下旬下令皖南新四军转移。在转移路线上，国民党禁止新四军从镇江北渡，命令其由铜陵、繁昌间渡江。在复杂的局势之下，中共中央电令新四军经苏南北移。1941年1月4日夜，新四军军部及所属皖南部队9000余人由安徽泾县分三路向南移动。6日遭第三战区国民党军上官云相部截击。第三战区约八万人将新四军皖南部队团团包围，经激烈作战，新四军皖南部队除2000余人突围外，其余牺牲或被俘。新四军军长叶挺被扣，副军长项英遇害，政治部主任袁国平在突围时牺牲。这就是震惊中外的皖南事变。

皖南事变发生后，国民党企图借此一举取消新四军，于1月17日宣布撤销新四军番号，将军长叶挺革职交送军事法庭审判。国民党顽固派一手挑起的皖南事变，进一步加剧了国共两党间的紧张关系，成为全国人民乃至世界反法西斯阵营关注的焦点。中共针锋相对进行了斗争。1月20日，周恩来在重庆《新华日报》发表"千古奇冤，江南一叶，同室操戈，相煎何急？"的题词，表达了强烈的愤慨。中共中央军事委员会于20日下令重建新四军军部，命令陈毅和刘少奇分任代军长和政治委员。中共中央军事委员会发言人发表谈话，驳斥国民党政府军事委员会17日的命令，提出撤销该命令、惩办祸首、恢复叶挺自由等12项要求。随后，新四军新军部在盐城成立，将陇海铁路以南的新四军和八路军部队统一编为七个师和一个独立旅。

国民党为障人视听，将皖南事变定性为"整饬军纪"。中共则指出事变完全是"政治问题"，采取了不妥协、不退让的斗争方针，同时处处以抗日大局为重，不放弃抗日民族统一战线的基本原则。国民党顽固派的反共行径受到了国内外舆论的广泛谴责。宋庆龄等国民党左派联合上书蒋介石和国民党中央，痛切陈词，表示"国人既惶惶深忧兄弟阋墙之重见今日"①。国内其他党派也

---

① 《宋庆龄等致蒋介石及国民党中央电》（1941年1月12日），中央档案馆编：《皖南事变（资料选辑）》，中共中央党校出版社1982年版，第253页。

对国民党的行径表示不满。美国记者斯诺关于皖南事件的报道被多家英美报纸刊载，在国际上引起巨大反响。英国援华总会致电蒋介石，要求给新四军以正当待遇。苏联驻华大使当面向蒋介石询问皖南事变的问题。美国总统罗斯福的私人代表居里会见蒋介石，传达了罗斯福的口信，要蒋"为抗日战争之共同目标而加紧其团结"。

1月下旬，日军突然对正面战场的中国守军发起大规模进攻，使得两党僵持的对抗局面开始发生变化。蒋介石表示对中共"政治上从宽"，向美国承诺"中国绝无发生内战或内部分裂之危险"。毛泽东也迅速作出"反共高潮可能下降，中日矛盾仍属第一"[①]的判断。3月初，国民参政会二届一次会议召开。中共在原来所提12条要求上有所让步，不提取消1月17日蒋的通令、取消一党专政以及惩办何应钦等要求，明确要求承认中共两个集团军共六个军；承认陕甘宁边区及敌后抗日政权的合法地位；华北、华中、西北防地维持现状；释放叶挺及所有被俘人员等。如果不满足这些要求，中共参政员不能出席国民参政会。最终，中共参政员没有出席二届一次参政会，蒋介石也并没有实行"根本决裂"。蒋向参政会提出保证："以后亦决无'剿共'的军事。"[②]3月14日，蒋介石与周恩来谈话，蒋不再提起中共军队北移问题。至此，国民党顽固派发动的第二次反共高潮被击退。

五、民主宪政运动和民主政团同盟的建立

抗战期间，大后方掀起了轰轰烈烈的民主宪政运动，国共两党之外的第三方政治力量开始崛起。

全国抗战爆发后，国民党一方面强化一党专政；另一方面，为争取各阶层支持政府抗战，也采取了一些相对民主的政策。1937年7月底，国民党政府释放了沈钧儒等救国会七君子。随后，在最高国防会议下设立了国防参政会，成为此后国民参政会的雏形。国民党全国临时代表大会召开后，其他党派取得了

①　毛泽东：《日军进攻态势及我们对国民党的方针》（1941年2月2日），《毛泽东军事文集》第2卷，军事科学出版社、中央文献出版社1993年版，第629页。

②　蒋介石：《政府对中共参议员不出席参政会问题的态度——一九四一年三月六日在国民参政会上的演说》，孟广涵主编：《国民参政会纪实（1938—1948）》（下），重庆出版社1985年版，第886—887页。

合法地位。1938 年 7 月，具有党派合作和政治协商性质的第一届国民参政会召开，包括国民党、共产党、救国会、国社党、青年党、第三党、职教社和无党派人士 200 多人参加会议。

国民参政会成立，掀起了第一次民主宪政运动。国民党根据孙中山"军政、训政、宪政"的政治主张，曾于 1936 年出台过一部宪法草案（即"五五宪草"），并选举了部分国民代表大会代表。全国抗战爆发，宪政因此搁浅。1939 年 9 月，国民参政会一届四次会议在重庆召开。参政会通过《请政府明令定期召开国民大会制定宪法实施宪政案》，蒋介石指定黄炎培、张君劢等 25 人组成国民参政会宪政期成会，协助修改宪法、促进宪政。随后，在各方压力下，国民党五届六中全会通过《定期召集国民大会并限期办竣选举案》，决定于 1940 年 11 月召开国民大会。宪政期成会广泛收集各界建议，着手对非议颇多的"五五宪草"进行修改。修改主要针对"五五宪草"原案有利于国民党一党专政的条款。中国共产党积极推进民主宪政运动，1940 年 2 月，延安成立宪政促进会，各根据地也随之展开民主宪政运动。4 月，一届五次参政会开幕，宪政期成会将宪草修改草案提交会议讨论。国民党参政员激烈反对，指责修改草案违背"国父遗教"，各方争执不下，最终该修改草案交由政府"酌办"，实质被束之高阁，第一次民主宪政运动无果而终。

1939 年 11 月，在宪政运动高潮即将到来之际，梁漱溟、黄炎培、张君劢、左舜生、李璜、章伯钧、张澜、沈钧儒、邹韬奋等人发起成立"统一建国同志会"。然而，第一次民主宪政运动并未能取得预期成果，中间势力备受国民党挤压。1940 年 12 月，国民政府公布第二届国民参政员名单，虽然总人数有所增加，但入选者基本皆有国民党背景，中共和中间势力的人数未见增加，中间势力深感失望和不满。皖南事变发生后，中间势力从新四军的遭遇中看到自身的险境，纷纷声援中共，谴责国民党的内战行径。同时，由于中共因皖南事变拒绝参加第二届国民参政会，中间势力在国共之间积极进行斡旋，政治地位有所上升。1941 年 3 月，中国民主政团同盟（简称"民盟"）在重庆上清寺特园秘密召开成立大会，通过了同盟的政纲、简章和宣言，选举出 13 人的中央执行委员会，推选黄炎培、左舜生、梁漱溟、张君劢、章伯钧五人为中央常务委员，黄炎培担任中央常委会主席，左舜生担任总书记，章伯钧和罗隆基分任组织委员会和宣传委员会主任。民盟的基本政治构成是"三党三派"，"三党"即青年党、国社党和第三党，"三派"即中华职业教育社、乡村建设派和救国会人士。

由于国民党反对成立新的政党，民盟一开始的活动是在秘密状态中进行的，并准备在适当的时机，以适当的方式公开。1941 年 9 月，民盟机关报《光明报》在香港创刊，10 月，《光明报》在广告栏中发表启事，宣告民盟的存在。《光明报》还同时刊出了《中国民主政团同盟对时局的主张纲领》和《成立宣言》。纲领明确表达了民盟的政治主张，包括实践民主政治、结束党治、厉行法治、保障人民生命财产自由、军队国家化等。中共对民盟的成立持赞赏态度，于 10 月 28 日在《解放日报》发表社论，对民盟的成立做了热情的回应。1941 年 11 月，民盟在重庆召开茶话会，向各界通报其组织和纲领，国共两党均派代表出席。国民党却对民盟疑虑重重，态度消极。张澜首次以民盟的名义在第二届国民参政会上提出《实现民主以加强抗战力量树立建国基础案》，要求国民党结束训政，成立战时民意机构，取消特务组织等。国民党却认为提案"悖于时势情理"，"破坏抗战，动摇国本"，不予采纳。民盟的成立壮大了民主的力量和抗日民族统一战线，对战后中国政治走向产生了一定的影响。

1943 年以后，大后方的政治、经济、社会形势日趋恶化，民众的失望情绪逐渐蔓延，国民党的声望不断下跌，民主宪政运动再度兴起。国民党于 1943 年 9 月召开五届十一中全会，通过了《关于实施宪政总报告之决议案》，决定"国民政府应于战争结束后一年内，召集国民大会，制定宪法而颁布之，并由国民大会决定施行日期"①。中间势力以此为契机，再一次掀起民主宪政运动，力促国民党在行动上实现诺言。

在国民参政会三届二次会议上，民盟主席张澜发表《中国需要真正的民主政治》的小册子，要求国民党以结束党治来体现其准备实行民主的诚意。这一行为引发了社会各界推动宪政的热潮，国民党内的民主人士宋庆龄、何香凝、李济深、冯玉祥等纷纷批评国民党独裁统治，呼吁尽快实现宪政。在舆论压力下，国防最高委员会于 1943 年 11 月设立"宪政实施协进会"，主要任务是促进宪政筹备工作，向政府建言献策。1944 年，民主宪政运动全面展开，各地纷纷开设各种形式的宪政座谈会，推进民主宪政运动。5 月，民盟发表《对目前时局的看法和主张》，直指国民党的一党独裁统治，表示"假定在战时不能实现民主，我们在

---

① 《关于实施宪政总报告之决议案》，荣孟源主编：《中国国民党历次代表大会及中央全会资料》下册，光明日报出版社 1985 年版，第 844 页。

战后所得的将不是民主，而是国家的分裂与毁灭"①。中共对民盟表示赞成和支持。由此，中间势力在宪政运动中与中共相互配合，达成了默契。此后，随着中共"联合政府"口号的提出，宪政运动进入了一个新的发展阶段。

民主宪政运动将矛头直指国民党的一党专制，要求国民党结束独裁统治，中国共产党支持民主党派的要求，得到了全国人民的拥护和响应。

六、毛泽东新民主主义理论的形成

随着抗日战争的推进，特别是国民党发动了多次反共高潮，使广大人民对抗战前途和中国的未来日益担忧。回答"中国向何处去"的问题，成为一个关系重大的理论问题。为了向全党和全国人民表明中国共产党关于中国革命发展的主张，毛泽东先后发表了《〈共产党人〉发刊词》《中国革命和中国共产党》和《新民主主义论》等重要著作，系统地阐述了新民主主义的理论。

1937 年 11 月，王明从莫斯科回到延安，他以共产国际代表和苏共指示传达人自居，对洛川会议以后中共中央在统一战线问题上的许多政策提出批评，认为在统一战线中不应过分强调独立自主，而应该"一切经过统一战线""一切服从统一战线"。由于王明顶着共产国际的"光环"，他的右倾错误观点在部分党员干部中造成了思想上的混乱。1938 年 9—11 月，中国共产党在延安举行扩大的六届六中全会，毛泽东明确提出"马克思主义的中国化"的命题。他强调："离开中国特点来谈马克思主义，只是抽象的空洞的马克思主义。因此，使马克思主义在中国具体化，使之在其每一表现中带着必须有的中国的特性，即是说，按照中国的特点去应用它，成为全党亟待了解并亟须解决的问题。"②全会基本上纠正了王明的右倾错误，进一步巩固了毛泽东在全党的领导地位。

全国抗战进入战略相持阶段后，国民党内的顽固派大力鼓吹"一个主义、一个政党、一个领袖"，这就把"中国向何处去"的问题十分尖锐地摆在了人们的面前。毛泽东以对中国国情的科学分析为基础，对中国革命的历史进程作了详尽的完整的论述。他指出，中国现时社会的半殖民地半封建性质，决定了中国革命必须分为两个步骤：第一步，改变殖民地、半殖民地、半封建的社会形态，使之变成一个独立

---

① 《中国民主政团同盟对目前时局的看法和主张》（1944 年 5 月），中国民主同盟中央文史委员会编：《中国民主同盟历史文献（1941—1949）》，文史资料出版社 1983 年版，第 18 页。

② 毛泽东：《中国共产党在民族战争中的地位》（1938 年 10 月 14 日），《毛泽东选集》第 2 卷，人民出版社 1991 年版，第 534 页。

中国共产党扩大的六届六中全会主席团成员合影。前排左起：康生、毛泽东、王稼祥、
朱德、项英、王明；后排左起：陈云、博古、彭德怀、刘少奇、周恩来、张闻天

的民主主义社会；第二步，使革命向前发展，建立一个社会主义的社会。他还说
明，这两个性质不同的革命阶段，既相互区别又相互联结。"民主主义革命是社会
主义革命的必要准备，社会主义革命是民主主义革命的必然趋势。"[1]　只有完成前
一个革命才有可能去完成后一个革命，想要"毕其功于一役"是不行的。但是，想
要在这两个革命中间横插一个资产阶级专政的阶段，也是"走不通的"。

　　毛泽东在中国共产党内首次创造性地提出新民主主义的科学概念。他指
出："所谓新民主主义的革命，就是在无产阶级领导之下的人民大众的反帝反
封建的革命。"[2]　新民主主义革命区别旧民主主义革命的主要标志是无产阶级的
领导权。中国无产阶级担当革命领导者的责任是时代进步的产物。因为只有无
产阶级能够领导中国革命彻底完成反帝反封建的任务。无产阶级（通过共产
党）的领导，是决定中国新民主主义革命性质的基本因素，是这一革命取得胜

① 毛泽东：《中国革命和中国共产党》（1939年12月），《毛泽东选集》第2卷，人民出版社
　　1991年版，第651页。
② 毛泽东：《中国革命和中国共产党》（1939年12月），《毛泽东选集》第2卷，人民出版社
　　1991年版，第647页。

利和实现中国社会向社会主义前进的根本保证。

毛泽东指出新民主主义的基本纲领是：在政治上，要建立"无产阶级领导下的一切反帝反封建的人们联合专政的民主共和国，这就是新民主主义的共和国"。在经济上，要使一切"大银行、大工业、大商业，归这个共和国的国家所有"；"这个共和国并不没收其他资本主义的私有财产，并不禁止'不能操纵国民生计'的资本主义生产的发展"；"这个共和国将采取某种必要的方法，没收地主的土地，分配给无地和少地的农民"。在文化上，要挣脱帝国主义、封建主义文化思想的奴役，实行人民大众的反帝反封建的文化，即"民族的科学的大众的文化"。① 新民主主义社会的前途必然是社会主义，而不是资本主义。因此，这些新民主主义的基本纲领是既不同于旧的资产阶级民主主义，又区别于社会主义的。他提出并论证了建立新民主主义制度的必要性和可能性，指明新民主主义社会就是走向社会主义前途的过渡阶段。这就为党纠正和防止右的和"左"的错误，制定和执行正确的政策，奠定了理论基础。

中国无产阶级怎样实现自己的领导呢？毛泽东总结党的实践经验，创造性地提出"统一战线，武装斗争，党的建设，是中国共产党在中国革命中战胜敌人的三个法宝，三个主要的法宝"②。他把统一战线和武装斗争问题提到政治路线的高度来认识，并把党的建设同党的政治路线密切联系起来，精辟地论述了"三个法宝"的丰富内容和它们的相互关系，使这些中国革命的经验成为新民主主义理论体系的重要组成部分。

新民主主义理论是对马克思列宁主义的丰富和发展，标志着毛泽东思想逐步走向成熟。这一理论揭示了中国革命的发展规律，为中国人民争取抗日战争的胜利，进而夺取新民主主义革命胜利，奠定了坚实的理论基础。

第三节　全国抗战时期的经济、政治与文化

一、国民党的战时经济政策与大后方的建设

国民党政府在全国抗战前建立的经济体制既不完善又相当脆弱，抗战的战

---

① 毛泽东：《新民主主义论》（1940 年 1 月），《毛泽东选集》第 2 卷，人民出版社 1991 年版，第 675、678、708 页。

② 毛泽东：《〈共产党人〉发刊词》（1939 年 10 月 4 日），《毛泽东选集》第 2 卷，人民出版社 1991 年版，第 606 页。

火几乎完全摧毁了这一体制的基础。国民党政府在财政上处处捉襟见肘，整个抗战期间，军费支出占了政府总支出的 60% 左右，其中 1940 年更是高达 78%。[①] 为加强对经济的控制，弥补财政不足，国民党政府在大后方实施了统制经济政策，为此建立了专门的机构，从生产到流通领域，实施全面管制。

全国抗战进入战略相持阶段后，大后方的物资极度缺乏，物价飞涨，民不聊生。针对这种情况，国民党政府加强了对相关物资的统制政策。1940 年 8 月，国民党政府设立全国粮食管理局（1941 年 7 月改为粮食部），以限制粮价、田赋征实等手段对大后方粮食实行统一管制。其中，田赋征实的影响极大，该政策的实质就是规定农民将应缴的田赋金额按战前的粮价折合成粮食实物进行缴纳，农民被迫以战前价格缴纳粮食，为抗战作出了重要的贡献，也付出了巨大的牺牲。据统计，至 1941 年年底，国民党政府就以 13.3 亿元的支出，征得了实际价值 42.52 亿元的粮食，实质上将其中 29.2 亿元的差价转嫁到了农民头上。[②] 国民党政府还于 1942 年颁布了《国家总动员法》，规定军用器材、粮食及被服用料、药品及医药器材、船舶车马等运输器材、土木建筑器材、电力与燃料、通信器材等为国家总动员物资，国家有权征用及征购其一部或全部，并且在必要时可对国家总动员物资及民生日用品的交易价格、数量进行管制。

国民党政府还实行金融统制。1939 年 9 月，颁布《战时健全中央金融机构办法纲要》，规定由中央、中国、交通、中国农民四大银行合组"四联总处"，负责办理政府战时金融政策有关各特种业务，实际上代行中央银行的部分职权。1942 年 7 月，又对四家银行业务重新划分，法币由原先的中中交农四行分别发行，改由中央银行集中发行。抗战前期，国民党政府比较重视维护法币地位，对发行钞券比较有节制，1940 年以前，法币发行量虽不断增加，但并未失控。1941 年以后，为解决财政危机，国民党政府采用饮鸩止渴的方法，加大法币发行量，导致物价急剧上涨。1945 年 8 月，法币的发行额竟是 1937 年 6 月的近 400 倍，法币急剧贬值对战后国民政府的政治、经济影响巨大。在外汇管制方面，英美两国与国民政府合作设立平准基金，此外国民政府还加强黄金管制、注重货币回笼，对稳定汇市和法币币值起到了一定的积极作用。

全国抗战时期，为开发大后方，国民党政府曾先后颁布《非常时期工矿业

---

① 王桧林主编：《中国现代史参考资料》，高等教育出版社 1988 年版，第 278 页。
② 吴相湘：《第二次中日战争史》下册，台北综合月刊社 1974 年版，第 633 页。

奖励暂行条例》《奖励工业技术暂行条例》等，通过新设工厂与内迁工厂相结合，提供贷款、减免税率，帮助购置原材料、招募技术工人等具体措施，鼓励设厂生产，形成了一个包括石油化工、纺织、食品、机械、电力、冶金等上百个工业部门在内并基本实现自给自足的工业体系。一时间，大后方掀起了开办工厂的高潮，1938 年新设工厂 218 家，1940 年为 575 家，1941 年为 862 家，1942 年有 569 家。① 积极扶持国营工矿业。四川的綦江铁矿、涪陵彭水铁矿，云南易门铁矿得到长足的发展。1942 年后，后方钢铁厂由生产灰口铁转向生产钢材，1944 年钢产量达 1.3 万吨。玉门油田产量连年上升，1944 年汽油产量已达 404 万加仑（1 加仑约合 4.55 升）、煤油 216 万加仑、柴油 15.5 万加仑。此外，大后方的铜、铝、铅、锌等金属的开采、冶炼亦得到发展。到 1941 年，大后方重工业的产值比 1938 年增加了 60 倍左右。1943 年，经济部统计的 3.7 万余家厂矿中，重工业已占半数。据 1943 年统计，川康地区工厂已占总数的 44.33%，改变了全国抗战前半数工厂集中在上海的布局，奠定了大后方发展的工业基础。除重工业之外，民族资本比较集中的轻工业部门也有显著的增长，1941 年棉纱产量较战前增加了 3.36 倍，面粉增加了 2.34 倍，肥皂增加了 2.91 倍，火柴增加了 1.56 倍。抗战期间，大后方的农业生产有了较为显著的增长，稻、麦、棉等主要农作物的种植面积上升。

交通方面，在武汉、广州沦陷前，国民党政府加紧修筑战前已经开工的铁路、公路，以应对军事需要。1937 年 8 月，军事委员会紧急布置在苏、浙、皖、赣、鄂、闽、鲁、晋、陕、豫、冀等省赶筑公路 3600 余公里，对抗战初期的军队调动起到了一定作用。铁路方面，最为显著的成就是建成中国自行设计、建造的第一座双层铁路、公路两用桥钱塘江大桥，总设计师是著名桥梁专家茅以升。钱塘江大桥在全国抗战初期发挥了重要作用。上海撤退后，为防止铁路被日军利用，国民党政府将钱塘江大桥炸毁。全国抗战进入战略相持阶段后，交通建设的重心转移到大后方，"求取国际交通线"成为交通发展的主要目标。1939 年 10 月，湘桂铁路大致完工通车，使通过越南、缅甸两国进入中国的援助物资能迅速地转运至重庆及前线各战区。桂南会战期间，中国军队利用这条铁路迅速赶往前线，重挫日军。在公路方面，国民党政府用七个月时间

---

① 转引自张宪文主编：《中国抗日战争史（1931—1945）》，南京大学出版社 2001 年版，第 787 页。

建成长达 959 公里的滇缅公路，成为中国在西南对外联络的唯一通道。1942
年，日军侵占缅甸后，滇缅公路被切断。为向中国军队提供支援及反攻缅甸，
1943 年国民党政府开始修筑由印度雷多经缅甸至昆明的中印公路（亦称"史迪
威公路"），同时铺设输油管道，1945 年全线通车。为保持与苏联的国际交通
线，在修筑铁路的同时，从 1942 年起修建了康青、青藏和南疆三条公路。此外，
建立了以重庆为中心，沟通西南、西北的两条水运干道。与英法开办重庆至河
内、重庆至仰光、昆明至香港等航线。太平洋战争爆发后，又新开辟了中印航
线。在西北，中苏联合设立航空公司，将重庆至莫斯科的航程缩短至 4 天。

国民党政府实行的战时经济政策，对于集中财力、物力进行抗战，起到了
一定的作用，但也造成了国民党官僚资本的恶性膨胀。国民经济转入战时经济
体制之后，国民党统治集团利用手中特权进一步强化对金融、工业、商业、交
通运输等重要行业的控制和垄断，加强对工人、农民、城市小资产者和民族资
产阶级的压迫、掠夺，利用滥发纸币、倒卖外汇、商品专卖、统购统销等手段
聚合财富，大发国难财，致使官僚资本恶性膨胀，造成了大后方经济的衰败。

二、抗日民主根据地的各项建设

全国抗战时期，中国共产党为适应新形势，及时调整各项政策，努力维护
抗日民族统一战线，大力推动抗日民主根据地的各项建设，在政治、经济和文
化教育等方面取得显著成绩，使根据地逐步成为新民主主义社会的雏形。

政权建设是根据地建设的基础。在陕甘宁、晋察冀等较巩固的根据地，形
成了较为完善的行政制度。陕甘宁边区政府设有秘书处、民政厅、财政厅、教
育厅、建设厅、保安司令部、保安处和审计处等机构，县、乡、行政村各级组
织机构也有明确的职能划分。晋察冀、晋冀鲁豫、山东、晋绥等根据地基本沿
用边区政府的组织体系。在华中，淮北、淮南、皖江、苏北、苏中、苏南、浙
东、鄂豫边八个根据地也各自设立了行政体系。

在陕甘宁边区，各级参议会是各级政权的最高权力机关，各级政府为各级
政权最高行政机关。陕甘宁边区参议会的前身是陕甘宁边区议会。1937 年 5
月，《陕甘宁边区议会及行政组织纲要》规定，各级议会议员由选民直接选举。
1938 年 11 月，边区议会改为参议会。1939 年 1 月，陕甘宁边区第一届参议会
在延安召开。《陕甘宁边区各级参议会组织条例》规定，各级参议会有包括选
举边区政府主席、政府委员、高等法院院长，监督及弹劾边区各级政务人员，

批准边区有关政治、经济和军事的各项计划，议决边区单行法规，监督检查各级政府执行参议会决议，以及有关预算、税务、公债的审核、决定等职权。参议员由选民直接选举产生，任期三年。此外，政府也可聘请社会贤达为参议员，但名额不得超过总数的1/10。陕甘宁边区采取普遍、直接、平等、无记名的投票选举制，选民可以直接选出各级参议会的参议员，而各级参议会再选举产生各级政府的主要领导人。边区在选举时不分阶级阶层，一律平等。

"三三制"是中国共产党加强抗日民主政权建设的一个主要原则。1940年3月，中共中央发出《抗日根据地的政权问题》，强调敌后政权在性质上是抗日民族统一战线政权，规定在政权的人员分配上，"共产党员占三分之一，非党的左派进步分子占三分之一，不左不右的中间派占三分之一"①。"三三制"在抗日根据地的全面推行，使统一战线有了更为坚实的基础和制度保证，对于调动各方面的积极性，建设抗日根据地具有重要的意义。例如，在晋冀鲁豫根据地的临时参议会中，有国民党人士50余人；在晋绥根据地，国民党爱国将领续范亭当选为行政公署主任；在苏北根据地，著名爱国绅士韩国钧当选为临时参议会名誉议长。

1941年，陕甘宁边区及敌后抗日根据地进入严重困难时期。为减轻人民负担、提高行政效率，陕甘宁边区开明绅士李鼎铭等11人在边区第二届参议会第一次会议上提出希望边区政府实施"精兵简政"的提案，会议接受提案并作出了精兵简政的决议。12月，中共中央向各根据地发出精兵简政的指示，要求各地整顿各级党政机关和民众团体，紧缩机构人员编制。精兵简政对于减轻人民负担、提高工作效率、提高部队战斗力、克服严重困难，起了重要的作用。

在经济建设方面，中国共产党在抗日根据地领导下开展了减租减息和大生产运动。减租减息是抗日根据地解决农民土地问题的基本政策。1937年8月，中共中央公布《抗日救国十大纲领》，明确将减租减息作为改良人民生活的内容之一。晋察冀根据地是较早实施减租减息政策的地区。1938年2月，晋察冀边区公布《晋察冀边区减租减息单行条例》，规定地主土地收入，不论租佃、半种，一律照原租额减收25%；地主的利息收入，不论新债旧欠，年利率一律不准超过10%，这就是通常所说的"二五减租""一分利息"。1942年1月，

---

① 毛泽东：《抗日根据地的政权问题》（1940年3月6日），《毛泽东选集》第2卷，人民出版社1991年版，第742页。

中共中央政治局通过《关于抗日根据地土地政策的决定》，明确根据地的土地政策"就是一方面减租减息一方面交租交息的土地政策"，并确定了三大原则：一是承认农民是抗日与生产的基本力量，党的政策是扶助农民，减轻地主的封建剥削，实行减租减息；二是承认地主大多数有抗日要求，党的政策是消灭剥削，实行减租减息的同时，又须交租交息，借以联合地主阶级一致抗日；三是承认富农属于农村中的资产阶级，也是抗日与生产不可缺少的力量。党的政策不是要削弱富农，而是要奖励富农、联合富农，由于富农存在一部分剥削性质，所以富农的租息须照减。1943年10月，中共中央发出《关于减租生产拥政爱民及宣传十大政策的指示》，各根据地的减租减息运动更加深入地展开。减租减息运动的推行，削弱和限制了农村中的封建剥削，使农民负担得以减轻，生活得到改善，贫雇农受益尤为明显。根据地农民生产积极性和参加抗日斗争的积极性明显提高，广大农民踊跃报名参军，根据地的经济社会发展也更加巩固。

全国抗战进入战略相持阶段后，由于日军的封锁，加之国民党军队对边区进行物资禁运和封锁，陕甘宁边区有限的资源更为紧张，根据地出现经济困难的局面。1938年7月，八路军后方留守部队开展生产运动，生活状况逐步得到改善，中共中央认为这样的经验可以推广。1939年2月初，延安举行党政军生产动员大会，毛泽东提出"自己动手，丰衣足食，克服困难"的口号，号召各根据地开展生产活动。大生产运动首先在陕甘宁边区展开。八路军第一二〇师第三五九旅开入荒无人烟的南泥湾，经过艰苦劳动将南泥湾改造成为"陕北的好江南"。延安党政军领导人带头参加生产劳动，边区机关和学校等单位也组织起来自己动手发展生产。在大生产运动开展的同时，农业互助合作运动也在各根据地蓬勃开展起来。1944年，陕甘宁边区参加劳动互助组织的劳动力占到农业总劳动力的45%。1943年以后，华北、华中、华南等各敌后抗日根据地，也展开了多种形式的大生产运动，经济形势明显好转，部队机关生活得到明显改善。在军民的共同努力下，大生产运动为坚持抗战和夺取最后的胜利提供了坚实的物质条件。

三、延安整风运动

在领导人民进行抗日战争的过程中，中国共产党的组织得到很大发展，党员人数迅速增加。但全党的马克思列宁主义理论水平不高，还不善于把马克思列宁主义的基本原理同中国革命的具体实际相结合，在实际工作中常常容易出现右的和"左"的错误倾向。在土地革命战争期间形成的以王明为代表的"左"倾教条主义错误，虽在实际工作中已基本得到纠正，但还未来得及从思想上彻底清除。这就迫切需要开展一场普遍的马克思主义思想教育，以提高广大党员的思想理论水平，增强党的凝聚力和战斗力。为此，中共以延安为中心，在党内开展了一场整风运动。

1941 年 5 月，毛泽东在延安干部会议上作了《改造我们的学习》的演讲，尖锐批评了主观主义作风，号召全党树立理论与实际相统一的马克思主义作风，为整风运动做了思想准备。

整风运动历时三年，主要内容是：反对主观主义以整顿学风，反对宗派主义以整顿党风，反对党八股以整顿文风。1942 年 2 月，毛泽东先后发表《整顿党的作风》和《反对党八股》的演讲，全党范围内的整风运动自此开始。4 月，中共中央宣传部作出《关于在延安讨论中央决定及毛泽东同志整顿三风报告的决定》，对整风运动的目的、步骤、方法等作了明确规定。由于以王明为代表的"左"倾教条主义错误，曾给中国革命带来巨大损失。因此，清算批判王明的错误，总结教训，提高认识，成为整风运动的一个重要内容。

1943 年 4 月，在整风的同时，中共中央还展开了审查干部的运动。审干工作在当时十分复杂的环境下是必要的，但在实际过程中出现了严重的偏差，中共中央对此及时进行了纠正。

在深入研究党的历史、认清路线是非的基础上，1945 年 4 月 20 日，中共六届七中全会通过了《关于若干历史问题的决议》，整风运动胜利结束。

整风运动是中共开展的一次深刻的马克思主义的思想教育运动，也是破除党内把马克思主义教条化、把共产国际决议和苏联经验神圣化错误倾向的思想解放运动。它对于全党特别是党的高级干部，坚持一切从实际出发、理论联系实际、实事求是的思想路线，坚持马克思列宁主义基本原理同中国革命具体实际相结合的原则，具有极其重大和深远的意义。整风运动后，中共实现了以毛泽东为核心的高度团结和统一，为夺取全国抗战的胜利和新民主主义革命的胜利奠定了基础。

四、抗战时期的学术研究与教育

抗日战争时期，中国的学术研究与教育虽然遭到了侵略者的严重破坏，但仍然克服了重重困难，获得了一定的发展。

抗战期间，虽然初等教育学校数量有所下降，但入学人数和教职员人数均有所增加，1945 年，入学人数已增加到 2183 万人，教职员增加到 78.5 万人。在中等教育方面，从 1936 年至 1945 年，中学、师范学校和职业学校数量从 3264 所增加到 5073 所，学生从 62.7 万人增加到 156.6 万人，教职员从 6 万人增加到 12.4 万人。在高等教育方面，为保护高等教育资源，实施战时高校内迁。全国抗战爆发后，日本妄图摧毁中国人民的斗志，有意识地对高等院校、科研机构进行摧残破坏。1937 年 8 月，国民党政府颁布《战区内学校处置办法》，要求战区内各学校根据战况准备迁移。1938 年，全国战时教育协会成立，负责各地高校的迁建工作。北京大学、清华大学、南开大学迁往长沙，后因屡遭轰炸，于 1938 年春迁往昆明，合并成立西南联合大学。北平大学、北平师范大学、北洋工学院和北平研究院之一部迁至西安，组成西安临时大学，1938 年 3 月移驻汉中，更名为西北联合大学，后改为西北大学。北平之外，东南沿海地区的高校大部都陆续迁往内地。中央大学、金陵大学、齐鲁大学、复旦大学、武汉大学等迁往四川，中山大学、同济大学、华中大学等迁往昆明，浙江大学、湘雅医学院、中正医学院等迁往贵州。此外，中央研究院及其下属的各研究所迁往云南、广西和四川等地。隶属于教育部的北平研究院迁往昆明。这两个研究院和其他 20 余所内迁高校从 1938 年起恢复招收研究生，成为战时中国学术、科研中心。中国高等教育在战时得以保存和发展。

除此之外，国民党政府还设置了贷款和公费制度。贷款原规定学生毕业后偿还，后一律改成公费。全国抗战中，每年获得贷款或公费的学生达到 5 万至 7 万人。[①] 对于高校教师，于 1943 年 10 月颁布学术研究补助办法，对缓解高校教师的生活困难，推动战时高等教育发展起到了一定作用。许多教师在抗战期间国难当头的困难情况下，坚持教书育人，表现了高尚的爱国情操。据统计，1936 年至 1945 年，全国高校数从 108 所增加到 141 所，研究所从 22 所增加到 49 所，学院从 189 所增加到 192 所，学系从 619 个增加到 741 个，专科从 194 个增加到 241 个，教员人数从 7560 人增加到 1 万人，学生人数从 4.19 万人增加到 8 万人。

---

① 《抗战期间的中国教育》（1937—1945 年），中国第二历史档案馆编：《中华民国史档案资料汇编》第 5 辑第 2 编 教育（一），江苏古籍出版社 1997 年版，第 303 页。

中等教育

中学、师范学校和 职业学校数量 (所)	中等教育学生人数 (万人)	中等教育教职员人数 (万人)

高等教育

全国高校数量 (所)	研究所数量 (所)	学院数量 (所)

学系数量 (个)	专科数量 (个)	教员人数 (人)	学生人数 (万人)

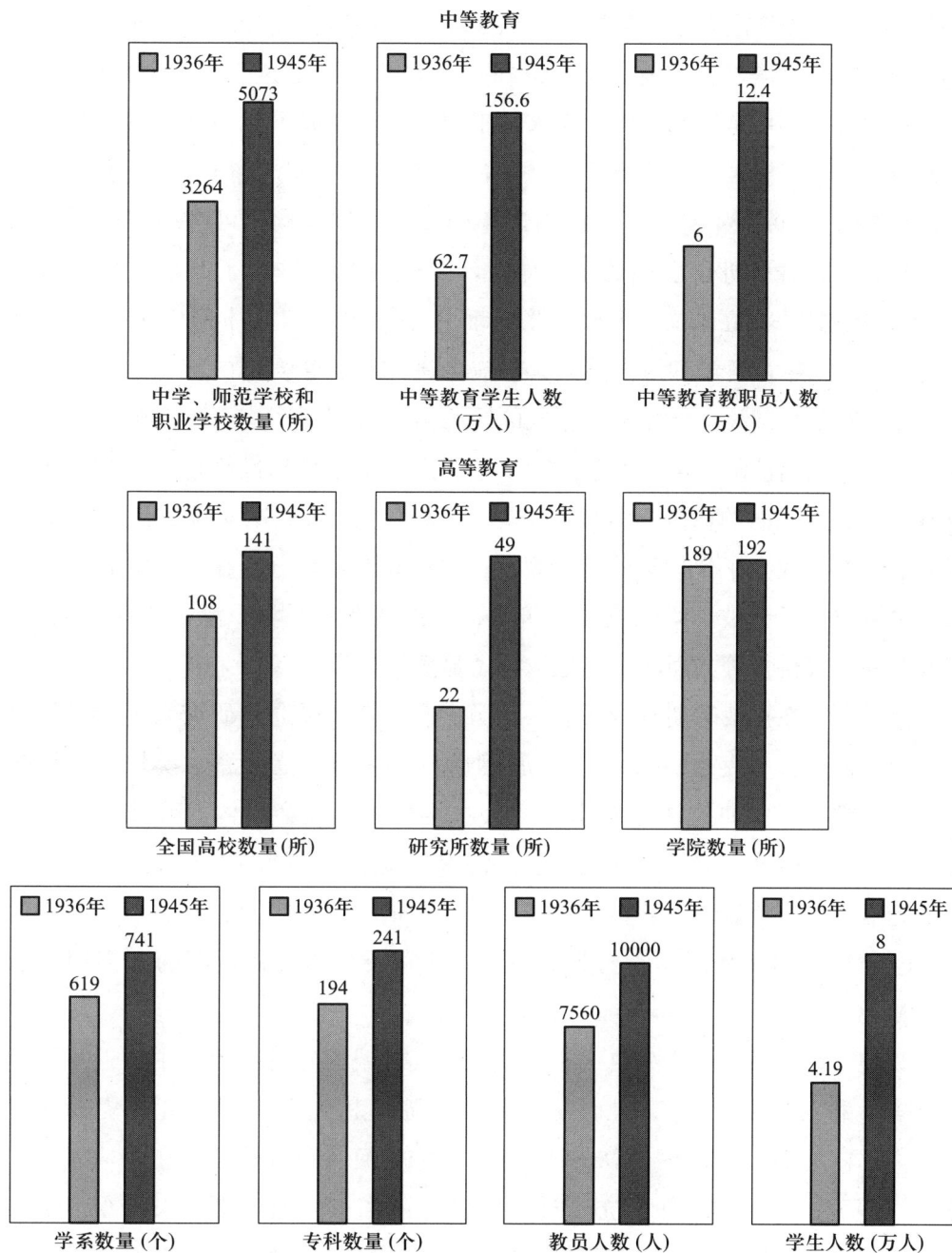

战时中国教育发展趋势图

抗战时期的学术研究也取得了可观的成果。在数学方面，著名数学家华罗庚在全国抗战爆发后毅然回国，在 1941 年完成《堆垒素数论》，研究成果改变了整个解析数论的面貌；苏步青与熊全治等一起创立了"中国微分几何学派"；陈省身在微分几何方面作出突出贡献；陈建功在富里埃级数方面研究精深；姜立夫、江泽涵和许宝騄亦在各自的研究领域获得突破。在物理学方面，卢鹤绂在核物理方面取得显著成就；吴大猷在抗战时期的研究亦值得称道，杨振宁、李政道和黄昆等均是吴的学生；郭永怀用四年时间完成了有关跨声速流动不连续解的论文，直接推进了"音障"的突破。在化学方面，侯德榜创造了"侯氏联合制碱法"；黄鸣龙发现了变质山道年的四个立体异构体可在酸碱作用下成圈地转变，并对有机化学中的基什纳—沃尔夫还原法进行了改良，被命名为"黄鸣龙还原法"。在天文学方面，张钰哲主持了 1941 年 9 月 21 日甘肃临洮日全食观察。在生命科学和医学方面，王应睐建立了维生素 B_1 的硫色素荧光测定法，并与摩尔在国际上首先发现合成的纯维生素 A 过量时有毒性；汤飞凡在世界上首次分离出沙眼病毒；蔡翘进行了中国人正常生理标准统计、红细胞脆性及溶血机制等方面的研究；张香桐发表了《锥体束内的逆向排放激活大脑皮层》的论文，改变了生理学的传统观念；朱洗和秦仁昌分别在动物学和植物学研究领域取得了突破。梁思成在建筑学，黄汲清在地质学，涂长望在气象学，赵九章在大气科学等方面的研究也取得了显著的成果。

史学研究在抗战时期有较大进展，历史研究者力图通过研究来提供民族复兴的历史依据。马克思主义史学发展迅速，郭沫若、范文澜、侯外庐、吕振羽、翦伯赞等人的研究注重对中国古代社会性质、社会结构、阶级关系的探讨，并且通过研究大力传播马克思主义，深刻地影响了社会思潮和中国史学的发展趋势。主要代表性的著作有郭沫若的《青铜时代》《十批判书》，翦伯赞的《历史哲学教程》，杜国庠的《先秦诸子思想概要》以及吕振羽的《简明中国通史》等。

其他一些史学家的研究也很有成就，尤其是钱穆先后出版《中国近三百年学术史》和《国史大纲》，社会影响甚大。陈垣相继完成《旧五代史辑本发覆》《明季滇黔佛教考》《清初僧诤记》《南宋初河北新道教考》和《通鉴胡注表微》等著作。除此之外，抗战时期的颠沛流离中，陈寅恪、朱希祖、萧一山、何干之、郭廷以等历史学家也都在各自的领域取得了显著的学术成就。

在哲学方面，艾思奇对马克思主义哲学在中国的发展与传播作出了突出贡献。抗日战争期间，艾思奇写出了《哲学的现状和任务》《共产主义者与道德》《形式伦理学和辩证法》《怎样研究辩证法唯物论》等文章，比较全面地阐述了绝对与相对、运动与静止、个性与共性、内因与外因、形式逻辑与辩证逻辑之间的关系。1940 年年初，他在延安《中国文化》撰文，运用马克思主义辩证法的原理阐述中国的特殊性，批评闭关自守的狭隘思想，进一步论述了马克思主义中国化的理论，得到毛泽东的赞扬。毛泽东不仅高度评价艾思奇的哲学观点，还亲笔摘录了他的《哲学与生活》，多次参加艾思奇组织的哲学讨论活动。

此外，冯友兰改造了程朱理学，形成了逻辑实证主义和新实在论指导下的"新理学"，先后著成《新理学》等六部著作，合称"贞元六书"。贺麟在战时提出"文化救亡论"，指出民族复兴的本质是民族文化的复兴，承认五四新文化运动对中国传统思想的批判，中国的出路不在于全盘西化，而是应当吸取西方文化的精华。熊十力 1944 年出版了《新唯识论》的语体文本，在内容上吸收了佛学思想解释儒学，此书与稍后出版的《十力语要》《十力语要初续》等书一起，构成了熊十力新儒家哲学思想的主要内容。这些哲学思想反映了爱国哲人对民族安危和人类命运的关切和思考，在一定程度上起到了弘扬传统文化、鼓舞民族精神的作用。

抗战时期文化教育事业的发展，培养和锻炼了大批人才，为弘扬中华民族的伟大精神，争取中国抗战的胜利，发挥了积极作用。

第四节　日本在沦陷区的殖民统治

一、日本在东北地区的殖民统治

1932 年成立的伪满洲国，是日本在东北推行殖民统治的工具。溥仪虽然名义上是伪满洲国皇帝，实际上是一个有名无实的傀儡。日本关东军司令部操持了伪满洲国一切军政机要，在伪满洲国"中央"行政机关中，日伪官吏人数比例为 1∶1，机要部门则完全由日本控制。为在伪满洲国推行殖民统治，日本向东北移民。"九一八"事变后，日本政府于 1936 年出台《满洲农业移民百万户移住计划案》，计划在 20 年内向东北武装移民 100 万户计 500 万人。截至 1945 年 8 月日本投降为止，移入中国东北的日本移民总数达 10.6 万户计 31.8 万人。在日本移民中，既有日本政府直接组织的"集团开拓民"，也有名义上由民间组织的"集合移民""分散移民"等。移民开拓团原则上以 500 户为 1 个集团，2 个人拥有 1 支枪。日本移民中还设立了"青少年义勇队"，平时除进行农业生产外，还要接受军事训练，实际充当了侵华日军后备兵源的角色。为解决移民所需土地问题，起初由关东军直接主持，成立"土地征用委员会"具体执行，后来改由伪满洲国的开拓科（司）负责提供。1937 年，又成立了"满洲拓殖株式会社"，专门从事移民用地的"收买"和"经营"。日伪当局通过"商租"、低价收买、强行没收，直至大面积圈占等掠夺性手段安置日本移民。在强制征用土地政策之下，许多东北农民背井离乡，流离失所。

除武装移民之外，日本还通过统制经营和强制征收的手段，对东北农产品进行掠夺。随着侵华战争的扩大，日本对东北农产品进行全面统制，相继成立"满洲特产专管会社""满洲粮谷株式会社"等机构，指定三井、三菱等日本财团为特约收买人，严禁其他人从事农产品买卖。为满足日本国内对大米的需求，日伪当局禁止普通中国百姓食用大米，违者以"经济犯"论处。太平洋战争爆发后，日本对东北农产品的掠夺方式由统制经营升级成强制征收。关东军认为"满洲国之农业政策，不止于国内自给自足，而尤为东亚食粮供给之基地，成为特殊农产物之供给渊源"①。据此，伪满洲国政府颁布《战时农产品出售对策要纲》，对农产品强制进行彻底之征收。东北人民每年除正常的交租外，还要被迫将粮食产量中的四成甚至更多"出售"。从 1942 年至 1944 年，运往日本的粮食达 970 万吨，运往朝鲜 100 万吨，运往日本统治下"关东州"21 万吨，运往华北伪政权 110 万吨。② 日本还对东北的工业资源进行大规模的掠夺。全国抗战爆发之前，日本主要依托在东北最大的企业满铁进行经济侵略。满铁在关东军扶植下，在垄断东北铁路经营的同时，为配合日本军事扩张的需要，进一步加强了对东北工矿业的掠夺，大力发展重工业和化学工业。到 1937 年，满铁所拥有的附属单位已达 79 个，其经营范围几乎涉及了东北工业的各个重要领域，从而形成了一个包括交通运输、工矿、电气瓦斯、土木建筑、信托金融、新闻通讯以及农商、旅馆服务等行业在内的庞大的殖民公司。全国抗战爆发后，日本决定加快发展东北的重工业和军事工业，将东北建设成为对外扩张侵略的军事工业与工业原料基地。1937 年 12 月，"日本产能株式会社"在关东军支持下迁到东北，成立了以发展重工业为中心的"满洲重工业开发株式会社"（简称"满业"），垄断经营东北的钢铁业、轻金属工业、重工业以及除满铁抚顺煤矿之外的煤矿业。据统计，至 1944 年，满业控制了东北采煤业的

---

① 中央档案馆、中国第二历史档案馆、吉林省社会科学院合编：《日本帝国主义侵华档案资料选编：伪满傀儡政权》，中华书局 1994 年版，第 287—288 页。

② 中央档案馆、中国第二历史档案馆、吉林省社会科学院合编：《日本帝国主义侵华档案资料选编：东北经济掠夺》，中华书局 1991 年版，第 549 页。

80%以上，钢铁冶炼业的 80%，稀有金属与轻金属生产的 80%，飞机与汽车制造业的 100%，机床制造的 90%，武器制造的 50%，化学工业品的 25%。[①] 太平洋战争爆发后，日本所需铣铁一半以上、铝的 44%都来自东北。东北生产的油料绝大多数也供给了日军。在日本的掠夺性开发政策下，东北工业经济畸形发展，与军事相关的行业增长迅速。为解决劳动力不足，日伪在东北和华北地区强征劳工，给当地人民带来了巨大苦难。

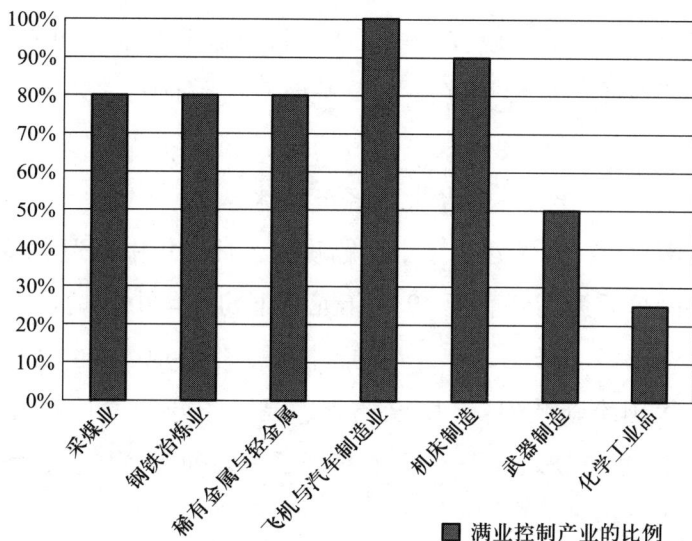

1944 年满业控制东北产业情况

日本还在东北推行奴化教育。"协和会"是日伪在东北推行奴化教育的重要工具，其任务是对东北人民实行思想和政治上的控制。"协和会"的名誉总裁由溥仪担任，从长春到各地都设有完整的机构组织，会员多达 400 余万人。此外，日本侵占东北后，规定日语和汉语同为"国语"，并重建东北的整个教育系统，中等以上学校大量采用日本课本，强制推行日语教学。日伪当局进行新闻统制，禁止发行与伪满洲国"国情不合"的出版物，控制了整个东北的新闻出版业。日伪当局还利用电影、戏曲等艺术形式进行文化渗透，在东北成立了电影制作机构"满洲映画协会"，大力宣传"皇道乐土满洲国"。

二、日本扶持华北伪政权和汪伪政权

日本发动全面侵华战争后，即推行"以华制华"的政策，在占领区扶植傀儡政权。全国抗战进入战略相持阶段后，日本政府改以"政治诱降为主，军事

---

① 王承礼主编：《中国东北沦陷十四年史纲要》，中国大百科全书出版社 1991 年版，第 317 页。

进攻为辅"的侵华方针。在相当长的一段时间里，日本相继扶植了华北、华中的傀儡政权，并通过建立汪精卫伪政权，维持其在沦陷区的统治。

在华北沦陷区内，北平和天津成立了最早的傀儡地方政权。1937 年 7 月底，"北平临时治安维持会"成立，由北洋时代的步军统领江朝宗担任主席。8 月初，"天津地方治安维持会"成立，由北洋时期政客高凌霨搜罗一帮失意军人、政客组成。此后，在日本华北方面军特务部长喜多诚一策划下，于 12 月建立了意图取代国民政府的伪政权——"中华民国临时政府"，由北洋时期的政客王克敏担任"行政委员会委员长"。"临时政府"标榜"肃清国民党一党专制的党治之弊"，"绝对排斥容共政策"。日伪还通过设立"日华经济协议会"和"华北开发公司"，全盘掌控华北的经济命脉。

日军侵占南京后，开始建立华中傀儡政权，日本华中派遣军特务机关长臼田宽三是重要的幕后策划者。至 1938 年元月下旬，华中各地成立的"治安维持会"已达 26 个。3 月下旬，在日本的扶植下，华中地区建立了统一的傀儡政权——"中华民国维新政府"，由梁鸿志、温宗尧分任"行政院"和"立法院"的"院长"。"维新政府"与日本签订了一系列经济协定，华中重要的经济资源由此落入日本之手。

在关东军的策划下，察哈尔、晋北和绥远建立的傀儡政权于 1937 年 11 月在张家口合并成立"蒙疆联合委员会"，金井章二作为最高顾问兼总务委员长操持一切重要事务。

在中国沦陷区内，除伪满洲国之外，出现了三个傀儡政权并立的局面。为维持其殖民统治，1938 年 7 月，日本内阁制定了《建立中国新"中央"政府的指导方针》，要求尽快将伪政权合并"使之形成真正的'中央'政府"[1]。1938 年 9 月，"中华民国联合委员会"在北平成立，由"临时政府"的王克敏、朱深、王揖唐和"维新政府"的梁鸿志、温宗尧、陈群六人组成，王克敏任主席。由于这些伪政府官僚声名狼藉，加之日军内部派系分歧，伪"中央"政权最终没有形成。

为寻找合适的代理人充当未来统一的伪"中央"政权的首领，日本开始重点拉拢、诱降以汪精卫为首的"亲日派"。汪精卫时任国民党中政会主席、国

---

[1]　日本防卫厅防卫研究所战史室：《中国事变陆军作战史》第 2 卷第 1 分册，齐福霖、田琪之译，中华书局 1979 年版，第 103 页。

民党副总裁、最高国防会议副主席、国民参政会议长等职，地位仅次于蒋介石。1933 年长城抗战后，汪精卫对抗战前途感到悲观，主张以和谈方式解决中日冲突。1938 年夏秋，汪精卫集团的代表同日方代表秘密磋商妥协停战条件。11 月 3 日，日本首相近卫文麿发表声明，以如果国民政府"更换人事组织"，参加"新秩序建设"为名，暗示汪精卫日方坚持"扶汪排蒋"的方针。11 月 20 日，汪精卫集团代表高宗武、梅思平同日本军方代表影佐祯昭、今井武夫在上海秘密签订《日华协议记录》等投降卖国文件。

1938 年 11 月初，日本首相近卫文麿再次发表声明，改变了"不以国民政府为对手"的强硬姿态，公开引诱国民政府中的动摇分子。1938 年年底，汪精卫等人按预定计划出走重庆到达昆明，再由昆明抵达河内。日方按先前约定发表"第三次近卫声明"，提出"实现相互善邻友好、共同防共和经济合作"的"近卫三原则"。汪精卫于 12 月 29 日以致国民党中央党部蒋总裁暨中央执监委员电的方式，公开响应日方声明，其叛国行为遭到全国上下的一致谴责。1939 年 4 月下旬，汪精卫等在日本协助下乘船离开河内，驶往日军占领下的上海，彻底走上叛国投日的不归路。1939 年 8 月，汪精卫在上海召开"国民党第六次全国代表大会"，企图篡袭"党统""法统"。在日汪协商筹建伪政权的过程中，日方制订《日华新关系调整纲要》等文件作为汪必须接受的极为苛刻的条件，实质就是日本要求对中国的一切控制权。汪精卫全盘照收，以换取日本对其伪政权的支持。在此期间，汪集团成员高宗武、陶希圣脱离上海，于 1940 年 1 月 7 日在香港发表声明，揭露日汪之间谈判内幕，举国上下纷纷声讨汪的汉奸行径。

1940 年 3 月底，汪精卫伪政权以"还都"为名在南京正式宣告成立，汪自任"代理主席""行政院长"，陈公博、温宗尧、梁鸿志、王揖唐分任"立法院长""司法院长""监察院长"和"考试院长"，周佛海与褚民谊分掌财政与外交。11 月中旬，日本御前会议承认汪伪政府，11 月底，汪伪政府与日本签订所谓《日本国与"中华民国"关于基本关系的条约》及附属秘密条约，将之前日汪之间的秘密协定正式条约化。华北和蒙疆的伪政权虽在名义上归附汪伪政府，实际却不受其控制。1944 年 11 月，汪精卫在日本病死，陈公博任伪国民政府代主席。

与在东北一样，日本在华北、华中地区疯狂掠夺经济资源、进行奴化教育，通过伪政权维持其在沦陷区的统治。1938 年 11 月，日本设立"华北开发公司"，全面统制华北经济，控制煤矿、铁矿等华北重要经济命脉。日本政府和民间私人资本大肆扩张，在"中日经济提携"的口号下强行掠夺中国民营企业。日本还通过严厉的统制政策掠夺棉花等华北地区重要的农产品。华北地区的劳动力也成为日本掠夺的对象，据统计，被掠夺到东北、蒙疆和日本本土的劳工总人数达到 960 余万人。[①] 在华中，日本以"华中振兴公司"充当经济统制的代理机构，其业务包括华中地区交通运输、通信事业、水电矿产等。淮南地区的煤矿，当涂、繁昌和大冶的铁矿均是日本掠夺的重点。此外，日本还以统制经营的形式大肆掠夺华中地区棉花、稻米和小麦等农产品。日本通过大量发行军票掠夺华中沦陷区人民的财富，汪伪政府成立后设立"中央储备银行"，发行"中储券"以替代军票。日本将战争军费转嫁给了汪伪政府，使汪伪沦陷区人民的灾难更加深重。

三、沦陷区民众的反侵略斗争

日本占领东北后，东北各阶层人民奋起反抗，采取各种形式同侵略者进行斗争。东北抗日联军在极困难的环境中，进行了艰苦卓绝的游击战争。1936 年2 月，中共驻共产国际代表团发表了由杨靖宇、王德泰、赵尚志、李延禄、周保中、谢文东等人署名的《东北抗日联军统一军队建制宣言》，宣布将各抗日武装改组为抗日联军。至 1937 年 11 月，在东北各级党组织帮助下，抗联已发展成 11 个军的编制，人数最多时发展到 4.5 万人。[②] 1939 年秋季开始，日伪集中兵力对抗联进行疯狂"讨伐"，抗联领导人杨靖宇壮烈殉国，抗联各部受到严重损失。在极端险恶的形势下，抗联领导人积极寻求新的战略策略，于 1940年 1 月提出"逐渐收缩，保存实力"的方针。1940 年下半年到 1942 年 7 月，经与苏联协商，抗联大部相继越过边界，进入苏联境内。1942 年 8 月，经共产国际同意，东北抗联部队统一改编为东北抗日联军教导旅，由周保中任旅长。抗联部队在苏联集中整训，亦经常派出小分队回东北进行情报侦察、破击交通等作战任务。1945 年 8 月，苏军进入中国东北与关东军作战，抗联教导旅发挥了重要作用。东北抗联坚持敌后抗战 14 年之久，牺牲巨大，给予日军沉重打击。

---

① 《历年华北"强制劳工"及家属掠往日本"满洲"蒙疆华中人数统计表》，居之芬、张利民主编：《日本在华北经济统制掠夺史》，天津古籍出版社 1997 年版，第 420 页。
② 王鸿宾等主编：《溥仪和伪满洲国》，河南人民出版社 1994 年版，第 260 页。

同时，东北各地兴起了群众性的抗日斗争。为反对日伪强制征收粮食，东北农民奋起反抗，仅 1942 年 5 月下旬至 6 月中旬，各地群众为粮食问题进行了 13 次斗争，有 1276 人参加。在东北人民抗日斗争的感召下，部分"伪满"军警发生兵变，1942 年 7 月，伪三江省发生士兵起义后，一个连的士兵进入苏联境内加入抗联教导旅。

在华北和华中沦陷区，人民进行了各种形式的反抗斗争。在上海的一些工厂中，工人采用破坏机器、专造次品的手段，干扰、破坏日军所需军工产品的生产进度。1942 年 3 月，井陉煤矿工人和矿警 49 人举行武装暴动；同年春，河北磁县六河沟煤矿工人 2000 余人举行武装起义；1942 年 8 月，浦口三井煤矿的工人、战俘发动暴动。抗战后期，一些地区的农民开始有组织地武装反抗日伪统治。1945 年 2 月，下乡征粮的日伪军在无锡上山村遭到民间宗教组织"先天道"的袭击，愤怒的群众将 30 余名日伪军全部杀死，附近农民纷纷加入暴动之中，人数达 10 万人以上。此次暴动波及无锡、江阴、常熟、沙洲、武进、青浦各县。

沦陷区的知识分子和文化人士坚决抵制日伪统治，如著名史学家陈垣、著名京剧表演艺术家梅兰芳等，坚持不与日伪合作，体现了中华民族的不屈气节。

中共地下党组织积极领导、组织、发动沦陷区人民的反抗斗争。在沦陷区广大民众的积极配合下，中共地下党组织采购了大量根据地急需的药品、布匹、火药等物资。沦陷区的广大爱国青年还通过地下党组织前往陕北、华北、华中各根据地，投身民族解放战争。

沦陷区人民的反抗斗争，抵制和削弱了日本在中国的殖民统治，鼓舞了全国人民的抗战斗志，成为中华民族抗战的重要组成部分。

第五节　抗日战争的胜利

一、世界反法西斯战争胜利前的国际局势

1943 年，世界反法西斯战争的局势发生了重大转折，胜利的曙光已经出现。在苏德战场上，1942 年 7 月—1943 年 2 月，苏德两国军队在斯大林格勒进行了持续 199 天、规模空前的大决战，德军损失了东线南翼兵力的 1/4，有 9

万余人被俘，苏军取得了辉煌的胜利。在北非战场上，1942 年 11 月，盟军取得了阿拉曼战役的胜利，轴心国军队伤亡和被俘近 6 万人。在太平洋战场上，1943 年 2 月，美国海军瓜达尔卡纳尔岛战役获胜，取得了太平洋战场的主动权。斯大林格勒战役、阿拉曼战役和瓜达尔卡纳尔岛战役是世界反法西斯战争的三大转折之役，此后，世界反法西斯的正义力量不断壮大，法西斯势力节节败退。

1943 年秋至 1944 年，各战场开始进入战略反攻。在欧洲战场的东线，经过 1943 年夏季的库尔斯克战役，德军完全转入战略防御。苏军发动了"秋季攻势"，击溃德军 118 个师。1944 年年初，苏军开始战略反攻，连续发动十次重大战役，号称"十次打击"，歼灭敌军 200 多万人，解放了大片国土，并在东欧人民配合和支援之下进入罗马尼亚、保加利亚、匈牙利、捷克斯洛伐克等国，攻入德国的东普鲁士地区。在苏联的一再催促下，美英着手在西线开辟第二战场。6 月，盟军实施代号为"霸王行动"的军事行动，进行了人类历史上最大规模的登陆作战——诺曼底登陆。6 月初至 7 月初，盟军 200 余万军队，17 万辆车辆，60 万吨各类补给品，成功地渡过了英吉利海峡，在法国诺曼底登陆，胜利完成开辟第二战场的任务。8 月，盟军解放巴黎，继续向德国边界挺进。12 月中旬，德军进行阿登反击战，未能达到军事目标，在西线战场大势已去。在地中海战场，盟军继北非胜利、西西里登陆，迫使意大利投降后，又击败驻意德军，于 1944 年 6 月解放罗马。此后，南欧巴尔干各国也相继获得解放。

1945 年 4 月 25 日，美苏两军在易北河会师。东西两线并肩作战的盟军终于实现了历史性握手，将负隅顽抗的纳粹德国拦腰截为两段。苏军于 4 月中旬发起对德国首都柏林的攻坚战，经过近 20 天的激战，于 5 月 2 日攻入柏林中心城区，希特勒自杀身亡，德国于 5 月 8 日向盟国投降，纳粹德国覆亡。

在太平洋战场，继中途岛战役和瓜达尔卡纳尔岛战役之后，美军实施"跳岛战术"，即不采行逐一收复各岛的战法，跳过防守坚固的日占岛屿，占领下一个岛屿，大幅提升收复的进度与成效。1944 年年初，美军突破马绍尔群岛防线，攻占马里亚纳群岛，日本所谓"太平洋防波堤"被摧毁。7 月，美军攻占塞班岛和关岛，东条英机内阁倒台。10 月，日本海军企图决一死战，美、日两国海军在菲律宾莱特湾进行激战，美军获胜并在菲律宾登陆。1945 年 2 月，美军为加强对日空袭的力度、缩短轰炸机航程，在付出阵亡 6800 余人的惨痛代价后，于 3 月下旬占领了硫黄岛。此后，日本本土不断遭到盟军大规模空袭，损失极为惨重，已无力为战争提供后方支援，日本正在走向最后的失败。

二、中美、中英"新约"签订与中国国际地位的提高

中国在抗日战争中坚持长期抗战，大量牵制了日本法西斯军事力量，充分展示了中国人民反抗侵略、争取民族解放的决心，大大提高了中国的国际地位。太平洋战争爆发后，中国与美、英站在一起，成为世界反法西斯战线的重要同盟国。珍珠港事件发生后不到两周，国民政府开始考虑与盟国订立新条约的方式，解决遗留的废除不平等条约问题，包括："甲，对英要求其承认西藏、九龙为中国领土之一部；乙，对俄要求其承认外蒙、新疆为中国领土之一部；丙，东四省、旅大南满要求各国承认为中国领土之一部；丁，各租借地及治外法权与各种特权及东交民巷等，皆须一律交还中国，与取消一切不平等条约。"①

随着中国战场在世界反法西斯战线的军事重要性不断增加，美、英逐渐改变以往轻视中国的态度，意识到必须调整与中国建立在不平等条约基础之上的关系。1942 年 6 月，中途岛战役的胜利使得太平洋战场局势趋向好转，美国加快了与中国谈判废除治外法权等事宜。英国外交部也指示驻华大使薛穆要在废除治外法权的问题上采取主动姿态。② 经过一个半月的磋商后，英美两国决定采取平行行动，分别与国民政府谈判废约。

1942 年 7 月和 10 月，美国政府先后派出特使居里和威尔基来华访问，中国政府向他们表明对平等待遇的祈盼和收复失地的决心。在中国政府的再三努力下，1942 年 10 月 10 日，美、英两国宣布自动废除不平等条约，并愿与中国商订平等新约。新约谈判从 1942 年 10 月下旬正式开始，尽管美国还无意完全放弃诸如内河航行权、沿海贸易权和军舰游弋权之类特权，但由于中国的一再坚持，美国最终放弃上述特权。1943 年 1 月 11 日，美国国务卿赫尔与中国驻美大使魏道明在华盛顿签订了《中美新约》。

《中英新约》的谈判颇不顺利，双方的主要分歧在于香港问题。太平洋战争爆发后，香港已被日本占领。谈判中，国民政府提出收回九龙租借地（即新界）的要求，试图以此为突破口，进而解决整个香港问题。但是英方态度极为蛮横，

---

① 蒋介石日记，1941 年 12 月 20 日，藏美国胡佛研究所档案馆。
② Llewellyn Woodward, *British Foreign Policy in the Second World War*, Volume Ⅳ, London: H. M. S. O., 1975, p. 510.

拒绝归还新界，谈判陷入僵局。最终国民政府妥协退让，没有将香港问题列入《中英新约》。《中英新约》几经周折，终于在 1943 年 1 月 11 日在重庆正式签署。宋子文在签约当天照会英国驻华大使薛穆，声明对于新界问题中国将保留日后提出讨论的权利。薛穆复照国民政府外交部，表示已将上述通知转达本国政府。之后，国民政府的这份照会便石沉大海，英国政府再没有作出任何答复。

中共表示赞成废旧约、签新约，同时又指出，国家间真正平等，要依靠中国人民自己努力，建设强大国家。中共中央决定举行庆祝活动，指出是"抗战的发动，民族统一战线的形成，国共合作的坚持，全国军民的卓绝奋斗，国际反法西斯联合阵线的形成，英美苏……对中国抗战的同情与援助，使中国的国际地位提高了，使中英美间不平等条约得到废除"①。《解放日报》为此发表《中国共产党与废除不平等条约》的社论，指出新约的签订是"中华民族广大人民的成功"，是"发动了全国抗战，恢复了国共合作，五年以来坚持不屈"的结果，是全国人民努力奋斗的结果。②

太平洋战争爆发后，中国成为"四强"之一。1943 年 11 月，美国总统罗斯福向中、苏、英三国首脑建议召开开罗会议，以讨论对日本的联合作战计划以及战后远东新秩序的安排。由于斯大林拒绝出席，开罗会议就变成了中、美、英三国首脑的会谈。蒋介石分别同罗斯福和丘吉尔举行了多次会谈。在与罗斯福的会谈中，双方在中国国际地位、军事占领日本、日本未来国体、中国收回失地等问题上大多趋于一致。但在追加 10 亿美元贷款、中国参加英美参谋团联合会议等问题上存在分歧。中英会谈中，双方在反攻缅甸问题上争论不断，在西藏、香港等问题上也未谈出结果。

尽管如此，中、美、英三国在对日作战及战后对日处置方面达成了一致。1943 年 12 月初，三国共同发表《开罗宣言》："三大盟国决心以不松弛之压力，从海、陆、空各方面，加诸残暴之敌人"，"三国之宗旨，在剥夺日本自从 1914 年第一次世界大战开始后在太平洋上所夺得或占领之一切岛屿。在使日本所窃取于中国之领土，例如东北四省、台湾、澎湖群岛等，归还中华民国"。③ 这

①　《中央关于庆祝中美中英间废除不平等条约的决定》（1943 年 1 月 25 日），中央档案馆编：《中共中央文件选集》第 14 册，中共中央党校出版社 1992 年版，第 18 页。

②　《中国共产党与废除不平等条约》，《解放日报》1943 年 2 月 4 日第一版。

③　《蒋委员长与美国总统罗斯福、英国首相丘吉尔在开罗联合发表对日作战之目的与决心之公报》（1943 年 11 月 27 日），秦孝仪主编：《中华民国重要史料初编——对日抗战时期》第 3 编（三），台北中国国民党党史委员会 1981 年版，第 547 页。

样，中国在战后收回东北、台湾和澎湖列岛的权利得到了保证。

1943 年 11 月 23 日，在开罗会议期间，蒋介石与罗斯福、丘吉尔、宋美龄合影
采自美国国家档案馆。

三、豫湘桂战役的溃败与美国对华政策的转变

在国际反法西斯战争走向胜利的前景下，中国战场却出现了豫湘桂战役的溃败，对中国战区和太平洋战区的战局都产生了重大影响。

美军在太平洋战争中，重创日本海军主力，"跳岛战术"也取得显著成效，战火步步逼近日本本土，日本海军无力保障海上运输交通线的安全与畅通，在东南亚的日军渐入困境。1943 年 8 月，日本参谋本部开始酝酿在中国战场的"一号作战"，即"打通大陆交通线作战"，意图打通中国大陆南北，构成直通南北的大走廊，与被切断海上交通的东南亚 50 万日军联系起来，以从事长期战争。这是日本法西斯在败局已定的情况下为挽救其灭亡命运而采取的孤注一掷的战略行动。1944 年 1 月，日本天皇批准《一号作战纲要》。3 月，日本中国派遣军制订了较为详细的作战计划。日军动员兵力 50 余万人、汽车 1.2 万辆、马 6.7 万匹、作战距离达 2000 公里。"一号作战"成为日本侵华史上规模最大的作战。

豫湘桂战役由豫中、长衡、桂柳三阶段会战组成。豫中会战为第一阶段。4 月中旬，日军共 14.8 万余人，强渡黄河以攻占平汉铁路南段为目标，向郑州、洛阳地区发动进攻。中国军队迅速陷入混乱，郑州旋即沦陷。随后，日军击溃第一战区副司令长官兼第十九集团军总司令汤恩伯部主力，兵锋西指，攻占洛阳。5 月上旬，南下与北上的两支日军会师河南确山，打通了平汉线。

长衡会战为第二阶段。5 月中旬，日军第 11 军司令官横山勇指挥所辖十个师团、四个混成旅团、一个飞行团和海军一部，共 20 余万人，以攻占湘桂铁路为目标，向长沙、衡阳地区进攻。中国守军依托新墙河、汨罗江、捞刀河逐次抵抗。日军吸取前三次长沙会战的教训，其右翼兵团直接攻向湘江西岸岳麓山，夺取守军重炮阵地。6 月中旬，长沙守军弃城逃跑，长沙即告陷落。6 月下旬，衡阳陷入日军包围之中，第十军军长方先觉奉命死守衡阳，与日军拼死激战，损失极为惨重，也给日军以重创。但拥有几十万军队的第九战区为保存实力，竟然在 40 多天内未给守军支援，致使衡阳守军孤军作战，而陷入弹尽粮绝之境。8 月 8 日，方先觉下令投降，衡阳陷落。衡阳保卫战历时 47 天，是抗战史上坚持时间最长的城市保卫战。

桂柳会战为第三阶段。日军攻占衡阳后，准备进攻桂林、柳州。10 月下旬，日军命令前线部队发起攻势。11 月中旬，桂林陷落，柳州亦被攻占。11 月下旬，桂南重镇南宁失陷，桂柳会战大局已定。12 月初，日军攻占贵州独山，并向都匀进逼，随后与由越南北上的日军第 21 师团在扶绥县南会合。日军进展神速，令国人大为震动，贵阳、重庆陷入极大恐慌。至此，日军打通大陆交通线的作战目的基本达到。

豫湘桂会战历时近 8 个月，以国民党军的惨败而告终。国民党军损失近 60 万人，20 余万平方公里的国土、大后方近 1/3 的工矿企业遭敌蹂躏，36 个机场被摧毁，数千万百姓遭受严重的生命财产损失。总体而言，豫湘桂会战的失败是国民党军队腐朽无能的集中体现，突出反映了国民党坚持一党专制、政治腐败、特务横行、经济恶化、民心丧失、军队战斗意志废弛的恶果。汤恩伯部在河南军纪松懈、苛扰地方，日军发起进攻后，汤恩伯部居然遭到当地百姓的袭击，"此次会战期间，所意想不到之特殊现象，即豫西山地民众到处截击军队，无论枪支弹药，在所必取……甚至围击我部队，枪杀我官兵，亦时有所闻"①。由此可见人民对国民党政府的失望与愤恨。

豫湘桂会战的溃败引起了国内政局的变化，大后方抗日民主运动不断高涨，社会各阶层对国民党独裁统治极为不满。国民党地方实力派的反蒋活动也重趋活跃，并与当时的民主宪政运动结合在一起。广西的李济深，云南的龙云，四川的潘文华、刘文辉等都以不同的形式公开对蒋介石提出责难，并与共产党进一步密切了关系。

在这种情况下，中共认为要求国民党废除一党专制，实行民主政治，改组国民

---

① 《豫中会战作战经过与检讨》，中国第二历史档案馆编：《抗日战争正面战场》下册，江苏古籍出版社 1987 年版，第 1252—1253 页。

1944年3月，中国民工抢修军用机场的情景

采自越众历史影像馆编著《国家记忆：美国国家档案馆馆藏二战中美友好合作影像》，中信出版社2016年版，第18页。

政府，建立民主联合政府的时机已趋成熟。1944年9月1日，毛泽东在中共六届七中全会主席团会议上提出"召集各党派代表会，成立联合政府，共同抗日，将来建国"。9月中旬，林伯渠代表中共在第三届国民参政会第三次会议上向各党派提出了建立联合政府的主张。中共联合政府的主张一经提出，激起巨大反响，不仅大后方广大人民积极拥护，中间派政治势力亦对此表现出较高的热情。联合政府的主张切中现实要害，为中间派政治势力提供了宽广的政治前景。10月中旬，民盟发表政治声明，郑重要求国民党立即结束一党专政，建立各党派联合政权。自此，在联合政府的旗帜下，中共与民盟初步建立起统一战线。

太平洋战争爆发后，美国对中国战场更加重视和支持，希望中国能尽量拖住在华日军以缓解太平洋战场的压力。但由于国民党和国民党政府的腐败无能，美国对其信心下降，在支持国民党的同时，也希望中国各派政治力量特别是国共两党团结抗日。同时，美国逐渐认可中共在抗战中日益突出的作用和贡献。1944年6月，由6名外国记者、15名中国记者组成的中外记者西北参观团访问延安，他们看到了中共领导下的人民军队和根据地生机勃勃的景象，与国民党统治下死气沉沉的局面形成的鲜明对比，并将之诉诸报端。美国记者的报道引起了美国民众的广泛兴趣。7月至8月，美军观察组分两批先后抵达延安，他们亲眼看见根据地的新风貌，并对根据地的民主实践兴趣浓厚，中共方面也很快确立了与美国进行合作的方针。美军观察组充分肯定了中共的抗战努力，主张对中共军队进行适当援助。美国军方人员甚至与中共方面讨论了八路军在山东接应美军登陆的作战计划。

1944年10月13日，毛泽东陪同美军观察团包瑞德上校一行考察延安
采自美国国家档案馆。

1944年在延安，十八集团军参谋长叶剑英、总指挥王震、美军观察团包瑞德上校等检阅三五九旅
采自越众历史影像馆编著《国家记忆：美国国家档案馆馆藏二战中美友好合作影像》，中信出版社2016年版，第165页。

但由于豫湘桂战役的溃败，国民党统治危机加剧。美国担心一旦国民党垮台，美国将失去中国这一重要盟友，因此决定仍然要全力支持蒋介石政府。史迪威积极奉行美国政府联华抗日的政策，对中国共产党表现出一定的同情，但也因为敦促蒋介石联共抗日而与蒋关系逐渐恶化。1944 年 10 月，美国召回史迪威，由魏德迈接任。随着世界反法西斯战争即将取得决定性胜利，出于对战后利益和战后政治格局的考虑，也出于美国资产阶级对共产党本能的反对，美国政府逐步改变了支持国共共同抗日的态度，采取扶蒋反共的政策。11 月，赫尔利出任美国驻华大使，多次公开发表反共言论，宣称只同蒋介石合作，不同中国共产党合作。这表明美国对华政策已经完全转向支持国民党，反对中国共产党。

四、滇缅战场与敌后战场的攻势作战

1943 年 10 月，中国军队从滇缅战场开始战略反攻。1942 年中国远征军援缅作战失利后，退入印度的新三十八师和新二十二师相继开赴蓝姆伽进行整训。

1943 年 10 月，中国驻印军新一军在盟军配合下进行了胡康河谷作战，拉开了缅北反攻的序幕。1944 年 3 月，中国驻印军攻克缅北门户孟关，日军残部向孟拱河谷撤退，胡康河谷完全肃清。6 月，中美联军进行孟拱河谷作战，攻占孟拱。中国驻印军经过与日军殊死争夺，8 月初占领密支那，日军由缅北南撤。驻印军攻克密支那后利用雨季整训补充，至 10 月，驻印军开始进行第二期作战，向八莫、南坎等地发起进攻。12 月中旬，新三十八师攻克八莫，1945 年 1 月中旬，新三〇师攻占南坎。同时，右翼的新六军于 1944 年 11 月进抵伊洛瓦底江畔，先后攻占皎基、摩首。新六军主力继续南下，并最终攻占同古。至 1945 年 3 月底，中国驻印军胜利完成缅北反攻任务后，相继回国。

1944 年 5 月，驻云南的中国远征军发起滇西反攻作战。中国远征军从七处强渡怒江，与日军血战，5 月下旬，全部渡过怒江。7 月下旬在空军掩护下，远征军以优势兵力，攻占来凤山。残敌龟缩腾冲城内，殊死顽抗，中国军队伤亡甚大。8 月下旬，远征军突入城区，进行了极为惨烈的巷战，至 9 月下旬，腾冲守敌才被全部肃清。第八军工兵营在掩护下进行地道掘进作业，以炸药轰开松山山顶日军主工事，于 9 月上旬攻下松山。在援军配合下，10 月底，远征军向龙陵发起第三次攻击，11 月初克复龙陵。11 月下旬，第二军得到第七十一军和第六军支援，克复芒市。

中国远征军攻克龙陵、芒市后，以第五十三军、七十一军为主力，第二军一部及第二〇〇师向遮放追击，并于 1945 年 1 月初克复畹町。同时，中国驻印军以新一军向芒友进攻，1 月下旬攻占芒友。中国驻印军与中国远征军在芒友胜利会师，滇缅战场取得了决定性的胜利。

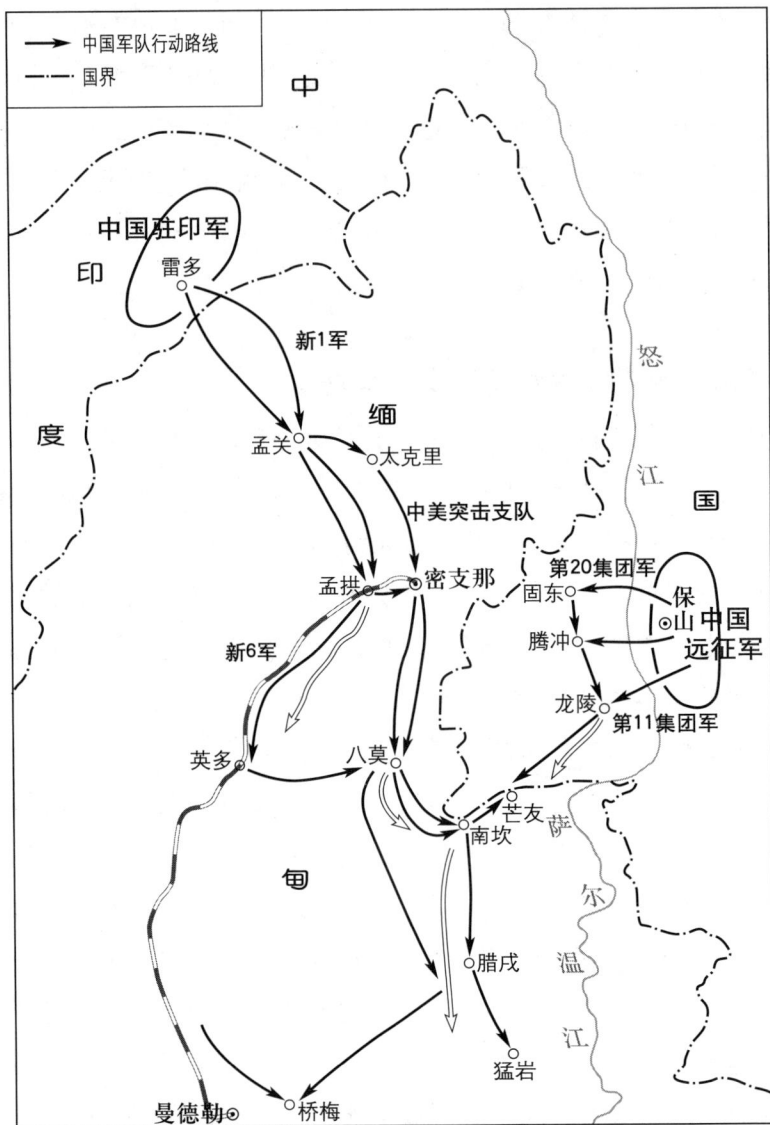

缅北滇西作战示意图

　　1945年3月，美军发动冲绳战役，在华南的日军不得不进行战略收缩。6月上旬，日军中国派遣军命令驻华南部队向广州和香港收缩。至7月中旬，日军在广州及其外围地区仍驻有三个师团、四个旅团及一个香港防卫队，兵力共约九万人。美军登陆冲绳后，日本国门被攻破，日军被迫战略转移。1945年5月，日军开始从广西逐步撤出，中国军队跟踪追击，于6月底收复战略要地柳州，为实现歼灭华南日军、收复广州和香港进一步扫清了障碍。

　　从1943年7月开始，八路军山东军区、第一二九师和冀鲁豫军区就发动了鲁中山区、诸（城）日（照）莒（县）山区的卫（河）南和林（县）南战役，揭开了中国战场战略反攻的序幕。日军发起"一号作战"后，华北、华中兵力收缩，各根据地军民乘势开展局部反攻。八路军山东军区组织主力及作战地区附近的武装和民兵，连续发动春、夏、秋、冬攻势作战，共歼灭日军 4800 余人、伪军 5.4 万人，劝降伪军 1.1 万人，恢复县城 9 座，解放国土 4 万余平方公里，人口 930 万，民兵发展到 37 万人。胶济铁路以南的三个军区基本连成一片，以北两个军区也打破被敌分割的局面。八路军晋冀鲁豫边区部队从 1944 年春季开始，连续向敌军发动攻势作战，9 月起，日军调回参加"一号作战"的部分兵力展开"扫荡"。晋冀鲁豫边区军民先后进行了十余次反"扫荡"作战，并乘敌后方及交通线空虚之际，开展了夺取敌后城镇及交通线的秋冬季攻势。八路军晋绥军区对根据地主要公路沿线的敌人展开攻势作战，收复三条公路沿线的敌据点，将日伪军压制到同蒲铁路和太汾公路附近。1944 年下半年，八路军第一二〇师第三五九旅 4000 余人在王震、王首道率领下组成南下支队，挺进敌后，在湘鄂赣边开展游击战争。

在华中，新四军打通了苏中、苏北、淮南、淮北四块根据地的联系，改变了苏中抗战的局面。第三师和苏北军区在 1944 年的春季攻势中，使淮海、盐阜两分区完全连成一片。第四师和淮北军区在东起运河、西至津浦铁路的广大地区向日伪据点展开作战，解放了泗北地区。新四军在 1944 年的攻势作战中，共歼灭日伪军 5 万余人，解放国土 7400 平方公里，人口 160 余万。此外，华南抗日武装主动出击，连续向广九铁路及其两侧展开攻势。1943 年 12 月—1944 年 12 月，东江纵队共作战 300 余次，击毙日伪军 2780 余人。纵队自身发展到 7000 余人，民兵、自卫队 1.2 万余人。

中共根据形势的变化，提出 1945 年敌后战场的任务是："扩大解放区，缩小沦陷区。我们必须把一切守备薄弱、在我现存条件下能够攻克的沦陷区，全部化为解放区。"① 随后，八路军、新四军继续进行局部反攻，发动了春夏季攻势作战。1945 年 2 月，晋察冀军区决定将主要发展方向放在热辽和雁北地区。5 月，晋冀军区发起雁北攻势作战，在 50 余天内歼灭日伪军 1100 余人，扩大解放区 5000 多平方公里，解放人口约 40 万。冀察军区主力打开了

---

① 毛泽东：《一九四五年的任务》（1944 年 12 月 15 日），《毛泽东文集》第 3 卷，人民出版社 1996 年版，第 236 页。

察北、热西、平西的局面，冀热辽军区开辟了热河和辽西地区，在关东军和日本华北方面军结合部进行作战，为战后进军东北打开了通道。1945 年 4 月，山东军区发动了以胶济铁路东段沿线地区为重点的大规模夏季攻势，6 月上旬，鲁中军区发动讨伐伪军厉文礼部的作战，7 月上旬，滨海军区发动讨伐伪军张步云部的作战。胶济铁路以北胶东、渤海两军区连续发起夏季攻势，以策应鲁中、滨海军区的攻势。1945 年年初，太行军区和太岳军区在春季攻势中，连续发起道清战役和豫北战役，开辟了 3800 平方公里的豫北根据地，建立了七个抗日民主县级政权，将黄河以北的太行、太岳根据地与黄河以南的豫西根据地连成一片。同年 5 月，晋冀鲁豫边区部队向平汉铁路西侧及鲁西、晋南地区日伪军展开夏季攻势，连续发起东平战役、安阳战役和阳谷战役。在华中，新四军乘敌向沿海、大城市和主要交通线收缩之机，发动夏季攻势，攻克阜宁、睢宁县城及重要据点 100 余处。此外，新四军主力一部挥师南下，渡江后与第十六旅会合。1945 年 1 月，苏浙军区成立，开辟了苏浙皖边敌后新区。

1945 年 8 月 9 日，毛泽东发表《对日寇的最后一战》，指出应"密切而有效力地配合苏联及其他同盟国作战。八路军、新四军及其他人民军队，应在一切可能条件下，对于一切不愿投降的侵略者及其走狗实行广泛的进攻"[1]。8 月 10—11 日，延安总部接连发出七道受降和进军命令，各根据地军民开始全面反攻。从 8 月 9 日至 9 月 2 日，八路军、新四军和华南人民抗日游击队，利用自己长期处在抗日最前线的有利形势，立即对华北、华中和华南地区的日军发动大规模进攻，共歼灭日军 1.37 万人，伪军 38.5 万人，收复县以上城市 250 余座，切断了平绥、同蒲、广九等多条铁路，取得了重大胜利。

五、中共七大的召开及其重要影响

1945 年春，国际国内形势发生了重大转折，世界反法西斯战争和中国抗日战争即将迎来最后胜利。为了统一思想，确立夺取抗战胜利和建设新中国的路线、方针，中国共产党于 4 月 23 日至 6 月 11 日在延安召开第七次全国代表大会。

---

[1] 毛泽东：《对日寇的最后一战》（1945 年 8 月 9 日），《毛泽东选集》第 3 卷，人民出版社 1991 年版，第 1119 页。

七大召开前，中共中央召开了六届七中全会，通过《关于若干历史问题的决议》，总结建党以来，特别是六届四中全会至遵义会议前党的历史及其基本经验教训，增强了全党在毛泽东思想基础上的团结，为七大的召开做好了思想准备。

在中共七大上，毛泽东作了《论联合政府》的政治报告，朱德作了《论解放区战场》的军事报告，刘少奇作了《关于修改党章的报告》。三个报告均紧密围绕打败日本侵略者、建设新中国这两大任务而展开。

大会指出，由于国民党继续实行法西斯独裁统治，拒绝进行民主改革，抗战胜利后仍然可能发生内战，因此，中国面临着两个前途、两种命运的抉择；中国共产党的任务，就是要竭尽全力去争取光明的前途。大会提出中共的政治路线是："放手发动群众，壮大人民力量，在我党的领导下，打败日本侵略者，解放全国人民，建立一个新民主主义的中国。"① 这条政治路线反映了中国人民的基本要求，成为动员人民群众夺取抗战胜利、建设新中国的伟大纲领。

为夺取抗战的最后胜利，中共七大强调：国民党政府应制止一切妥协的阴谋活动，改变消极抗日政策，以彻底消灭日本侵略者；八路军、新四军和其他人民军队要不断扩大解放区，收复一切失地，扩大人民武装，实现从抗日游击战争到抗日正规战争的军事战略转变，迎接抗日大反攻；中共应有将重心由农村向城市转移的精神准备，准备夺取东北。

针对日趋明朗的抗战胜利局势，中共七大另一个核心议题就是如何建设一个独立、自由、民主、统一和富强的新中国。毛泽东的政治报告明确提出：废止国民党一党专政，建立民主联合政府。联合政府的基本目标是，团结一切愿意参加的阶级和政党，在一个民主的共同纲领之下，为当前的抗日和将来建国而奋斗。毛泽东在报告中进一步对新民主主义的一般纲领做了阐述："我们主张的新民主主义的政治，就是推翻外来的民族压迫，废止国内的封建主义的法西斯主义的压迫。"② 关于新民主主义的经济，毛泽东强调要允许资本主义在新民主主义社会中得到比较大的发展。他指出：中国经济落后，"拿资本主义的某种发展去代替外国帝国主义和本国封建主义的压迫，不但是一个进步，而且

---

① 毛泽东：《愚公移山》（1945 年 6 月 11 日），《毛泽东选集》第 3 卷，人民出版社 1991 年版，第 1101 页。

② 毛泽东：《论联合政府》（1945 年 4 月 24 日），《毛泽东选集》第 3 卷，人民出版社 1991 年版，第 1056 页。

是一个不可避免的过程"①。关于土地问题，毛泽东提出："为着消灭日本侵略
者和建设新中国，必须实行土地制度的改革，解放农民。"② 实行孙中山先生的
"耕者有其田"的主张。与此相适应，"新民主主义的政权组织，应该采取民主
集中制，由各级人民代表大会决定大政方针，选举政府"③。报告还深刻阐释了
联合政府的"具体纲领"，主张分两个步骤达致目标："第一个步骤，目前时
期，经过各党各派和无党无派代表人物的协议，成立临时的联合政府；第二个
步骤，将来时期，经过自由的无拘束的选举，召开国民大会，成立正式的联合
政府。"④ 报告还明确指出经过民主主义而到达社会主义的远景，从而全面规划
了新中国的政治蓝图。

建立联合政府的主张，反映了当时全国人民的根本利益和迫切愿望，立刻
受到全国各界的拥护。

中共七大还通过了新的党章，明确规定"以马克思列宁主义的理论与中国
革命的实践之统一的思想——毛泽东思想"作为全党的指导思想和一切工作的
指针。这对于统一全党思想、克服"左"的或者右的错误倾向，增强党的凝聚
力具有深远的意义。中国共产党经过革命胜利与失败的经验教训的反复比较，
经过整风运动和《关于若干历史问题的决议》的学习讨论，对马克思主义中国
化的必然性，对毛泽东思想的正确性、科学性，有了深刻的认识，将毛泽东思
想确立为党的指导思想乃势所必然。

中共七大制定了正确的路线和方针、政策，并在毛泽东思想的旗帜下，实
现了全党在思想上、政治上和组织上空前的团结统一，从而为领导人民夺取抗
战和新民主主义革命的胜利奠定了坚实的基础，为开创中国的光明前途，提供
了有力而可靠的保证。

六、日本无条件投降与中国抗日战争胜利

进入 1945 年，世界反法西斯战争形势已经明朗，在欧洲战场，盟军不断取

---

① 毛泽东：《论联合政府》（1945 年 4 月 24 日），《毛泽东选集》第 3 卷，人民出版社 1991 年
　　版，第 1060 页。
② 毛泽东：《论联合政府》（1945 年 4 月 24 日），《毛泽东选集》第 3 卷，人民出版社 1991 年
　　版，第 1074 页。
③ 毛泽东：《论联合政府》（1945 年 4 月 24 日），《毛泽东选集》第 3 卷，人民出版社 1991 年
　　版，第 1057 页。
④ 毛泽东：《论联合政府》（1945 年 4 月 24 日），《毛泽东选集》第 3 卷，人民出版社 1991 年
　　版，第 1068—1069 页。

中国共产党七大会场

采自《解放军画报》1952 年第 16 期。

得胜利，法西斯的溃败指日可待。在亚洲、太平洋战场，日军虽然遭受重大打击，但仍在负隅顽抗。为最终消灭日本法西斯，美国要求苏联早日参加对日作战。1945 年 2 月初，罗斯福、丘吉尔和斯大林在苏联克里米亚半岛的雅尔塔举行会议，着重讨论了苏联对日作战的问题，三方最终达成雅尔塔协定。协定规定，苏、美、英三国领袖同意，在德国投降及欧洲战争结束后二至三个月内，苏联将参加同盟国方面对日作战。其条件是：维持外蒙古现状；将库页岛南部及其全部毗连岛屿划归苏联；大连商港国际化，苏联有优先权，苏联租借旅顺港为海军基地；中东铁路和南满铁路中苏合营，保证苏联的优惠权益；千岛群岛划归苏联。[①]

　　雅尔塔会议，虽然有效协调了苏、美、英三国最后打败德、日法西斯的战略计划，对尽早结束反法西斯战争起了重要推动作用，但美、英、苏以牺牲中国利益，换取苏联对日作战的承诺，严重损害了中国的主权。雅尔塔协定，是在没有四大同盟国之一的中国代表参加的情况下签订的有损中国主权和利益的协定。这是少数大国主宰世界、推行强权政治的大国沙文主义的表现，它为此后美苏争霸的"冷战"格局埋下了伏笔。

　　1945 年 7 月 26 日，中、美、英三国发表了《波茨坦公告》，敦促日本法西斯立即投降。《波茨坦公告》第八条明确规定"开罗宣言之条件必将实施，而日本之主权必将限于本州、北海道、九州、四国及吾人所决定其他小岛之内"。日本政府对《波茨坦公告》无动于衷，美国遂决定使用原子弹。8 月 6 日上午，

---

① 《三大国关于远东问题的协定》，［苏］萨纳柯耶夫、崔布列夫斯基编：《德黑兰、雅尔塔、波茨坦会议文件集》，北京外国语学院俄语专业、德语专业 1971 届工农兵学员译，生活・读书・新知三联书店 1978 年版，第 258 页。

美军 B-29 型轰炸机在日本广岛上空投下代号为"小男孩"的原子弹，造成约 17 万人死伤。根据雅尔塔协定，苏联在欧战结束后，将在欧洲的兵力源源不断调动到远东，集结于中苏边境。8 月 8 日，苏联正式对日宣战。9 日凌晨，在华西列夫斯基元帅指挥下，150 万苏军越过边境，进入中国东北，在东北抗日联军的配合下，展开了第二次世界大战中最大规模的军事行动，75 万日本关东军的抵抗在一周之内即告瓦解，日本军国主义遭到致命一击。同一天，美国在日本长崎投下了代号为"胖子"的第二枚原子弹，日本朝野震动。

　　8 月 9 日夜，日本天皇召开御前会议，决定以保留天皇为附加条件，接受《波茨坦公告》。日本外务省通过中立国政府向中、美、英、苏四国转达上述意向。同盟国同意日本保留天皇体制，但须在盟军最高司令的限制下。日本政府决定接受。15 日，日本向全国广播了为天皇录制的《停战诏书》，宣布日本投降。9 月 2 日，在停泊于东京湾的美国"密苏里号"战列舰上，举行日本向盟国投降的签字仪式，美国、中国、英国、苏联、澳大利亚、加拿大、法国、荷兰和新西兰等国代表参加。徐永昌代表中国签字。至此，日本帝国主义终于战败并无条件投降。此后，中国政府规定 9 月 3 日为中国抗日战争胜利纪念日。

1945 年 9 月 2 日，在东京湾美国军舰"密苏里号"上，日本外相代表政府在投降书上签字
采自美国国家档案馆。

　　9 月 9 日上午 9 时，中国战区日军无条件投降签字仪式在南京中央陆军军官学校礼堂举行，中国陆军总司令何应钦代表中国政府接受侵华日军总参谋长小林浅三郎递交的侵华日军总司令冈村宁次签署的投降书。在香港受降问题上，中英之间发生争端，中国被迫让步，中英双方达成协议，由一名英军指挥

官以"英国政府与中国战区最高统帅双重代表"身份接受日军投降。8月底，海军少将夏悫率领的英军在香港登陆，英国重返香港，9月中旬，香港地区受降仪式举行，中国军事代表团潘华国将军参加了仪式。

抗日战争的胜利，结束了日本在台湾长达半个世纪之久的殖民统治。日本殖民统治期间，台湾人民从来没有停止过反侵略斗争，岛内的各族同胞坚持不断地发动抗日暴动，在长达半个世纪的抗日斗争中，共有65万人壮烈牺牲。全国性抗战爆发后，许多台湾同胞还来到祖国大陆，组织各种抗日团体和抗日武装，为抗战胜利作出了贡献。抗战期间，国民政府为收复台湾做了一定的准备工作，成立了台湾调查委员会等机构，对光复台湾进行了筹划。1945年10月25日上午9时，台湾地区受降仪式在台北市中山堂举行。日本前"台湾总督"安藤利吉向国民政府台湾行政长官兼警备司令陈仪递交降书。受降仪式结束后，台北40余万市民"老幼俱易新装，家家遍悬彩灯，相逢道贺"，表达对台湾光复的喜悦情绪。抗战的胜利，结束了日本在台湾50年的殖民统治，台湾回到祖国的怀抱。这是中国抗日战争的伟大成果，是包括台湾同胞在内的全体中华儿女浴血奋斗的结晶，表明中国抗战对世界反法西斯战争的巨大贡献得到了国际社会的普遍承认。这段历史也无可辩驳地证明，台湾永远是中国领土不可分割的一部分。

七、抗日战争胜利的伟大意义

中国人民抗日战争，是近代以来中华民族反抗外敌入侵第一次取得完全胜利的民族解放战争，是20世纪中国和世界历史上的重大事件。

中国人民抗日战争的胜利，彻底打败了日本侵略者，使中华民族避免了遭受殖民奴役的厄运。从1840年起，中国屡遭帝国主义列强的侵略和蹂躏，国家主权和领土完整不断受到侵蚀，中华民族的灾难日益深重。中国人民奋起抗击外敌入侵，一次次遭到失败。中国人民抗日战争的伟大胜利，彻底粉碎了日本军国主义殖民奴役中国的图谋，洗刷了近代以来中国抗击外来侵略屡战屡败的民族耻辱，捍卫了中国的国家主权和领土完整，捍卫了中华民族五千年发展的文明成果。

抗日战争的胜利，弘扬了以爱国主义为核心的伟大民族精神，促进了中华民族的觉醒。抗日战争，既是一场军事实力和经济实力的较量，更是一场意志和精神的较量。在抗日战争中，以爱国主义为核心的伟大民族精神，不仅成为激励中国人民团结一心、血战到底的坚实思想基础和强大精神支柱，而且在抗战的烽火中得到了新的丰富和升华，成为中国人民取之不尽用之不竭的宝贵精神财富。抗日战争胜利的历史表明，中华民族有同自己的敌人血战到底的气概，有在自力更生的基础上光复旧物的决心，有自立于世界民族之林的能力。

抗日战争的胜利，是中华民族全体同胞团结奋斗的结果，体现了中华民族巨大的凝聚力和旺盛的生命力。在抗日战争中，中国人民在精神上、组织上的进步达到了前所未有的高度。中国国民党在正面战场极大地打击了日军；中国共产党积极开展敌后抗日，在全民族抗战中发挥了中流砥柱的作用，全国人民在抗日民族统一战线的旗帜下，团结御侮，共赴国难，最终取得抗日战争的胜利。

抗日战争的胜利，为中国共产党带领中国人民实现彻底的民族独立和人民解放奠定了重要基础。经过抗日战争烽火的洗礼，中国人民深刻认识到，要实现国家富强和人民富裕，必须首先实现民族独立和人民解放，必须建立人民当家作主的人民民主政权。正是在抗日战争胜利的基础上，中国共产党领导人民取得了新民主主义革命的胜利，建立了中华人民共和国，开启了中国历史的新纪元。

中国人民抗日战争的胜利，对世界各国夺取反法西斯战争的胜利、维护世界和平的伟大事业作出巨大贡献。在世界反法西斯战争中，中国战场作为东方主战场，抗击日本兵力最多时达到100万以上。1931年9月—1945年9月，中国军民歼灭日军150余万人。日本战败后，向中国投降的日军共128万余人。为抗击日本法西斯，中国也付出了巨大牺牲，据不完全统计，中国军民伤亡3500万人以上，直接经济损失1000多亿美元，间接经济损失达5000多亿美元。中国人民以巨大民族牺牲支撑起了世界反法西斯战争的东方主战场，为世界反法西斯战争胜利作出了重大贡献。战时同盟国的领袖肯定过中国战场的巨大作用。1942年美国总统罗斯福曾指出："假如没有中国，假如中国被打坍了，你想一想有多少师团的日本兵可以因此调到其他方面来作战？他们可以马上打下澳洲，打下印度——他们可以毫不费力地把这些地方打下来。他们并且可以一直冲向中东……日本可以和德国配合起来，举行一个大规模的夹攻，在近东会师，把俄国完全隔离起来，割吞埃及，斩断通过地中海的一切交通线。"[①] 罗斯福在著名的炉边谈话中多次谈到中国的抗战。他说："五年来，勇敢的中国人民抗击日本的侵略，歼灭了无数日军，摧毁了大量的日本军事物资。援助中国进行英勇抗战并最终发起反击是非常必要的，因为中国的抗战是最终战胜日本的重要因素。"他还说过："我们不能忘记，中国人民最先起来抵抗侵略者并与

---

① ［美］依里奥·罗斯福：《罗斯福见闻秘录》，新群出版社1947年版，第49页。

之浴血奋战。在未来的岁月中，不可战胜的中国人民将在维护东亚与世界和平繁荣中起到应有的作用。"① 英国首相丘吉尔说："中国一崩溃，至少会使日军十五个师团，也许有二十个师团腾出手来。其后，大举进犯印度，就确实可能了。"② 苏联元帅崔可夫说："在我们最艰苦的战争年代里日本也没有进攻苏联，却把中国淹没在血泊中。稍微尊重客观事实的人都不能不考虑这一明显而无可争辩的事实。"③ 这一伟大胜利，重新确立了中国在世界上的大国地位，使中国人民赢得了世界爱好和平人民的尊敬。与此同时，中国人民抗日战争的胜利，也为全世界人民树立了一个以弱胜强的光辉范例，鼓舞了被压迫、遭侵略的民族进行解放战争的信心和勇气。

中国人民抗日战争的胜利，是正义的胜利、和平的胜利、人民的胜利，是中华民族永远值得纪念的胜利，也是世界各国人民永远值得纪念的胜利。

思考题：

1. 如何认识正面战场与敌后战场的战略配合作用以及敌后游击战的战略地位？
2. 试述人民战争路线和持久战战略方针的意义。
3. 毛泽东的新民主主义理论的主要内容是什么？
4. 如何理解抗战时期的国共美苏关系？
5. 试述中国抗日战争在世界反法西斯战争中的地位。

▶ **拓展阅读**

① ［美］富兰克林·罗斯福著：《罗斯福炉边谈话》，张爱民、马飞译，中国社会科学出版社
　　2009 年版，第 161、172 页。
② ［英］温斯顿·丘吉尔著：《第二次世界大战回忆录》第四卷，北京编译社译，商务印书馆
　　1975 年版，第 266 页。
③ ［苏］崔可夫：《在华使命——一个军事顾问的笔记》，万成才译，新华出版社 1980 年版，第
　　38 页。

第十三章　国共谈判与全面内战的爆发

抗日战争胜利后，中国人民热切期望实现和平、民主，休养生息，建设新中国。中国共产党从人民的这一根本愿望出发，团结各民主党派和无党派人士进行了争取和平民主的坚决斗争。国民党统治集团企图继续维持代表地主阶级和买办性大资产阶级利益的一党专政的独裁统治，依靠美国政府支持悍然发动内战，中国共产党领导广大人民进行了反对国民党统治的人民解放战争。

第一节　战后时局和各党派的政治动向

一、国民党坚持独裁与力图独占抗战胜利果实

抗日战争胜利后，中国向何处去，如何对待抗战胜利的成果，如何进行战后恢复重建、改善国计民生，如何回应民众期待、建设民主富强的新中国等问题，迫切地摆在中国人民和各种政治力量面前。

以蒋介石为首的国民党统治集团，企图独占抗战胜利果实，继续实行一党专政的独裁统治，不是把注意力放到国家建设上，而是放在限制、消灭共产党和其他民主力量上。1945年9月初，国民党为抗战胜利发表《告全国同胞书》，对于战后重建经济、发展工农商业、改善民生、保障人民权利等问题，均无具体的政策措施，尤其是只字未提如何与中国共产党合作、共同解决国家发展的问题。在蒋介石发表的广播演讲中，强调坚持国民党的"主义"和"法统"是解决所有问题的前提，尤其强调统一是"宪政"的唯一基础，而统一唯一的前提就是"军队国家化"，就是除国民党的军队外，不再有任何一党的军队。这充分表明国民党和蒋介石的政治意图，即取缔中共的军队，进而排除中共和其他民主党派的政治参与，继续坚持国民党的一党专制。

1945年8月10日，日本刚刚宣布接受《波茨坦公告》，蒋介石即指令各战区辖区内的日伪军，只能向他本人指定之军事长官投降缴械。蒋介石在发给各战区司令长官和中共领导的十八集团军的电报中，用了两种不同的口气，表示

了两种不同的态度。他给各战区的电令除要求各部以军事实力迫使日军放下武器外，还命令："各战区前线将领及全体官兵，务当严密警戒防范，加倍奋斗，一切依照既定军事计划与命令执行，绝不可稍有松懈，致涉贻误。"而他在给十八集团军总司令朱德的电令中则称："所有该集团军所属部队，应就原地驻防待命，其在各战区作战地境内之部队并应接受各该战区司令长官之管辖。政府对于敌军之缴械，敌俘之收容，伪军之处理，及收复地区秩序之恢复，政权之行使等事项，均已统筹决定，分令实施。为维护国家命令之尊严，恪守盟邦共同协议之规定，各部队勿再擅自行动为要。"① 蒋介石的电令，明确将中共及其领导的武装力量排除在对日受降之外，充分表明国民党企图独占抗战胜利果实。

国民党垄断受降权，使国共合作联合抗战的团结局面出现分化。国民党认为，如果承认中共的受降权，就意味着承认中共的政治地位，就意味着国民党必须接受在未来和中共分享国家政治权力，而这是坚持一党专制的国民党所不能同意的。国民党在讨论战后时局时提出："中央对共党态度应及时改变，在此期间应以争取主动为最有利，应予打击者打击之，不可再事迁就与过于顾忌。"②

抗战胜利时，由于国民党军队多数部署在远离抗战第一线的西北、西南，运送至受降地的华南、华东、华北尚需时日，所以蒋介石主要依靠日伪军控制其所占地区，以待国民党军队的接收。蒋介石指示负责接收的陆军总司令何应钦，"对于非经政府指定之受降部队，如有擅自接受敌军投降，企图扰乱我受降计划者，得呈请本委员长下令惩罚之"；对于日伪军，"如对非指定之部队而擅自向其投降或让防……得由陆军总司令下令以武力制裁之"。③ 何应钦为此严令冈村宁次，"凡非蒋委员长或本总司令所指定之部队指挥官，日本陆海空军不得向其投降缴械，及接洽交出地区与交出任何物资"；"绝对不得将行政机关

① 《蒋介石令第十八集团军"原地驻防待命"致朱德等电》（1945 年 8 月 11 日），中国第二历史档案馆编：《中华民国史档案资料汇编》第 5 辑第 3 编政治（一），江苏古籍出版社 1999年版，第 62 页。

② 《国民党中央执行委员会针对延安总部发布限令敌伪投降命令的对策》（1945 年 8 月 13 日），中国人民解放军历史资料丛书编审委员会编：《解放战争时期过渡阶段军事斗争回忆史料、表册、参考资料》，中国人民解放军出版社 2000 年版，第 744 页。

③ 《蒋中正致何应钦电》（1945 年 8 月 18—22 日），中国第二历史档案馆编：《第二次世界大战中国战区受降纪实》，中共党史资料出版社 1989 年版，第 64 页。

移交非蒋委员长或本总司令所指定之行政官吏或代表人员"。①

国民党掌握着中央政权，在接收上有很大的便利。加之美国政府的大力支持，出动大量舰船飞机，帮助国民党将后方的军队运往待接收地区，所以，日占区的主要城市和资财都被国民党接收。

根据蒋介石的部署，接收地区划分给十二个战区、四个方面军司令部和台湾行政长官公署，各自负责其所在地的接收工作。侵华日军投降仪式在南京举行后，各地也先后举行了日军投降仪式，陆续完成接收工作。有少数地区，如天津和青岛，由美国海军陆战队先行代理接收。

向中国战区投降的日军总数为：1个总司令部，3个方面军司令部，10个军，36个师团，41个独立旅团，19个独立警备队，6个海军陆战队，总人数128万多人。据不完全统计，接收日军装备的总数为：步枪68万多支，手枪5.6万多支，轻重机枪3.09万挺，各种炮1.2万多门，步、机枪弹10899万多发，炮弹207万发，装甲战车456辆，卡车近1.5万辆，马7.3万多匹，飞机1068架，军用船舶514艘7.7万吨。② 国民党军队通过接收日军的大量武器装备，大大充实了自己的实力。

特别值得一提的是，国民政府分别于1946年5月23日、11月28日和12月12日自"日本占领中"收回东沙、西沙和团沙（南沙）群岛。外交部发言人宣布这些群岛"主权本属中国，故无须经过向任何方面请求收回之手续"③。

为了使西沙、南沙群岛主权范围具体化，内政部方域司印制了《南海诸岛位置略图》，该图成为现代中国南海地图的重要蓝本。该图用11根断续线组成的U形线圈定了中国南海海疆范围；对南海诸岛各岛群名称作了调整，将"团沙群岛"改名"南沙群岛"，原"南沙群岛"改名"中沙群岛"；再次明确中国海疆线最南端在北纬4度的"曾母暗沙"。④ 1947年12月1日，国民政府内

---

① 《中国战区中国陆军总司令部致冈村宁次备忘录》（1945年8月21日—9月8日），中国第二历史档案馆编：《第二次世界大战中国战区受降纪实》，中共党史资料出版社1989年版，第78—79页。

② 中国陆军总司令部编：《中国战区中国陆军总司令部受降报告书》，1946年版，第7—8页及附表。

③ 《中法关于西沙群岛交涉大略》（1947年2月1日），台北"国史馆"藏"外交部"档案，"西沙群岛"（七），020-049904-0007-0010x。

④ 《内政部公函》（1947年9月4日），台北"国史馆"藏"外交部"档案，"西沙群岛"（十），020-049904-0010-0039x。

政部正式核定南海中属于中国领土之东沙、西沙、中沙、南沙等各岛屿和岛礁名称，并刊载于当时的国内报刊，昭告世人。

除军事接收外，国民党还通过接收得到了巨额的物质资产。日本占领区多为中国沿海沿江地带经济相对发达的地区，战前就集中了中国经济总量的大部分，又经过战争期间日本的压榨和掠夺，积累了相当庞大的经济、金融和实物资产。据统计，仅上海一地，国民党便接收了棉纺织厂 27 家，毛纺织厂 9 家，其他纺织业厂 71 家，金属制造厂 19 家，机器厂 97 家，电器厂 21 家，卷烟厂 13 家。全国总计接收工矿企业 2488 家。在经济最为发达的江浙地区，国民党接收的物资还包括：棉纱 4 万件，棉布 454 万匹，棉花 9.7 万担，黄金 51 万两，白银 857 万两，住宅 2424 幢，民用船舶 1603 艘，机动车辆 6229 辆。[①]

国民党通过垄断战后接收，大发"胜利财"，把接收变为"劫收"，在军事上大大增强了军队的实力；在经济上大大充实了其控制的国库，并为战后官僚垄断资本的大规模扩张准备了物质条件；在政治上强化了其坚持一党专制、坚持内战的企图。

二、中共主张和平建国方针以及在华北华东的接收

经过抗日战争，中国人民经受了极大的锻炼，觉悟程度和组织程度空前提高。中国共产党领导的人民革命力量得到前所未有的发展壮大，国民党统治区的民主力量也有了很大的发展。全国各阶层人民强烈要求建立独立、和平、民主、统一、富强的新中国，因此，中国共产党在抗战胜利后坚持组织联合政府、实现各党派和政治力量共同参与的和平建国方针。

1945 年 8 月 13 日，毛泽东在延安干部会议上作《抗日战争胜利后的时局和我们的方针》的报告，指出："今后就是建什么国的斗争。是建立一个无产阶级领导的人民大众的新民主主义的国家呢，还是建立一个大地主大资产阶级专政的半殖民地半封建的国家？这将是一场很复杂的斗争。目前这个斗争表现为蒋介石要篡夺抗战胜利果实和我们反对他的篡夺的斗争。"[②] 25 日，中共中央发表《对目前时局宣言》，提出目前面临的任务是巩固国内团结，保证国内

---

① 秦孝仪主编：《中华民国重要史料初编——对日抗战时期》第 7 编（一），台北中国国民党党史委员会 1981 年版，第 157—167 页。

② 毛泽东：《抗日战争胜利后的时局和我们的方针》（1945 年 8 月 13 日），《毛泽东选集》第 4 卷，人民出版社 1991 年版，第 1130 页。

和平，实现民主，改善民生，以便在和平民主团结的基础上，实现全国的统一，建设独立自由与富强的新中国。中共旗帜鲜明地提出了和平、民主、团结的主题，与国民党坚持一党专制形成鲜明对照。为了达成这样的建国路线，"宣言"提出六项具体要求：承认解放区民选政府和军队；划定八路军新四军接受日本投降的地区；严惩汉奸，解散伪军；公平合理地整编军队，办理复员；承认各党派合法，取消一切妨碍人民自由的法令；立即召开各党派和无党派代表人物会议，商讨各项问题，成立联合政府，筹备普选的国民大会。①

中共对于国民党一意排除中共和其他党派参与战后中国政治与接收，采取了针锋相对的立场，坚持"抗战的胜利应当是人民的胜利，抗战的果实应当归给人民"②。8月11日，在得知日本决定投降的消息后，十八集团军总司令朱德发出命令："我军对任何敌伪所占城镇交通要道，都有全权派兵接受，进入占领，实行军事管制，维持秩序，并委任专员负责管理该地区之一切行政事宜，如有任何破坏或反抗事件发生，均须以汉奸论罪。"③朱德还以中国解放区抗日军总司令的名义，向美、英、苏三国驻华大使发出声明，并请转达其政府：国民党政府不能在受降时代表解放区、沦陷区广大人民和抗日武装力量，人民抗日武装力量有权"接受被我军包围之日伪军队的投降，收缴其武器资材，并负责实施同盟国在受降后之一切规定"；"派遣自己的代表参加同盟国接受敌国的投降和处理敌国投降后的工作"；"参加将来关于处理日本的和平会议及联合国会议"④。朱德命令冈村宁次："停止一切军事行动，听候中国解放区八路军、新四军及华南抗日纵队的命令，向我方投降。"⑤

对于蒋介石排除中共参与接收的命令，中共予以公开反驳。毛泽东起草了两份电报，以第十八集团军总司令的名义发给蒋介石，明确表示："我们认为这个命令你是下错了，并且错得很厉害，使我们不得不向你表示：坚决

---

① 《中共中央发表〈对目前时局宣言〉》，《解放日报》1945年8月27日第一版。
② 毛泽东：《抗日战争胜利后的时局和我们的方针》（1945年8月13日），《毛泽东选集》第4卷，人民出版社1991年版，第1129页。
③ 《朱总司令命令所属收缴日伪军武装》，《大众日报》1945年8月11日。
④ 《延安总部发布命令 限令敌伪投降；我军应即进占所有城镇交通要道，实行军事管制》《中国解放区抗日军朱德司令致美英苏三国说帖》，《解放日报》1945年8月11日第一版、16日第一版。
⑤ 朱德：《命令冈村宁次投降》（1945年8月15日），《朱德选集》，人民出版社1983年版，第185页。

地拒绝这个命令。"电中提出六项要求，包括中共及其武装有权参加受降及受降后的工作，国民党应立即废止一党专政，召开各党派会议，成立联合政府。①

在实际的部署方面，中共利用八路军和新四军的武装力量多数位于抗战第一线紧邻日本占领区，具有地理和交通的优势，要求各根据地"于日本投降时，我们能迅速占领所有被我包围和力所能及的大小城市、交通要道……如遇顽军妨碍我们进占城镇和要道时，应以各种方法阻止以至打击消灭之"；"目前阶段，应集中主要力量迫使敌伪向我投降，不投降者，按具体情况发动进攻，逐一消灭之，猛力扩大解放区，占领一切可能与必须占领的大小城市与交通要道，夺取武器与资源，并放手武装基本群众，不应稍有犹豫"②。为此，中共布置以华北的交通线及其两侧地区为接收重点，包括同蒲路、平绥路、北宁路、正太路、平汉路、陇海路、津浦路、胶济路等铁路干线，要求各战略区积极编组野战兵团，实行由游击战为主转向运动战为主的军事战略，并积极准备对付国民党的进攻。

因为中共中央的及时指示和正确应对，中共领导的人民军队主要在华北和华东从日伪军手中接收了若干地区。虽然由于国民党在美国支持下加速调动军队，中共原定接收若干大城市的计划未能实现，但还是接收或占领了解放区周围的不少中小城市和城镇。据统计，八路军和新四军接收占领的城镇有：晋察冀近60座，晋冀鲁豫近80座，山东60余座，华中40余座，晋绥10余座；其中较重要的有：察哈尔省会张家口，热河省会承德，绥远的集宁，河北的邢台、邯郸、衡水，山西的长治，河南的焦作，山东的烟台、威海、临沂、菏泽、曲阜、济宁，江苏的淮阴、淮安、盐城。这进一步扩大了解放区的地域和人口，扩大了解放区的经济实力和物质资源，大大增强了人民的力量。

在新的形势下，进军东北成为中共调整战略布局的关键。早在1945年6月，毛泽东就在七大的讲话中强调，展望革命前途，争取东北地区对于巩固革

---

① 毛泽东：《第十八集团军总司令给蒋介石的两个电报》（1945年8月），《毛泽东选集》第4卷，人民出版社1991年版，第1141—1146页。

② 《中央关于苏联参战后准备进占城市及交通要道的指示》（1945年8月10日），《中央关于日本投降后我党任务的决定》（1945年8月11日），中央档案馆编：《中共中央文件选集》第15册，中共中央党校出版社1991年版，第215、228页。

命基础极为重要。抗战胜利之初，国民党和中国共产党在东北的力量都比较薄弱。中共中央敏锐地注意到这样的形势，在 8 月下旬举行的中央政治局会议上，毛泽东提出："东北我们也要占优势。"9 月中旬，毛泽东去重庆谈判期间，主持中央工作的刘少奇连日主持政治局会议，讨论形势发展，研究和确定中共的战略方针，并与远在重庆的毛泽东、周恩来反复磋商。19 日，中共中央发出《目前任务和战略部署的指示》，指出："全国战略方针是向北发展，向南防御。只要我能控制东北及热、察两省，并有全国各解放区及全国人民配合斗争，即能保障中国人民的胜利。"[①]"向北发展，向南防御"成为中共在战后总的战略发展方针。

9 月 15 日，中共中央决定成立东北局，由彭真任书记，并先后派罗荣桓、高岗、陈云、张闻天、李富春等，包括四位政治局委员、20 位中央委员和候补中央委员，占中共七届中央委员近三分之一的高级干部，以及从各地区调动的11 万余部队和两万余名干部前往东北。至 1945 年年底，中共在东北先后成立了七个省政府、两个特别市政府，控制了东北近一半的县，初步建立了东北根据地。

三、民主党派的政治活动

抗战胜利后，党派政治活跃，出现了一百余个大大小小的党派。这些党派代表了国共两党之外的政治力量，习惯上称之为民主党派或中间党派。

中国民主同盟是民主党派中最大的一个。1945 年 10 月，民盟召开临时全国代表大会，提出"我们当前唯一的责任是实现中国的民主，是把中国造成一个十足道地的民主国家"。大会通过了民盟纲领，全面阐述了民盟的各项主张，提出在政治上保障人民自由，实行宪政，厉行法治，实行地方自治；经济上保障人民经济平等，发展社会生产力，制订统一经济计划，实现土地国有。大会选举张澜任主席。民盟在战后有较大发展，成立了总支部 5 个，分支部 46 个，盟员总数达到 2.2 万余人。[②]

民盟最初是由三党三派联合组成。抗战胜利后，民盟内部的政治立场出现

---

① 刘少奇：《目前任务和战略部署》（1945 年 9 月 19 日），《刘少奇选集》上卷，人民出版社1981 年版，第 372 页。

② 《中国民主同盟纲领》（1945 年 10 月 10 日），《中国民主同盟临时全国代表大会政治报告》（1945 年 10 月 11 日），《民主同盟文献》，中国民主同盟总部 1946 年版，第 40—64 页。

分歧，青年党倾向与国民党合作，而民盟的多数领导人倾向与中共合作。1945年年底，青年党退出民盟。1946年年底，民社党（原国社党）因参加"制宪国大"而退盟。此后，民盟的内部关系得以稳定，与中共的联系更为密切，并在诸多问题上与中共保持一致立场，坚定反对国民党的独裁内战政策，其突出的表现是拒绝参加国民党包办的"制宪国大"。1947年1月，民盟主席张澜在民盟一届二中全会报告中，批评"国民党方面的反动分子有彻底推翻政协的阴谋"，提出："民盟对国事自然应该明是非辨曲直。是非曲直之间就绝对没有中立的余地。民主同盟的目的是中国的民主，是中国的真民主。民主与反民主之间，真民主与假民主之间，就绝对没有中立的余地。"① 此后，民盟反对内战、争取民主的政治活动越来越为国民党所不能容忍，1947年11月，国民党政府迫使民盟停止活动。

战后成立的党派中，与民盟政治主张相似的民主党派主要有：

中国民主建国会，由迁川工厂联合会为中心的部分工商界人士和以中华职业教育社为中心的部分文教界人士组成，1945年12月在重庆成立。政治上主张和平统一，民主集中，充分尊重人民自由；经济上主张有民主的经济建设计划，在计划指导之下的充分企业自由，用和平合理的手段解决土地问题。胡厥文、章乃器、黄炎培等为理事。

中国民主促进会，由上海文教界人士和部分工商界人士组成，1945年12月在上海成立，"以发扬民主精神推进中国民主政治之实践为宗旨"，马叙伦、林汉达等为常务理事。

九三学社，由部分文教科学界人士发起组成，1946年5月在重庆成立，主张发扬"五四"时期民主与科学精神，实现中国的和平团结、民主宪政。许德珩、褚辅成、潘菽等为理事。

台湾民主自治同盟，1947年11月在香港成立，由谢雪红等领导，主张设立民主联合政府，建立独立、民主、富强与康乐的新中国。

三民主义同志联合会和中国国民党民主促进会，由国民党内的部分民主派人士组成，分别于1945年10月和1946年4月在重庆和广州成立，前者由谭平山、陈铭枢、杨杰、柳亚子等任常务干事，后者由李济深任主席，在李未到任

① 《中国民主同盟一届二中全会政治报告》（1947年1月10日），中国民主同盟中央文史资料委员会编：《中国民主同盟历史文献（1941—1949）》，文史资料出版社1983年版，第266页。

前，由蔡廷锴代理主席。1948年1月，这两个组织合并，在香港成立中国国民党革命委员会，由宋庆龄任名誉主席，李济深任主席。民革主张改造国民党，恢复其革命精神，并利用在国民党内的各种关系，联系与策动国民党内的反蒋人士共同行动。

一些战前旧有的政党，战后也在继续活动，其中属进步阵营的有：

中国农工民主党，前身是1930年8月成立的中国国民党临时行动委员会，1935年11月改称中华民族解放行动委员会，1947年2月在上海改组成立中国农工民主党，推章伯钧为执行委员会主席，彭泽民为监察委员会主席，主张发展民主政治，实现和平统一，实行耕者有其田，增进工人福利，建立独立富强的中国。

中国致公党，1925年10月在美国旧金山成立，1947年5月在香港召开第三次代表大会，选举李济深为主席，陈其尤为副主席，强调"为中国政治真正民主化而奋斗到底"。

中间势力中倒向国民党的主要是青年党和民社党。青年党成立于1923年，抗战胜利后，主张内求统一与自由，外保安全与独立，以建设全民福利的现代国家。青年党由曾琦任主席，李璜、左舜生等任常委。青年党在战后初期时而批评国民党，时而又对共产党表示不满。但是在内战爆发后，青年党的政治态度逐渐向国民党倾斜，最后完全倒向国民党。

民社党的前身为1934年成立的国家社会党和由清末立宪派演变而成的民主宪政党。1946年8月，两党在上海合并，成立民主社会党，推张君劢任主席，伍宪子任副主席。民社党主张实行民主社会主义，就是在国家本位的基础上，实行英美式的政治民主和苏俄式的经济平等。民社党曾经批评国民党的一党专制，但是在国民党的极力拉拢下，民社党最终还是选择支持国民党，从而与战后民主运动的发展分道扬镳。

民主党派是中间势力的代表，中间势力主要包括民族资产阶级、上层小资产阶级、海外华侨以及其他爱国民主人士。在政治上，有些民主党派主张与中共合作，反对国民党的独裁专治；也有些主张实现英美式的民主政治，走和平改良之路；还有些摇摆不定，最后投向国民党。在经济上，他们多数主张发展民族资本主义，实现中国的现代化。大多数的民主党派主张民主爱国，与中国共产党的政治主张有许多共同点，因此在抗战后，在中国共产党的争取和帮助下，许多民主党派开始加强与中共联合，为人民民主革命的胜利共同奋斗。

第二节　和平谈判与政治协商

一、国共重庆和平谈判

日本政府宣布无条件投降后，全国人民热烈欢庆抗战胜利，用各种方式表达对于和平建国的强烈愿望，不希望再起内战。美、苏两国出于自身利益的考虑也不希望中国发生内战。而此时的国民党尚未完成内战军事部署，要立即发动大规模内战面临着种种困难。在这样的形势下，1945 年 8 月 14 日、20 日、23 日，蒋介石三次致电毛泽东，邀请其前往重庆进行谈判。

中共中央对于蒋介石的邀请进行了反复讨论。8 月 23 日，中共中央在延安举行政治局扩大会议，毛泽东提出：国民党本身的困难（兵力分散、矛盾很多、实力不足），解放区的存在，共产党不易被消灭，国内和国际上反对国民党打内战，因此内战是可以避免的。同时他强调："蒋介石要消灭共产党的方针没有改变，也不会改变。他所以可能采取暂时的和平是由于上述各种条件的存在，他还需要医好自己的创伤，壮大自己的力量，以便将来消灭我们。我们应当利用他这个暂时和平时期"，"以斗争达到团结，做到有理有利有节。"[①] 会议认为中共应争取主动，迫蒋妥协，力争和平，并决定毛泽东赴重庆谈判。

1945 年 8 月 28 日，毛泽东、周恩来、王若飞一行飞抵重庆。全国民众和社会舆论对此抱有极大期待。《大公报》发表社评："毛泽东先生来了！中国人听了高兴，世界人听了高兴，无疑问的，大家都认为这是中国的一件大喜事。"[②]

重庆谈判从 8 月 29 日开始，到 10 月 10 日结束。在此期间，毛泽东直接和蒋介石就国共关系中的重大问题进行多次商谈，具体谈判在中共代表周恩来、王若飞等和国民党代表张群、邵力子、张治中等之间进行。

对于重庆谈判，事实上国民党并无诚意，事先也未准备明确的谈判方案。相反，中共却做了充分准备，并于 9 月 3 日提出了明确的主张，主要包括：确定和平建国方针；承认各党派合法平等地位；承认解放区政权及抗日部队；结束国民

---

① 毛泽东：《抗日战争胜利后的新形势和新任务》（1945 年 8 月 23 日），《毛泽东文集》第 4 卷，人民出版社 1996 年版，第 6—7 页。
② 《毛泽东先生来了！》，《大公报》1945 年 8 月 29 日第二版。

1945 年 8 月 28 日，赫尔利陪同毛泽东乘飞机降落在重庆机场，
准备参加国共两党重庆谈判

采自美国国家档案馆。

党的党治等，并表示拥护蒋介石的领导地位。9 月 8 日，国民党代表根据 4 日蒋介石亲拟的《对中共谈判要点》，对中共提出的和平建国、承认党派合法平等、结束党治等原则性主张表示接受，对于召开政治协商会议等具体议题也表示同意，但对于涉及国共双方的实质性问题，如解放区政权、军队整编等问题，要么坚决不同意，要么作出种种限制。这些问题成为谈判的中心问题。

关于解放区政权，中共提出应承认其合法地位，在陕甘宁边区和北方五省委任中共推举的省主席、在北方和南方的六省四市委任中共推举的副主席和副市长，中共参加东北行政组织。关于军队整编问题，提出应公平合理地整编全国军队，将中共部队编为 16 个军 48 个师，中共参加军委会及其各部工作，由中共人员任北平行营或北方政治委员会主任。

针对中共提出的方案，蒋介石以所谓政令、军令的"统一"为借口，表示除了可以考虑将中共军队编 12 个师、在县级行政层面任用中共人员之外，其他问题概予拒绝。国民党企图对中共进行军事收编并威逼中共交出解放区政权。国共双方主张距离甚远，谈判艰难曲折。

中共认为，要解决两党问题，必须承认两党皆有军队和政权的现实。中国共产党对国民党已做重大让步，承认国民党为中国第一大党，然国民党亦不能抹杀中国共产党，方能使两党各得其所。为了早日达成协议，中共主动提出，将在广东、浙江、苏南、皖南、皖中、湖北、湖南、豫南八个解放区的军队撤至苏北、皖北及陇海路以北地区，并将拟推举的省主席减至四人、副主席减至二人、副市长减至三人，然而国民党仍然坚决不让步，双方激烈争辩，谈判气氛紧张，一度停顿。双方在这些问题上的立场一直无法接近，最后同意留待以后解决，而先结束谈判。

10 月 10 日，国共两党代表签订《政府与中共代表会谈纪要》（又称"双十协定"）。关于和平建国的基本方针，双方认为：中国抗日战争业已胜利结束，和平建国的新阶段即将开始，必须共同努力，以和平、民主、团结、统一为基础，长期合作，坚决避免内战，建设独立、自由和富强的新中国，彻底实行三民主义。双方在召开政治协商会议、保证人民自由、承认党派合法、限制特务活动、释放政治犯等问题上达成一致意见。对于若干具体问题，双方达成一定的妥协，并同意召开政协会议继续讨论。关于军队国家化问题，中共提出将部队缩编至 20 个师，从 8 个地区撤出军队，国民党方面表示，此次商谈各项问题如能全盘解决，则中共军队数目可以考虑，驻地可由中共提出方案，双方同意由军令部、军政部及十八集团军各派一人组成三人小组，进行具体商谈。关于解放区地方政府问题，中共先后提出四种方案，国民党均不同意。对于未解决的问题，双方表示将在互信互让的基础上继续商谈，求得圆满之解决。①

"双十协定"是国共两党在平等谈判基础上达成的。中共对于谈判有充分的准备，在有理有利有节的大前提之下，对国民党做了很大的让步，表现出追求和平、民主、团结的诚意，赢得了人心。国民党坚持不同意中共的基本要求，但也没有中止谈判，并承认中共的地位。《新华日报》载文评论：重庆谈判确定了"和平建国"的基本方针，是符合世界潮流，也是符合全国各党派和广大人民愿望的；商谈的结果，对于推动民主政治是有显著的贡献的；国内的团结因这次会商而加强是很显著的；而有了和平、民主、团结，也就一定能有统一。社会舆论对于此次国共谈判也给予了积极的评价，认为是"和平

---

① 《政府与中共代表会谈纪要》（1945 年 10 月 10 日），中共重庆市委党史工作委员会、重庆市政协文史资料研究委员会、红岩革命纪念馆编：《重庆谈判纪实 1945 年 8—10 月》，重庆出版社 1983 年版，第 250—253 页。

团结之喜报"①。

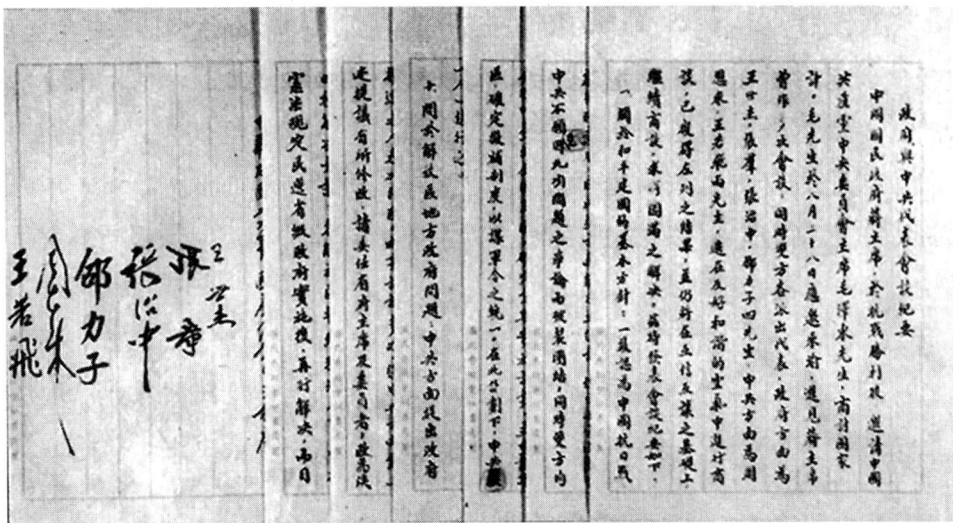

1945 年 10 月国共两党签订"双十协定"

重庆谈判期间，毛泽东等中共代表广泛接触社会各界人士，以诚恳的态度，宣传中共的和平、民主、团结主张，其平易的作风、坦挚的言辞、亲切的态度，感动了许多民主人士，影响了他们的政治立场，成为日后与共产党加强合作的重要因素。

二、政治协商会议的召开

国共谈判结束后，两党代表在重庆继续就未解决的问题进行商谈，同意由国民政府召集政治协商会议，邀请各党各派代表和无党派人士参加，讨论和平建国方案等相关问题。

1946 年 1 月，国民政府公布《政治协商会议召开办法》，提出"为在宪政实施以前，邀集各党派代表及社会贤达共商国是起见，特召开政治协商会议"；规定会议代表 38 人，包括国民党 8 人，中共 7 人，民主同盟 9 人，青年党 5 人，无党派人士 9 人。

1 月 10 日，中外各方瞩目的政治协商会议在重庆开幕，会议讨论的主要问题是关于政治民主化和军队国家化，各方争论最为激烈的是召开国民大会、宪法草案和改组政府问题。

召开国民大会，制定宪法，实施宪政，建设民主国家，成为与会各方同意

---

① 《和平团结之喜报》，《新蜀报》1945 年 10 月 12 日第一版。

的原则。但国民党坚持 1936 年选出的国大代表有效，只同意增加部分党派代表。国民党之外的其他各党派几乎一致拒绝承认旧国大代表的有效性，"任何人不能相信，十年前由国民党一党包办的选举能够公平合理。即说政府办理并无私心，可是以十年前所选的代表，代表十年后的民意，又是谁也不能承认的"[①]。为了解决这个问题，中共代表周恩来提出，如果国民党在其他问题上有合理的让步，这个问题才有妥协的可能性。国民党在同意宪法原则、改组政府和国大代表名额分配等问题上作出让步后，各方承认原选之 1200 名国大代表有效，并增加台湾、东北区域代表 150 名、党派及社会贤达代表 700 名，其中国民党 220 名，中共 190 名，民主同盟 120 名，青年党 100 名，社会贤达 70 名。会议通过《国民大会案》，决定首届国大的任务是制定宪法，在宪法颁布 6 个月内召开第二届"国大"实行宪法。

关于宪法草案问题，国民党企图以 1936 年制订的宪法草案（即"五五宪草"）为蓝本，声称这一宪法是遵循国父"遗教"，但实质上是为了维护国民党的一党专制和蒋介石的个人独裁。与会其他各方都主张实行更大范围的民主，并以国会制和责任内阁制对总统权力予以制约。经过激烈争论，会议最后通过《宪法草案》，规定由参加政协的五方面及会外专家组成宪草审议委员会，根据政协拟定的修改原则，制成宪草修正案，提交国大讨论通过。宪草修改的主要原则为：全国选民直接行使选举、罢免、创制、复决四权，名为国民大会，在总统普选制未实行以前，总统由县省及中央各级选举机关选举或罢免；立法院为国家最高立法机关，由选民直接选举，职权相当于民主国家之议会；监察院为国家最高监察机关，由各省议会选举，职权为行使同意、弹劾及监察权，相当于上院或参院；司法院为国家最高法院，大法官由总统提名，经监察院同意任命，须超出于党派之外；考试院委员由总统提名，经监察院同意任命，须超出于党派之外；行政院为国家最高行政机关，院长由总统提名，经立法院同意任命，对立法院负责；总统经行政院决议，得依法颁布紧急命令，但须于一个月内报告立法院；省为地方自治之最高单位，省长民选，省制定省宪。根据上述原则，未来中国的政治体制将在三民主义的原则下，放弃"五五宪草"的总统制和中央集权制，采用国会制、责任内阁制与省自治制度，这不利于国民党一党专制和蒋介石的个人独裁。此案通过后，遭到国民党强烈反

[①] 《国民大会问题》，重庆《新民报》1946 年 1 月 18 日第一版。

对，并最终在国民党六届二中全会上被全盘推翻。

关于改组政府问题。国民党提议：改组国民政府委员会为政治最高指导机关，职权为议决法律、施政方针、军政大计、财政计划等事项，遇有紧急情况时主席得为权宜处置；国民政府增加三分之一的委员，并得由主席提名党外人士担任，国民党委员应占多数；部会长官任命权属行政院。按国民党的解释，这是交出一权即最高决策权，保留一权即用人权。实际上，国民政府委员会自1931年以后从未曾开会，早已徒具形式，如果没有用人权，国府委员会即便重开也只有形式意义，无法保证其决策的有效实施，而无限制的主席紧急处置权则为个人独裁大开方便之门。这一方案，中共认为是"把现在已经动摇的一党专政，经过三个多月的临时的'扩大的'一党专政，最后过渡到完全合法的'宪政'式的一党专政。总之，变来变去，还是一个一党专政"①。中共和民盟同意国民政府有用人权，但不同意主席有紧急处置权。经过激烈的争论，国民党被迫让步。会议通过的《政府组织案》规定，国民政府委员会成为负有实际政治权力的最高国务机关，有任免各部长官之权，主席和行政院对国民政府负责；取消主席紧急处置权，主席如对国民政府决议认为执行困难，得提交复议，如有五分之三以上委员同意，应予执行；国民政府委员名额40人，其中国民党占半数，并担任主席和五院院长，其他方面合占另外半数，具体名额分配留待以后再商。凡关系到变更施政纲领的决议须有三分之二以上委员的同意。

中共在会上提出《和平建国纲领草案》，赢得民主党派一致赞许，经讨论通过，作为未来国民政府改组后的施政纲领。主要内容是：遵奉三民主义为建国最高指导原则，各党派长期合作，实施宪政，建设统一自由民主之新中国；政治民主化、军队国家化及党派平等合法，为和平建国之必由途径；保障人民各项自由权利；改组国民政府为各党派及无党派人士参加的举国一致的联合政府；改组后的国民政府协同政协商定宪法草案，并召开有各党派参加的自由的民主的国民大会，制定宪法；推行地方自治，成立各级地方民选政府；改组军事委员会，使之成为各党派及无党派人士共同领导的机构，公平合理地分期整编全国军队。

此次政协会议在军队问题上，争论非常激烈。会议经过讨论，决定中共军队的整编办法留待国共双方直接谈判解决，国民党军队的整编则按军令部的计划进行。会议通过《军事问题案》，只是确定了若干总原则，即：以军队国家

---

① 《评〈扩大政府组织之意见〉》，《解放日报》1946年1月19日第一版。

化为建军原则，实行军党分立，禁止一切党派在军队中公开或秘密活动；军民分治，现役军人不得兼任行政官吏；以政治军，改组军事委员会为国防部，隶属于行政院，全国军队受国防部统一管辖。

1月底，政治协商会议在通过上述五项议案后闭幕。政协协议对于限制国民党一党专制、个人独裁的政治制度和反人民的内战政策，具有明显的积极作用，是一个能够在中国实现和平、民主建国的方案，符合全国人民的愿望，得到社会舆论的高度评价。中共和民主党派的共同努力，为政协顺利召开并取得预期效果作出了贡献。

三、停战谈判与美国调处国共冲突

"二战"结束前，美、苏两国在雅尔塔会议上达成了划分势力范围的妥协，从而形成界定战后国际关系的雅尔塔体系。刚刚经过"二战"的美、苏两国，都不愿意中国发生内战，而是希望在雅尔塔体系之下，维持远东地区的稳定。

但是，国民党为了维持一党专制的独裁局面，在与中共进行和平谈判的同时，调动兵力向解放区大举进攻，并将进攻重点置于平绥、同蒲、平汉和津浦铁路沿线，企图控制华北、华东的战略要点和交通线，分割解放区，打开进入东北的通道并抢占东北。至11月上旬，进攻解放区的总兵力达111个师，82万余人。中共领导的八路军、新四军对进攻解放区的国民党军展开自卫反击战，取得了一系列的胜利，歼灭国民党军10万余人。

中国国内日益加剧的武装冲突，引起了美、苏的关注。1945年12月15日，美国总统杜鲁门发表对华政策声明，要求国共军队停止冲突，召开包括各主要政治力量代表的全国会议，筹商解决办法；表示美国将继续支持国民党政府，但不会进行军事干涉。12月下旬，美、英、苏三国外长会议在莫斯科发表公报，重申在国民政府之下，统一与民主的中国、国民政府中民主党派广泛参与以及停止内部冲突均属必要，并表示三国不干涉中国内部事务。

为与苏联在全球展开争夺，美国需要将中国作为在远东的战略伙伴，因此更多地卷入了中国内部事务。美国希望通过支持国民党统治，建立亲美的中国政府，保持美国在华战略利益。战后，美国通过承认国民党政府接受日本投降的合法性，为国民党向华北和东北大规模运兵，提供军事援助，使国民党获得不少实际利益。同时因担心中国内战引发美、苏对抗，美国总统杜鲁门任命前参谋长联席会议主席马歇尔为特使，前往中国调处国共冲突。

1946 年 1 月初，三方同意由美方马歇尔、国民党张群（后由张治中、陈诚、徐永昌先后接任）、中共周恩来组成三人会议，讨论停战及整编军队事宜。在当时政协会议即将召开的大环境下，国共两党都同意先行停战，再解决有关问题。

1946 年 1 月 10 日，张群和周恩来在马歇尔的见证下签署了《关于停止冲突恢复交通的命令与声明》，主要内容包括：国共部队应即停止一切战斗行动与军事调动；在北平设立军事调处执行部，实行停战协定；双方同意，上述命令对政府在长江以南整军计划之继续实施及其军队为恢复中国主权而开入东北，或在东北境内调动并不影响。① 当天，蒋介石和毛泽东分别下达停战令，命令所属部队自 1 月 13 日起停止一切战斗行动。此后，除东北外，内战的枪炮声在关内基本停息，中国大地出现了一段短暂的和平时光。但是，国民党坚决不同意将东北纳入停战范围，这充分说明国民党并无意真正言和。

政协会议闭幕后，有关国共军事的若干问题仍然未决。2 月，国共两党代表张治中和周恩来在马歇尔的调停下，开始谈判解决最为棘手的军事问题。当时正值政协会议刚刚闭幕，谈判气氛较为和谐，双方较快达成协议，并签署《关于军队整编及统编中共部队为国军之基本方案》，主要条文为：（1）国民政府主席为军队最高统帅，但在撤免中共部队军官时，应由政府内的中共代表提名。（2）本协定公布后 12 个月内，政府军缩编为 90 个师，中共军缩编为 18 个师；此后 6 个月，政府军缩编为 50 个师，中共军缩编为 10 个师，合编为 20 个军。协议还就整编后的军队编组及驻地达成妥协，中共军队将主要集中驻扎在北方。

1946 年 1 月，军调部在北平正式成立。根据停战令规定，军调部负责停止冲突、恢复交通、整编军队等事项，由国、共、美三方各一名委员组成，以三方一致同意为原则进行调处工作。国民党委员为军令部二厅厅长郑介民，中共委员为十八集团军参谋长叶剑英，美方委员为饶伯森，下设联合参谋部及若干办事机构。在军调部工作高峰时，设有 36 个执行小组，派赴国共两军冲突集中的华北和华东地区，其后又派赴东北地区。

马歇尔来华调停之初，表面看来在国共之间采取了大体平衡的立场，他在调停初期取得若干成绩，也是与此分不开的。但是，美国对华政策的基本点，仍然是支持国民党。因此，对于国民党对政协协议的不满，并在行动上不断违

---

① 《国共双方关于停止冲突恢复交通的命令与声明》（1946 年 1 月 10 日），中共代表团梅园新村纪念馆编：《国共谈判文献资料选辑 1945.8—1947.3》，江苏人民出版社 1984 年版，第 26—27 页。

反政协协议，美国并未采取坚决的反对态度。相反，却是听之任之，助长了国民党的反共气焰，同时，美国在"公正"调处的幌子下，也偏袒国民党的内战政策。1946 年 3 月，国民党军在东北向中共部队发动进攻，马歇尔恰于此时回国，等他回到中国后，也没有采取强有力的阻止措施。中共强烈批评马歇尔偏向国民党的调停，国民党也深知美国的偏袒而对调停不重视。全面内战爆发后，国民党对马歇尔调停表现消极。8 月 31 日，美国置中国共产党的强烈反对于不顾，与国民党政府签订《中美剩余战时财产出售协定》，以 1.75 亿美元的低价，将价值 8 亿多美元的西太平洋战时剩余物资转让给国民党政府，这些物资先后被投入内战中。此后，内战规模日益扩大。

1946 年 7 月，为了反对内战，要求和平，一群男女学生在火车上贴上
"美制炸弹正在屠杀中国人！"的英文标语
采自［美］刘香成、凯伦·史密斯编著《上海　1842—2010 一座伟大城市的肖像》，
金燕等译，世界图书出版公司北京公司 2010 年版，第 204 页。

　　1947 年 1 月 8 日，马歇尔奉召回国。马歇尔调处国共冲突的失败，不仅是马歇尔个人的失败，也是美国对华政策的失败。其根本原因就在于美国不愿正视现实，采取了扶蒋反共的错误政策，并为国民党发动内战提供了大量武器装备。

第三节　国民党发动全面内战

一、人民解放军粉碎国民党的全面进攻和重点进攻

　　1946 年 1 月，停战令发布，大规模的战争行动虽然暂时停歇，但国民党和

蒋介石通过战争削弱乃至最后消灭中共的企图始终没有改变，一直在准备发动大规模反共反人民的内战。

国民党敢于打内战，是因为他们自恃有资本。当时国民党有正规军 200 余万人，总兵力 430 余万人，数倍于中共军队。国民党占有全国 75% 以上的土地、71% 以上的人口、60% 以上的铁路，掌握的人力资源和物质资源远胜于中共。此外，国民党政府得到国际承认，战后接收了大量日伪物资，并得到相当数量的美援支持。国民党企图凭借这些优势一举消灭中共及其武装力量。

全面内战爆发时，中共面临的形势非常严峻。中共总兵力为 127 万余人，其中野战部队不过 66 万人，所占地区多为乡村及中小城市，可用资源和实力远不及国民党。但是，经过多年战争的锻炼，中共已经有了一定的军事、经济实力，有一套组织严密的党政机构，有一个团结的、富有经验的领导集体，深受广大民众的支持。因此，中共并不畏惧国民党的进攻，相反自信可以在政治上团结大多数，在军事上打退国民党的进攻，从而实现推翻国民党统治、建设新中国的理想。7 月 20 日，中共中央发出《以自卫战争粉碎蒋介石的进攻》的指示，分析全国形势，指出国民党"人心不顺，士气不高，经济困难"，中共则"人心归向，士气高涨，经济亦有办法。因此，我们是能够战胜蒋介石的。全党对此应当有充分的信心"[1]。在和美国友人安娜·路易斯·斯特朗的谈话中，毛泽东提出"一切反动派都是纸老虎"[2] 的著名论断。为取得战争胜利，中共提出一系列行之有效的方针政策。政治上，放手发动群众，依靠工农，团结中间力量，争取一切支持者，发展最广泛的统一战线，孤立国民党；经济上，自力更生，艰苦奋斗，发展生产，厉行节约；军事上，集中优势兵力，打运动战、歼灭战、速决战，以歼敌有生力量为主，不计较一城一地的得失。

6 月 26 日，国民党军大举围攻中原解放区，全面内战爆发。从 1946 年 6 月开始，国民党先后出动 158 万正规军、52 万非正规军、22 万特种兵，共计 230 余万人，在海、空军支援下，先后对中共控制下的中原、苏皖、山东、冀鲁豫、晋南、绥东、冀东、热河、察哈尔、东北等根据地发动全面进攻，声称 3 至 6 个月内消灭中共武装，解决中共问题。

---

[1]　毛泽东：《以自卫战争粉碎蒋介石的进攻》（1946 年 7 月 20 日），《毛泽东选集》第 4 卷，人民出版社 1991 年版，第 1187 页。

[2]　毛泽东：《和美国记者安娜·路易斯·斯特朗的谈话》（1946 年 8 月 6 日），《毛泽东选集》第 4 卷，人民出版社 1991 年版，第 1195 页。

中国共产党率领人民军队奋起抵抗。中原解放区的李先念、王树声、王震等率部突围，成功打破了国民党军对中原部队聚而歼之的企图。中国共产党领导的人民解放战争由此开始。

在华东战场，1946 年 7—8 月，粟裕指挥华中野战军在苏北战场连续作战 7 次，历时 40 余天，歼灭国民党军 6 个旅及 5 个交通警察大队共 5 万余人，沉重打击了国民党军的进攻。随后，华中野战军和陈毅领导的山东野战军合并组成华东野战军，由陈毅任司令员兼政委，12 月取得宿北大捷，歼灭国民党军 2 万余人。1 月，在山东峄县、枣庄地区取得鲁南大捷。1947 年 2 月，又在山东莱芜歼灭国民党军 2 个军 7 个师 5.6 万人。

在晋冀鲁豫解放区，由刘伯承任司令员、邓小平任政委的晋冀鲁豫野战军，于 8 月 10—22 日出击陇海路，歼灭 1.6 万余人。9 月，发动定陶战役，消灭敌人 1.7 万人。10 月，太岳部队在晋南消灭敌人 1.9 万人，有力支援了华东、华北、陕北战场的作战。

在晋察冀战场，野战军兵力较少，相继进行了大同集宁战役、张家口保卫战和易满战役，尽管歼灭敌军 4 万余人，但未能遏制国民党军的进攻。7 月开始，中共部队进攻大同未果，随后在 8 月失守热河省会承德，10 月又被迫放弃察哈尔省会、晋察冀边区首府张家口，面临着较为困难的局面。

在东北战场，大量国民党军依靠美国舰船运输到河北秦皇岛登陆，由此向东北推进。1945 年 11 月，国民党军占领山海关，控制了出关的咽喉要道。1946 年 1 月停战令签署时，蒋介石坚持停战地区不包括东北。1946 年 4—6 月，国民党军在东北发动大规模进攻，先后占领本溪、四平、长春、吉林等地，北进到松花江南岸，与中共东北民主联军隔江对峙。10 月，国民党军再度发动进攻，先后占领南满重镇安东和通化。在此困难的局面下，东北民主联军决定采取"坚持南满，巩固北满，南打北拉，北打南拉"的方针和部署。同时，中共东北局派陈云担任南满分局书记，统一指挥南满工作。从当年 12 月到次年 4 月，东北民主联军派出主力部队从北满三次渡过松花江南下，支援南满根据地以保卫临江为中心的作战行动，即三下江南、四保临江，粉碎了国民党军的进攻，开始准备反攻作战。

从 1946 年 6 月至 1947 年 2 月，国民党军向中共领导的解放区发动全面进攻，四处出击，却连遭打击，损失兵力 71 万余人，攻势受到严重挫折。1947 年 3 月，国民党军在各战场的攻势因为兵力不足而先后停顿。全面进攻受挫后，蒋介石决定集中一线兵力近半数约 70 万人，分别在陕北与山东战场发动重点进攻，企图首先消灭中共首脑机关及华东部队主力，然后再图华北与东北。

陕北是中共中央所在地。1947 年 3 月，国民党调集 34 个旅 25 万人，由胡宗南统一指挥，进攻延安，企图围歼中共首脑机关。陕北的中共部队仅 2.7 万人，且装备较差。但中共中央和毛泽东毅然决定留在陕北，以牵制国民党的兵力，配合其他战场的作战。中共中央和毛泽东在陕北人民的支持下，与国民党军展开周旋，主动放弃延安，以消灭国民党军的有生力量。西北野战兵团在彭德怀的指挥下，以弱对强，先后取得 3 月下旬青化砭、4 月中旬羊马河、5 月初蟠龙战役的胜利，三战三捷，初步扭转了西北战局，打破了国民党军对陕北的重点进攻计划，有力支援了其他战场的作战，极大地鼓舞了各地军民的斗志。

在华东战场，国民党调集重兵对山东进行重点进攻。陆军总司令顾祝同亲赴徐州，指挥山东作战。国民党军投入的兵力达到 24 个师 60 个旅 45 万人，其中一线攻击力量 43 个旅 38 万人，分成 3 个兵团，企图首先打通津浦路徐济段和临兖公路，然后在莱芜、新泰、蒙阴一带鲁中山地与华东野战军决战。

自 4 月中旬起，国民党军开始步步向鲁中进逼。华东野战军沉着应对，5 月将国民党军五大主力之一的整编七十四师围困在孟良崮。整编七十四师全部美械装备，战斗力很强。孟良崮周围有国民党十几个师的兵力，多数离孟良崮不远。陈毅和粟裕指挥部队奋力攻击，经三天激战，全歼整编七十四师 3 万余人，击毙师长张灵甫。孟良崮战役创造了重兵密集之中分割围歼敌主力的辉煌胜利，被陈毅豪迈地称为"百万军中取上将首级"。随后，国民党军被迫停止了对山东解放区的进攻。

在此期间，晋冀鲁豫野战军、晋察冀军区和东北民主联军相继取得了豫北、晋南攻势，正太战役、青沧战役和夏季攻势的胜利，有力地支援和配合了陕北、山东人民解放军的作战。

二、国共关系全面破裂

1946 年年初，政协会议召开及其通过的各项协议，为中国的和平发展及民主化进程展示了美好的前景。但由于国民党的阻挠，政协会议的各项协议最终未能实施。

在政协通过的五项协议中，国民党最不满的是关于宪法草案和改组政府两项。前者对大权独揽的总统制进行了限制，后者则要求国民党改组政府，容纳中共及其他党派。蒋介石最初虽然出于对国内外情势的考虑，勉强接受了政协协议，但也表示了他的不满。政协会议闭幕后，国民党内迅速出现强烈要求修改甚至废弃政协协议的声浪。

1946 年 3 月，国民党在重庆举行六届二中全会。与会的许多国民党中央委员对政协协议进行攻击，蒋介石也强调"不能接受"政协宪草案。全会通过的决议案，只字不提国民党对政治民主化应负的责任，反而责难中共，要求中共"履行"协议、消除"障碍"。更关键的是，决议明确提出不承认政协通过的宪草原则案，实际推翻了政协协议，就连支持国民党的美国人也认为，二中全会破坏政协会议改组政府的原则是极大错误。

与国民党的态度截然不同，中共高度评价政协会议的积极意义，认为"这是中国民主革命一次伟大的胜利。从此中国即走上了和平民主建设的新阶段"[1]。中共对实行政协协议是有诚意的、坚决的，准备提出参加国民政府委员会的人选，包括毛泽东、周恩来、刘少奇等中共主要领导人。同时，中共中央还准备迁往淮阴，以靠近国民政府所在地南京，更方便参与国务。但国民党的一系列反共作为，使中共不得不改变调整自己的政策。国民党六届二中全会闭幕后，毛泽东指示中共驻重庆代表团，"应展开批评攻势，针锋相对，寸土必争"，并批评国民党是先军队国家化，吞并异己，大权在握，永远也不国家民主化。中共中央在给各地负责人的指示中提出："我们反对分裂、反对内战，但我们不怕分裂、不怕内战，我们在精神上必须有这种准备，才能使我们在一切问题上立于主动地位。"[2]

1946 年 10 月，国民党军占领华北重镇张家口。于是，蒋介石不顾中共强烈反对，下令召开"国民大会"。中共中央发表声明，提出必须承认停战协定和政协协议的效力，国共方有恢复和谈、中共才有参加国大的可能，蒋介石对此却置之不理。11 月，由国民党包办的"制宪国民大会"在南京开幕，中共拒绝出席。周恩来在南京举行记者招待会，严正声明："和谈之门已为国民党当局

① 《中央关于目前形势与任务的指示》（1946 年 2 月 1 日），中央档案馆编：《中共中央文件选集》第 16 册，中共中央党校出版社 1992 年版，第 62 页。
② 《中央关于坚决反对国民党反动派破坏政协决议的指示》（1946 年 3 月 18 日），中央档案馆编：《中共中央文件选集》第 16 册，中共中央党校出版社 1992 年版，第 98 页。

一手关闭了。"① 周恩来随即离开南京回到延安。

1946 年年底，南京"制宪国大"通过《中华民国宪法》。为了显示宪法通过后的"民主"气氛，1947 年 1 月，国民党又提出国共恢复谈判的主张。中共坚持重开谈判的基本条件是，恢复 1946 年 1 月停战令生效时国共双方的军事位置并全面实行政协协议。国民党对此不能接受，国共和谈无法恢复。

在此期间，经过半年的全面进攻，国民党军并未达到预期目的，其后方却出现社会动荡的形势。中共进一步坚定了通过战争推翻国民党统治、实现革命目标的决心。1947 年 2 月，毛泽东主持召开中共中央政治局会议，通过《关于时局和任务的指示》，提出："目前各方面情况显示，中国时局将要发展到一个新的阶段。这个新的阶段，即是全国范围的反帝反封建斗争发展到新的人民大革命的阶段。现在是它的前夜。我党的任务是为争取这一高潮的到来及其胜利而斗争。"② 这个指示明确提出了迎接革命高潮和打倒国民党蒋介石统治的目标。

1947 年 2 月底，南京首都卫戍司令部致函中共代表团，令其在 3 月初全部撤离。在此前后，重庆、上海的国民党当局也对当地的中共办事机构发出同样指令。中共驻南京代表团董必武一行随后离开南京。行前，董必武发表书面谈话称："十年来从未断绝之国共联系，今已为国民党好战分子一手割断矣！""内战显将继续，人民之灾祸必将更大更深。然而，此种以千百万人性命为赌注之极大冒险，因其违反全体爱好和平人民之愿望，终必失败无疑。"③ 至此，国共和谈最终破裂。1947 年 7 月，国民党决定实行全国总动员，宣布"戡乱"。国民党开动的内战战车已经无可回头。

三、人民爱国民主运动与第二条战线的形成

国民党在抗日战争中后期，特别是战后接收过程中出现的严重贪污腐败现象，使其民心大失。全面内战爆发前后，国统区民众对国民党破坏和平、妨害

---

① 《周恩来同志答记者问》，《新华日报》1946 年 11 月 17 日第二版。
② 毛泽东：《迎接中国革命的新高潮》（1947 年 2 月 1 日），《毛泽东选集》第 4 卷，人民出版社 1991 年版，第 1211 页。
③ 董必武：《撤离南京时的书面讲话》（1947 年 3 月 7 日），《董必武选集》，人民出版社 1985 年版，第 124 页。

民生的政策表示强烈的不满，反内战运动在国统区风起云涌。

大学生是反内战运动的主力。1945 年 11 月底，云南昆明各大学学生自治会组织多次时事演讲会，反对内战。云南军政当局派出军警干扰破坏，各校相继罢课抗议。12 月初，国民党军警闯入云南大学和西南联大，对学生大打出手，甚至投掷手榴弹，致使西南联大学生四人身亡，数十人受伤，引起举国震动，受到社会各界和舆论强烈谴责，这就是"一二·一"运动，此后全国反内战、争自由的运动广泛发展。

1946 年 7 月 11 日晚，著名爱国民主人士李公朴在云南昆明回家途中遭暗杀。15 日下午，西南联大教授闻一多也被人暗害。两次暗杀都是国民党特务所为，他们企图通过血腥的屠杀"教训"反对内战的民主人士，恐吓民主党派。这反而进一步推动了以民盟为代表的民主党派以及坚持爱国民主的知识界向中国共产党靠拢，共同与国民党进行斗争。

1946 年圣诞节前夜，美军士兵皮尔士酗酒闹事，在北平市中心长安街东单广场附近，强奸北京大学某女生，引发全国规模的抗议美军暴行的学潮。

1947 年 5 月，在各大城市爆发了大规模的"反饥饿、反内战"学生运动，史称"五二〇"运动。

1947 年 2 月，上海爆发黄金风潮，导致物价急剧上涨，社会出现动荡。《大公报》社评描述："因物价腾昂，生活不定，人心浮动，几乎处处都在闹事，事事都有风波，一种阴霾恐慌的气象遍布各地。"[①]

通货膨胀的恶性发展，严重影响大学生的生活。特别是国民党实行的内战和独裁政策，引起大学生的强烈不满。他们拥护和平民主，反对内战独裁，酝酿走上街头，表达自己的诉求。

针对这种情况，中共加强了在国统区的地下工作，确定了新的工作方针："扩大宣传，避免硬碰，争取中间分子，利用合法形式，力求从为生存而斗争的基础上，建立反卖国、反内战、反独裁与反特务恐怖的广大阵线。"[②] 学潮不断高涨，严重动摇了国民党的反动统治。

5 月起，南京各大学学生连续举行请愿游行。国民党政府官员对学生的要求敷衍了事。中央大学的学生遂决定举行无限期罢课，直到政府同意学生的要

---

① 《须要替老百姓找生路》，《大公报》1947 年 5 月 13 日第二版。
② 周恩来：《关于在蒋管区的工作方针和斗争策略的两个文件》（1947 年 2 月 28 日、5 月 5 日），《周恩来选集》上卷，人民出版社 1980 年版，第 269 页。

求为止。他们的行动很快得到各地学生的支持和响应。

5月20日，南京各大学学生联合上海、苏州、杭州地区高校学生代表，在南京举行大规模"反饥饿、反内战"示威游行，提出"反对内战""遵循政协路线""反对征兵征粮"等政治口号。国民党政府派出大批军警上街，以水龙和棍棒阻止学生游行，与学生发生冲突，数十名学生受伤，酿成流血惨案。同时，在全国其他一些大城市也发生了学生"反饥饿、反内战"示威游行。北平的大学生在游行宣言中声明："目前中国社会一切混乱不安的局面，都是因为政治上不民主及打内战的关系，所以我们更要求政府：……（八）立即停止内战。（九）恢复政协路线，实行民主政治。"①

"反饥饿、反内战"的学生运动，得到了社会各界的广泛同情与支持。就连政治立场一向较为中立的《大公报》，也态度鲜明地站在同情学生的立场上，发表与学生"反饥饿、反内战"要求基本一致的评论："无数青年学生破衣两袭，旧被一条，每餐白水菜汤半碗，咸菜一碟，窝头三个，这生活真够困苦了。"

5月底，新华社发表毛泽东亲笔撰写的评论《蒋介石政府已处在全民的包围中》，提出："蒋介石进犯军和人民解放军的战争，这是第一条战线。现在又出现了第二条战线，这就是伟大的正义的学生运动和蒋介石反动政府之间的尖锐斗争。"②

"五二〇"运动为中共中央提出"打倒蒋介石，解放全中国"的口号创造了重要条件，极大地推动了中国人民革命斗争的进程。

高涨的学生运动，推动了国民党统治区工人、农民、市民斗争的发展，促进了学生运动与工农运动的结合。1947年，在上海、天津、广州、武汉等主要工业城市，有120万工人参加反对内战、反对美帝国主义暴行的罢工和示威游行，罢工次数达3000次。国民党政府为苟延残喘，对群众性的爱国民主运动实施疯狂镇压。1947年7月，国民党当局颁布《戡乱动员令》。一方面竭泽而渔，尽可能征调人力物力财力，继续投入内战；另一方面残酷迫害各界爱国志士。在这种情况下，国民党统治区爱国民主运动寄希望于人民解放战争的胜利，放

---

① 《华北学生反饥饿反内战联合会请愿书》（1947年5月），中共北京市委党史研究室编：《反饥饿反内战运动资料汇编》，北京大学出版社1992年版，第160页。
② 毛泽东：《蒋介石政府已处在全民的包围中》（1947年5月30日），《毛泽东选集》第4卷，人民出版社1991年版，第1224—1225页。

弃反内战口号，继续掀起反饥饿、反迫害的斗争浪潮。

第二条战线，是中国人民革命斗争的有机组成部分，配合了人民解放战争的进程。它揭露和孤立了国民党反动势力，扩大了中国共产党的影响。它打击了帝国主义势力，反美抗暴斗争促使美国撤退在华驻军、改变对华政策，在一定程度上削弱了中国人民解放道路上的障碍。

第二条战线的发展，直接牵制了国民党的力量，削弱了国民党的一线兵力。在革命斗争中经受锻炼和考验的学生、工人、农民骨干分子，成为后来支援解放战争，配合人民军队接管城市的基本力量。

第四节　中国革命战争的历史转折

一、解放区工作的拓展

全面内战爆发时，中共领导的解放区面积约有 230 万平方公里，人口 1.36 亿人。其中既有抗战前就已建立的陕甘宁根据地，也有抗战期间陆续建立的晋察冀、晋绥、晋冀鲁豫、冀热辽、山东、华中等解放区，还有抗战胜利后建立的东北解放区。全面内战开始后，因为国民党军的全面进攻，中共领导的解放区面积和人口有所减少，但基本面得以保持，并未出现重大损失和影响。虽然各解放区之间仍然处于被分割的状态，拥有的大城市很少，军事和经济实力也远不如国民党，但依然是人民解放战争胜利的重要依托。

中共在各解放区的工作，仍然以军事斗争和农村工作为中心，但开始有了日渐增加的城市工作。中共长期以农村根据地建设和武装斗争为工作中心，干部也多来自农村和部队，对城市工作的复杂性和重要性缺乏认识与实践。1947年 11 月，解放军攻克石家庄后，曾出现少数进城部队乱拿乱搬物资、破坏生产设施的现象，这在一定程度上影响了城市秩序。此外还不恰当地以乡村清算恶霸地主的经验用于城市，引起部分市民的恐慌。这些情况引起中共中央的高度重视，认识到各解放区"均可能在最近收复一些中等的和大的城市，而这些城市收复后又可能长期归人民所有，如何去收复城市，收复后又如何管理，这在党内一般是还没有完全解决的问题"。有鉴于此，中共中央自 1948 年年初起，制定了关于城市工作的路线、方针和一系列政策，特别要求必须避免对于中小工商业者和一般知识分子采取任何冒险政策；对于"某些地方的党组织违反党中央的工商业政策，造成严重破坏工商业的现象"，"必须迅速加以纠正"①。

4月上旬，毛泽东在《再克洛阳后给洛阳前线指挥部的电报》中，以"一切作长期打算"为出发点，较为系统地提出了中共的城市接管政策：第一，极谨慎地清理国民党统治机构，只逮捕其中主要反动分子，不要牵连太广；第二，对于官僚资本要有明确界限，小官僚和地主所办的工商业不在没收之列，一切民族资产阶级经营的企业严禁侵犯；第三，禁止农民团体进城捉拿和斗争地主；第四，不要轻易提出增加工资减少工时的口号；第五，不要忙于组织城市人民进行民主改革和生活改善的斗争；第六，逐步解决贫民的生活问题，不要提"开仓济贫"的口号；第七，国民党员和三青团员必须妥善地予以清理和登记；第八，一切作长期打算，严禁破坏任何公私生产资料和浪费生活资料；第九，城市已经属于人民，一切应该以城市由人民自己负责管理的精神为出发点。② 电报的基本精神是以"谨慎"态度对待城市工作，为即将到来的全国胜利和城市接管打下良好的基础。

6月，中共中央又批转东北局的报告，决定在新占领的城市实行短期的军事管制，将城市接管从过去的党政军各自为政，转变为由单一机构实行集中统一的、自上而下的领导，以保证城市接管的协调有序和接管政策的切实执行。

经过政策调整，城市接管工作有了很大改观。在新占城市采取"宁缓勿急，宁慢勿乱，争取时间进行调查研究，弄清情况，逐步的、有轻重的处理问题的稳重方针与工作态度"；"在缺乏准备，缺乏把握的情况下，宁可暂时维持原状，决不轻易进行改革，以便争得时间，具体深入调查研究，进行周密部署"③。这些政策保证了城市接管后社会秩序稳定有序，城市正常生活和生产迅速得以恢复，对于巩固和发展革命胜利的形势，争取国统区人心具有重要作用，也为此后中共城市工作积累了宝贵经验。

解放区工作的迅速发展，与中共强大的组织与动员能力是分不开的。中共在解放区的工作，能够深入根据地每一个基层村庄，将原本非常松散的基层社

---

① 毛泽东：《关于工商业政策》（1948 年 2 月 27 日），《毛泽东选集》第 4 卷，人民出版社 1991 年版，第 1285 页。

② 毛泽东：《再克洛阳后给洛阳前线指挥部的电报》（1948 年 4 月 8 日），《毛泽东选集》第 4 卷，人民出版社 1991 年版，第 1323—1324 页。

③ 《中共华东中央局政研室关于济南潍坊两市接管工作经验总结（草稿）》，山东省档案馆、山东社会科学院历史研究所合编：《山东革命历史档案资料选编》第 21 辑，山东人民出版社 1986 年版，第 504 页。

会有效地组织起来，确保了决策部署在短时间内从上而下，层层付诸实施。这对于解放军在战争期间的后勤保障，对于夺取与国民党的战争胜利发挥了巨大作用，大大弥补了中共在物质、交通层面相对于国民党的弱势。

二、土地改革

土地问题是中国革命的中心问题。抗战胜利之初，因为争取和平民主的需要，中共的土地政策仍然延续抗战时期的减租减息。随着内战的危险不断增长，为争取广大农民的支持，中共逐渐改变抗战时的土地政策。毛泽东指出："国民党有大城市，有帝国主义帮助，占有四分之三人口的地区，我们只有依靠广大人民群众的伟大力量，与之斗争，才能改变这种他大我小的形势，如果在一万万几千万人口的解放区内，解决了土地问题，即可使解放区人民长期支持斗争不觉疲倦。"[1] 因此，中共中央适时将减租减息政策改变为农民所欢迎的"耕者有其田"。1946年5月4日，中共中央发出指示，提出"解决解放区的土地问题是我党目前最基本的历史任务，是目前一切工作的最基本的环节"。指示规定土改的具体政策，即分配地主土地，决不侵犯中农土地，一般不动富农土地。考虑到当时内战尚未全面开始，中间阶层对激烈土改有较多的疑虑，"五四指示"对农民获得土地的方式作了较为宽松的规定，提出采取没收、购买、让与等方式，由地主与农民签订土地契约，"使农民站在合法和有理地位"[2]。

"五四指示"对于土改的规定，既支持了农民的土地要求，又考虑到全面内战尚未爆发，对分配地主土地做了某些缓和的规定，以利于争取中间势力，巩固反对国民党的统一战线。

解放军转入战略进攻后，中共中央开始考虑彻底解决土地问题，以实行全面动员，赢得战争的最后胜利。毛泽东说："全党必须明白，土地制度的彻底改革，是现阶段中国革命的一项基本任务。如果我们能够普遍地彻底地解决土地问题，我们就获得了足以战胜一切敌人的最基本的条件。"[3]

---

[1] 《毛泽东、刘少奇关于土地政策发言要点》（1946年5月8日），中央档案馆编：《解放战争时期土地改革文件选编（1945—1949）》，中共中央党校出版社1981年版，第7页。

[2] 《中共中央关于土地问题的指示》（1946年5月4日），中央档案馆编：《解放战争时期土地改革文件选编（1945—1949）》，中共中央党校出版社1981年版，第1—6页。

[3] 毛泽东：《目前形势和我们的任务》（1947年12月25日），《毛泽东选集》第4卷，人民出版社1991年版，第1252页。

1947 年 7—9 月，中共中央在河北平山县西柏坡召开全国土地会议，讨论并通过《中国土地法大纲》，明确提出："废除封建性及半封建性剥削的土地制度，实行耕者有其田的土地制度。"在土改政策方面，"大纲"以彻底平分土地为原则，提出没收地主土地、连同乡村中其他一切土地，不分男女老幼，按人口统一平均分配，同时分配地主的牲畜、农具、房屋、粮食及其他财产，废除土改前的一切债务。[①]《中国土地法大纲》成为土地改革的纲领性文件，满足了千百万无地少地农民对于土地的渴求，对于新老解放区的土地改革运动起到了巨大的推动作用，对国民党统治区产生了广泛的政治影响。但"大纲"规定的将一切土地平均分配的办法，难免导致侵犯中农利益，因此后来在实行中做了调整。

《中国土地法大纲》公布后，各根据地开展了一场全面彻底、轰轰烈烈的土地改革运动，在不长的时间里基本解决了农村的土地问题，大大提高了农民农业生产和参军参战的积极性，为解放战争提供了源源不断的兵员补充和可靠的后勤补给。据统计，解放战争期间山东根据地共有 96 万人参军，还有民兵 71 万人，自卫队 210 万人，前后动员民工担任运输等超过 1000 万人。农民因为得到自己的土地而大力投入生产，提高了农地产出，在物质资源上支持了战争，也改善了自己的生活水平。[②]

在土改过程中，部分地方也程度不同地发生过"左"的偏向，有的地方对地主、富农"扫地出门"，将开明士绅作为斗争对象，甚至出现乱打乱杀的情况。一些地方还出现了较为严重的侵犯中农利益的情况，扩大了打击面，偏离了中共争取中间阶层的政策方针。这种情况引起了中共中央的高度重视，1947 年 12 月，毛泽东在陕北米脂召开的中共中央会议上作报告，提出土改总方针是"依靠贫农，巩固地联合中农，消灭地主阶级和旧式富农的封建的和半封建的剥削制度。地主富农应得的土地和财产，不能超过农民群众"。强调"必须

---

① 《中共中央关于彻底平分土地问题给中央工委的复示》（1947 年 9 月 6 日），《中国共产党中央委员会关于公布中国土地法大纲的决议》（1947 年 10 月 10 日），《中国土地法大纲》（中国共产党全国土地会议 1947 年 9 月 13 日通过），中央档案馆编：《中共中央文件选集》第 16 册，中共中央党校出版社 1992 年版，第 528—529、546—550 页。

② 《山东省人民武装历年情况统计表》，山东省档案馆、山东社会科学院历史研究所合编：《山东革命历史档案资料选编》第 16 辑，山东人民出版社 1984 年版，第 65 页；《关于山东减租减息土地改革运动的总结》，山东省档案馆、山东社会科学院历史研究所合编：《山东革命历史档案资料选编》第 19 辑，山东人民出版社 1985 年版，第 269 页。

坚决地团结中农，不要损害中农的利益"。① 其后，中共中央又在 1948 年春连续发出指示，允许中农保有较平均水平高的土地；区别新富农和旧富农，对老区新富农按富裕中农待遇；对开明士绅应予照顾，对大中小地主应有所区别；坚持少杀人，严禁乱杀人；明确土改的地区差别，即老区只进行适当调整，半老区按土地法大纲进行土改，新区第一步土改不触动富农；明确地主、富农和中农的划分标准；保护已分配土地的私有产权；要求纠正关于土改的"左"倾宣传等。

据此，各根据地在 1948 年内普遍进行了纠正土改"左"的偏向的工作，主要是纠正侵犯中农利益的做法。在此基础上，中共中央又区分不同地区不同情况，对土改的实施步骤作出重要调整。1948 年 5 月，中共中央决定在所有新区只进行减租减息，停止分田；只有具备了环境已经安定，大多数基本群众有要求，干部能掌握当地工作的条件后，才可以分配土地；在刚刚解放的地区，减租减息亦可暂不进行，而着重清匪反霸，适当减轻农民负担，创造发动群众、进行减租减息的条件。

到 1949 年 6 月，解放区面积约 230 万平方公里（内蒙古自治区和华南未包括在内）、拥有人口 2.7 亿人，其中农业人口 2.15 亿人、耕地 5908 万公顷。在广大农村地区，已有约 1.25 亿人和 3919 万公顷土地完成土改，分别占农业人口和耕地面积总数的 58% 和 66%；另有 800 万人和 196 万公顷土地实行了减租。中农在土改后已占到农户总数的 70% 至 80%，其中由贫雇农上升为中农者有相当数量。②

土地改革沉重打击乃至逐步消灭封建土地所有制，满足了千百万农民对土地的渴望，极大地提高了他们的政治热情和生产积极性，为中国革命的胜利奠定了社会的和经济的基础。土地改革也是一次广泛而深入的社会动员与组织，中共在土改中派出工作队，深入乡村，发动农民，进行宣传教育，使千百年来处于自由散漫状态的广大农民，被动员和组织起来。土地改革瓦解了乡村原有的士绅统治架构，对中国共产党的政权建设具有重要意义。

三、人民解放军转入战略进攻

内战爆发一年后，国民党军被歼灭 97 个半旅 78 万人，连同非正规部队，

---

① 毛泽东：《目前形势和我们的任务》（1947 年 12 月 25 日），《毛泽东选集》第 4 卷，人民出版社 1991 年版，第 1250—1251 页。
② 董志凯著：《解放战争时期的土地改革》，北京大学出版社 1987 年版，第 261—263 页。

共被歼灭 112 万人，虽经不断补充，但总兵力已下降至 373 万人。除在山东战场还能保持一定的攻势外，在其他战场的攻势已基本停止。国民党的军事力量虽然相对于中共仍占有明显优势，但国共双方的力量对比正在发生变化，人民解放军已增加至 195 万人。解放战争的转折点即将到来。

东北是中共最早转守为攻的战场。东北地域辽阔，国民党军兵力不足，战争的消耗以及分兵把守城市，机动兵力更少，极易被各个击破。加上东北与关内处于相对隔离状态，国民党军增兵受限，态势孤立。中共在东北则有比较稳固的根据地，部队战力迅速恢复，数量也超过国民党军，加上南北满互相支援，战略主动性更强。

1947 年 5 月，东北民主联军发动大规模的夏季攻势，连续作战 50 天，歼灭国民党军 8 万余人，收复县城 40 余座，包括公主岭、通化、安东等较大城市，迫使国民党军退守在铁路沿线的长春、吉林、四平和以沈阳为中心的南满都市圈内，地域不到东北的十分之一。解放军完全掌握了东北战场的主动权。

为稳定战局，统一权责，蒋介石决定撤销东北保安司令长官部，由东北行辕直接指挥，并在 1947 年 8 月任命参谋总长陈诚为东北行辕主任，但国民党军在东北的不利处境并无根本改观。

在掌握东北战场主动权的基础上，针对国民党军的机动兵力主要集中在山东和陕北，而在两地之间的漫长战线上兵力空虚，成为其实力相对薄弱地区的情况，毛泽东和中共中央对如何彻底打破国民党军的进攻做了深入研究，决定主动发起进攻，并将反攻的战略突破口选在中原地区。

1947 年 1 月，中央军委先后两次指示刘伯承、邓小平要准备进行战略出击，向中原出动，转变为外线作战。5 月，中共中央致电刘伯承、邓小平等，提出刘邓部队进军中原，陈赓、谢富治率一个纵队增援陕北。这是最早提出的进军中原计划。其后，根据战场形势的变化，中共中央在 7 月中旬决定，以陈谢率两个纵队、一个军出击豫西。8 月上旬，中共中央又决定以陈毅、粟裕指挥六个纵队，组成华东野战军外线兵团，在豫皖边实施战略展开。至此，中共基本完成了战略进攻部署：以刘邓部队出击中原，实行无后方跃进式的中央突破，并以陈粟部队出击豫皖苏，以陈谢部队出击豫西，位于刘邓部队两翼，形成品字阵形。这样，解放军的主要战场由山东转到中原，战略重心由内线移至外线，从而打乱了国民党的军事部署，减轻了内线作战的压力。三路大军进军中原，成为解放军转入全国性战略进攻的起点。

　　1947年6月底，刘伯承和邓小平指挥晋冀鲁豫野战军4个纵队12万人，在鲁西南强渡黄河后连获胜利，歼灭国民党军4个整编师师部、9个半旅6万余人。

中国人民解放军开始战略反攻，刘邓大军抢渡黄河

　　刘邓部队渡河南进的行动，迫使国民党集中8个整编师，以分进合围方式，准备在鲁西南围歼刘邓部队，或将其驱回黄河以北。7月下旬，中共中央指示刘邓部队立即向大别山进军，实行宽大区域机动的无后方作战。8月上旬，刘邓部队分三路行动，以迅捷跃进态势，直指大别山区。从鲁西南到大别山，路途千里，沿途需要经过多条河流和黄泛区，又值酷暑雨季，河水暴涨，道路泥泞，补给困难，部队的行进十分艰苦，最终越过陇海路，突破国民党军的围追堵截，于8月底到达鄂豫皖三省交界的大别山区，实现了外线出击、中央突破的任务。接着，刘邓大军主力向皖西、鄂东出击，至11月下旬，歼灭国民党军3万余人，初步完成了在大别山的战略展开。

　　解放军实行外线出击的东线是华东野战军。8月，中共中央军委决定，由陈毅和粟裕部队在鲁西南地区作战，策应刘邓部队的行动。刘邓部队进入大别山后，蒋介石调动大军紧逼其后。毛泽东又将陈粟部队的作战地域从鲁西南扩大至黄河以南、淮河以北、平汉路以东、津浦路以西，紧邻刘邓部队，使之成为进军中原战略行动的又一组成部分，并可起到分散国民党军兵力，保障刘邓部队后方的作用。9月初，陈毅和粟裕率华野司令部及三个纵队在鲁西渡过黄河，与在鲁西南地区的部队会合。接着，在沙土集歼灭国民党军整编第五十七师。9月下旬，华野外线兵团开始南下豫皖苏地区，发动群众，建立了有1000多万人口的豫皖苏根据地。

　　解放军外线出击的西线是晋冀鲁豫野战军的陈赓、谢富治兵团。7月，中共中央军委指示由晋冀鲁豫野战军三个纵队和一个军（后改为两个纵队一个军），自晋南渡黄河，出击豫西，并归刘邓直接指挥。8月下旬，陈谢部队8万余人在黄河豫西段渡河，首先在洛阳、潼关间连续作战，其后在平汉路西、伏牛山东麓完成战略展开，打下建立豫陕鄂根据地的基础，并与在大别山区的刘邓部队相呼应。

刘邓、陈粟、陈谢三路大军出击外线的行动，标志着全国战局的重大变化。9月，毛泽东提出，解放军在"第二年作战的基本任务是：举行全国性的反攻，即以主力打到外线去，将战争引向国民党区域，在外线大量歼敌，彻底破坏国民党将战争继续引向解放区、进一步破坏和消耗解放区的人力物力、使我不能持久的反革命战略方针"[①]。

11月下旬，国民党军调集33个旅，对大别山地区的解放军展开围攻，刘邓大军在陈粟、陈谢大军的配合下，经过一个多月的作战，粉碎了国民党军的围攻，并初步形成了拥有3000多万人口的中原新解放区。

在解放军三路大军转入外线作战的同时，坚持内线作战的部队积极展开攻势。1947年8月，西北野战军在沙家店围歼国民党军整编第三十六师，成为扭转陕北战局的关键一役。10月，国民党军占领烟台，随后在华东野战军的反击下，转入保守城镇的防御作战。10月，晋察冀野战军在清风店歼敌第三军，11月攻克石家庄。10月、11月，东北民主联军举行秋季攻势，歼敌6.9万余人，攻克城市15座，迫使东北国民党军陷入更加被动的局面。

上述战争形势的变化，标志着中国革命新高潮的到来。毛泽东指出："这是一个历史的转折点。这是蒋介石的二十年反革命统治由发展到消灭的转折点。这是一百多年以来帝国主义在中国的统治由发展到消灭的转折点。"[②]

四、夺取全国胜利纲领的制定和实施

随着中国人民解放军在军事上转入全面进攻，1947年10月，解放军总部发布了毛泽东起草的《中国人民解放军宣言》，正式提出："打倒内战祸首蒋介石，组织民主联合政府，借以达到解放人民和民族的总目标。"[③] 从此，"打倒

---

① 毛泽东：《解放战争第二年的战略方针》（1947年9月1日），《毛泽东选集》第4卷，人民出版社1991年版，第1230页。

② 毛泽东：《目前形势和我们的任务》（1947年12月25日），《毛泽东选集》第4卷，人民出版社1991年版，第1244页。

③ 毛泽东：《中国人民解放军宣言》（1947年10月10日），《毛泽东选集》第4卷，人民出版社1991年版，第1235页。

蒋介石，解放全中国"成为强大的革命动员口号。

《中国人民解放军宣言》还提出了八项基本政策：成立民主联合政府；惩办战犯；实行人民民主制度，保障人民自由；肃清贪官污吏，建立廉洁政治；没收官僚资本，发展民族工商业；废除封建剥削制度，实行耕者有其田；承认各少数民族平等自治的权利；废除卖国条约，与各国建立平等互惠关系。[①]

1947 年 12 月，中共中央在陕北米脂县杨家沟召开扩大会议，即"十二月会议"。毛泽东作了《目前形势和我们的任务》报告，阐明了彻底打败蒋介石，夺取全国胜利的军事、政治、经济等方面的方针和政策。政治上，在中共领导下，组成最广泛的民族统一战线，成立民主联合政府。经济上，没收封建阶级的土地归农民所有，没收官僚垄断资本归新民主主义国家所有，保护民族工商业，以发展生产、繁荣经济、公私兼顾、劳资两利为总目标。军事上，实行十大军事原则。即：先打分散和孤立之敌，后打集中和强大之敌；先取中小城市和乡村，后取大城市；以歼灭敌人有生力量为主要目标，不以保守或夺取城市和地方为主要目标；集中绝对优势兵力，四面包围敌人，力求全歼，不使漏网；不打无准备和无把握之战；发扬勇敢战斗，不怕牺牲，不怕疲劳和连续作战的作风；力求在运动中歼灭敌人；先取敌人守备薄弱的据点和城市；以俘获敌人的武器和人员补充自己；善于利用两个战役之间的间隙休息和整训部队，等等。

为了保证党的纲领和各项方针政策的贯彻执行，毛泽东强调，要坚持党的新民主主义革命总路线：无产阶级领导的，人民大众的，反对帝国主义、封建主义和官僚资本主义的革命。[②] 毛泽东的报告进一步丰富和发展了新民主主义理论，成为中国共产党领导新民主主义革命走向胜利，建立新中国的纲领性文件。

十二月会议还讨论解放区在土改和整党中出现的"左"的倾向以及纠正的办法。会议指出，在胜利形势下"左"的偏向正在发展，并将有损于革命的根本利益，因此在确定革命总路线之后，应特别注意革命的政策和策略。在纠正

---

① 毛泽东：《中国人民解放军宣言》（1947 年 10 月 10 日），《毛泽东选集》第 4 卷，人民出版社 1991 年版，第 1237—1238 页。

② 毛泽东：《目前形势和我们的任务》（1947 年 12 月 25 日），《毛泽东选集》第 4 卷，人民出版社 1991 年版，第 1247—1256 页。

"左"倾偏向的过程中，毛泽东强调："政策和策略是党的生命，各级领导同志务必充分注意，万万不可粗心大意。"①

1947年年底，中共已有270万名党员，其中相当一部分是在抗日战争后期和解放战争时期入党的。为了纯洁党的组织和军队，迎接革命胜利的到来，从1947年年底到1949年年初，中共开展了整党运动。基本内容是，通过开展"三查"（查阶级、查思想、查作风）、"三整"（整顿组织、整顿思想、整顿作风），克服党内非无产阶级思想影响和官僚主义作风，树立全心全意为人民服务的思想。同时，为了提高广大干部、战士的阶级觉悟，激发他们的革命斗志，从1947年冬到1948年春，人民解放军从阶级教育入手，运用诉苦、"三查"、"三整"等方法，普遍开展了新式整军运动。

1948年3月，毛泽东、周恩来、任弼时等中共领导人离开了陕北，前往河北平山县西柏坡。中共中央和毛泽东在此指挥解放战争的战略决战，并部署夺取全国胜利的各项工作。

这期间，中共中央决定将晋冀鲁豫和晋察冀解放区合并为华北解放区，成立华北中央局（刘少奇兼第一书记）、华北军区（聂荣臻任司令员）、华北联合行政委员会（董必武任主席，后改称华北人民政府）。华北解放区在广大的区域内积极摸索、积累政权建设和经济建设经验，为建立新中国成立后的中央政权做准备。

4月30日，中共中央发出纪念"五一"劳动节口号，号召巩固和扩大反对帝国主义、反对封建主义、反对官僚资本主义的统一战线，为打倒蒋介石、建立新中国而共同奋斗；团结各民主党派、各人民团体、各社会贤达，迅速召开没有反动分子参加的新的政治协商会议，讨论并实现召集人民代表大会，成立民主联合政府。

9月中旬，毛泽东在西柏坡主持召开中共中央政治局会议。会议认为，从1946年7月算起，用五年左右的时间，完全有可能从根本上打倒国民党统治。要加强城市和工业的管理工作，使党的工作重心逐步地由乡村转到城市；迅速地有计划地训练大批能够管理军事、政治、经济、党务、文化教育等工作的干部，大力恢复和发展生产；准备在1949年内召开各党派政治协商会议，成立临

---

① 毛泽东：《关于情况的通报》（1948年3月20日），《毛泽东选集》第4卷，人民出版社1991年版，第1298页。

时中央政府。①

这是中共在战略决战前夕召开的一次重要会议，为中国共产党夺取全国范围的胜利做好了充分准备。

五、各大战场继续推进

1948年上半年，为巩固和发展战略进攻的成果，根据中共中央、中央军委的部署，人民解放军继续在各战场上展开了强大攻势。

在中原战场，为进一步与国民党军争夺战争的主动权，1948年2月，中共中央指示刘邓大军主力转出大别山，由刘、邓统一指挥陈谢集团和华北野战军陈（士榘）唐（亮）兵团，在淮河、汉水、陇海路、平汉路之间打中等规模的歼灭战。3月，陈谢集团和陈唐兵团攻克洛阳。5月，陈谢集团和华东野战军第十纵队举行宛（南阳）西战役，歼灭国民党军2.1万余人。这两次胜利，进一步扩大和巩固了平汉路以西的解放区。

为加强中原解放区的领导，方便中原野战军和华东野战军西线兵团两军的协调行动，统筹作战事宜，5月9日，中共中央成立中原军区，刘邓大军及陈谢集团改为中原野战军，刘伯承为中原野战军司令员，邓小平任政治委员，陈毅为第一副司令员（仍兼华东野战军司令员和政治委员）。稍后，又决定粟裕为华东野战军代司令员兼代政委。

6月中旬至7月初，粟裕率华东野战军主力，在中原野战军配合下，举行豫东战役。首先攻克开封，接着在睢县、杞县地区歼灭增援的国民党军青年兵团和黄百韬兵团一部。中原野战军主力则坚决阻击国民党军三个兵团自平汉铁路北上的增援，有力地配合了华东野战军的作战。豫东战役共歼灭国民党军9万余人，这是解放军在外线进行的包括城市攻坚战和运动战在内的规模较大的一次大兵团作战。这一战役的胜利，改变了中原战场的战略态势，打乱了国民党军在这一战场的防御体系，为中原、华东战局的进一步展开创造了有利条件。

在华东战场，华东野战军山东兵团于1948年3月至7月，相继进行了胶济铁路西段、中段战役和津浦铁路中段战役，共歼灭国民党军14.5万人，解放了

---

① 毛泽东：《中共中央关于九月会议的通知》（1948年10月10日），《毛泽东选集》第4卷，人民出版社1991年版，第1345—1349页。

大片地区，使济南处于解放军的四面包围之中，从根本上改变了山东战局。与此同时，华东野战军苏北兵团先后进行了益林、盐（城）南战役，歼灭国民党军2.5万余人，有力地配合了中原和山东战场的作战。

在西北战场，1948年2月，西北野战军转入外线作战，进行了宜川战役，歼灭了国民党军一个整编军部、两个整编师共五个旅2.9万余人。接着，又进行了西府、陇东战役，歼灭国民党军2.1万人，并于4月21日收复延安。从此，西北的主要战场从陕北老解放区推向了国民党统治区。

在华北战场，晋察冀野战军于3月下旬至4月上旬进行了察南、绥东战役，歼灭国民党军1.8万余人。晋冀鲁豫军区部队经过72天作战，攻克晋南重镇临汾，使晋南全境获得解放。5月9日，晋察冀和晋冀鲁豫两大解放区合并成华北解放区后，华北军区第一兵团相继进行冀热察战役和保北战役，歼国民党军3万余人，使国民党军华北"剿总"傅作义部陷入被动境地。华北军区第二兵团举行晋中战役，歼灭国民党正规军、非正规军和民卫军共计10万余人，使太原陷入解放军的包围之中。

在东北战场，东北民主联军（1948年1月改称东北人民解放军）于1947年12月至1948年3月开展冬季攻势，歼灭国民党军15.6万余人；攻克和收复战略要点四平、吉林、营口等城市18座，将国民党军压缩于长春、沈阳、锦州等几个孤城中，为辽沈战役奠定了基础。

思考题：

1. 如何认识抗战胜利以后中国的两条道路之争？
2. 中国共产党和人民解放军能够在解放战争中以弱胜强的原因是什么？
3. 简述中国共产党的土地政策和革命胜利的关系。

▶ 拓展阅读

第十四章　国民党统治的覆灭和中华人民共和国成立

1947 年下半年，人民解放军粉碎了国民党军对解放区的全面进攻和重点进攻，由战略防御转为战略进攻。为挽救统治危机，蒋介石召开了非法的"国民大会"，进行所谓"政府改组"。坚持内战独裁的国民党政权，在军事上一败涂地，政治上尽失民心，经济方面陷入严重危机，从而走向全面崩溃。中共中央制定了夺取全国胜利的政治、经济、军事纲领。人民解放军连续取得辽沈、淮海、平津三大战役的胜利，粉碎了国民党反动派以"求和"赢得喘息和反扑时机的阴谋，向全国进军，彻底摧毁了国民党的反动统治，取得了中国新民主主义革命的伟大胜利，领导中国人民建立了新中国，开辟了中国历史发展的新纪元。

第一节　国统区的全面危机

一、国民党政治危机的加剧

按照政治协商会议决议，国民大会必须在停止内战、修正宪法、结束训政、改组政府之后才能召开。由于威胁到国民党一党专制，政协会议决议被搁置。全面内战爆发后，国民党取得暂时"胜利"，蒋介石为给其独裁统治披上"合法""民主"的外衣，取得美国的支持，单方面决定召开国民大会，企图以军事胜利压迫中共在政治上屈服。

对此，中国共产党和各民主党派予以强烈抨击，中共坚决反对由国民党一党包办"国大"，指出这样的"国大"是非法的，在各项争议问题未解决前，中共决不参加"国大"。民盟主席张澜于 1946 年 10 月 14 日发表谈话，指出："我们民盟不能放弃自己的意见和立场，不怕一切威胁和利诱，绝不参加。"一些民主党派和民主人士为和平民主奔走呼号，希望说服蒋介石改弦更张，但没有取得实际效果。蒋介石的一意孤行，使民主党派、民主人士和广大人民进一步认清了国民党当局坚持独裁和内战的真面目。11 月 10 日，重庆和平促进会、民主建国会重庆分会等 21 个团体发表联合声明，反对国民党包办的"国大"。

1946 年 11 月 15 日，"国民大会"在南京召开，只有依附于国民党的青年党、民社党以及一些所谓的"社会贤达"参加，国民党代表占85%。这次"国大"的任务是制定宪法，因此被称为"制宪国大"。12月，"国大"通过《中华民国宪法》，规定一年后正式实施。

对于这个非法的、分裂的"国大"及其通过的《中华民国宪法》，中共、民盟及其他民主党派都表示坚决反对。该宪法通过后，《解放日报》嘲讽"蒋介石打出了最大的一张牌，但是他既不能满足人民，又不能压倒对方，却只把曾弄假成真的国大再弄真成假"[1]。《大公报》指出，这个宪法"最大缺点还不在它的本身，而是这次的制宪国大缺少了一个和平团结的规模。一个主要的党派未参加，而半个中国还在打着内战，因此大大减损了这部宪法的尊严性"[2]。民盟则声明："此次宪法所依据的宪草乃国民党片面提出的草案，在法律上与事实上均非政协宪草"，"与本同盟之主张根本违背，更与全国人民之利益根本冲突，本同盟愿唤起全国人民共起坚决反对。"[3]

1947年4月，国民党又进行了所谓的"政府改组"，引进党外人士担任国民政府委员、行政院政务委员和若干部长，但国民政府主席、五院院长和政府所有重要部门的职位仍由国民党把持，所有重要决策仍由国民党决定。国民党的政府改组并未改变其一党专政、个人独裁的实质。中共斥之为"不过是继承袁世凯旧筹安会的一个新筹安会，其媚外、残民、打内战、走死路诸特点，将无一而不相像"[4]，民盟认为政府改组"实与民主和平团结统一的途径背道而驰"[5]。

1947年7月，国民党决定实行"戡乱动员"，限制人民的自由权利。12月，国民党政府公布《戡乱时期危害国家紧急治罪条例》，严重损害了人民的各种政治权利。

国民党发布"戡乱总动员令"后，就加紧准备实行所谓"普选"和召开"行宪国大"。1947年11月，国民党政府开始进行"国大"代表的选举。在

---

[1] 《弄真成假——评蒋介石"国大"的闭幕》，《解放日报》1946年12月28日第一版。
[2] 《国民大会闭幕了》，《大公报》1946年12月26日第二版。
[3] 《中国民主同盟对于片面宪法发表声明》（1946年12月31日），中国民主同盟中央文史资料委员会编：《中国民主同盟历史文献（1941—1949）》，文史资料出版社1983年版，第259页。
[4] 《新筹安会——评蒋政府改组》（1947年4月22日），新华通讯社编印：《新华社社论集（1947—1950）》，1960年版，第8页。
[5] 《中国民主同盟对时局宣言》（1947年4月25日），中国民主同盟中央文史资料委员会编：《中国民主同盟历史文献（1941—1949）》，文史资料出版社1983年版，第321页。

"选举"过程中，国民党各派系为争夺代表和委员席位纷争不已，甚至不惜贿选，丑态百出。1948年3月，"行宪国大"在南京召开，通过《动员戡乱时期临时条款》，规定在"戡乱时期"，总统"得经行政院会议之决定，为紧急处分"，而"动员戡乱时期之终止，由总统宣告"。① 也就是说，总统实际可以行政命令的方式，决定一切重大事宜，等于拥有几乎无限的权力；只要总统愿意，就可以无限期地拥有"紧急处分权"。"临时条款"的通过，满足了蒋介石继续独揽大权、个人独裁的愿望。

1948年4月，蒋介石"当选"中华民国总统，李宗仁"当选"副总统。此次"国大"未能解决国民党面临的急迫的政治、军事、经济等问题，反而因副总统"选举"之争而使党内派系斗争激化。国民党在各条战线的失败，也使此次"国大"毫无效力可言。

二、国统区经济状况的急剧恶化

国民党发动全面内战后，在军事上连遭挫败、政治上陷入危机的同时，国统区的经济状况也急剧恶化，民族资本主义经济遭到破坏，工农业生产严重萎缩，迅速走向衰败。

抗日战争后，官僚资本急速膨胀。据估计，战后官僚资本占中国资本总额的54%（战前为32%），占产业资本总额的64%（战前为22%），占金融资本总额的89%（战前为59%），均较战前有大幅度增长。②

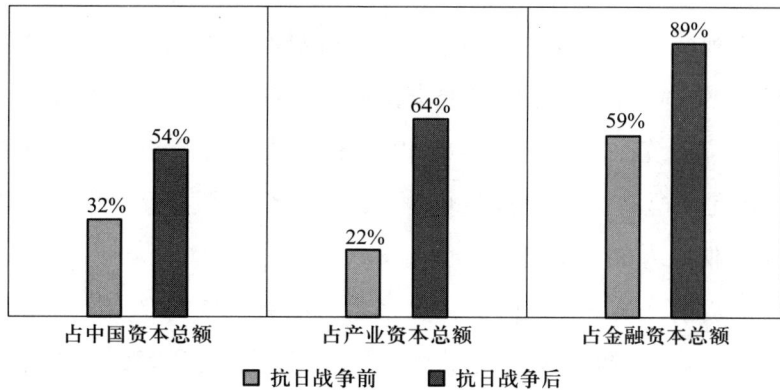

抗日战争前后中国官僚资本占比情况

---

① 《临时条款三读通过》，《大公报》1948年4月19日第二版。
② 许涤新、吴承明主编：《中国资本主义发展史》第3卷，人民出版社1993年版，第731页。

　　战后官僚资本的膨胀，其直接原因，即相当一部分接收的日伪产业，以自营或转让或标售等方式，转移到国民党政府及其官僚手中。一方面是原有垄断机构规模的扩大，如四行二局通过接受日伪银行的财产壮大了经济实力，同时采取措施限制民营银行、钱庄的融资活动。另一方面，国民党政府利用日伪工厂，新设了若干垄断性公司，如中国纺织建设公司。战后接收的日伪产业，以棉纺织业最具规模。1945 年 12 月，国民党政府不顾民间反对，决定成立政府独资经营的中国纺织建设公司，董事长由经济部部长兼任。据 1947 年的统计，中纺公司下属的 85 家企业，囊括了棉纺、毛纺、麻纺、绢纺、印染、针织、轧花、打包等几乎纺织业的所有部门，员工 7.5 万人，纱线锭占全国总数的 44%，布机占 55%，棉纱产量占全国总产量的 40%，棉布产量占 70%，居于垄断地位。[①]

　　国民党政府为维护官僚资本的垄断地位，加强了其资源委员会的权力。1946 年 5 月，资源委员会由原隶属经济部改为直属行政院。1947 年，资源委员会下属的重工业有电力、煤炭、石油、有色金属、钢铁、机械、电器、化学、水泥九个部门，轻工业的制糖、造纸两个部门，共 96 个机构，附属厂矿 291 个，职员 3.3 万人，工人 19 万人。[②] 生产量占全国产量的百分比分别为：电力 50% 以上，煤炭 32.5%，石油 100%，钢铁 80%，有色金属的绝大部分，其他工业也占据相当大的比例，基本控制了中国的重工业生产。[③]

　　以"四大家族"为首的官僚资本急剧膨胀，如孔氏家族、宋氏家族等。孔祥熙被看成政府的"财神"，以他本人及其子女、亲属名义投资的企业遍及金融业与工商业领域，如山西裕华银行，抗战后资产增加到 1 亿元。宋氏家族也是如此。仅日本投降后，宋家即以宋子良的名义在上海开设了孚中公司、中国进出口贸易公司、统一贸易公司、金山贸易公司、利泰公司等。此外，陈立夫、陈果夫等也成立一批"党营"企业，涉及文化出版、造纸、汽车制造等行业，仅工业企业就达 60 个以上。

　　这些官僚资本，缺乏有效监督，大多名为国有，实为私有。正如时论所批评的："官僚资本往往假借发达国家资本，提高民生福利等似是而非之理论为

①　陆仰渊：《中纺公司的建立及其性质》，《近代史研究》1993 年第 2 期。
②　程玉凤等编：《资源委员会档案史料初编》上册，台北"国史馆"1984 年版，第 82、131、142 页。
③　全国政协文史资料研究委员会工商经济组编：《回忆国民党政府资源委员会》，中国文史出版社 1988 年版，第 8 页。

掩护，欺骗社会。社会虽加攻击，彼等似亦有恃无恐。盖官与资本家已结成既得利益集团，声势浩大，肆无忌惮也。"[1] 对于官僚资本的腐朽和弊端，国民党党内亦不乏批评者。

官僚资本对整个社会经济命脉的控制，使民族工商业日趋凋敝，大批倒闭。从 1946 年 10 月到 1947 年 2 月，上海、武汉、广州等 20 个城市的工厂、商店，倒闭的达 2.7 万家。1947 年，国民党统治区工业产量较 1936 年减少 30% 以上。

战后的中国农业经济，因为大规模战争对生产环境的破坏，军队征兵对劳力的占用，田赋征实对农产品的低价以至无偿占有等因素，加之旧有农业生产关系甚少变化，农民生产积极性不高，农村经济急剧衰退。农民的经济负担相当沉重，种种"献金""献粮""劝售"等连续不断。1946 年 7 月恢复田赋征实、征借后，各地农民负担更重，抢征、强征屡见不鲜。1947 年农业产量与 1936 年相比，减少 33%—40%。主要农产品如稻、麦、玉米、棉花的亩产量、总产量等，均未恢复到战前水平。

影响中国农业经济发展的核心是土地占有问题，这是解决中国农业问题的关键所在。国民党一方面打着耕者有其田和实行二五减租方案的旗号拉拢人心，另一方面实际上维护原土地所有者地主的利益，维护自己的统治基础。因此，国民党政府对于各界要求解决农村土地问题的答复，始终是"正在拟订实施办法"。"各地方官绅均为地主官绅，既与地主打成一片，故中央各种收揽民心安定社会秩序之法令相率阳奉阴违。"[2] 在国民党统治时期，土地问题一直没能得到解决，它的所有关于农村的政策，多未付诸实行，连国民党自己也承认其政策"执行之不力"。国民党由于依靠地主作为农村统治支柱，所以不可能解决土地所有权问题，也不可能得到最广大农民的支持。在此情况下，国统区农村经济急剧衰退。广大农村饥民遍地，饿殍载道。1947 年，各地饥民达一亿人以上。

三、财政金融危机的总爆发

由于国民党军事上坚持内战，军费开支庞大，经济上发展官僚资本，工农

① 《国民参政会关于严厉清除官僚资本的建议》（1946 年 8 月 20 日），彭明主编：《中国现代史资料选辑》第 6 册，中国人民大学出版社 1989 年版，第 402 页。
② 《关于"收复区"地主还乡清租倒算的情况》（1946 年 12 月 5 日），彭明主编：《中国现代史资料选辑》第 6 册，中国人民大学出版社 1989 年版，第 457 页。

业凋敝，最终导致财政金融危机的总爆发。

为了筹措内战经费，国民党除了对人民征收苛重的捐税以外，更无限制地发行纸币。内战爆发后，国民党政府军费和特别支出（即以蒋介石命令开支的军费）占政府预算支出的比例高达60%以上（这还不包括以其他名义支出的军费），军费成为一个无底洞，最终导致国民党政府财政的崩溃。1947年，国民党政府财政总收入约14万亿元法币，总支出为43万多亿元法币，财政赤字占总支出的近70%。在此情况下，只能靠中央银行垫款，也就是无限制发行纸币。1947年年初，国民党政府官定货币法币的发行额，已经达到1937年的3430倍。至1948年8月，法币发行额已比1937年增发47万多倍。

通货膨胀的恶性发展，使民众生活水准急剧下降，社会出现严重动荡。国民党对此束手无策，因为要解决通货膨胀，就要大幅度减少货币发行，但要维持庞大的军费开支，只能增加货币发行，这就导致通货膨胀愈演愈烈。恶性通货膨胀使国民党完全失去民心。

1947年年初，上海的黄金外汇市场黄金、美元价格暴涨，法币价值暴跌，物价大幅上涨，物价指数超过战前的一万倍，从而引发了抗战后最严重的经济危机。2月，国民党政府实行"经济紧急措施"，禁止黄金买卖和外币流通，将法币与美元的官定比价从2020∶1调整为12000∶1。但这一措施未能消除危机爆发的根源。在收支不平衡日趋严重的情况下，赤字财政愈演愈烈，钞票越印越多，通货膨胀越来越严重。进入1948年，国民党政府开支几乎全靠印钞票，法币面值最高已达500万元，物价持续走高，每天甚至每小时都在变化。到1948年8月，物价升至1937年抗战前的7255862倍，上海米价每石近6000万元，金价每两超过5亿元，法币与美元兑换价超过1000万∶1，法币濒临崩溃的边缘。[①] 恶性通货膨胀引起的物价飞涨，使人民一次又一次地遭到洗劫，人民生活极端困苦。

面临严峻的经济形势，国民党决定废除法币，另发新币。1948年8月，国民党政府发布《财政经济紧急处分令》等法令，宣布实行币制改革，以金圆券取代法币，金圆券1元折合法币300万元，发行以20亿元为限额；禁止黄金、白银和外币流通、买卖或持有，违反规定者一律没收并予惩处；严格管制物

---

① 中国科学院上海经济研究所、上海社会科学院经济研究所编：《上海解放前后物价资料汇编》（1921年—1957年），上海人民出版社1958年版，第38页。

1948 年 12 月上海民众因通货膨胀、粮食短缺上街对当局抗议

采自［美］刘香成、凯伦·史密斯编著《上海 1842—2010 一座伟大城市的肖像》，金燕等译，世界图书出版公司北京公司 2010 年版，第 222 页。

价，所有物品及劳务以 8 月 19 日价格为准，不得议价，从严惩处囤积居奇。[①]此次币制改革，是国民党政府在财政金融经济接近崩溃的情况下孤注一掷的措施。

国民党政府将币改的实施重点放在上海，由蒋经国坐镇，督导经济管制。蒋经国刚到上海时声称，他是"只打老虎，不拍苍蝇"。虽然也查处了个别囤积居奇的资本家，但在查处孔祥熙之子孔令侃所办扬子公司时遭到重挫。扬子公司一向以特权套购外汇、买空卖空、牟取暴利而为世人侧目，但在宋美龄和蒋介石的包庇下，逃脱了制裁。最终，蒋经国并未真打"老虎"，而只拍了"苍蝇"。国民党经济管制政策失败，经济崩溃的局面已无法扭转。

10 月底，国民党政府通过《改善经济管制补充办法》，实际放弃了限价政策，物价随之暴涨。11 月，国民党政府又公布《修正金圆券发行办法》，规定金圆券的发行数额另以命令定之，即承认原定发行限额无法维持，从而为通货膨胀更趋恶化打开了闸门。其后，金圆券发行数量之多、贬值速度之快在世界货币史上实属罕见。1949 年 5 月，金圆券发行总额高达 825165 亿元，为其最初发行限额的 4.1 万余倍。与此相对应的是物价狂涨，1949 年 5 月上海的物价

[①] 《国民政府颁布财政经济紧急处分令及王云五的谈话和蒋介石手启》（1948 年 8 月 19—21 日），中国第二历史档案馆编：《中华民国史档案资料汇编》第 5 辑第 3 编 财政经济（三），江苏古籍出版社 2000 年版，第 803—819 页。

指数为 1948 年 9 月的 500 多万倍，9 个月的上涨幅度接近于前 12 年的总和。大米价格为 1 石 3 亿元，1 两黄金价格接近 50 亿元，1 美元可兑换超过 8000 万元。"各地纷纷自动以银元、外币、黄金乃至实物等计值交换或流通，若干地区已视金圆券为废纸。"[①] 在此次币制改革中，国民党政府收兑的金银外币总数折算约为 1.9 亿美元。随后，蒋介石下令将币改中回收库存的黄金转运台湾，总数不少于 200 万两。

此次币制改革实际上是国民党政府对广大民众一次赤裸裸的掠夺，不仅未解决国统区的经济危机，反而加速了其经济崩溃。被迫兑换金银外币和恶性通货膨胀使普通百姓蒙受了巨大损失。《观察》周刊曾抨击说："多少老百姓的血汗积蓄，就滚进了政府的腰包里去了。政府拿这些民间的血汗积蓄，去支持他的戡乱，使所有国家的一点元气，都送到炮口里轰了出去！"[②]

四、国民党腐败的加剧

由于国民党独裁专制，腐败现象逐步蔓延。到抗战中后期，国民党退缩后方，腐败现象已经十分普遍，"前方吃紧，后方紧吃"是其真实写照。抗战结束前夕，又爆出孔祥熙及其下属的贪腐大案，数额高达 1600 多万美元，就连蒋介石也在私下里骂孔"可耻之至"。但由于与蒋介石有裙带关系，孔祥熙并未受到应有的处分，此事最终不了了之。

抗战后的接收，是国民党贪腐的大爆发。国民党负责接收的各级官员到达收复区后，各谋私利，徇私舞弊，滥用权力，被舆论形容为"五子登科"，即房子、条子（金条）、票子、车子、女子。国民党官员在接收中的贪腐行为大体分为四种情形：其一是抢，即公开抢占敌伪房产和金银珠宝等财产，仅上海一地的 8500 多幢敌伪房产中，就被强占了 5000 多幢；其二是占，即以单位名义占有，再化公为私，如南京 2000 多幢敌伪房屋，几乎全由各单位以各种名义占据，其中相当一部分又落到各级官员手中；其三是盗，即监守自盗，如汉口宝安大楼原存有价值不菲的贵重物品，最后查封时已所余无几；其四是漏，即

[①] 中国科学院上海经济研究所、上海社会科学院经济研究所编：《上海解放前后物价资料汇编》（1921 年—1957 年），上海人民出版社 1958 年版，第 43—44 页；《国民政府军事委员会秘书处为金圆券贬值几同废纸影响军心迅筹办法致蒋介石呈》，中国第二历史档案馆：《中华民国史档案资料汇编》第 5 辑第 3 编 财政经济（三），江苏古籍出版社 2000 年版，第 920 页。

[②] 《社评》，《大公报》1948 年 11 月 7 日；储安平：《一场烂污》，《观察》5 卷 11 期，1948 年 11 月 6 日，第 1 页。

授意日伪人员故意在移交清册中漏列若干财产，使之堂而皇之地落入私囊，如日本第六方面军在武汉移交时留下的百亿元无清册物资去向不明。① 对于这种大规模的贪腐，国民党当局也不得不承认："不肖官吏军警勾结地痞流氓，明抢暗盗，所在多有，损失更所不赀。敌伪强占或强租强买人民房屋，经各机关接收后，任意占用或封锁，使人民无屋居，此为各城市之普遍现象，丧失人心，莫此为甚。"②

还有一类贪污是通过标卖处理方式进行的。对于接收的敌伪产业，国民党政府以平卖、委托代售、标卖、拍卖、价让等方式出售，名义上可以回笼货币，平抑物价，但由于处理过程中可以低于市场的价格，由指定的商家出售，这给了接收官员从中上下其手、收受贿赂、贪污实物的"合法"机会。如上海标售日人房屋 2000 多幢，基本上由接收时的占用者获得，所付只有标价的一半；汉口江汉关标售物资 13 批得 33 亿元，但标售最高价格只有市场批发价的 60%。接收官员通过这样的方式，聚敛了大量的财产。

在接收过程中，国民党政府以大大压低伪币币值的兑换办法，对原沦陷区民众进行残酷掠夺。抗战结束后，国民党政府先后颁布《伪中央储备银行钞票收换办法》《伪中国联合准备银行钞票收换办法》，规定流通于华中和华南沦陷区的伪币中储券 200 元兑换法币 1 元，流通于华北沦陷区的伪币联银券 5 元兑换法币 1 元，并限期、限量兑换。而实际上，这两种伪币与法币的比值分别约为 35：1 和 0.5：1。据估计，仅通过这种掠夺式的兑换手段，国民党政府就从收复区人民手中攫取 2 亿美元。

由于贪污腐败、大发胜利财现象盛行，国民党政府已严重丧失人心，就连抗战胜利时曾经对它抱有很大期望的原沦陷区人民，也极端失望。1945 年 10 月 24 日，《大公报》发表《为江浙人民呼吁！》的社评说："这一带无数万的人民都曾为胜利狂欢过，而今却如水益深，如火益热，大众不得聊生。他们痛苦极了，比未胜利时还痛苦。"接收给广大人民带来"一片胜利的灾难"。就连一名国民党接收官员也向蒋介石进言："像这样下去，我们虽已收复了国土，但我们将丧失了民心。"其结果将使政府"基础动摇，在一片胜利声中早已埋下了一

① 何汉文：《大劫收见闻》，《文史资料选辑》第 55 辑，文史资料出版社 1965 年版，第 22—30 页。

② 国民参政会秘书处编：《国民参政会第四届第二次大会提案原文》下册，重庆，审 4 第 134 号，1946 年版。

颗失败的定时炸弹"。国民党腐败的普遍化和恶性化发展，使其民心尽失，加速了自身的垮台。

第二节 历史性的战略决战和人民解放军向全国进军

一、人民解放军与国民党军的战略决战

进入 1948 年，中国的政治、经济和军事形势发生了更加有利于中国共产党领导的人民革命力量的重大变化。国民党的统治危机急剧加深，国统区经济走向全面崩溃，社会动荡，人心惶惶，民众对蒋介石及国民党政府完全失去了信心。国民党统治集团内部矛盾进一步激化，一些地方实力派逐步对蒋介石独裁统治失去信心，加紧或开始同中国共产党联系。中间阶层也纷纷与国民党划清界限。蒋介石也不得不承认："今日环境之恶劣，为从来所未有，其全局动摇，险状四伏，似有随时可以灭亡之势。"[①]

军事上，经过人民解放军一年多的战略进攻，国民党军损失兵力达 152 万人，虽经过不断补充，其总兵力仍保持在 365 万人，但战斗力已经明显下降。人民解放军的总兵力则上升至 280 万人，局部地区兵力已超过国民党军。经过石家庄、运城、临汾、洛阳、开封、襄阳等一系列战役，解放军的攻坚能力有较大提高，并总结出一套较为完善、灵活多变的攻城战术，与攻城相配合的打援战术的水平也得到提高。与此同时，攻城所需的后勤支持，占领城市后的接管政策等也日渐完善。

另一方面，国民党为挽回颓势，决定加强以主要城市为战略要点的守备兵力和防御工事，同时以精锐主力为骨干，组成若干个 10 万以上兵力的机动兵团，加强应援力量，还决定在长江以南、西南、西北地区迅速组训 150 万人的二线部队，准备以这些措施进行最大限度的顽抗和挣扎。此时，如何攻取国民党军重点防守的大中型城市，并在野战中消灭国民党军的精锐重兵集团，成为解放军需要解决的新问题。

就在国民党力图挽回败局的同时，1948 年 9 月 8—13 日，中共中央在西柏坡召开政治局扩大会议，决定人民解放军仍然全部在长江以北和华北、东北作

---

① 蒋介石日记，1948 年 2 月 23 日，藏美国胡佛研究所档案馆。

战，全国的重心在中原战场，北线的重心在北宁路一线，并准备打若干次每次消灭国民党军两三个兵团的决战性的大会战。强调要敢于同敌人的强大兵团作战，敢于打大规模歼灭战，敢于攻击敌人重兵据守和坚固设防的大城市，以夺取全国的胜利。这次会议为人民解放军与国民党军进行战略决战，为有计划有步骤地夺取新民主主义革命在全国的胜利做了重要准备。

随后，人民解放军依据中共中央、中央军委的指示和部署，先后在东北、华北、华东、中原、西北战场上发起规模空前的秋季攻势。

秋季攻势的一个重要战役是夺取济南。济南是山东省会，津浦与胶济铁路的交汇点，战略地位极为重要，一直是国民党军重点防守的城市。国民党军事当局在此设立第二绥靖区，王耀武任司令官，驻有3个整编师14个旅及特种部队共10万余人。济南城防坚固，在纵横50余里的城内外，筑有多道防线。

1948年7月豫东战役结束后，中共中央军委指示华东野战军准备攻取济南，要求华野领导人据此考虑下步作战方案。8月10日，华东野战军提出了三个方案：一是在豫皖苏及淮北路以东地区作战，以歼灭国民党第二兵团为主要目标；二是集中主力攻占济南；三是攻济打援同时进行。同时，华野副司令员粟裕表示倾向第三方案，认为攻占济南可使华野解除南进的后顾之忧，有利于中原决战的顺利进行；其次，济南已是孤城，虽然国民党军部署有重兵，但内外隔绝，士气低落，只要集中兵力，不难一鼓而下；再次，国民党援军在离济南数百公里以外，前进需时，便于部署阻击。粟裕的意见得到中共中央的同意。

根据中央军委的作战指示，由山东兵团司令员许世友指挥6个纵队14万人组成攻城兵团，分东、西两个集团攻击济南；以8个纵队18万人组成阻援、打援兵团。9月16日，济南战役打响。担任济南西部防守的国民党军整编九十六军为西北军旧部，长期受到蒋嫡系排挤。在中共的大力争取下，军长吴化文率全军两万余人战场起义，使济南西部防线门户大开。为解济南之围，蒋介石调邱清泉第二兵团经鲁西南北援；李弥第十三兵团和黄百韬第七兵团自新安镇及固镇地区向徐州集结，准备沿津浦路北上援救，但各部行动迟缓，且慑于华野阻击部队的强大实力而停滞不前，援军未能发挥作用。经过八昼夜激烈的攻坚作战，9月24日济南解放。济南战役共歼灭国民党军14个旅10万人，生俘王耀武。济南攻克后，菏泽、临沂、烟台等地国民党军队纷纷弃城逃窜。至此，山东省除青岛及少数据点外，全部获得解放，从而使华北、华东解放区完全连成一片。

济南战役揭开了战略决战的序幕，标志着国民党军以大城市为主的"重点防御"体系开始崩溃。随着这次战役的胜利，中共中央依据战局的发展变化，因势利导，把人民解放军的秋季攻势引向就地歼灭国民党军重兵集团的战略决战，先后组织了辽沈、淮海、平津三大战役及其他几个重要战役。

1. 辽沈战役

在全国各战场中，东北战场的形势对人民解放军最为有利，已经具备进行战略决战的基本条件。中共中央因此将决战战场首先选在东北。1948 年秋，东北国民党军有 4 个兵团 14 个军 44 个师共 55 万人，其中东北"剿总"副总司令兼第一兵团司令官郑洞国指挥第一兵团 10 万人守长春；东北"剿总"副总司令兼锦州指挥所主任范汉杰指挥第六兵团等部 15 万人守锦州和锦西；东北"剿总"总司令卫立煌指挥第八兵团和第九兵团 30 万人控制着沈阳及其外围地区。东北国民党军处境孤立，与关内联系基本断绝，难以得到充分的后勤补给，士气低落。相比之下，中共已在东北解放了 97% 的土地、86% 的人口，拥有 95% 的铁路。至 1948 年 8 月，东北野战军拥有约 70 万人，另有地方部队 33 万人，基本实现了大兵团和正规化，武器装备实力大增，后方稳定，补给便捷。

对于东北战局的走向，毛泽东主张先打锦州和北宁线，将国民党军封闭在东北并予全歼，防止其退入关内，增加关内作战的压力。中共中央和毛泽东就此与东北野战军司令员林彪进行了反复商讨后，最终将首个作战目标锁定锦州。

9 月 12 日，辽沈战役的战幕拉开。在扫清锦州周围的国民党军之后，10 月 9 日，东野部队向锦州发起攻击，14 日，发起总攻，仅 1 小时即突入城区。经过逐屋争夺的激烈巷战，15 日攻克锦州全城，全歼守军 10 万余人，俘范汉杰、第六兵团司令官卢浚泉等多名高级军官。在锦州激战的同时，国民党军自锦西、葫芦岛大举增援锦州，东野则在塔山进行了顽强的阻击作战。第十七兵团司令官侯镜如指挥国民党军东进兵团 11 个师攻击多日，始终未能突破东野防线。而廖耀湘率领的国民党军西进兵团 11 个师又 4 个旅自沈阳出发，在到达锦州西北方的彰武后因惧怕被歼而停滞不前，对锦州战局未能产生影响。

东野攻占锦州，封闭了东北国民党军退向关内的陆路通道，完成了辽沈战役第一步也是关键一步的作战计划，为全歼东北国民党军创造了条件。

锦州战役打响后，蒋介石认为再守长春孤城已无意义，命令郑洞国率部突围，但是解放军围城部队防守严密，国民党军的突围行动以失败告终。在解放军的强大军事压力和政治攻势下，国民党军第一兵团副司令官兼六十军军长曾泽生于 10 月 17 日率部起义，国民党军余部军心涣散，无力再战。19 日，新七军投诚。21 日，郑洞国率残部放下武器，长春宣布和平解放。

锦州、长春失守后，蒋介石指示廖耀湘西进兵团在锦西东进兵团的策应下南进锦州，企图收复锦州，打通东北与关内的联系。10 月 21 日，廖耀湘部攻击黑山和大虎山，遭遇东野部队的顽强阻击，其后被迫放弃攻击，改向营口撤退。东野攻击锦州的主力部队此时兼程北上，包围廖耀湘兵团。26 日，廖耀湘兵团指挥所在转移途中被打散，指挥体系被打乱，各部在行进状态中无所适从。东野部队猛烈分割打击，至 28 日辽西战斗结束，全歼廖耀湘兵团 10 万余人，廖耀湘等被俘。

廖耀湘兵团覆灭后，沈阳国民党军已陷入绝境，完全处在解放军的包围之中。10 月 30 日，卫立煌与东北"剿总"总部乘飞机撤离沈阳，残余国民党军军心瓦解。11 月 2 日，东野攻占东北最大的城市及重要工业基地沈阳。同日，东野部队解放营口。辽沈战役至此胜利结束。

历时近两个月的辽沈战役，是国共双方自全面内战爆发后进行的第一次大规模会战，国民党军损失 4 个兵团 11 个军 33 个师共 47 万人。经过辽沈战役和其他各战场的胜利，1948 年 7—11 月，国民党总兵力下降到 290 万人，人民解放军则增加到 310 万人。11 月 14 日，毛泽东为新华社撰写评论《中国军事形势的重大变化》，指出："中国的军事形势现已进入一个新的转折点，即战争双方力量对比已经发生了根本的变化。人民解放军不但在质量上早已占有优势，而且在数量上现在也已经占有优势"，"这样，就使我们原来预计的战争进程，大为缩短。原来预计，从一九四六年七月起，大约需要五年左右时间，便可能从根本上打倒国民党反动政府。现在看来，只需从现时起，再有一年左右的时间，就可能将国民党反动政府从根本上打倒了。"[1]

2. 淮海战役

辽沈战役刚刚结束，淮海战役紧接着开始了。此时，东北已失、华北不

---

[1]　毛泽东：《中国军事形势的重大变化》（1948 年 11 月 14 日），《毛泽东选集》第 4 卷，人民出版社 1991 年版，第 1360—1361 页。

稳、华东中原局面复杂，国民党既想用重兵堵防的办法阻止解放军南下，以巩固江淮，又想在这一地区借优势兵力与解放军决战，以试图争夺华北、中原。

淮海战役是在以徐州为中心，东起海州，西至商丘，北起临城，南达淮河的广大地区进行的。参加这一战役的人民解放军有华东、中原两支野战军和华东、中原两军区，以及晋冀鲁豫军区的部分部队，共约 60 万人。国民党在此区域部署有 4 个机动兵团，设有 4 个绥靖区，由徐州"剿总"指挥，总兵力多达 70 万人。其中大多数是国民党的主力和精锐部队。

中共举行淮海战役的设想最早由华东野战军代司令员粟裕提出。在济南战役临近结束时，粟裕根据 7 月间中共中央军委提出的"冬春夺取徐州"的计划，致电中共中央军委，提出举行淮海战役，攻占两淮和海州、连云港，为夺取徐州创造条件的建议。毛泽东认为"举行淮海战役，甚为必要"，并将粟裕原先提出的战役规模扩大，发展为以首先歼灭国民党军重兵集团作为中心任务的战略决战。10 月 11 日，中央军委发出《关于淮海战役的作战方针》的指示，提出了关于淮海战役各个阶段作战任务和兵力部署等的全盘构想。11 月 8 日，根据战局的发展，粟裕等致电中共中央军委，认为"如果能在江北大量歼敌，则造成今后渡江的更有利条件"，建议中野主力直出津浦路徐蚌段，切断徐州地区国民党军的退路；华野主力在歼灭黄百韬兵团后，即协同中野攻击徐蚌段，孤立徐州，大量歼敌。9 日，中共中央军委致电中野、华野领导人，要求中野主力应直出宿县，立即截断宿蚌路，并指出："应极力争取在徐州附近歼灭敌人主力，勿使南窜。"16 日，中央军委进一步明确指出："此战胜利，不但长江以北局面大定，即全国局面亦可基本上解决。"为此，中共中央军委决定由刘伯承、陈毅、邓小平、粟裕、谭震林组成淮海战役总前敌委员会，以刘、陈、邓为常委，"临机处置一切"①，邓小平为书记。

11 月 6 日，华野主力自鲁南地区南下，直指徐淮地区。8 日，国民党军第三绥靖区副司令官何基沣、张克侠（均为中共地下党员）按华东野战军的计划，率第五十九军和七十七军一个半师 2.3 万余人在徐州以北的贾汪起义。11 日，华野部队在徐州以东的碾庄分割包围了黄百韬指挥的国民党军第七兵团，展开激战，并顽强阻击国民党军第二兵团邱清泉部和第十三兵团李弥部的增

---

① 中共中央党史资料征集委员会主编：《淮海战役》第 1 册，中共党史资料出版社 1988 年版，第 52、63—65、131、138、165 页。

淮海战役总前委合影。左起：粟裕、邓小平、刘伯承、陈毅、谭震林

援。战至 22 日，华野全歼黄百韬兵团 5 个军 12 万人，黄百韬自杀。在此期间，中野主力攻克战略枢纽宿县，切断了徐蚌线，并顽强阻击了国民党军黄维第十二兵团的增援。

黄百韬兵团被歼后，国民党军统帅部决定以徐州之第二、第十六兵团向南，蚌埠的刘汝明第八兵团、李延年第六兵团自蚌埠向北，位于南坪集的黄维第十二兵团向东北攻击，企图南北夹击，重占宿县，恢复津浦铁路交通。针对国民党军的部署，中野部队按照中央军委和总前委指示，在宿县东南的双堆集包围黄维兵团，展开围歼作战，同时华野部队分在北南两方，阻击国民党军的增援。经多日激战，12 月 15 日，黄维兵团 4 个军 12 个师及 1 个快速纵队共 12 万人被全歼，黄维等被俘。其中一个师在中共地下党员廖运周率领下起义。

在此期间，徐州"剿总"总司令刘峙率"剿总"部分机关人员飞抵蚌埠，指挥李延年、刘汝明兵团继续北援，由徐州"剿总"副总司令杜聿明指挥邱清泉、李弥、孙元良三个兵团撤离徐州，向西突围，12 月 4 日，被华野部队包围在河南永城东北的陈官庄、青龙集地区。6 日，孙元良第十六兵团自行突围被歼。国民党军余部两个兵团 8 个军 20 余万人在华野部队的包围中，孤立无援。

12 月中旬，为了策应平津战役，不使国民党通过海运将华北部队南撤，并使解放军前线部队在大战间隙得以休整，中央军委决定对杜聿明部暂不发动攻击。1949 年 1 月，平津方面大局已定，淮海前线的解放军经过休整，战力恢复，而杜聿明部已是弹尽粮绝，军心涣散。6 日，华野部队向杜聿明部发起总攻，战至 10 日，杜聿明部被全歼。杜聿明被俘，邱清泉被击毙。至此，淮海战役以解放军大获全胜而结束。

　　淮海战役中，华东和中原野战军在苏、鲁、豫、皖方圆数万平方公里的地域，进行了两个月的作战，后勤保障任务十分艰巨。华东、中原、华北区投入了543万民工（其中，随军常备民工22万人，二线转运民工130万人，临时民工391万人），21万副担架，88万辆大小推车，35万副挑子，77万头牲畜，8500余艘民船，共计运送粮食9.6亿斤，转运前线伤员11万名。陈毅曾经说过：淮海战役的胜利是人民群众用小车推出来的。

　　淮海战役是人民解放军战略决战的关键一役。此役历时66天，国民党军先后出动7个兵团2个绥靖区34个军82个师80余万人，结果损失了5个兵团1个绥靖区22个军56个师共55.5万余人。淮海战役的胜利，使长江以北的华东、中原地区基本得以解放，处于国民党反动统治中心地带的南京、上海直接暴露在解放军的炮火面前，为渡江作战创造了极其有利的条件。

　　3. 平津战役

　　国共两军战略决战最后结束的是平津战役。国民党华北"剿总"总司令傅作义指挥4个兵团13个军46个师55万人，布防在东起北宁路山海关、西至平绥路张家口的狭长地带，面临着被东北、华北野战军联合打击的形势。东北失败后，国民党军在华北感受到极大压力，撤守两难。11月，国民党决定"暂守平津，控制海口，扩充实力，以观时变"，准备尽可能坚守华北，在形势不利时经海上南撤。

　　辽沈战役结束后，中共中央一直在考虑如何以更有利的方式解决华北国民党军，加快战争胜利的进程，提出"抑留傅作义部队于平、张、津、保地区，以待我东北主力入关协同华北力量彻底歼灭该敌"的作战方针[①]，为此作出了一系列部署，令华北部队暂不攻击归绥和太原，令淮海战场暂不解决杜聿明部，以使国民党不能从速决策；令东北主力早日入关，以加强华北解放军的实力。从11月下旬到12月上旬，东北野战军80万人入关，再加上华北军区部队20万人，参加平津战役的解放军总数达到百万人，实力远远超出国民党军，为战役胜利奠定了坚实基础。

　　中共中央关于平津战役的决策，首先注重以大包围态势，分割平津地区的国民党军，不使其南撤或西撤，基本原则是"围而不打"（如张家口、新保安）或"隔而不围"（如对平津只作战略包围，隔断彼此联系，不作战役包围），待战役部署完成后再各个歼灭。11月29日，华北军区部队首先发起对张家口周边地区的攻击，平津战役由此打响。12月中旬，解放军各部完成对国民党军的分隔包围，天津与塘沽、北平与天津、北平与张家口之间的联系均被隔断，中共中央随后确定"先打两头，后取中间"的战役方针。22日，华北军区部队全歼新保安守军第三十五军，23日，解放张家口。1949年1月10日，中共中央决定以林彪、罗荣桓、聂荣臻组成平津前线总前委，林彪任书记。经过周密的准备和部署，14日，人民解放军对天津发起总攻，仅用了29小时即攻克天津，全歼国民党军2个军10个师13万人。17日，留守塘沽的国民党军第十七兵团随后乘船逃离。

与辽沈战役和淮海战役主要是军事作战的形势有所不同，为了保护北平这座历史悠久的文化古城免遭战火，中共中央和中央军委力争和平解放北平。随着国民党军的节节败退，负责指挥华北国民党军的傅作义，感受到解放军的强大压力的同时，也对国民党的腐败无能感到失望。从1948年11月起，傅作义曾几次派人同解放军接触，表示愿意和平解决，但实际上仍动摇于和战之间。天津解放后，北平完全处于解放军的严密包围之中。经过解放军和中共北平地下组织的耐心工作，以及开明人士的敦促，傅作义终于接受和平解决北平问题的协议。

1月21日，解放军平津前线司令部与傅作义达成《关于和平解决北平问题的协议》，规定北平城内的国民党部队移驻城外，实行整编，由解放军入城接管。自22日起，驻防北平的国民党军陆续撤出。1月31日，解放军进入北平，有着千余年历史的文化古都北平避免了战火的破坏，完整、和平地由解放军接管。至此，平津战役胜利结束。

平津战役历时64天，共歼灭和改编国民党军队3个兵团13个军50个师52万余人。战役结束后，除个别几座由国民党军占据的孤城外，华北全境基本解放。平津战役创造的武力解决的"天津方式"、和平解决的"北平方式"，以及随后在解放绥远西部地区中形成的"绥远方式"（有意地保存一部分国民党军队暂时不动，在条件成熟后再去解决），成为解决残存国民党军的基本方式。在此后向全国进军中，中共视情况不同分别有效地运用了这三种不同方式。

在三大战役期间，西北野战军相继进行了澄（城）郃（阳）、（大）荔北战役和冬季攻势，歼灭国民党军6万余人，将胡宗南集团牢牢钳制在西北战场，有力地配合了其他战场的作战。

1949 年 1 月 31 日北平和平解放。人民解放军开进北平城时，受到北平人民夹道欢迎
采自《解放军画报》1951 年第 1 期。

三大战役期间，解放区农民在冰天雪地中用小车把弹药、物资运往前线

　　1948 年 9 月至 1949 年 1 月进行的辽沈、淮海、平津三大战役，双方动员兵力之多、战役持续时间之长、作战地域之广、战斗程度之激烈，在中国战争史上是空前的，在世界战争史上也是罕见的。三大战役结束后，国民党军总兵力还有 204 万人，人民解放军总兵力则达到 358 万人，对国民党军形成绝对优势。东北、华北、华东、西北解放区基本连为一体，为向全国进军奠定了稳固的后方和物质基础，全国解放已指日可待。

　　三大战役结束后，人民解放军进行了统一整编。西北、中原、华东、东北

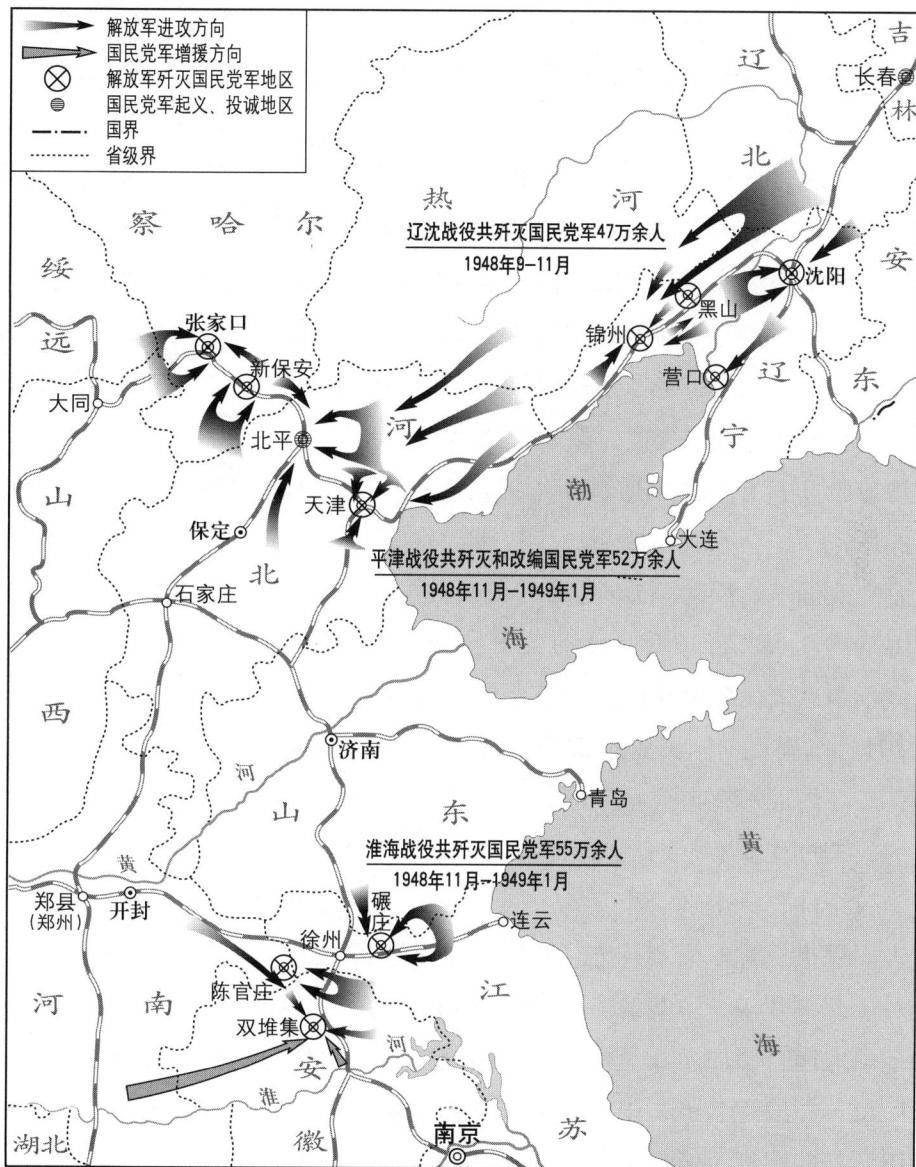

图例

解放军进攻方向
国民党军增援方向
解放军歼灭国民党军地区
国民党军起义、投诚地区
国界
省级界

辽沈战役共歼灭国民党军47万余人
1948年9—11月

平津战役共歼灭和改编国民党军52万余人
1948年11月—1949年1月

淮海战役共歼灭国民党军55万余人
1948年11月—1949年1月

三大战役示意图

野战军分别改称第一、第二、第三、第四野战军。

二、人民解放军向全国进军与国民党统治的覆灭

国民党军队在三大战役接连惨败后，国民党政权已是摇摇欲坠。为了争取喘息时间，达到"划江而治"、卷土重来的目的，在美国政府的支持下，素来与蒋介石不和的桂系李宗仁等，在国民党内发动了一场"和平攻势"。1948年12月，华中"剿总"总司令白崇禧借和谈之名，逼蒋下台。在白崇禧的授意和

影响下，湖北省参议会及河南省政府主席张轸、长沙绥靖公署主任兼湖南省政府主席程潜等，都先后致电蒋介石，要求改弦更张，与中共"恢复和谈"，并直接要求蒋介石"毅然下野"，以利和谈的进行。1949 年 1 月 1 日，蒋介石发表要求和谈的《新年文告》，承认其"领导无方，措施失当"，表示只要和平能够实现，则个人的进退出处"一惟国人的公意是从"①。但同时他又提出要以保存伪宪法、伪法统及其军队等作为谈判的条件，暴露了他的求和声明的虚伪性。21 日，蒋介石"决定身先引退"，由副总统李宗仁出任代总统，但蒋介石实际仍在浙江奉化溪口老家遥控国民党的政治、军事事务。李宗仁就任代总统后第二天，便摆出和平姿态，表示愿意和谈。

1949 年 1 月，毛泽东通过新华社发表《关于时局的声明》，提出中共的和谈条件是：一、惩办战争罪犯；二、废除伪宪法；三、废除伪法统；四、依据民主原则改编一切反动军队；五、没收官僚资本；六、改革土地制度；七、废除卖国条约；八、召开没有反动分子参加的政治协商会议，成立民主联合政府，接收南京国民党反动政府及其所属各级政府的一切权力。②

2 月，李宗仁向国民党中常会报告和谈基本原则：一、应以平等地位进行和谈；二、内战不存在战犯问题；三、政治体制着重隔江分治。其谈判底线是阻止解放军过江，实行划江而治。4 月初，南京政府派张治中（首席代表）、邵力子、黄绍竑、章士钊、李蒸为和谈代表（其后又加派刘斐），到北平，与中共代表周恩来、林伯渠、林彪、叶剑英、李维汉、聂荣臻进行和平谈判。

对于北平和谈，中共的方针是，国民党须完全承认中共提出的八项条件，但为了争取南京当局尤其是桂系能够接受协议，也作一些必要的让步，表示在协议中可不提战犯名单，国民党军队改编分阶段进行，南京政府在联合政府成立前照常行使职权。但是，南京当局尤其是掌握国民党实权的蒋介石仍然坚持"划江而治"的方案，要求以双方停战、中共部队不过长江作为"和谈"的前提条件。李宗仁本人虽然同意以中共提出的八项条件作为谈判基础，但其真正目的，仍在于阻止人民解放军渡江，保住长江以南各省及西北的一些地盘，以巩固自己的权力和地位，取代蒋介石。

4 月中旬，中共提出《国内和平协定》最后修正案，并以 20 日作为南京政

---

① 《蒋总统新年文告》，《中央日报》1949 年 1 月 1 日第一版。

② 毛泽东：《中共中央毛泽东主席关于时局的声明》（1949 年 1 月 14 日），《毛泽东选集》第 4 卷，人民出版社 1991 年版，第 1389 页。

府答复的最后期限。李宗仁召集国民党高层官员商议此案，与会者多表示反对。蒋介石在溪口指示南京当局拒绝中共的条件，不能再有和谈。随后，李宗仁致电北平国民党代表团，拒绝接受该协定。

4月21日，中国人民革命军事委员会主席毛泽东、中国人民解放军总司令朱德发布《向全国进军的命令》，要求全军将士"奋勇前进，坚决、彻底、干净、全部地歼灭中国境内一切敢于抵抗的国民党反动派，解放全国人民，保卫中国领土主权的独立和完整"①。中国人民解放军开始了向全国的胜利大进军。

4月20日至21日，人民解放军发起渡江战役。第二、第三野战军的百万大军在以刘伯承、陈毅、邓小平、粟裕、谭震林组成的总前委指挥下，突破国民党军的长江防线。23日，占领南京，国民党政府逃往广州。南京的解放"正式地表示了国民党统治的灭亡。国民党的残兵败将纵然还在广州、台湾、桂林等地苟延残喘于一时，已经再也维持不了一个什么局面了"②。

中国人民解放军渡江战役，江岸炮兵掩护步兵渡江

采自《解放军画报》1951年第1期。

当渡江作战即将发起时，4月20日，英国"紫石英号"军舰闯入长江人民解放军防线，不顾解放军警告，强行溯江上驶，双方发生激烈炮战。该舰被击伤后搁浅。停泊南京的英舰"伴侣号"下驶接应"紫石英号"，被击伤后仓皇向东逃窜。4月21日英国远东舰队副总司令梅登中将率旗舰"伦敦号"和快速舰

---

① 毛泽东：《向全国进军的命令》（1949年4月21日），《毛泽东选集》第4卷，人民出版社1991年版，第1451页。

② 《庆祝南京解放》（1949年4月25日），中国人民解放军总部编：《中国人民解放战争军事文集》第4集，东北军区司令部印刷厂1949年版，第429页。

人民解放军占领南京国民党政权"总统"府

"黑天鹅号"溯江西上，被解放军炮火击伤后东逃。三次炮战毙伤英军 111 人，包括舰长、副舰长 4 人。英国议会反对党领袖、后任工党政府首相的麦克米伦在议会辩论此事时，哀叹英国政府的"炮舰观念"似乎是"太过时了"。人民解放军总部发言人在 4 月 30 日发表声明，指出："中国的领土主权，中国人民必须保卫，绝对不允许外国政府来侵犯"，要求英方道歉和赔偿损失，并要求英、美、法等各国的武装力量"迅速撤离中国的领水、领海、领土、领空"。声明中也宣布，人民政府愿意保护从事正当职业的外国侨民，愿意考虑同与国民党政府断绝关系的各外国政府在平等、互利、互相尊重领土主权的独立和完整的基础上建立外交关系。声明表达了中国人民不怕威胁、坚决反对帝国主义侵略的严正立场。鸦片战争以来，帝国主义者依仗船坚炮利在中国横行霸道的时代，已经一去不复返了。

人民解放军渡江后，国民党军已不能组织有效的抵抗，基本处在全面溃退的状态。5 月 3 日，三野一部解放杭州；16 日、17 日，四野先遣兵团解放武汉三镇，国民党第十九兵团司令官张轸率部起义；22 日，二野一部解放南昌。5 月 12 日，三野发起上海战役，27 日上海解放。人民解放军在进占上海的过程中，纪律严明，露宿街头，不进民房，保护外侨，赢得了上海市民的热烈欢迎。6 月 2 日，三野一部解放崇明岛，渡江战役胜利结束。

5 月 23 日，毛泽东为中共中央军委起草指示，作出向全国进军的部署，以三野进军福建，二野进军西南，四野进军中南，一野进军西北，采用大迂回、大包围战法，切断国民党军退路，全歼国民党军的大追击战略由此形成。

华东战场，三野在 8 月 17 日进占福州，10 月 17 日解放厦门。华北战场，解放军在 4 月 24 日攻克太原，9 月 19 日，绥远省政府主席董其武率部通电起义。西北战场，一野配属第十八、第十九兵团共同作战，5 月 20 日进占西安，8 月 26 日攻下兰州，9 月 5 日占西宁，23 日进驻银川。9 月 25 日、26 日，新疆警备总司令陶峙岳和新疆省政府主席包尔汉宣布起义。中南战场，8 月 4 日，长沙绥署主任兼湖南省政府主席程潜和第一兵团司令官陈明仁率部起义。10 月 14 日，四野解放广州，国民党"政府"迁往重庆。随后，四野向广西进军，11 月 22 日占桂林，12 月 4 日占南宁。西南战场，二野和一野十八兵团担任作战任务，11 月 15 日占贵阳，11 月 30 日解放重庆，国民党"政府"迁往成都。12 月 9 日，云南省政府主席卢汉在昆明宣布起义，西康省政府主席刘文辉、西南军政长官公署副长官邓锡侯、潘文华在彭县宣布起义。12 月，李宗仁以"治病"为由，经香港飞往美国。12 月 10 日，蒋介石乘专机自成都逃往台湾。27 日，人民解放军解放成都。至此，国民党在大陆的军队基本被歼灭，除极个别地区和沿海岛屿及西藏之外，全国均已解放。

新中国成立后，为迅速肃清残余的国民党军队，人民解放军按预定战略部署，继续向尚未解放的地区进军。到 1950 年 6 月，全国解放战争的大规模作战行动结束。

第三节　中华人民共和国成立

一、为新中国绘制蓝图

随着解放战争的胜利发展，中国共产党开始着手筹建新中国。

1948 年 9 月，在中共中央政治局会议上，毛泽东提出即将成立的新中国的国体，是"无产阶级领导的，以工农联盟为基础，但不是仅仅工农，还有资产阶级民主分子参加的人民民主专政"。关于新中国的政体，应当"建立民主集中制的各级人民代表会议制度"。[①]

1949 年 1 月，中共中央召开政治局会议，决定"一九四九年必须召集没有反动派代表参加的以完成中国人民革命任务为目标的各民主党派各人民团体的政治协商会议，宣告中华人民民主共和国的成立，组成共和国的中央政府，并

[①] 毛泽东：《在中共中央政治局会议上的报告和结论》（1948 年 9 月），《毛泽东文集》第 5 卷，人民出版社 1996 年版，第 135—136 页。

通过共同纲领"①。

1949年3月，中国共产党召开七届二中全会。这是中国共产党筹划建立新中国的一次重要会议。毛泽东在会上作报告，指出中国共产党的工作重心由农村转移到城市；提出了党在全国胜利后在政治、经济、外交方面应该采取的各项政策，以及使中国由农业国转变为工业国，由新民主主义社会转变为社会主义社会的发展方向。全会强调应加强党的思想建设，防止资产阶级思想侵蚀党的队伍。中国民主革命是伟大的，但是革命胜利后的路程更长，工作更伟大、更艰巨，提醒全党要警惕骄傲自满、以功臣自居的情绪的滋长，警惕资产阶级用糖衣裹着的炮弹的攻击。毛泽东还提出："务必使同志们继续地保持谦虚、谨慎、不骄、不躁的作风，务必使同志们继续地保持艰苦奋斗的作风。"② 告诫全党在胜利面前保持清醒头脑，警惕糖衣炮弹的攻击。

为了向全国人民表明中国共产党建立新中国的主张，1949年6月30日，毛泽东发表《论人民民主专政》一文，总结中国近百年革命的历史经验，阐明资产阶级民主主义让位给工人阶级领导的人民民主主义、资产阶级共和国让位给人民共和国的历史必然性，提出人民民主专政这一科学概念。他指出："对人民内部的民主方面和对反动派的专政方面，互相结合起来，就是人民民主专政。"③ 在现阶段的中国，人民包括工人阶级、农民阶级、城市小资产阶级和民族资产阶级。工人阶级是领导力量，工农联盟是基础力量。毛泽东关于人民民主专政的理论，是对马克思主义国家学说的丰富和发展，为新中国的建立奠定了理论和政策基础。

二、中国共产党领导的多党合作局面基本形成

1948年4月底，中共中央发出纪念"五一"劳动节口号，号召各民主党派、各人民团体、各社会贤达，迅速召开没有反动分子参加的新的政治协商会议，讨论如何召开人民代表大会，成立民主联合政府问题。5月，中共中央主席毛泽东致电中国国民党革命委员会负责人李济深、中国民主同盟负责人沈钧儒，指出成立民主联合政府，加强各民主党派、各人民团体的相互合作，并拟定民主政府的施政纲领，

---

① 毛泽东：《目前形势和党在一九四九年的任务》（1949年1月8日），《毛泽东文集》第5卷，人民出版社1996年版，第234页。

② 毛泽东：《在中国共产党第七届中央委员会第二次全体会议上的报告》（1949年3月5日），《毛泽东选集》第4卷，人民出版社1991年版，第1438—1439页。

③ 毛泽东：《论人民民主专政——纪念中国共产党二十八周年》（1949年6月30日），《毛泽东选集》第4卷，人民出版社1991年版，第1475页。

业已成为必要，时机亦已成熟。但欲实现这一步骤，必须先邀集各民主党派、各人民团体的代表开一个会议。在这个会议上，讨论并决定上述问题。他提议由三党中央委员会发表联合声明，以为号召，并就草拟的联合声明的内容、文字，以及邀请其他民主党派、人民团体联署发表等问题征询李、沈二人的意见。

"五一"口号发表后，中国国民党革命委员会李济深、何香凝，中国民主同盟沈钧儒、章伯钧，中国民主促进会马叙伦、王绍鏊，中国致公党陈其尤，中国农工民主党彭泽民，中国人民救国会李章达，中国国民党民主促进会蔡廷锴，三民主义同志联合会谭平山，无党派人士郭沫若在香港联合致电中共中央主席毛泽东，积极响应中共的号召。他们又联名通电国内外各报馆、各团体和全国同胞，公开表示拥护中共"五一"口号。在香港的各界民主人士柳亚子、茅盾、章乃器、朱蕴山、胡愈之、邓初民、侯外庐等 125 人，留港妇女界何香凝、刘王立明等 232 人相继发表声明，表示拥护"五一"口号。旅居新加坡、马来西亚、暹罗（泰国）、马来亚、缅甸、法国、加拿大等地的华侨，也纷纷发出通电，积极响应中共"五一"口号。

8 月初，毛泽东复电响应"五一"口号的各民主党派与民主人士，希望同他们及全国各界民主人士，共商召集新的政治协商会议的有关事宜。同时，中共中央派人前往香港，迎接各民主党派和无党派民主人士，参加新政协的筹备工作。1948 年 8 月至 1949 年 3 月，先后设法从香港分送四批民主人士进入解放区。

中国共产党还积极争取海外华侨对即将成立的新中国的支持。毛泽东亲自写信邀请著名南洋侨领陈嘉庚和美洲侨领司徒美堂，他们立即复电表示诚恳接受邀请，并先后于 1949 年中抵达北平。

各民主党派和著名民主人士齐集解放区，使新政协的召开有了广泛的社会基础。

1948 年 10 月，中共中央统战部同在河北平山县的符定一、周建人等商讨，提出《关于召开新的政治协商会议诸问题》草案。中共中央将这份草案电发中共东北局负责人高岗、李富春，请他们约集已在哈尔滨的沈钧儒、谭平山、章伯钧、蔡廷锴、王绍鏊、高崇民、朱学范等七人商榷，正式征求他们的意见。

东北的民主人士代表在同中共座谈中提出很多好的建议，比如在参加新政协的筹备单位中，增加"上海人民团体联合会"；将"平津教授"改为"全国教授"，"南洋华侨人士"改为"海外华侨民主人士"；将无党派民主人士单列一单位。中共中央接受这些意见和建议，对草案进行了修改。中共中央还将讨论修改过的文件转电中共华南分局，请他们抄送民革李济深、何香凝，民盟周新民，民进马叙伦，致公党陈其尤，救国会李章达、沈志远，中国农工民主党彭泽民，民建章乃器、孙起孟，无党派民主人士郭沫若等 11 人，分别征询他们的意见。

11 月，在广泛听取各方意见后，高岗、李富春代表中共中央同在哈尔滨的民主人士达成《关于召开新的政治协商会议诸问题的协议》，主要内容有：第一，筹备会由中共及赞成中共中央"五一"口号第五项的民主党派、人民团体及无党派民主人士 23 个单位的代表组成。第二，政协筹备会的任务是负责邀请参加新政协的各方代表人物；负责起草新政协的文件；负责准备新政协的正式会议。第三，筹备会各单位有过半数（即 12 个）时，即可成立。第四，通过筹备会各种决议的手续，一般的决议，经多数通过，全体负责施行。基本方针的决议，如共同纲领及组织政府等，虽经多数通过，但少数有不同意见的单位有不签名或退出筹备会的自由，不加强制。

协议中关于新政协的有关内容有：第一，新政协的参加范围，由反对美帝国主义侵略，反对国民党反动统治，反对封建主义和官僚资本主义压迫的各民主党派、各人民团体及无党派民主人士的代表人物组成，不允许南京反动政府系统下的一切反动党派及反动分子参加。第二，新政协时间定在 1949 年，具体确定应根据各方代表到达情况与地点问题一并由筹备会决定。第三，新政协应讨论和解决两个重要问题：一是共同纲领；二是如何建立中华人民民主共和国临时中央政府。协议的通过，表明中国共产党同主要民主党派就筹备新政协的有关事宜取得了一致意见，从而在基本原则上完成了新政协的筹备工作。

1949 年 6 月 15 日至 19 日，新政协筹备会第一次会议在北平召开。参加会议的有各民主党派、无党派人士及人民团体等 23 个单位共 134 人。中共中央主席毛泽东在讲话中指出：召集新的政治协商会议，成立民主联合政府的一切条件均已成熟。这个筹备会的任务就是完成各项必要的准备工作。会议选举出 21 人组成的新政协筹备会常务委员会，设立 6 个小组，分别进行各方面的具体工作。

经过三个月的紧张工作，各项筹备工作陆续完成。各项文件在草拟、讨论和定稿以前，都经过常委会和各小组、在北平的筹备代表和陆续到达北平参加新政协的代表们反复研究，缜密商讨。9 月 17 日，新政协筹备会第二次全体会议在北平举行。会议决定将新政协定名为"中国人民政治协商会议"，基本通过常委会所提出的《中国人民政治协商会议组织法（草案）》《中华人民共和国中央人民政府组织法（草案）》和《中国人民政治协商会议共同纲领（草案）》。

至此，新政协筹备会圆满完成了历史使命。中国共产党领导的多党合作的格局在同各民主党派、民主人士团结合作、共商国是的过程中基本形成。各民主党派参加新政协并在后来担任中央人民政府各项职务，标志着各民主党派地位的根本性变化，他们不再是旧中国反动政权下的在野党，而成为新中国人民民主专政的参与者，在中国共产党的领导下，共同担负起管理国家和建设国家的历史任务。从此，各民主党派走上了新的发展道路。

三、中国人民政治协商会议召开和《共同纲领》的通过

1949 年 9 月 21 日，中国人民政治协商会议第一届全体会议在北平中南海怀仁堂隆重开幕。它的任务是集中全国各族人民意志，制定中国人民的宪章，组织中央人民政府，宣告中华人民共和国的成立。

政治协商会议的与会者，分别来自党派、区域、军队、团体四类共 45 个单位的正式代表 510 人和候补代表 77 人，另外还有第五类特邀代表 75 人，总计 662 人。代表名单是经过各个方面反复斟酌和协商确定的。他们中间有毛泽东、刘少奇、周恩来、林伯渠、董必武、陈云等中国共产党代表，有李济深、张澜、黄炎培、马叙伦、彭泽民、李章达、谭平山、蔡廷锴、陈其尤、谢雪红等各民主党派代表；有朱德、贺龙、粟裕、罗荣桓、张云逸等解放军代表，也有李立三、张晔、蔡畅、廖承志、谢邦定、陈叔通等工会、农民、妇联、青联、工商联各团体代表。大会特别邀请了为民主革命作出特殊贡献的孙中山夫人宋庆龄，以及前清翰林、老同盟会会员、国民党军队起义将领等自辛亥革命以来不同历史时期具有影响的代表人物。

新政协筹委会主任、中共中央主席毛泽东在开幕词中指出，现在的中国人民政治协商会议是在全新的基础之上召开的，它具有代表全国人民的性质，它获得全国人民的信任和拥护。毛泽东庄严宣告："我们的工作将写在人类的历史上，它将表明：占人类总数四分之一的中国人从此站立起来了。"[①]

大会共举行了八次全体会议，一致通过《中国人民政治协商会议组织法》和《中华人民共和国中央人民政府组织法》。《中国人民政治协商会议组织法》规定，中国人民政治协商会议为全中国人民民主统一战线的组织，在普选的全

---

① 毛泽东：《中国人从此站立起来了》（1949 年 9 月 21 日），《毛泽东文集》第 5 卷，人民出版社 1996 年版，第 343 页。

国人民代表大会召开以前，执行全国人民代表大会的职权；在全国人民代表大会召开以后，就有关国家建设事业的根本大计或重要措施，向全国人民代表大会或中央人民政府委员会提出建议。中央人民政府组织法规定，中华人民共和国政府是基于民主集中制原则的人民代表大会制的政府；中央人民政府委员会对外代表中华人民共和国，对内领导国家政权。9月27日，大会通过《关于中华人民共和国国都、纪年、国歌、国旗的决定》，决定中华人民共和国首都定于北平，自即日起，改名北京；中华人民共和国的纪年采用公元，当年为1949年；在国歌未正式制定前，以《义勇军进行曲》为国歌；国旗为五星红旗，象征中国革命人民大团结。

9月29日，全体会议一致通过《中国人民政治协商会议共同纲领》（简称《共同纲领》）。9月30日，全体会议选举中国人民政治协商会议第一届全国委员会委员180人；选举毛泽东等63人为中华人民共和国中央人民政府委员会委员，毛泽东为主席，朱德、刘少奇、宋庆龄、李济深、张澜、高岗为副主席。当天下午，全体代表齐集天安门广场，举行人民英雄纪念碑奠基典礼。毛泽东宣读由他起草并经大会一致通过的碑文："三年以来，在人民解放战争和人民革命中牺牲的人民英雄们永垂不朽！三十年以来，在人民解放战争和人民革命中牺牲的人民英雄们永垂不朽！由此上溯到一千八百四十年，从那时起，为了反对内外敌人，争取民族独立和人民自由幸福，在历次斗争中牺牲的人民英雄们永垂不朽！"[①]

新政协通过的《共同纲领》是新中国的建国纲领，起着临时宪法的作用。主要内容包括：

第一，坚持人民民主统一战线原则。《共同纲领》规定：我们的任务是实行新民主主义，反对帝国主义、封建主义和官僚资本主义，建设一个独立、民主、和平、统一和富强的新中国。为着这个任务，就要团结国内各民主阶级、各民族和国外华侨，结成一个伟大的人民民主统一战线。在整个新民主主义时期，人民民主统一战线应该继续保持，并推动它向前发展。中国人民政治协商会议是它的最好的组织形式。

第二，关于新中国的政权制度。《共同纲领》规定：中华人民共和国的国

---

① 毛泽东：《人民英雄永垂不朽》（1949年9月30日），《毛泽东文集》第5卷，人民出版社1996年版，第350页。

家政权属于人民。人民行使国家政权的机关为各级人民代表大会和各级人民政府。国家最高政权机关为全国人民代表大会。全国人民代表大会闭会期间，中央人民政府为行使国家政权的最高机关。各级人民代表大会选举各级人民政府，各级人民代表大会闭会期间，各级人民政府为行使各级政权的机关。各级政权机关一律实行民主集中制。

第三，关于军事制度。《共同纲领》规定：中华人民共和国统一的军队为中国人民解放军和人民公安部队，受中央人民政府人民革命军事委员会统率。根据官兵一致、军民一致的原则，建立政治工作制度，以革命精神和爱国精神教育部队。军队在和平时期，在不妨碍军事任务的条件下，应有计划地参加农业和工业的生产，帮助国家的建设工作。

第四，关于经济政策。《共同纲领》规定：国家经济建设的根本方针是以公私兼顾、劳资两利、城乡互助、内外交流的政策，达到发展生产、繁荣经济的目的。国家应调剂国营经济、合作社经济、个体经济、私人资本主义经济，使各种社会经济成分在国营经济领导之下，分工合作，各得其所，以促进整个社会经济的发展。凡属有关国家经济命脉和用以操纵国民生计的事业，均应由国家统一经营。凡属国有的资源和企业，均为全体人民的公共财产，是国家发展生产、繁荣经济的主要物质基础和整个社会经济的领导力量。合作社经济为半社会主义性质的经济，为整个人民经济的重要组成部分。凡有利于国计民生的私营经济，人民政府应鼓励其经营的积极性，并扶助其发展。

第五，关于文化教育政策。《共同纲领》规定：中华人民共和国的文化教育为新民主主义的，即民族的、科学的、大众的文化教育，人民政府的文化教育工作，应以提高人们文化水平，培养国家建设人才，肃清封建的、买办的、法西斯主义的思想，发展为人民服务的思想为主要任务。

第六，关于民族政策。《共同纲领》规定：中华人民共和国境内各民族一律平等，实行团结互助，反对帝国主义和各民族内部的人民公敌，使中华人民共和国成为各民族友爱合作的大家庭。在各少数民族聚居地区，实行民族区域自治。各少数民族均有发展其语言文字、保持或改革其风俗习惯及宗教信仰的自由。

第七，关于外交政策。《共同纲领》规定：中华人民共和国外交政策的原则，为保障本国独立、自由和领土主权的完整，维护国际的持久和平和各国人民间的友好合作，反对帝国主义的侵略政策和战争政策。对于国民党政府与外国政府所订立的各项条约和协定，中华人民共和国中央人民政府应加以审查，按其内容，分别予以承认，或废除，或修订，或重订。凡与国民党反动派断绝关系，并对中华人民共和国采取友好态度的外国政府，中华人民共和国中央人民政府可在平等、互利及互相尊重领土主权的基础上与之建立外交关系。在平等互利的基础上，与外国政府和人民恢复并发展通商贸易关系。

《共同纲领》是总结中国人民100多年来，特别是中国共产党成立以来反对帝国主义、封建主义、官僚资本主义的革命斗争经验，从中国的国情和实际出发，制定的一部建国纲领，对刚刚诞生的人民共和国起了规范和指导作用。

四、中华人民共和国中央人民政府成立

中华人民共和国从中央到地方各级人民政权，是彻底打碎旧的国家机器之后，在完全新的基础上建立起来的。1948年5月成立的华北人民政府，在完成华北区统一和支援全国解放战争的工作中，表现出的高效率，为新中国的政权建设和经济建设积累了初步经验，并以比较完整的一套行政系统，为中央人民政府的成立做了组织上的准备。在华北人民政府的基础上，中央人民政府各机构和各部门得以直接组建，这不仅解决了中央政府所需大批干部的来源问题，也保证了中央人民政府一经宣布成立，即能正常有效地运转起来。

1949年10月1日下午2时，在开国大典举行之前，新选出的中央人民政府委员会在中南海勤政殿举行第一次会议，宣布就职。会议宣告中华人民共和国中央人民政府成立，接受《中国人民政治协商会议共同纲领》为政府的施政方针；推举林伯渠为中央人民政府委员会秘书长，任命周恩来为中央人民政府政务院总理兼外交部长，毛泽东为人民革命军事委员会主席，朱德为人民解放军总司令，沈钧儒为中央人民政府最高人民法院院长，罗荣桓为中央人民政府最高人民检察署检察长。责成他们从速组成各项政府机关，执行各项政府工作。会议同时决议：向各国政府宣布，中央人民政府为代表中华人民共和国全国人民的唯一合法政府。凡愿遵守平等、互利及互相尊重领土主权等项原则的任何外国政府，中央人民政府均愿与之建立外交关系。

下午3时，首都30万军民在天安门广场举行隆重的开国大典，第一面五星红旗冉冉升起，毛泽东向全世界庄严宣布："中华人民共和国中央人民政府已于本日成立了。"中国人民从此站起来了。

10月中旬，中央人民政府委员会任命政务院总理以下各单位负责人和人民

1949 年 10 月 1 日，中华人民共和国开国大典在北京天安门广场隆重举行
采自《解放军画报》1951 年第 6 期。

1949 年 10 月 2 日，上海民众集会拥护中华人民共和国成立，
民众向五星红旗和毛泽东巨幅画像举手敬礼！
采自［美］刘香成、凯伦·史密斯编著《上海 1842—2010 一座伟大城市的肖像》，金燕
等译，世界图书出版公司北京公司 2010 年版，第 241 页。

革命军事委员会副主席、总参谋长。10 月 21 日，周恩来总理主持召开政务院第一次会议，宣告政务院成立。至此，中央人民政府的所有机构组建完毕。

中华人民共和国的成立，标志着中国新民主主义革命已经取得伟大胜利，标志着中国人民受奴役受压迫的半殖民地半封建时代已经过去，中国已成为一个新民主主义的国家。中国历史从此进入一个人民群众当家作主的新时代，中华民族的发展从此开启了新的历史纪元。

五、中国新民主主义革命胜利的伟大意义

新民主主义革命的胜利，彻底结束了中国半殖民地半封建社会的历史，揭开了中国历史发展新的一页，为实现中华民族的伟大复兴创造了根本前提。

第一，彻底结束了帝国主义、殖民主义势力奴役中国各族人民的历史，真正实现了民族独立。近代以来，帝国主义列强对中国的侵略，使中国逐步丧失独立和主权，中华民族陷于危难之中，甚至面临亡国灭种的危险。新民主主义革命的胜利，彻底废除了帝国主义强加给中国的不平等条约和列强在中国的一切特权，使中华民族洗刷了百年屈辱，开始以崭新的姿态屹立于世界民族之林。

第二，彻底结束了极少数剥削者统治广大劳动人民的历史，真正实现了人民解放。近代以来，封建主义和官僚资本主义疯狂地剥削压迫中国人民，使广大人民群众陷入水深火热之中，严重阻碍着中国社会的发展和进步。新民主主义革命的胜利，结束了几千年剥削阶级的统治，劳动人民翻身解放，真正成为国家和社会的主人，实现了从几千年的封建专制政治向人民民主政治的伟大跨越。

第三，彻底结束了旧中国一盘散沙的局面，真正实现了国家统一。近代以来，由于帝国主义列强以及代表他们势力的各个军阀、官僚集团的互相争夺，旧中国长期处于四分五裂、任人宰割的状态。新民主主义革命的胜利，彻底结束了军阀割据、战乱频仍的分裂局面，真正实现了国家统一，中国各族人民从此生活在团结友爱、和睦相处、共同进步的大家庭之中。

第四，从根本上改变了中国社会的发展方向，为在社会主义道路上实现中华民族伟大复兴创造了政治前提。新民主主义革命的胜利，标志着近代以来中国面临的民族独立和人民解放的历史任务基本完成，从而为实现由新民主主义到社会主义的转变，建立社会主义制度，实现国家繁荣富强和人民共同富裕的历史任务，扫除了障碍。中华民族由此踏上了伟大复兴的历史征程。

第五，深刻地改变了世界历史的发展进程。新民主主义革命的胜利，是 20

世纪继俄国十月革命和第二次世界大战后世界历史上最重大的历史事件，它冲破了帝国主义的东方战线，改变了世界的政治格局，增强了世界和平民主和社会主义阵营的力量，鼓舞并支持了全世界被压迫民族和人民的解放斗争，对人类的正义和进步事业作出了不可磨灭的贡献。

新民主主义革命的胜利，是马克思列宁主义在中国的胜利，是毛泽东思想的胜利。这一伟大胜利的实践表明，必须从中国的历史条件和现实状况出发，学会把马克思列宁主义的基本原理同中国革命的具体实际正确地结合起来，走具有中国特色的革命道路。新民主主义革命胜利后，中国共产党作为中国工人阶级的先锋队、中国人民和中华民族的先锋队，在领导中国人民确立社会主义制度、建设社会主义的过程中，仍要继续坚持把马克思主义基本原理同中国具体实际相结合，为实现国家富强、民族振兴和人民幸福这一伟大而艰巨的历史任务继续艰辛探索、努力奋斗。

思考题：

1. 试述国统区全面危机的表现及后果。
2. 简述第三条道路失败的原因。
3. 中国共产党领导的多党合作的格局是怎样形成的？
4. 简述《共同纲领》的主要内容和历史作用。
5. 如何理解新民主主义革命胜利和中华人民共和国成立的伟大意义？
6. 抗战胜利后国民党迅速失掉政权的原因是什么？
7. 怎样理解中国走上社会主义道路的必然性？

▶ 拓展阅读

阅 读 文 献

一、理论著作

■ ［德］马克思、恩格斯：《共产党宣言》，《马克思恩格斯文集》第 2 卷，人民出版社 2009 年版。

■ ［德］马克思：《中国革命和欧洲革命》《英人在华的残暴行动》《鸦片贸易史》《英中条约》《中国和英国的条约》《新的对华战争》《对华贸易》《不列颠在印度的统治》《不列颠在印度统治的未来结果》，《马克思恩格斯文集》第 2 卷，人民出版社 2009 年版。

■ ［德］恩格斯：《社会主义从空想到科学的发展》《在马克思墓前的讲话》，《马克思恩格斯文集》第 3 卷，人民出版社 2009 年版。

■ ［俄］列宁：《亚洲的觉醒》《落后的欧洲和先进的亚洲》，《列宁专题文集　论资本主义》，人民出版社 2009 年版。

■ ［俄］列宁：《中国的民主主义和民粹主义》，《列宁选集》第 2 卷，人民出版社 2012 年版。

■ 毛泽东：《毛泽东选集》，人民出版社 1991 年版。

■ 毛泽东：《毛泽东文集》，人民出版社 1993—1999 年版。

■ 刘少奇：《争取全国民主统一与党在统一战线中的领导权》《论党》，《刘少奇选集》上卷，人民出版社 1981 年版。

■ 周恩来：《中共中央为公布国共合作宣言》，《周恩来选集》上卷，人民出版社 1980 年版。

■ 邓小平：《革命和建设都要走自己的路》《答美国记者迈克·华莱士问》《中国只能走社会主义道路》《振兴中华民族》，《邓小平文选》第 3 卷，人民出版社 1993 年版。

■ 江泽民：《在庆祝中国共产党成立八十周年大会上的讲话》，《江泽民文选》第 3 卷，人民出版社 2006 年版。

■ 胡锦涛：《高举中国特色社会主义伟大旗帜，为夺取全面建设小康社会新胜利而奋斗》，《胡锦涛文选》第 2 卷，人民出版社 2016 年版。

■ 习近平：《实现中华民族伟大复兴是中华民族近代以来最伟大的梦想》，《习近平谈治国理政》第 1 卷，外文出版社 2018 年版。

■《习近平致第二十二届国际历史科学大会的贺信》，《人民日报》2015 年 8 月 24 日。

■ 习近平：《决胜全面建成小康社会 夺取新时代中国特色社会主义伟大胜利——在中国共产党第十九次全国代表大会上的报告》，《人民日报》2017 年 10 月 28 日。

二、研究著作

（一）近代通史

■ 范文澜：《中国近代史》，人民出版社 1955 年版。

■ 刘大年主编：《中国近代史稿》（二册），人民出版社 1978、1984 年版。

■ 胡绳：《从鸦片战争到五四运动》（上下册），人民出版社 1981 年版。

■ 陈旭麓：《近代中国社会的新陈代谢》，上海人民出版社 1992 年版。

■ 李侃、李时岳、李德征、杨策、龚书铎编著：《中国近代史》（第四版），中华书局 1994 年版。

■［美］费正清、费维恺主编：《剑桥中华民国史》（上、下），杨品泉等译，中国社会科学出版社 1994 年、1998 年版。

■［美］费正清、费维恺主编：《剑桥中国晚清史》（上、下），中国社会科学院历史研究所编译室译，中国社会科学出版社 2006 年版。

■ 张海鹏主编：《中国近代通史》（十卷），凤凰出版传媒集团江苏人民出版社 2006—2007 年版。

■ 郑师渠：《中国近代史》（第 2 版），北京师范大学出版社 2007 年版。

■ 金冲及：《二十世纪中国史纲》（四卷），社会科学文献出版社 2009 年版。

■ 张海鹏、翟金懿：《简明中国近代史读本》，中国社会科学出版社 2018 年版。

（二）专题研究

■ 胡绳：《帝国主义与中国政治》，人民出版社 1959 年版。

■ 章开沅等主编：《辛亥革命史》（三册），人民出版社 1980 年版。

■［加］陈志让：《军绅政权——近代中国的军阀时期》，生活·读书·新知三联书店 1980 年版。

■ 军事科学院《中国近代战争史》编写组编：《中国近代战争史》（三册），军事科学出版社 1984—1987 年版。

■ 许涤新、吴承明主编：《中国资本主义发展史》（三卷），人民出版社 1985—1993 年版。

■ 严中平主编：《中国近代经济史 1840—1894》（二卷），人民出版社 1989 年版。

■ 戚其章：《甲午战争史》，人民出版社 1990 年版。

■ 魏宏运、左志远：《华北抗日根据地史》，档案出版社 1990 年版。

■［美］齐锡生著：《中国的军阀政治（1916—1928）》，杨云若、萧延中译，中国人民大学出版社 1991 年版。

■ 罗尔纲：《太平天国史》（四册），中华书局 1991 年版。

■ 朱汉国、谢春涛等主编：《中国共产党建设史》，四川人民出版社 1991 年版。

■ 乔志强主编：《中国近代社会史》，人民出版社 1992 年版。

■ 虞和平：《商会与中国早期现代化》，上海人民出版社 1993 年版。

■ 郑师渠：《晚清国粹派：文化思想研究》，北京师范大学出版社 1993 年版。

■ 熊月之：《西学东渐与晚清社会》，上海人民出版社 1994 年版。

■ 茅海建：《天朝的崩溃——鸦片战争再研究》，生活·读书·新知三联书店 1995 年版。

■ 居之芬、张利民主编：《日本在华北经济统制掠夺史》，天津古籍出版社 1997 年版。

■ 张海鹏：《追求集——近代中国历史进程的探索》，社会科学文献出版社 1998 年版。

■ 来新夏主编：《北洋军阀史》（二册），南开大学出版社 2000 年版。

■［美］列文森著：《儒教中国及其现代命运》，郑大华、任菁译，中国社会科学出版社 2000 年版。

■［美］柯文著：《历史三调：作为事件、经历和神话的义和团》，杜继东译，江苏人民出版社 2000 年版。

■汪敬虞主编：《中国近代经济史 1895—1927》（三册），人民出版社 2000 年版。

■张宪文：《中国抗日战争史》，南京大学出版社 2001 年版。

■李细珠：《张之洞与清末新政研究》，上海书店出版社 2003 年版。

■王奇生：《党员、党权与党争：1924—1949 年中国国民党的组织形态》，上海书店出版社 2003 年版。

■桑兵：《庚子勤王与晚清政局》，北京大学出版社 2004 年版。

■茅海建：《戊戌变法史事考》，生活·读书·新知三联书店 2005 年版。

■郑师渠：《思潮与学派：中国近代思想文化研究》，北京师范大学出版社 2005 年版。

■郑师渠：《社会的转型与文化的变动：中国近代史论》，商务印书馆 2006 年版。

■［日］石川桢浩著：《中国共产党成立史》，袁广泉译，中国社会科学出版社 2006 年版。

■黄彰健：《戊戌变法史研究》，上海书店出版社 2007 年版。

■张朋园：《立宪派与辛亥革命》，吉林出版有限责任公司 2007 年版。

■吴景平：《宋子文与战时中国（1937—1945）》，复旦大学出版社 2008 年版。

■汪朝光：《1945—1949：国共政争与中国命运》，社会科学文献出版社 2010 年版。

■龚书铎主编：《近代中国文化概论》，北京师范大学出版社 2010 年版。

■中共中央党史研究室：《中国共产党历史 1921—1949》（二册），中共党史出版社 2011 年版。

■李新主编：《中华民国史》（全 16 册），中华书局 2011 年版。

■ 邓野：《联合政府与一党训政：1944—1946 年间国共政争》，社会科学文献出版社 2011 年版。

■ 黄道炫：《张力与限界：中央苏区的革命（1933—1934）》，社会科学文献出版社 2011 年版。

■《中国抗日战争史》编写组编：《中国抗日战争史》，人民出版社 2011 年版。

■ 刘国新：《中国共产党治国社会方略研究》，中国人民大学出版社 2011 年版。

■ 吴景平：《国民政府时期的大国外交》，上海人民出版社 2012 年版。

■ 陈谦平：《民国对外关系史论：1927—1949》，生活·读书·新知三联书店 2013 年版。

■ 罗志田：《权势转移——近代中国的思想与社会》，北京师范大学出版社 2014 年版。

■［美］周策纵著：《五四运动史：现代中国的知识革命》，陈永明、张静等译，世界图书出版公司北京公司 2016 年版。

（三）全集文集和回忆录

■ 梁启超：《饮冰室合集·文集》，中华书局 1989 年版。

■ 顾维钧：《顾维钧回忆录》，中国社会科学院近代史研究所译，中华书局 1983—1989 年版。

■ 中国社会科学院近代史研究所中华民国史研究室、中山大学历史系孙中山研究室、广东省社科院历史研究室合编：《孙中山全集》，中华书局 1985 年版。

■ 陈锡祺编：《孙中山年谱长编》，中华书局 1991 年版。

■ 曹伯言整理：《胡适全集》，安徽教育出版社 2003 年版。

■［清］李鸿章：《李鸿章全集》，安徽教育出版社 2008 年版。

■［清］张之洞：《张之洞全集》，武汉出版社 2008 年版。

■［清］曾国藩：《曾国藩全集》，岳麓书社 2011 年版。

三、历史资料集

■ 中国史学会编：《中国近代史资料丛刊·义和团》，神州国光社 1951 年版。

■ 中国史学会编：《中国近代史资料丛刊·鸦片战争》，上海人民出版社 1957 年版。

■ 中国史学会编：《中国近代史资料丛刊·太平天国》，上海人民出版社 1957 年版。

■ 中国史学会编：《中国近代史资料丛刊·中法战争》，上海人民出版社 1957 年版。

■ 中国史学会编：《中国近代史资料丛刊·中日战争》，上海人民出版社 1957 年版。

■ 中国史学会编：《中国近代史资料丛刊·戊戌变法》，上海人民出版社 1957 年版。

■ 中国史学会编：《中国近代史资料丛刊·辛亥革命》，上海人民出版社 1957 年版。

■ 王铁崖编：《中外旧约章汇编》（三册），生活·读书·新知三联书店 1957—1962 年版。

■〔清〕朱寿朋编：《光绪朝东华录》，中华书局 1958 年版。

■《筹办夷务始末（道光朝）》，中华书局 1964 年版。

■ 中国史学会编：《中国近代史资料丛刊·第二次鸦片战争》，上海人民出版社 1978 年版。

■《筹办夷务始末（咸丰朝）》，中华书局 1979 年版。

■ 故宫博物院明清档案部编：《清末筹备立宪档案史料》，中华书局 1979 年版。

■ 秦孝仪主编：《中华民国重要史料初编——抗日战争时期》续编（一），台北中国国民党党史委员会 1981 年版。

■《清实录》，中华书局 1986 年版。

■ 中央档案馆编：《中共中央文件选集》（18 册），中共中央党校出版社 1989—1992 年版。

■ 中国第二历史档案馆编：《中华民国史档案资料汇编》，江苏古籍出版社 1991 年版。

■ 中共中央党史研究室第一研究部译：《联共（布）、共产国际与中国国民革命运动（1920—1925）》，北京图书馆出版社 1997 年版。

■ 中共中央党史研究室第一研究部译：《联共（布）、共产国际与中国国民革命运动（1926—1927）》，北京图书馆出版社 1998 年版。

■ 中共中央党史研究室第一研究部编：《共产国际、联共（布）与中国革命文献资料选辑（1927—1931）》，中央文献出版社 2002 年版。

■ 张海鹏主编：《中国近代史论著目录（1979—2000）》，上海人民出版社 2005 年版。

四、辞典地图

■ 中国社会科学院近代史研究所翻译室编：《近代来华外国人名辞典》，中国社会科学出版社 1981 年版。

■ 张海鹏编著：《中国近代史稿地图集》，地图出版社 1984 年版。

■ 刘国新主编：《中国政治制度辞典》，中国社会出版社 1990 年版。

五、报纸杂志

■《申报》

■《大公报》

■《新青年》

■《东方杂志》

■《民国日报》

■《中央日报》

■《解放日报》

人名译名对照表

[英]	阿礼国	R. Alcock
[英]	奥克兰	Lord Auckland
[意]	奥兰多	V. E. Orlando
[法]	巴德诺	J. Patenôtre，一作巴特纳
[英]	巴麦尊	H. J. T. Lord Palmerston
[德]	巴兰德	M. A. S. von Brandt
[英]	巴夏礼	H. S. Parkes
[英]	柏郎	H. A. Brown
[法]	宝海	F. A. Bourée
[美]	毕德格	W. N. Pethick
[法]	毕盛	S. J. M. Pichon
[法]	波滑	Bouët
[英]	伯麦	J. Bremer
[英]	查顿	W. Jardine
[美]	陈纳德	C. L. Chennault
[英]	德庇时	J. F. Davis
[德]	德璀琳	G. von Detring
[英]	颠地	L. Dent
[法]	杜森尼	Dugenne
[美]	杜威	J. Dewey
[英]	额尔金	Elgin
[美]	法尔思德	E. Forrester
[英]	法磊士	E. D. H. Fraser
[法]	樊国梁	P. M. A. Favier
[法]	丰大业	H. V. Fontanier
[美]	福开森	J. C. Ferguson
[法]	福禄诺	F. E. Fournier
[英]	格维讷	T. G. Grosvenor
[法]	戈可当	G. Cogordan

[法]	葛罗	J. B. Gros
[西班牙]	葛洛干	B. J. de Cologan
[法]	孤拔	A. A. P. Courbet
[普鲁士]	郭士立	Gützlaff
[英]	哈罗威	T. Holloway
[美]	华尔	F. T. Ward
[英]	华尔身	J. Walsham
[美]	华若翰	J. E. Ward
[苏]	华西列夫斯基	А. М. Василевский
[英]	何伯	J. Hope
[英]	赫德	R. Hart
[美]	赫尔	C. Hull
[美]	赫尔利	P. J. Hurley
[英]	赫胥黎	T. H. Huxley
[英]	赫政	J. H. Hart, 后译为 J. H. 赫德
[英]	霍必澜	P. L. Warren
[英]	金登干	J. D. Campbell
[美]	居里	L. Currie
[美]	科士达	J. W. Foster
[法]	克里孟梭	G. Clemenceau
[英]	克灵顿	J. H. Grant
[俄]	库罗巴特金	А. Н. Куропаткин
[美]	兰辛	R. Lansing
[英]	劳合·乔治	D. L. George
[德]	李德	Otto Braun
[法]	李梅	V. G. Lemaire
[英]	李泰国	H. N. Lay
[法]	李维业	H. L. Rivière
[法]	利士比	S. N. J. Lespès
[俄]	列宁	Владимир Ильич ленин
[美]	列卫廉	W. B. Reed
[法]	林椿	P. Ristelhueber

[法]	卢梭	J. J. Rousseau
[法]	罗芒	François-Jules Harmand
[格鲁吉亚]	罗明纳兹	B. B. Ломинадзе
[法]	罗淑亚	L. J. É. De Rochechouart
[美]	罗斯福	F. D. Roosevelt
[英]	罗素	B. Russell
[美]	罗孝全	I. J. Roberts
[印度]	罗易	M. N. Roy
[英]	马嘉理	A. R. Margary
[法]	马赖	A. Chapdelaine
[荷]	马林	Hendricus Sneevliet
[美]	马士	H. B. Morse
[英]	麦都思	W. H. Medhurst
[法]	蒙他板	C. G. Cousin-Montauban
[法]	孟德斯鸠	C. Montesquieu
[法]	米乐	C. T. Millot
[法]	敏体尼	L. Montigny
[英]	慕瑞	H. Murray
[俄]	穆拉维约夫	H. H. Муравьёв
[德]	穆默	A. M. von Schwarzenstein
[俄]	尼克尔斯基	B. A. Никольский
[俄]	尼古拉二世	Николай Ⅱ
[法]	裴龙	Peyron
[英]	璞鼎查	H. Pottinger
[英]	普鲁斯	F. W. A. Bruce
[俄]	普提雅廷	E. B. Путятин
[英]	乔治·懿律	G. Elliot
[英]	丘吉尔	W. Churchill
[英]	荣赫鹏	Younghusband
[美]	柔克义	W. W. Rockhill
[法]	茹费理	J. Ferry
[美]	芮恩施	P. S. Reinsch

［美］	史迪威	J. W. Stilwell
［苏］	斯大林	И. В. Сталин
［英］	斯宾塞	H. Spencer
［美］	斯诺	E. Snow
［法］	土尔克	Torque
［法］	脱利古	A. Tricou
［英］	文翰	S. G. Bonham
［美］	文惠廉	W. J. Boone
［美］	威尔基	W. Willkie
［美］	威尔逊	T. W. Wilson
［英］	威妥玛	T. F. Wade
［美］	魏德迈	A. Wedemeyer
［英］	西马縻各厘	M. Seymour
［法］	西蒙	M. Simon
［英］	西摩尔	E. H. Seymour
［英］	席勒	F. C. S. Schiller
［英］	夏悫	C. Harcourt
［法］	谢满禄	M. J. C. E. D. De Semallé
［法］	修莱	F. M. de Chenez
［英］	薛穆	H. J. Seymour
［德］	薛田资	G. M. Stenz
［挪］	易卜生	H. J. Ibsen
［英］	义律	C. Elliot
［俄］	伊格纳切夫	И. П. Игнатьев
［英］	约翰·穆勒	J. S. Mill
［美］	詹姆斯	W. James
［英］	朱尔典	J. N. Jordan

第一版后记

《中国近代史》教材是马克思主义理论研究和建设工程重点教材。在编写过程中,得到了马克思主义理论研究和建设工程咨询委员会的指导,得到了中央有关部门和有关专家学者的帮助和支持。同时,广泛听取了高校中国近代史课程教师和大学生的意见和建议。

本教材由首席专家张海鹏、杨胜群、郑师渠主持编写。参加撰写、统稿工作的有张海鹏、杨胜群、郑师渠、吴义雄、陈蕴茜、虞和平、黄振南、戚海莹、陈争平、房德邻、胡伟清、刘伟、邱捷、张昭军、李学智、欧阳哲生、王奇生、黄修荣、黄道炫、吴景平、江沛、陈谦平、汪朝光、刘国新。王顺生、谢春涛、董志凯、史革新参加了大纲编写和书稿讨论。赵庆云、胡永恒参加了修改工作并核对了全书注释。张磊主持了工程办公室组织的审改和统稿工作。宋凌云、邵文辉、田岩、何成、王宪明、李良玉、岳思平、华国富、金以林、周云、郭双林、宋义栋、王燕燕、邢云文、宫长瑞、山郁林、任文启、汤荣光、唐棣宣、魏学江等参加了审改和统稿工作。参加教材审看并提出修改意见的有:沙健孙、李文海、宝成关、马敏、陈振江、朱汉国、茅海建、朱英、张克非、王先明、李金铮、戴鞍钢、蔡乐苏等。

2012 年 7 月

第二版后记

组织全面修订马克思主义理论研究和建设工程重点教材，是推动习近平新时代中国特色社会主义思想和党的十九大精神进教材、进课堂、进头脑的重要举措。《中国近代史》（第二版）是在第一版教材基础上修订而成的。在教材修订过程中，得到了马克思主义理论研究和建设工程咨询委员会的指导，得到了中央有关部门和有关专家学者的帮助和支持。同时，也广泛听取了高校专业课程教师和学生的意见和建议。

教材修订课题组由张海鹏、郑师渠任首席专家，张海鹏主持修订，陈谦平、吴景平、刘国新、赵庆云、董佳、周云作为主要成员参加修订。何成主持了工程办公室组织的审改定稿工作。王昆、王勇、石文磊、田岩、冯静、曹守亮、刘小丰、薛向军、陈瑞来、刘一、聂大富等参加了审改。参加集中审阅并提出修改意见的有：江沛、张昭军、李育民、黄道炫、李向军、欧阳哲生等。

2019 年 12 月

郑重声明

高等教育出版社依法对本书享有专有出版权。任何未经许可的复制、销售行为均违反《中华人民共和国著作权法》,其行为人将承担相应的民事责任和行政责任;构成犯罪的,将被依法追究刑事责任。为了维护市场秩序,保护读者的合法权益,避免读者误用盗版书造成不良后果,我社将配合行政执法部门和司法机关对违法犯罪的单位和个人进行严厉打击。社会各界人士如发现上述侵权行为,希望及时举报,我社将奖励举报有功人员。

反盗版举报电话　(010)58581999　58582371

反盗版举报邮箱　dd@hep.com.cn

通信地址　北京市西城区德外大街4号
　　　　　高等教育出版社法律事务部

邮政编码　100120

读者意见反馈

为收集对教材的意见建议,进一步完善教材编写并做好服务工作,读者可将对本教材的意见建议通过如下渠道反馈至我社。

咨询电话　400-810-0598

读者服务邮箱　gjdzfwb@pub.hep.cn

通信地址　北京市朝阳区惠新东街4号富盛大厦1座
　　　　　高等教育出版社总编辑办公室

邮政编码　100029

防伪查询说明

用户购书后刮开封底防伪涂层,使用手机微信等软件扫描二维码,会跳转至防伪查询网页,获得所购图书详细信息。

防伪客服电话　(010)58582300